全国政协文史和学习委员会 编

亲历者说

中国抗战编年纪事

1937

人民出版社

1937 年七七事变爆发，日军炮击宛平城。

七七事变中，抵御日军的著名将领：二十九军三十七师师长冯治安（左一）、一一〇旅旅长何基沣（左二）、二一九团团长吉星文（左三）、三营营长金振中（左四）。

1937年7月8日，宛平城内的中国守军奔赴卢沟桥战场。

二十九军将士守卫卢沟桥，严阵以待。

1937年，周恩来与国民党谈判代表张冲在杭州合影。

1937 年 8 月 25 日，中国工农红军改编为国民革命军第八路军。图为朱德在给部队训话。

七七事变第二天，中共中央就向全国发出紧急通电，呼吁全面抗战。图为毛泽东在延安进行演讲。

广大红军将士以民族利益为重，拥护改编为八路军。

1937 年八一三淞沪会战，中国军队奋起抵抗日军侵犯。

日军疯狂轰炸上海，一个失去父母的孩子在哭喊。这幅照片在世界上产生了广泛影响。

第九集团军总司令兼左翼军总司令张治中（左一）等将领与泅渡苏州河、为坚守四行仓库的八百壮士送去国旗的女童子军杨慧敏合影。

1937 年 9 月 25 日平型关战斗中八路军 115 师指挥部。

太原会战中，山西民众欢送抗日将士开赴前线。

平型关战斗中第 115 师阵地一角。

中国军队部署守卫太原的东大门——娘子关。

南方八省红军游击队健儿下山集中，改编为新四军。

抗战初期，八路军 120 师到河北平山县扩军，一个月零几天就创建了 1500 多人的“平山团”，即 359 旅 718 团。

新四军初创时，军长叶挺（左三）、副军长项英（左四）、参谋长张云逸（左二）、副参谋长周子昆（左一）和曾山（左五）在武汉。

八路军 115 师分兵晋察冀。此照片曾作为《晋察冀画报》创刊号封面，名为《塞上风云》。

南京保卫战一景。

日军在坦克掩护下，疯狂攻打南京中华门。

南京沦陷，日军开始大屠杀。这样的情景比比皆是。

日军将抓来的南京民众押上汽车，拉走杀害。

为阻断日军进攻杭州，钱塘江大桥在建成仅 89 天后，被其设计者、建造者亲手炸毁。

目　录

平绥路东段抗战

红军改编为八路军奔赴抗日前线

八一三淞沪会战

太原会战

挺进敌后

新四军成立

南京保卫战

日军南京大屠杀和在各地的暴行

其　他

概　述

在中国历史上，1937 年作为一个重要的时间节点，为人们所牢记。

七七事变是中国抗战史上最引人注目的关键词之一。

1931 年九一八事变后，侵占我国东北并扶持了傀儡政权的日本帝国主义，时刻觊觎并不断侵扰我华北地区，使其地位“特殊化”，妄图建立第二个“满洲国”，进而侵占全中国。7 月 7 日，蓄谋已久的日军在北平西南的卢沟桥寻隙滋事，突然炮击宛平城。驻守当地的国民革命军第二十九军奋起反抗，迎头痛击进犯之敌。

七七事变的第二天，中国共产党发表了号召人民奋起抗战的宣言。7 月 23 日，中共中央发表《为日本帝国主义进攻华北第二次宣言》，再次表明了中国共产党抵抗日本侵略者的坚决态度。

七七事变发生后，蒋介石和国民政府提出“不屈服、不扩大”和“不求战、必抗战”方针。7 月 17 日，蒋介石在第二次庐山谈话会上发表谈话。表明了国民政府抗战的态度。但是蒋介石依赖外力、和平解决事变的幻想并未泯灭。

日军玩弄“现地谈判”的阴谋，争取调兵遣将的时间，于 7 月下旬突然发动大规模进攻。日军沿平绥路、平汉路和津浦路西侵南犯，我军随之在南口、张家口以及平汉路、津浦路北段层层设防，节节抵抗，二十九军将士虽拼力抵抗，终至败北，遵令南撤，副军长佟麟阁、一三二师师长赵登禹壮烈殉国。

7 月 29 日，北平陷落；7 月 30 日，天津失守；8 月 24 日，察哈尔省会张家口沦陷；9 月 24 日，河北省会保定沦陷；10 月 10 日，华北军事重镇、交通枢纽石家庄沦陷。日军所到之处，烧杀抢掠，惨案迭出，给中国人民带来巨大灾难。

北方硝烟正浓，南方战火又起。8 月 13 日，日军向上海大举进攻，中国军民奋起反击，淞沪会战爆发。第二天，国民政府发表了《自卫抗战声明书》。并迅速组织部队进行抵抗和反攻。15 日，日本正式组织上海派遣军，加紧发动全面侵华战争。中国军队被迫在华北和华中两面作战。这时，蒋介石才不得不重视，国共合作这一有关民族存亡的大事。中国共产党为建立全国抗日民族统一战线进行了不懈的努力。经过艰苦谈判，蒋介石同意中国工农红军改编为国民革命军第八路军（后按战斗序列改称第十八集团军，习惯上仍称八路军），在南方的红军游击队改编为新四军，并认可了八路军、新四军由中国共产党领导，独立开展武装斗争等最基本、也是最重要的条件。8 月 25 日，在陕北的红军改编为八路军，并誓师东渡黄河，开赴抗日前线。9 月 22 日，国民党通过中央通讯社发表了《中国共产党为公布国共合作宣言》。23 日，蒋介石发表《对中国共产党宣言的谈话》，事实上承认了共产党在全国的合法地位。共产党宣言和蒋介石谈话的发表，宣布了国共两党第二次合作的正式成立，也推动了全民族的抗日统一战线的发展。

国共两党合作抗日，在战略问题上相互协商。中国共产党根据中日双方的情况特点及其战争规律，提出了以抗日救国十大纲领为中心的全面全民族的抗战路线和持久战的战略总方针，为中国人民争取抗日胜利指明了具体道路。国民党部分地接受全国人民的意见，在政治、经济和文化等方面表现了一定的进步，召集了临时全国代表大会，发表了《抗战建国纲领》，召开了国民参政会，承认了各党派的合法存在，实行了某种程度的民主权利，进行政治机构、经济体制和文化活动等方面的某些改革，从而使全国出现了空前的团结救亡的高潮，形成举国上下全民族抗战的新局面。国共两党的军队作了合理的分工，国民党军队担负正面战场的作战任务，八路军、新四军等人民抗日武装担负挺进敌后，发动、组织与武装群众，开展敌后游击战争，收复被占领土地，创建抗日根据地，开辟广大的敌后战场，从敌后钳制、消耗和消灭敌人，配合正面战场的作战任务。

正面战场是战略防御阶段的主战场，担负了抗击日军战略进攻的主要任务。虽由于战略指导的某些失误，进行单纯的阵地防御，未充分发动民众参战，使得多数作战未能给敌人以更大的消耗，并丧失了过多的国土和城市。但广大爱国官兵出于民族义愤，不惜流血牺牲，进行顽强的作战，仍给敌人以相当的打击。每次会战都能持续一月至数月之久，并能在会战后期跳出日军的大合围圈，保存了军队的主力。

发生在 9 月 11 日至 11 月 8 日的太原会战，是中国第二战区部队与日军华北方面军在山西北部、东部和中部地区进行的大规模的战略性防御战役，包括天镇战役、平型关伏击战、忻口战役、娘子关防御战、太原保卫战。是役中方参战兵力约 58 万人，日方约 14 万人；伤亡情况中方约 10 万人，日方约 3 万人；结果是中方战败，太原失守。这是一场由国共两党军队协同作战的战役。

太原会战历时 2 个月，是抗战初期华北战场上规模最大、战斗最激烈、持续时间最长、战绩最显著的一次会战。八路军在会战中有力地配合友军作战，平型关伏击战打破了“日军不可战胜”的神话，捷报令全国振奋；忻口会战大量消耗日军有生力量，牵制了日军沿平汉铁路南下的作战行动，夜袭阳明堡机场令敌寇丧胆。唯娘子关方面防范疏漏，山西省会太原被日军乘虚而入，我军以失利告终。

太原会战之后，华北抗战正面战场的战斗宣告结束。在敌后战场，按照毛泽东的战略部署，八路军、新四军迎敌而上，向敌占区挺进，对日军作战 1600 余次，歼敌 5.4 万余人，收复了大片国土。115 师先到吕梁后至山东，其中副师长聂荣臻分兵五台，创建了第一个敌后抗日根据地——晋察冀抗日根据地；129 师到晋东南，创建了晋冀鲁豫抗日根据地；120 师到晋西北，创建了晋绥抗日根据地。极大地钳制了日军的作战，有力地配合了正面战场的作战，加快了战略相持阶段的到来。

南京保卫战是中国军队在淞沪会战失利后，为保卫首都南京与日本侵略军展开的战役。12 月 1 日，日军兵分三路围攻南京。蒋介石任命唐生智为首都卫戍部队司令长官，部署南京保卫战。因敌我力量对比悬殊，日军 20 万，我军 15 万而且大多编制不满，南京各城门守军节节抵抗，牺牲无数，先后被日军攻陷。12 日，唐生智奉蒋介石命令，下达撤退令。守军各部因撤退失序，相当混乱，多数滞留城内，后被日军大量屠杀，损失惨重。12 月 13 日，南京沦陷。

南京保卫战与南京大屠杀在时间上前后承接，前者的失败造成南京陷落，随后发生了惨绝人寰的南京大屠杀。南京大屠杀是日本侵华战争初期日本军国主义在中华民国首都南京犯下的大规模屠杀、强奸以及纵火、抢劫等战争罪行与反人类罪行。日军暴行的高潮从 1937 年 12 月 13 日攻占南京开始持续了 6 周，直到 1938 年 2 月南京的秩序才开始好转。据第二次世界大战结束后远东国际军事法庭和南京军事法庭的有关判决和调查，在大屠杀中有 30 万以上中国平民和战俘被日军杀害，南京城遭日军大肆纵火和抢劫，被毁三分之一，财产损失不计其数。南京大屠杀是中华民族永远的心痛，中国人民世世代代永不忘记！

1937 年，日本法西斯首先制造七七事变，开始发动全面侵华战争。战火迅速扩大到华北、华中和华南的冀、察、绥、晋、鲁、苏、浙、豫、皖、赣、鄂、粤等 10 余省区，战区面积约 160 万平方公里，中日双方投入兵力 400 余万人。七七事变实际上成为第二次世界大战由局部战争向全面战争的转折点，成为第二次世界大战在亚洲全面爆发的起点。中国开始了全民族的抗争，开始了战胜强敌、走向胜利的伟大征程！

七七事变和平津抗战

七七回忆录

王冷斋*

震动全世界的卢沟桥事变，发生于1937年7月7日，至今年今日，恰恰一周年。这一年中，我们抗战前线将士死伤达数十万，人民生命财产损失更不可以数计；这样的坚强御侮，重大牺牲，不特中国历史上数千年来所未有，即放之欧洲大战亦不遑多让。现在我们虽然失地数省，但我全国军民抗战之力愈益加强，而敌人则已筋疲力尽，欲罢不能，长期消耗的目的总算达到，实出全世界人士意料之外。

卢沟桥事变发生的前后虽短短三星期间，而其交涉及抗战经过，实历史上之重要材料。现在值一周年纪念，根据我当时的笔记，作一个总括的报告，可知卢沟桥案并非偶然发生，敌人有计划有步骤的侵略野心，在卢沟桥事变时，即已暴露无遗了。

事变的远因，寻源于九一八，日阀不费一兵，不折一矢，将东三省攫到手中，6年来仍思沿用故技控制华北，造成所谓华北五省明朗化，以政治经济侵略作前卫，以军事侵略作大本营，而以分化中央与地方为唯一手段。不料中央军队南调之后，二十九军开驻平津，当局抱定枪口不对内原则，一面

* 作者时任河北省第三行政区督察专员兼宛平县县长。

虽审慎应付，一面仍丝毫不肯表示软弱。土肥原奔走两年用尽心计，卒至劳而无功。土去后继以高桥、松室、松井诸人，仍思努力，但锋劲已挫，仍然无所成就。敌阀之计已穷，乃不得不暴露狰狞面目，变更政治侵略而为军事侵略，1936 年 9 月 18 日丰台事件，实军事上第一步之尝试。我方为顾全大局，始终保持和平态度。敌阀以为轻而易举，遂进一步作掠取卢沟桥的计划。

卢沟桥的地势，扼平汉咽喉，当北宁平绥两路冲要，不特为北平命脉，且亦冀察两省的屏障，在铁路未通以前，已为古昔兵争要地。当局知其重要，故将宛平县政府移设此间，行政专员公署亦设在该处。北宁路之丰台，平汉路之卢沟桥，平绥路之清河等重要车站，均在宛平辖境之内。平时驻军，宛平城内及丰台火车站附近均有二十九军一营，清河则为冀北保安队驻守。丰台事件发生后，我方驻军他调，敌人遂以一木清直所部之一大队（等于中国军队一营，唯人数较多，约 700 余人）全驻该处，平时以演习为名，常常在卢沟桥附近活跃，侦察地形。其初演习不过每月或半月一次，后来增至三日或五日一次，初为虚弹射击，后竟实弹射击，初为昼间演习，后来竟实行夜间演习，且有数次演习部队竟要求穿城而过，均为我严厉拒绝。如此者相处数月，因我方种种应付及切实戒备，幸未发生严重事件。而敌人除一方面以演习示威外，复托北宁路局长名义，将丰台至卢沟桥中间地带 6000 余亩实地测量，意图购买作为建筑兵营及飞机场之用，即当时各报所载之丰台圈地问题。该项地亩，系于 1936 年 10 月测量完毕，及我就职之后，日方即提出要求实行售与，一方面并向地主们宣传，愿以最高代价购买该项地亩。松室且已将全部计划及地价报请日军部备案，决定势在必行。当时事件日见紧张，我奉令当折冲之责，在当局指示以不损领土为原则，同时须兼顾不至事态扩大的方针之内，曲予周旋。天津日驻屯军司令部与北平特务机关部双方交涉不下 20 余次，日方计尽辞穷，乃以重利贿买该处少数地主，诿为民意自动愿卖。但该处全体地主均有不愿售卖之呈文与手印，报请专署及县府备案，真正民意如是，少数被诱者当然不敢出面。日方以此事极感棘手，知非实行军事侵略，终无法得我寸土，而演习乃逐渐加紧，遂有 7 月 7

日晚之变。

事变发生于1937年7月7日夜间10时，日军一中队在卢沟桥附近实行夜间演习毕，集合回队时，突然扬言有日兵一名失踪，在宛平城外到处寻觅不见，意图进城搜索，并开枪数响示威。一方由北平日特务机关向我市政府及外交委员会交涉，谓日军失踪定被卢沟桥驻军或该处土匪所害，应准日军进城搜索，如有其他情形，须由我方负责等语。我当时接到各方电话后，即通知驻军金营长对于城防切实戒备，一面命令警察保安队代为搜寻，历一小时毫无结果，乃亲赴市府及外委会报告。当奉命赴日本特务机关部向松井机关长交涉，到达日军机关部时，已午夜2时左右。

斯时外委会主席魏宗瀚、委员孙润宇、专委林耕宇、绥署交通处副处长周永业、日特务机关长松井、顾问樱井均在座。当就本案与松井等商谈。先半小时松井已得报告谓失踪日兵现已归队，唯须明了如何失踪情形以便谈判。我当反诘以如何失踪只需询明该兵即可明了，即为周到起见由双方派员调查亦可。当即决定我与周、林、樱井，并日通译斋藤等人前往。正拟出发间，得报告驻丰日军数百人全部武装开赴卢沟桥，事态已见严重，同时日军联队长牟田口并请我同林耕宇前往一谈，当即同林赴日兵营与牟接洽，牟见我即询王专员此去能否负处理事件之全责，我答云顷间在机关部所商系负调查使命，事态未经明了，尚谈不到处理，且此事责任应由何方担负，此时并不能臆断。牟复谓假使事态明了总以当地处理为宜，日本方面现已决定由森田联队副全权处理，因为事机紧迫，势或不及请示，阁下为地方行政长官，发生事件系在贵辖内，自有权宜处理之权。我仍以先事调查再谈处理为原则，对牟所请，坚决拒绝。如此谈判约半小时，牟见无法乃允先行调查。

我同林出日兵营时，见日兵300余人分载大汽车8辆已向卢沟桥出动，乃急会同周永业、樱井、斋藤等出发。我与林二人在后一车中，当车抵宛平城东北角沙岗时（距城约一里），见该处已为日兵占据布防，士兵多数伏卧均作射击准备。斯时突有日特务机关部辅佐官寺平奔至车前，阻止前进，并手出地图向我云：现在事态已十二分严重，不及调查谈判，应请贵员迅速处理，下令城内驻军向西门外撤退，日军进至东门城内数十米达地点，再行谈判。我答云此来系在贵机关部商定先从调查入手，适间牟田口所求处理责任我已拒绝，贵辅佐官所云离题太远，究奉何方命令本人实未明了。寺平当谓平日日军演习均可穿城而过已有先例，何以今日演习不能进城。我当反诘谓恐尔来华不久，尚未明了此间情况（寺平系接滨田任不及三个月），向来日军演习均在野外，从未有一次准其穿城而过，尔所谓先例请指出某月某日事实以为佐证。寺平语塞，遂恼羞成怒云此项要求系奉命办理，势在必行，请君见机而作以免危险。同时，森田即请我与林君下车，指示日军阵容，枪炮并列，意在对于手无寸铁的我示威。森田并向林云要请王专员迅速决定，10 分钟内如无解决办法，严重事件立即爆发，枪炮无眼，殊为君等危！我当时虽自揣身陷敌阵备受威胁，但责任所在，生死早置之度外，当即严词拒绝，谓仅奉命调查他无所知，危险更无所顾虑，且第一步调查办法系在特务机关部决定，前后不应矛盾如是，此处非谈判之所，如君等（指森田、寺平）依照后方决定原则办理，即须在城内从容相商，否则一切责任应由君等负之。森田、寺平见威吓不成，乃自行商定由寺平同我及林君进城谈判。

进城后周永业、樱井、斋藤等已先至，当在专署会客室继续谈判，未 5 分钟（时为 4 时 50 分）而城外枪声突发，枪弹纷纷掠屋顶而过。据报日军已开始向我射击，我当以电话向北平报告开火情况，一面仍同樱井等加紧谈判，双方射击约一小时，森田忽派人持刺来请求派员出城面谈，当经商定双方下令停止射击，由林耕宇君与寺平二人随城而出与森田面商，旋据报并无结果。林等即返平报告，而双方复继续射击。日军并以迫击炮轰击城内，双方均有死伤。

迄午后 4 时，牟田口派人赍书由城外乡民绕道从西门转递进城，请我与吉团长星文或金营长振中出城亲商，我与吉同以未便擅离职守却之。5 时牟复来函要求三事：（一）限即日下午 8 时止，我军撤退河东，日军撤退河西，逾时即实行以大炮攻城；（二）通知城内人民迁出；（三）在城内之日顾问樱井、通译官斋藤等请令其出城。我当答以：（一）本人非军事人员对于撤兵一节未便答复；（二）城内人民自有处理办法，勿劳代为顾虑；（三）樱井等早已令其出城，唯彼等仍愿在城内谈商，努力于事件解决。斯时枪声已停，双方均抱沉静状态，以待事件之推演。

至午后6时时钟甫鸣，我忽思及专署地点实为攻击目标，未便久驻，且樱井等均系辅助办理外交亦非军事人员，自当尽我力之所及，切实保护勿令罹难。因就附近另觅民房一所办公，并请樱等同往。6时5分离开专署，各职员数十人并同往。甫出大门约十余米达，而敌人大炮已连珠而至，每炮均落专署之内，自专员办公室起以及客厅职员房屋均被毁，墙倒屋塌，器具粉碎，炮弹破片累累，营长金振中受伤。敌人此次实于沉寂空气中，出我不意发炮轰击，其用心之刻毒可见，幸我等先两分钟离开，否则数十人立即粉身碎骨。

自是而后，锯战达三小时，平卢电话线为炮火摧毁已不能通，命令报告均由丰台转达。斯时我西苑驻军一旅由何基沣率领，已开到八宝山，向五里店、大井村方面裁断敌人后路。9时以后，我军战况甚佳，已将回龙庙及刘庄一带敌人驱走，敌军伤亡倍于我军。斯时接到北平命令谓已向日方交涉，限日军即晚向丰台撤退，否则我军即行进攻，同时牟田口复至直接致函与我，请派员协商停战办法，我因北平方面已决定原则，对牟函不便答复。10时后战况沉寂，唯时闻断续枪声而已。12时我军实行夜袭，将铁桥附近日军歼灭殆尽，斩获甚多。

至9日晨3时由丰台转到冯主席治安、秦市长德纯电话，谓已与日方交涉妥协三项：（一）双方立即停止射击；（二）日军撤退丰台，我军撤回卢沟桥以西地带；（三）城内防务由保安队担任，人数约200名至300名，定本早9时接防。

我奉电后当即通知驻军吉团长知照，乃至6时，日军突以大炮攻城达百余发，此为妥协声中，日军背约弃信之第一次。我一面即电北平报告请向日军交涉，经电询日方，据云系掩护退却，一切仍遂照北平所商三项原则办理，并云日军已开始撤退。我当派便衣队警赴城外侦察，据报五里店日军确已渐向大井村方面撤退，同时北平来电亦谓保安队已于晨6时向卢沟桥出发，计程9时可到。乃候至10时保安队仍无消息。经派员探明，谓该队到大井村后为日军所阻不能前进，致生冲突，我方阵亡士兵一名伤数名。我当即电平请向日方交涉制止并履行诺言，至午后3时仍无结果。斯时北平所派双方监视撤兵委员已到，计日方为中岛顾问，我方为绥署高级参谋周思靖，外委会专委林耕宇亦皆来。抵县后，即分两组实行监视撤兵，甲组担任回龙庙及铁桥一带，委员为周永业及樱井；乙组担任大井村、五里店及东北角沙岗一带，委员为周思靖及中岛。双方分途出发，至午后4时返城，均谓已监视撤退完毕，唯保安队迄未进城，我当请周思靖赴大井村与河边旅团长接洽，中岛亦同往，嗣由周等带进队兵50名请先行接防再议办法，此为日方背约弃信之第二次。

我以北平双方所定三原则内，接防保安队人数系为200名至300名，今只到50名，即连同本县队警亦不敷城防分配，当即拒绝接收，一面通知吉团长注意，一方并电话北平交涉（此时电话线已修竣恢复通话）。约半点钟得北平复电，谓已与天津日驻屯军司令部交涉完妥，所有出发保安队仍可全数进城，唯所带机关枪则另派员押运回平。6时左右保安队全部进城，唯仍不足200名之数。据云每架机枪系由原队兵3人运回北平，故人数减少。该队由团附王挥尘、营长贾朝义率领。

我与王、贾面洽分配防务后，吉团全部移驻河西。斯时，日军河边旅团长派笠井顾问、广濑秘书及爱泽通译官三人，携香槟酒来县向我面致慰劳，各人并面尽一杯以祝此不幸事件之得以短期解决，并盼以后永远勿再发生。若按国际惯例双方既饮香槟即属和好之表征，乃笠井等甫去未久，我即查明城外东北角沙岗日兵尚有若干未撤尽，且有去而复返者，数目约达300余人。我是时大为疑虑，除电话北平报告外，亦通知吉团长、王团附切实注意戒备，该处监视撤兵委员本为周思靖（现天津伪公安局长）与中岛，乃周已先返北平，中岛亦匆匆欲行，我以此事恐有余波，因坚留其在城内协助处理，且彼本系监视撤兵人员，今既发现日军尚未全撤，则彼之责任尚未尽，自有留县必要。中岛意虽不怿只得暂留，至翌晨2时20分东北角日军忽开枪射击复图攻城，此为日方背约弃信第三次。幸我军事先已有戒备，我除电北平报告外，即向中岛交涉，令其询问实情并制止射击。经中岛电询北平旅团部及联队部后，答称日军旅团部已闻报，实系双方哨兵因误会开枪，日方决无攻城企图等语。一小时后枪声已停，接北平电话令与中岛同往商决外交未了事件。

我即于晨间 7 时与中岛同车赴平，车过县城东北角铁路涵洞处，见日军步哨未动，且有哨兵三人阻止前进，经告以赴平接洽停战办法始放行。

晨间 7 时半同中岛抵平即与冯主席治安、秦市长德纯面晤，当报告日军未肯全撤，非彻底交涉不能视为了结，嗣樱井、中岛、斋藤等均到秦宅会商。我方为秦市长德纯、程旅长希贤、周参谋思靖及我 4 人，日方为樱井、中岛两顾问及斋藤秘书 3 人。我首即提出东北角沙岗日军未撤问题，请注意讨论。据斋藤云，未撤日军系为阵亡死尸两具尚未觅得，故留此项部队在附近搜索，并无他意。我当为搜索尸体无需许多部队，且更不必携带机关枪、迫击炮等兵器如临大敌，斋藤云因恐我射击，故不得不多留部队以资警戒。秦市长、程旅长均谓倘系单纯搜索尸体此事甚易，我方亦可帮同办理，当经商定组织搜索队，委员 6 人。我方由二十九军、冀北保安队及专员公署各派 1 人，日方为樱井、中岛、笠井 3 个顾问共同组织，并由二十九军及保安队各派士兵 10 名，日军派 20 名，均系徒手由 6 委员率领就卢沟桥附近各地尽量寻觅，限定时间，无论发现与否，日军均应在限定时间内撤尽。议定之后，双方均表同意，定于午后 1 时出发。乃樱井、中岛、笠井 3 人忽乘机离席往会客室说话，竟一去不返。同时各方报告接连而至，谓日军已由天津、通县、古北口、榆关等处陆续开到，且有飞机、大炮、坦克车、铁甲车等多辆开至丰台，已将大井村、五里店占领，平卢公路业已阻断，中外记者由平往卢者均半途折回，是日方知所谓搜索尸体显系饰词缓兵，至此已暴露无遗，此为日方背约弃信之第四次。

我接各方报告后，愤激欲绝，益以三昼夜未眠，遂至咯血一口。傍晚徇及友人之劝，入德国医院医治，经克礼大夫注射两药针，夜间稍能安眠，咯血亦止。翌日闻战再启，自念守土有责，战中前后方事件均须亲自主持，不能遵医嘱稍事休养，即日从间道由长辛店返县办理一切，并率本县队警协助守城。自 12 日以后，与日军接触数次，但仅有小冲突，因北平方面仍在努力于事件之解决，乃至 20 日午后 3 时于和平声浪正在弥漫之际，日军复突以大炮攻城，且轰击长辛店，共达数百发，宛平城内各机关及民房几全被毁，死伤多人，长辛店附近落数十弹，死伤平民20余人，吉团长星文及县保安大队副孙境武均于是役受伤，吉裹创后仍奋勇杀敌，始终不退。

次日接北平电话谓和平协商仍在进行，双方已令停止射击。22日起平汉路试行通车，但盘踞卢沟桥车站及沙岗之日军始终未撤，我方仍加紧交涉，如此相持3日，我三十七师与一百三十二师正在换防中，佥谓换防之后事件即可解决。乃日军突于25日进占团河。26日骑兵向南苑附近侦察，经我哨兵阻止无效，双方开枪，射死日兵1人，彼更有所藉口，竟以"哀的美敦"（即最后通牒——编者注）书要求二十九军全部即日离北平，限27日前答复，经当局严加拒绝。26日晚大井村附近日军约有200余人声言回防，欲进彰仪门，守城军警加以阻止，复发生冲突，势益严重，和平之望至此已绝。二十九军宋军长遂决定进攻，以赵登禹为南苑指挥官并令二十八师董升堂旅袭丰台，28日经我奋勇猛攻当将丰台克复，同时我卢沟桥、八宝山两处军队在何旅长吉团长指挥之下，亦将五里店大井村附近敌人驱逐，猛向丰台推进。我正拟乘铁甲车赴丰台抚慰人民并慰劳军队，乃闻南苑方面敌以全力猛扑，并以敌机20架轰炸，该处驻军无多，以致失利，副军长佟麟阁、师长赵登禹，均于是役殉难。

因南苑失利之影响，致丰台战事功败垂成，卢沟桥亦岌岌危殆。28日晚自9时30分起，敌复以大炮轰击宛平城及长辛店，至翌晨黎明止约达500余发，宛平县城之东北角城墙尽毁，我军犹拼死撑持。当局为战略上便利起见，遂令平津军队均向良乡、涿州一带集中，另行布防。我于29日遂不得不忍痛向卢沟桥告别，当军队运动转进时，敌人以16架飞机送行，沿途掷弹，死伤军民甚多。我在长辛店附近公主坟小村中收容本县保安队及警察，被敌机9架认为目标，数次低飞狂炸，并以机枪扫射。该村并无防空设备，自忖绝无幸免可能，乃竟不死，于是益加强我的意志，决定向石门营前进。因该处属宛平所辖，虽军队已向南转进，但我守土有责，未至全县放弃时期，不愿立即离开辖境。

在向石门营的道中，经过大灰厂，适遇石友三、雷尚嗣二君由北平行抵此间（石率保安队全部在大灰厂集合）。据云八宝山我军亦已撤退，日军已向门头沟方面出动，石门营密迩门头沟，不能停留，仅剩残余队警亦不易节节抵抗，劝我随军南行再定办法。遂同雷君折往良乡，当晚附搭军用列车抵保定，向各长官报告后奉命在军服务，我之本身责任至此暂告一段落。

其后八一三沪战发生，已展开为全面的抗战，至今日整整一周年，我此篇的记载，完全系当时的事实，记载的意义：（一）使世界各国明了战事的责任，应由日方担负。（二）使国人明了日阀对华侵略是有系统有计划有步骤，俾不至再受其欺绐。（三）促醒全国坚强团结彻底奋斗，必人人均具有牺牲的精神，方能谋取最后胜利。

卢沟桥抗日亲历记

金振中*

1931 年九一八事变后，日本帝国主义侵占我东北三省，继之向关内推进，欲鲸吞我华北。1933 年，日军强占热河省全境，同时向河北省、察哈尔省大举进犯。至 1936 年春，位于北平（今北京市）东面和南面的华北重镇通县（今北京市通州区）、丰台均被日军占领，北平北面地势险要的南口，也在日本侵略军的控制之下。此时，北平已陷于三面被围的严重局面，剩下的唯一战略要地就是西南面的卢沟桥了。

卢沟桥位于北平西南 12 公里处，因横跨卢沟河（卢沟河曾名桑干河、小黄河、无定河，今名永定河）而得名。公元 1153 年金主完颜亮定京中都（今北京）以后，金代统治者为了便于对华北及中原地区进行军事、经济上的控制，在南北交通上采取了很多措施，其中之一就是在京城西南、地理位置极为重要的卢沟河渡口上建起了一座长 266.5 米、宽 7.5 米、11 涵孔的永久性石桥，即今日之卢沟桥。

明崇祯十三年（1640），统治者出于保卫京城的军事需要，又在桥东约 100 米处建了一座宛平县城。宛平名为县城，实际上是一个巨大的桥头堡。

---

* 作者时任第二十九军第三十七师第二一九团第三营（加强营）营长。

据有宛平城池，便可控制大桥。当时，我军如果失去对卢沟桥的控制，北平不仅将失去门户、无险可守，而且与外界联系的唯一通道也将被切断，变成敌人唾手可得的一座孤城。而一旦失去北平，华北则不战自弃矣！因此，卢沟桥成了当时敌我双方力争的要冲。

1936年春，我以第二十九军第三十七师第二一九团第三营（加强营）营长之职，奉命率领全营1400余名官兵，驻防宛平城和卢沟桥。是时，日军在平西一带天天寻衅滋事，处处制造摩擦，气焰之嚣张，令人难以容忍。我在接到命令后，立即晋谒师长冯治安，请示接防后对日军之挑衅应如何处置。冯师长对我说："既要遵照政府的指示，在'三个五年计划'未完成之前，尽量避免与日军发生争端；同时，在目前全国抗日热潮已近沸点的情况下，又要顾全本军处境。这二者之间的关系，要审时度势地处理好。再者就本部来说，也想争取时间充实实力。因而与日军争端虽属难免，但能够多推迟一日就推迟一日为好。"我回答说："我决不惹事，但也决不怕事。到了忍无可忍的时候，只有牺牲一切，履行边防军人卫国保土的职责！"冯师长沉吟一会儿，说："好吧！遇到事情，你一定要慎重处置，并及时请示报告。"

1936年9月，日军增兵丰台，经常在宛平附近进行军事演习，且由白天演习逐渐转为夜间演习，由虚弹演习逐渐转为实弹射击。我方虽屡次提出抗议，但日方均置若罔闻。综观时局与卢沟桥一带的形势，我料到这里必将爆发一场大血战，所以经常向全营官兵灌输杀敌卫国的思想，立下了"宁为战死鬼，不当亡国奴"的誓言，并规定在每日三餐及睡觉之前，必须集体诵读一遍。当时，我营官兵抗日卫国的士气非常高昂。从1936年春至1937年7月卢沟桥事变爆发前，我们挫败了日军的百余次挑衅。

1937年7月上旬，连日阴雨，久未放晴。有些地方泥泞过膝，行走艰难。但是，日军的军事演习不仅没有停止，反而规模越来越大。我心中忐忑不安，感到这是敌人大规模武装挑衅的前兆。在这种情况下，我更是百倍警惕，毫不懈怠。

7月7日午后2时左右，我带着两个随从，身着便服，扛着铁锹，去铁桥（平汉铁路桥）以东500米处的日军演习场地观察其动态。刚过卢沟桥车站，我便看到日军的队伍不顾雨淋和道路泥泞，正以卢沟桥为目标，进行“进入”演习，并配有炮兵和战车，场面与平日的演习迥异。我感到，战争已到一触即发的地步了。于是我立即返回营部，召开连、排长会议，告诉他们我所目睹的一切。连、排长们听后，个个义愤填膺，一致表示：敌人胆敢发动进攻，我们就要坚决抵抗，誓与卢沟桥共存亡！

会上，我进行了兵力部署：战斗力较强的第十一连布置于铁桥东段及其以北的回龙庙一带；第十二连布置于城西南至南河岔一带；第九连守卫宛平县城；第十连为营预备队，集结于石桥以西的大王庙内；重迫击炮连布置于铁桥西首，届时以其火力歼灭敌之战车及密集队伍；轻迫击炮连布置于宛平城东门内，根据各处战况使用其火力；重机枪连布置于城内东南角和东北角，以便于支援前方队伍。为做到击之有理、战之有利，我同时规定：在日军进入我阵地100米以内时才准射击。部署完毕，我一再告诫连、排长们：近日阴雨连绵，日军很可能认为我方疏于守备而乘机发动进攻，我们一定要作好临战准备，决不可麻痹大意。（据中国文史出版社1997年版《中华民国大事记》第4册第79页记载，日军不顾道路泥泞，以卢沟桥为目标进行攻击式演习，及金振中营长召开军事会议进行作战部署等事均发生在1937年7月6日。——编者注）

7月7日夜10时许，突然从日军演习场地传来一阵枪声。接着，日军便对宛平城进行包围，并无端向我宛平驻军提出：日军丢失一名士兵，听见城内枪声，疑在城内，要求进城搜查；如不允许，将以武装保护进城。与此同时，冀察绥靖公署许处长来电话问我：“据日方说，宛平驻军把他们的演习士兵捉去一名，有无此事？日军现在要进行搜查。”我回答说：“在此雨夜，面对面都看不见人，他们如何来到卢沟桥警戒线以内进行演习？纯粹是捏造的谎言，我们决不能轻信！”

放下电话未及一支烟的工夫，城外便响起了激烈的枪炮声。接着，连续有几发炮弹飞进城来，落到营指挥部，炸倒房屋6间，炸死士兵2人，炸伤5人。这时，防守阵地的各连连长纷纷报告，日军已向我阵地发动进攻。得到报告，我迅速跑上城东门观察敌情，指挥战斗。城墙上下的官兵见到我，齐声高呼平时熟记的那两句誓言："宁为战死鬼，不当亡国奴！"其情绪之激昂、壮烈，使我看到了全营官兵与城、桥共存亡的决心。接着，我又从西门出城，来到桥上督战。此时，这里的守军已经与敌人接上了火，枪声密集，炮声震耳。虽然日军的武器较我军精良，火力比我军猛烈，但我守桥官兵人人英勇无畏，沉着应战，使敌人在卢沟桥头的"卢沟晓月"碑亭不能前进一步。看到正面被阻，日军便在我石桥南 400 米处，用橡皮船偷渡过来 200 余人，企图迂回到我背后，对我进行夹击。早已埋伏在那里的保安第四团第一营给予偷渡之敌迎头痛击，打死打伤敌军 80 多人，残敌只得狼狈逃回东岸。

8 日凌晨 2 时，冀察绥靖公署许处长又来电话通知我："日本使馆武官松井已告知我军副军长（兼任北平市市长）秦德纯，丢失的日兵已经归队，但同时又提出两点建议：1. 双方停止射击，各自运回阵地上的伤亡士兵；2. 由绥署 2 人、日方 4 人于 8 日早 6 时乘汽车 2 辆，进入宛平城内调查丢失日兵的原因。同时日方声称：如不答应，将以武力解决。绥署与秦副军长为了防止事态扩大，对这两项建议已表示同意。"他让我将上述情况立即通知所属部队。

放下电话，我想："日军既然主动挑起事端，为何又主动提出停止战斗？既然提出停战，为何又以武力相威胁？很显然，他们企图利用雨夜偷袭宛平县城，不料我军戒备森严，使其无隙可乘；在其阴谋不能得逞的情况下，又提出这两点建议作为缓兵之策，以便争取时间调整部署，绝无丝毫的和平诚意。"我把日方的两点建议通知全营官兵之后，随即请河北省第三行政督察区专员兼宛平县县长王冷斋来东城楼上商谈对策。我们商定：进城的汽车必须在岗哨前 50 米处停车，经我哨所检查后，方可放行。随后，我将商定的对策电告了绥署。

8 日晨 6 时许，调查人员果然分乘两辆汽车，开进宛平城。我陪同双方代表一起来到专署（亦是宛平县政府）大厅。我方代表是：冀察政务委员会外交委员会参议林耕宇、冀察绥靖公署副处长周永业、河北省第四行政督察区专员王冷斋。日方代表是：北平特务机关部辅佐官寺平、冀察政务委员会军事顾问樱井、秘书斋藤及一名通译员。我虽非正式代表，但亦在座。

日方气焰颇为嚣张。谈判一开始，樱井就首先发难，蛮横地提出三点无理要求：1. 要求中方下令把宛平县城内驻军撤退到西门外 10 华里，以便日军进城调查丢失士兵的原因，否则日军将以重兵踏平宛平县城；2. 昨夜日方所遭受的损失，应由中方负责赔偿；3. 严惩祸首（指我）。

对于日方的三点无理要求，我方代表非常气愤。他们据理力争，严辞拒绝。我按捺不住心头的怒火，严正指出：

1. 宛平县城乃是我国之神圣领土，任何外人无权强令我国驻军从城内撤退。如果诉诸武力，我将予以奉陪。

2. 丰台距宛平城 8 里之遥，又是雨夜，日方队伍为何来到我城、桥警戒线以内进行演习？其用心昭然若揭。再者，日军在城外演习，夜间城门已闭，怎会在城内丢失士兵？真乃自欺欺人！现在日方既称丢失士兵已经归队，为何又要进城调查丢失士兵的原因？岂不是节外生枝，借故挑起事端吗？真乃欺人太甚！

3. 昨夜，日方首先炮击宛平县城，致使城内的房屋被炸毁数间，我军民被炸死炸伤多人，我方损失应由日方赔偿。我方为保卫国土，被迫还击，何罪之有？日方才是挑起事端的祸首！

由于日方代表坚持其无理要求，谈判一直持续到上午 9 时仍毫无结果。这时我得到报告：驻丰台日军的 1 个大队约 500 人，携炮 6 门，由大队长一木清直大佐率领向卢沟桥出发，事态极为严重。至 9 点半左右，日军果然又开始炮轰宛平县城。炮弹命中专员公署，房屋大部被毁。我专署及县府人员，幸于得到报告后迁往他处，才免于伤亡。百姓房屋多处被毁，人员伤亡颇多。就连谈判所在地的屋角亦被击塌，室内烟尘弥漫，致使谈判无法进行，我方代表随即退出会场。屋内只剩下我和几个随从士兵及日方代表 4 人。当时，我怒不可遏，对樱井等人进行了厉声斥责。几个随从兵亦都怒目圆睁，按着手枪，显出欲动手拿人之势。那几个刚才还趾高气扬的侵略者，此时被吓得战栗失色。特别是樱井，更是丑态百出，拉着我的胳膊死死不放。为了避免事态进一步恶化，我让日方代表随同我们登上城楼，并让他们向日军喊话。他们叽里呱啦地喊了一阵，我也听不懂喊的是什么，只见日军的进攻不但没停止，反而更加凶猛，先后攻占了城外铁路桥和城北龙王庙等重要据点。

我立即赶到火线，得知这次日军是转向平汉路铁桥之东端发起进攻的。战斗十分激烈，我立即将守卫城池的第九连抽出，亲率该连和营预备队第十连，冒着敌人密集的炮火，向铁路东段的日军进击。经过两个小时的激烈争夺，我们终于把日军击退一公里，收复了铁桥东段阵地。

午后 2 时，日军联队长牟田口亲临前线，派一名华人前来送信。信中提出：1. 立即将樱井等 4 人送至日方，双方不得射击；2. 守卫城、桥的中国军队立即撤至城西 10 华里以外，以便日军进城调查，否则日方将以猛烈的炮火把城、桥化为灰烬。我当即在原信上对其无理要求作了如下答复：1. 宛平城和卢沟桥的守军誓与城、桥共存亡，任何威胁也吓不倒；2. 樱井德太郎等 4 人，也愿与城、桥共存亡，望尔勿为其担忧。

送信人去后，我料到敌人一定要向我军发动更疯狂的进攻，就对全营阵地作了应对日军以炮兵、战车、步兵联合进攻的作战部署。下午 5 时许，敌人果然以猛烈的炮火向我卢沟桥及宛平城周围进行轰击。至晚 8 时，日军的炮击停止，但其战车及步兵并未出动。

9 日晨 6 时，驻丰台车站的日军大队长一木清直率其所部又来挑战，扬言要在 4 个小时内占领宛平城和卢沟桥。一木首先指挥炮兵向我城、桥轰击约 2 个小时，然后指挥数十辆战车掩护步兵向我阵地扑来。是时，我右翼第十二连居敌人主攻方位，战斗最为艰苦。我命轻、重迫击炮连集中火力，打击敌人的战车和密集队伍，给第十二连以支援，并亲率第九、第十连由第十二连右翼攻击日军左侧背。我军攻得勇敢，敌人亦守得顽强，乃至短兵相接，双方均伤亡惨重。上午 11 时，我命令队伍全面出击，激战至中午 12 时才把来犯之敌击退。是役，敌酋一木清直于上午 10 时许被我军击毙在一片坟地里。消息传到北平，各报争出号外，军民无不称快！

日军几次发动进攻，不仅未能得逞，而且还赔上了一个大佐。10 日上午 8 时，敌联队长牟田口恼羞成怒，亲自赤膊上阵，先以强大的炮火向我城、桥轰击，炸得砖石横飞，浓烟滚滚。接着，日军出动数十辆战车，掩护其数倍于以往的兵力，向我城、桥攻来。铁桥东端的战斗最为激烈。敌人集中优势兵力与炮火将铁桥东端重重包围，那里的情势异常危急。我亦集中轻、重迫击炮连的火力，轰击铁桥东端的敌战车和密集队伍，同时以重机枪连的全部火力，攻击威胁铁桥东端的日军左翼。我亲率第九、第十连猛攻其右翼，再次与敌人展开了肉搏战。但是，铁桥东端的阵地还是被日军占领了。战斗至午后 1 时，双方均疲惫不堪，相距 400 米形成了对峙局面。

师长冯治安得悉铁桥东端阵地失守，极为关注，打来电话问我："现在卢沟桥的战斗，已关系到冀察之安危、本军之荣辱，你应当如何？"我当即回答说："报告师长，我宁死于战场，决不死于法场！"冯师长接着告诉我，下午 3 时将有人与我联系。果然，下午 3 时许，保安第四团第二营的曹营长带领 4 个连来见我，并说奉师长命令参加战斗。第二营共计 700 余人，战斗力尚好，为我军夺回铁桥增添了力量。

10 日晚 8 时，我召集连以上军官开会，研究、部署夺回铁桥及桥东失地的战斗。会议决定，11 日凌晨 2 时全面出击。具体部署为：保安第四团第二营派 1 个连增援三营的第十一连，向占据铁桥东端的日军正面出击；第十二连右接第十一连左翼，向日军的右侧背进攻；第九连左接第十一连右翼，向日军的左侧背进攻；重迫击炮连的火力，集中轰击铁桥东端之敌；轻迫击炮连左接重迫击炮连的右翼，根据战况使用火力；重机枪连以支援东端的战斗为主；第十连为预备队，由我率领埋伏在铁桥东端 400 米处，视战况出击。

出击时间是 11 日凌晨 2 时。因为此时正是夜深月黑，所以我作了如下规定：1. 出击队伍的联络信号是，全体官兵一律用白毛巾围着脖子；2. 本夜口令"战胜"；3. 桥东失地收复以后发射 4 发红色信号弹，各出击队伍见到信号弹后立即撤回原地。

会后，各连按照部署进入阵地待命。11 日凌晨 2 时，随着一声出击号令，霎时枪炮轰鸣，喊杀遍野，流弹如雨，血肉横飞。第三营第九、第十一、第十二连与占领铁桥的日军展开了激烈的争夺战。守桥之敌相当顽固，我方几次发动攻击，均无进展。于是，我让保安团曹营长率部向正面敌人猛攻，使其无法抽出兵力支援铁桥守敌。我抽出曹营第六连和重机枪连的 1 个排，以及预备队（第十连），由我率领向铁桥东端的日军左侧背猛攻过去。经过 2 个多小时的殊死搏斗，我军终于冲上了敌人的阵地，将其击溃，夺回了铁桥及桥东失地。这时，各连纷纷追击溃逃之敌，却忽略了清扫战场。我在指挥追击逃敌时，不意被隐匿之敌用手榴弹将我的左下肢炸断。接着，我又被敌人的一发手枪子弹击中头部。弹头从我的左耳旁钻进，从右耳下穿出。随从士兵迅速把我抬出战场，护送到长辛店车站，然后乘火车赶往保定医院救治。

当时，全国各界人士纷纷来到保定医院慰问我军负伤将士，中共中央亦派员来院慰问，前来采访的报社记者更是络绎不绝。这一切使我们感动不已。我在住院期间得知，中日双方曾三次达成停战协议，而日方又三次违约，致使战事逐步扩大到八宝山、长辛店、廊坊、杨村等地。7 月 28 日晨，日军大部队自天津、古北口、榆关（即山海关）等处开到平西，遂向我第二十九军军部所在地南苑发动陆空联合进攻。我第二十九军副军长佟麟阁、第一三二师师长赵登禹率部顽强抵抗，壮烈殉国。冀察当局奉命将北平军队撤至保定、涿州一带布防。平西卢沟桥等处之我军，至此亦一同转移。

7 月 30 日，卢沟桥沦陷。是时，余心至为沉痛，决意伤愈之后，重返战场，继续杀敌，以尽军人守土卫国之职责。

军训团血洒南苑

王力军*

国民党二十九军军事训练团，是宋哲元为了培养中下级军官，于1936年冬成立的。此时，正是中国共产党争取宋哲元抗日时期，因此，在成立时，地下党组织派去了一些党员干部与学员。所以，该团成立不久，即形成了一致对日的整体，在七七事变时表现了英勇顽强的杀敌精神。我当时是二十九军军事训练团三大队十一中队学员，亲身经历了南苑战斗。

军事训练团团长由副军长佟麟阁兼任，1937年1月以后，改为特务旅旅长孙玉田。张寿龄任教育长。下设3个大队、12个中队，全团包括军官和学员共两千余人。第一大队大队长李克昌，第二大队大队长张自创，第三大队大队长冯洪国。队干部大多是原抗日同盟军军官，以及西北汾阳的军校毕业生，其中有一些是中共地下党员。学员是从平、津、保等地招收来的一些中学生，其中有一部分是中共地下党组织派去的中共党员和进步学生，还有东北流亡学生和少数由东南亚回国抗日的华侨子弟。这些学员，年龄虽小，但爱国热情很高。全团学员共1500余名，住南苑第七营房。

由于当时正处于日本逐步增兵华北之际，形势日益紧张。因而开学后，

---

* 作者时为第二十九军军事训练团第三大队第十一中队学员。

立即进行两方面的紧张训练。一方面积极进行以抗日救国为主的政治教育；一方面紧张而有计划地进行军事训练。为了激发学员抗日热情，教育长张寿龄亲自谱写了“团歌”。负责政治教育的，是中共地下党员张友渔和进步教授温健公。这两位同志是宋哲元聘请的军训团的政治教官。他们在宋哲元部开展了卓有成效的统战工作。他们虽不住在营房内，但每周都到军训团授课，每次讲两个小时。通过授课，广泛深入地宣传抗日救国理论，把日本帝国主义的侵略本性及其军事野心，以及其侵华的优势和劣势，都讲得很具体，很有说服力，因而学员们很爱听。每次授课，课堂秩序非常好，除去讲课的声音外，听不到任何杂音。经过张、温老师的宣传教育，大大地激发了学员们抗战爱国的热情。

在军事训练方面，要求是很严的，生活也很艰苦。首先进行的是共同科目训练，如徒手、持枪各种队形的变换和各种步法，以及练铁杠、劈大刀等。在此同时，北平城里各校的“学联”“民先”，在地下党的领导下，不断派出学生到营房里来与军训团的学员联欢，有的在一起打篮球、踢足球或练铁杠，还有的共同谈心。总之，通过联欢、访问、交朋友等形式，学生们与军训团学员的广泛接触，并赠送给学员进步书刊，其中有一种刊物叫《中国人》，内容主要宣传抗战爱国。通过接触，不仅相互建立了友谊，促进了军训团的学员抗日热情，而且纠正了军训团一些学员偏离统一战线的行动。1937 年春，学员们听到“军事训练团”要改为“军士训练团”后，部分学员多次质问团领导为什么？宋哲元曾亲自到军训团做解释，但也未得到彻底解决，最后还是经过北平“民先”向学员们反复说明，在华北要想抗日救国，必须团结宋哲元、联合二十九军的道理后，这场风波才平息下来，从此再未发生过与宋哲元对立的言行。

共同科目训练将近结束，正在着手准备进行分科训练时，卢沟桥的炮声响了。7 月 8 日上午，各队正在操场出操训练，忽听西北方向传来炮声，当时，大家都认为是炮兵实弹打靶，所以都不以为然。不久，传来收操集合的号音。各队集合后，教育长宣布：一一〇旅二一九团，在卢沟桥和长辛店附近与日军发生了武装冲突，命令各队回驻地整装待命。各队回营房后，擦拭枪支，补充弹药，学员们个个心情激愤。

7月9日，北平民先总队发出紧急通知，要求全体队员立即把日军挑衅事件作广泛的宣传。南苑分队指示军训团民先队设法推动二十九军进行武装抵抗。各队接到通知后，相互串联，商讨参战问题。根据民先纲领“动员全国武装力量，驱逐日本帝国主义者出中国”的精神，决定各队派出代表递交请战书。于是各中队选代表二人，于7月10日向副军长佟麟阁第一次递交了请求杀敌的决心书。表示坚决要求上前线，坚决保卫平津华北，与日军血战到底。并提出“为保卫国土流尽最后一滴血”的号召。决心书递交后，教育长向代表们作了耐心解释，要求大家以服从为天职，加紧训练，等候命令。教育长解释后，学员们的情绪也逐渐稳定下来。随即紧张地进行随时参战的准备，在营房内挖防空洞。五六天过去了，形势出现平静，但由于民先上下失掉联系，什么情况也不知道，只从传言中听到一些日本兵不断在天津登陆的消息。后来，学员们听说，军领导认为将军训团学员当战斗兵使用，实在不当，决定其迁往保定。消息传出，各队代表又举行集会，再次上书表态，决心在前线杀敌报国，绝不从战场上后退。这时的北平各报也纷纷报道军训团学员上书杀敌的意愿。在内外促进下，二十九军领导改变了主张，撤销了迁保命令，并换发了武器装备。学员们在训练时使用的是旧武器，决定不走后，换发了新“三八”。7月20日，全团即在南苑南小街东南角开始挖战壕，担当抗击通县方向来敌的进攻。当时是夏天，南苑周围是一望无边的青纱帐，为了发扬火力，战壕挖好后，将阵地前400米内的高粱玉米一律砍倒，同时全团按预先布置进入阵地。27日下午有四五个日本骑兵窜到南围墙附近。由于距军训团阵地较近，前沿学员未等上级下达开枪射击的命令，即开枪射击。当场击毙一名，其余仓皇逃窜。为了防止敌人偷袭，学员们一夜没有合眼，四面虽然不断传来枪声，但学员们个个都精神振奋。28日拂晓，日军调集陆空优势兵力，约计步兵三联队、炮兵一联队、飞机数十架，开始向南苑进攻。

28日拂晓，天刚蒙蒙亮，南苑东北上空，两架敌侦察机飞来。到南苑上空后，盘旋两周，向原方向返回。此刻，各队接到迎击敌机准备的命令。学员们立刻把子弹上好了膛。约一小时后，日军开始向南苑炮击。同时敌5

架轰炸机，出现在南苑上空，从南苑东北角骑兵师开始，沿营房排列顺序，疯狂地轰炸起来。由于南苑未构筑坚固的防御工事，在敌人空袭时，部队受到钳制，不能活动，密集的马匹和士兵，来不及疏散、隐蔽，因而损失很大。通讯设备也被炸毁，各部队与指挥部联络断绝，指挥失灵，秩序混乱。阵地上的士兵，只有在各自的掩体中用自己的枪支向敌机射击。

经过敌机空袭与炮击，南苑已变成一片硝烟，大火不断向四下里蔓延。当时的时间约 10 点左右，就在这硝烟迷漫、部队混乱之际，日军二十师团河边正三旅团、步骑炮联合约 3000 多人，在坦克车掩护下向南苑进攻。恰巧，敌人进攻方向正是军训团防地，虽然敌强我弱，处境被动，但全团上下，沉着应战，多次打退敌人的进攻。军训团虽有严重伤亡，但士气高涨，个个怒火冲天，牢固地坚守着自己的阵地，使敌人“从正面摧垮，一举攻占南苑”的企图破产。当时，虽然处于大暑季节，但学员们对白天气候的炎热、晚上蚊叮虫咬好似一点感觉都没有。

下午 4 时许，敌人又以铁甲车作掩护，开始向南苑西北角进攻。此时，军训团以及其他阵地守军已腹背受敌，敌人对南苑已形成全面包围。敌人步兵在坦克掩护下，再次向军训团阵地进攻，这时战斗打得相当激烈，不少学员子弹打光了，手中只剩下一把大刀、一把刺刀，有的学员干脆把手中的空枪扔掉，紧握着一把大刀等待拼杀。正在紧急关头，上边传来“上刺刀，准备冲锋，歼敌于阵地前”的命令。就在即将冲锋时，邻兵忽然又传来“向南小街转移”的命令。各队随即沿战壕后撤。撤退时，由于无人指挥、无人掩护，秩序混乱。当一大队退入营房，二、三大队尚在南小街时，敌人空军已从南苑西面开始降落，步兵已从东面进入营区。大操场上的演武厅已被敌人占领，敌人正从屋顶上用机枪向营房内外的二十九军射击，部队秩序处于极端混乱状态。二、三大队已无法进入营房，于是又向南突围，此时各队已大乱，伤亡惨重。借青纱帐与天黑之际，各队从不同方向、不同路线撤离南苑。

军训团的 2000 多名军官和学员，约百分之三四十壮士的鲜血洒在古都的南苑。29 日，大雨连绵，天公向为抗日流尽最后一滴血的爱国青年致哀。

廊坊抗战始末

崔振伦[*]

1937 年 7 月 25 日开始的廊坊抗日战争，虽然规模不大，持续时间也不长，但对卢沟桥保卫战的全局关系非常重要。对天津方面的敌人，起了很大的钳制和阻止作用。廊坊战斗，我是组织者和执行者之一，当时驻防廊坊一带的是第二十九军第三十八师第一一三旅第二二六团，我是这个团的团长。

一、七七事变前敌我的形势和动态

（一）第二十九军第三十八师的情况

1. 军事部署

第三十八师师部、第一一四旅旅部和第二二七团、第一一三旅的第二二五团、师部特务团驻南苑；骑兵营驻团河；第一一二旅旅部和第二二三团、第二二四团驻防大沽、小站、葛沽一带；第一一三旅旅部、第二二六团分驻武清县城关、杨村、河西务，主力在廊坊；第一一四旅第二二八团驻天

---

* 作者时任第二十九军第三十八师第一一三旅第二二六团团长。

津附近韩柳墅，其第三营担任天津市政府的警卫；独立第二十六旅旅部及其第一团、第二团分驻马厂、青县一带；独立第三十九旅驻北平东北郊。

2. 建制和团以上官长姓名

师长张自忠，副师长李文田、王锡町，参谋长张克侠（后改任翟紫封）；第一一二旅旅长黄维纲，第二二三团团长李金镇，第二二四团团长张宗衡；第一一三旅旅长刘振三，参谋长李树人，副旅长梅贯一，第二二五团团长张文海，第二二六团团长崔振伦；第一一四旅旅长董升堂，第二二七团团长杨干三，第二二八团团长刘文修；独立第二十六旅旅长李致远，第一团团长朱春芳，第二团团长马福荣；特务团团长安克敏。（独立第三十九旅是新建单位，对其官长姓名还不熟悉，无从谈起。）

3. 编制和武器配备

第三十八师有 3 个正规旅。每旅两个团和 1 个特务连。每团 3 个营及迫击炮、重机枪各 1 连。每营 4 个连，每连 3 个排，每排 3 个班，每班 14 人。师部有个特务团，分骑兵营、手枪营、工兵营、炮兵营及高射炮、平射炮各 1 连。除这些部队外，还有两个独立旅，即第二十六旅和第三十九旅。

宋哲元从长城抗战失败后即回察哈尔，冀察政委会成立后就控制着平津两市，在装配上有新改变，利用大沽造船厂制造了一部分轻武器，也从德国、捷克购买些武器。如每团配备八二迫击炮 4 门，捷克造重机枪 4 挺。每连配备捷克式或大沽造轻机枪 6 挺，掷弹筒 4 个（以后改为连的小炮排）。每个战斗列兵发捷克式步枪 1 支，刺刀 1 把，木柄手榴弹 4 个。连长发手枪 1 支，排长是冲锋枪或手枪、步枪不等。通讯器材、骡马、军需用品，均有所改善。

4. 训练教育

第三十八师（连同整个第二十九军在内）在长城抗战失败后得到三四年的休整机会，在装备补充上有些改善，但在训练教育上，基本上还是旧西北军的老样。这个师的教育训练，可分为术科训练和学科训练。

术科方面：（1）操场训练。不外各种步法、各种队形的变换以及器械体操等。（2）野外演习。即攻防追退，都是老一套的办法。

学科方面一是军事书本，如步兵操典、里外勤务等普通军事常识；二是精神讲话，由连排长或营团附集中讲一讲，内容是爱国主义和民族主义。每逢国耻日，馒头上印上“勿忘国耻”4个字，或者让官兵都躺在铺上凝视天棚，不吃饭，想一想，以示不忘国耻。有伙食节余的团营就买几头活猪，拉到操场用黄纸糊在猪身上，写上“日本帝国主义”，让各连队向猪做冲锋动作。哪个连队刺死了猪，哪个连队就抬走吃了。吃饭时唱《吃饭歌》:“这些饮食，人民供给；我们应该，为民努力。帝国主义，国民之敌；为国为民，我辈天职。”在抗日期间，歌的第三句改为“日本军阀，国民之敌……”没有正规的政治工作制度，也没有政工人员。

（二）敌人方面的情况

敌人在天津的东局子、海光寺、飞机场均驻有驻屯军，北平以南之丰台等处均有日军兵营。日军采取各种形式增加驻兵，如通过换防多来少走，逐渐增兵。从卢沟桥战争爆发至廊坊战事之前，光北平一带增加的兵力，经我们监视哨统计，就有三个联队和一些特种兵。其次是经常作野外军事演习，以北平或我军驻地为假想敌，进行攻击演习。开始时，我军还有所戒备；时间久了，习以为常，也就麻痹了。第三是政治拉拢，诱骗第二十九军投降：第一步，要第二十九军脱离国民党独立；第二步，让宋哲元搞华北伪政权。宋哲元既不愿投敌，又不敢断然拒绝，只是采取拖延、苟全的办法，接受了日军向第二十九军和冀察政委会派遣顾问的要求。日军事顾问只是在军部和师部活动，旅团均没有日本顾问。

第三十八师有个日本顾问叫樱井。在1937年春天，这个樱井由副师长李文田陪同来到廊坊。这时旅长刘振三因公外出未回，只有旅参谋长李树人和我负责接待。我们感觉很为难，怕说错了话担过。当时在旅部找了一位录事充当翻译。一天上午，副师长李文田陪同樱井去操场检阅部队。当然是副师长检阅，并非日本顾问来检阅，一切操场仪式礼节都是向着副师长的。可是副师长穿的不是军服，而是长袍马褂，显得不像样子。事后才知道，因为副师长与樱井的军衔悬殊，怕不好看，不便着军服。樱井在部队面前讲了话，大意是说："中日同种同文，应该睦邻亲善，共同防共，对付欧美各国……"

二、卢沟桥打响后廊坊方面的情况

第二十九军的领导层受了不抵抗主义的影响，又从反面接受了 1933 年长城抗战失败的教训，对抗战胜利失去信心。为了保住平津的地盘和自己的实力，对日本侵略军始终抱有幻想。卢沟桥已经打起来了，还认为是地方事件，就地谈判解决。和敌人订的临时协定中有"如有日军列车过往，不经廊坊驻军许可不准放行"，来往列车得向廊坊情报站通知。可是日军向北平增兵，始终没利用铁路运输，而是从天津徒步行军开向前方。由于敌人的兵力尚没大批增援上来，所以才集中力量在卢沟桥作战，对廊坊方面暂不进攻。因此 7 月 7 日卢沟桥战斗打响了，廊坊无战事。直到 7 月 25 日，敌人才向廊坊进攻。

在卢沟桥战争未爆发前，第二十九军虽然处在三面被敌包围之中，但几年以来都是和平练兵，思想上既没高度的警惕，在行动上也并没有相当的备战措施。7 月 7 日到 25 日廊坊战斗打响，仅十几天的时间，才做了些简单的备战工作，构筑了简单的工事，把随军家属送回各自的原籍或转移他处。

（一）部署情况

第一一三旅旅部、第二二六团团部和特务连驻在廊坊铁路以南，与商民杂居在一起。第一营驻在车站东端的侍卫府（俗称石灰坞）；第二营驻在武清县城关，其第五连驻在杨村；第三营驻在铁路以北的营房内，其第十二连驻河西务；团的迫击炮连驻在铁路北的一个货栈内；机关枪连驻在车站北的一个小村子内。廊坊地势平坦，满地庄稼，枣树很多，沙土地，平顶房，没有大的建筑物，仅有当年德军占领时建筑的两幢西式楼房，面积 6000 平方米，土围墙。新建平房三列，每列能住一个连队。

廊坊仅有些中小型的商业和摊贩，多半都在路南。路北有三四条窄短的街道，有几家摊贩、饭店和客栈，除了驻军和安次县的公安局派出所外，就是商会及一所小学校。

（二）备战情形

卢沟桥战事打响后，团的措施是：

1．首先把随军眷属限期送走；

2．团部移驻路北，便于指挥作战；

3．构筑防御工事；

4．在万庄车站、落垡车站及廊坊车站两端布置便衣队，必要时准备拆除铁路（这批便衣队都经铁路工人传授了扒路的技术，并携带着扒路工具，一两分钟能拆掉一节铁轨）；

5．把车站和街市隔离开，各街口都用旧枕木、麻包袋堵塞起来，挖一道壕沟，在房顶上垒起各种类型掩体，迫击炮、机关枪都对准预定假想目标，测定距离，加以标志。

第二十九军的作战指导思想，是备战避战的方针，即使在任何时候任何情况下都不准先敌开火，但是要求寸土不失。在日军方面，为了争取时间，增调兵力作大规模的进攻，对中国政府和第二十九军采取麻痹政策，表现在不撤回在第二十九军的顾问，不拒绝互派代表谈判，使第二十九军领导层始终幻想卢沟桥事件能以地方事件求得解决。

正在这个和战未决、边打边谈的同时，第二十九军副军长兼北平市市长秦德纯对记者发表一篇谈话，大意是说已命令守卢沟桥的部队，卢沟桥就是他们的坟墓，寸土不能让给敌人……廊坊官兵们得知后都很受鼓舞，以全团官兵的名义向师部上书请命，愿到前方杀敌。不久就接到了命令，即是“备战避战”。在7月15日左右，接到准备出发的命令，这时全团官兵异常兴奋，都擦枪磨刀，做好了随时投入战斗的准备。听说这次预备用7个团的兵力，来歼灭丰台和卢沟桥的敌人，但不知是什么原因，这个命令又撤销了。

因为由天津向北平附近增援的敌人，不能利用铁路（临时协定规定的），除了用汽车运输外就是徒步行军，中间必须经过杨村。驻杨村东口公路边沿的第二营第五连，不管黑天白日，监视着通过的敌人。这个连因处在敌人来往的要道上，警惕性高，也有相当的战斗准备，士气旺盛，随时都可以投入战斗。上级严格的避战命令束缚着他们，有敌不能打，眼看着敌人的辎重和军队日夜不停地开向卢沟桥战场，打我们的友军。全连官兵都义愤填膺，每天数次请缨就地杀敌，均被严令拒绝。有一天，这个连的连长杜巍然用电话请示我批准开火。他说："请团长另委个连长来代替我好了！"我问他这是什么意思？他说："敌人几天来络绎不绝地从门口经过，官兵都忍不下去了，非打不可。如果真打起来，我可担不起这个责任。如不让我们打，就叫我们改装土匪，离开杨村到别处去袭击敌人，打了就跑。你看行不行？"我当时考虑，在上级的避战命令下如果这样干了，我也担不起这个责任，于是先和旅参谋长李树人商量，又去请示师部。结果仍是不准。最使人义愤和难堪的，是敌人的一辆辎重汽车陷入泥窝，走不动了，杜连长见既不让打，又怕这辆汽车在这里待长了会出事，即用电话向我报告，请示如何处理。我又和李参谋长商量，又去请示师部。李文田副师长的指示竟然是：责令这个连的官兵，帮助敌人把车拖出来，快走了事。这不是意味着帮助敌人快去打我们的兄弟部队吗？我照抄传达到连里去，准遭到全连官兵责骂；不传达下去，又得负违抗上级命令的责任。正在左右为难之际，幸亏敌人这辆汽车已经走了。事后才知道这个陷坑是该连有意设置的。以后怕这个连闹出事来，我们负不起责任，就把他们调开了。

（三）日军向廊坊我军挑衅

日军依靠《辛丑条约》在北宁路享有驻兵权，因廊坊有我驻军，宋哲元也有声明，"不准利用北宁铁路作军运"，所以在廊坊战争未爆发前，敌人暂没利用平津段作军事运输。但是廊坊在兵要地理上说，是个必争的地方，敌人为了攻陷北平，非把廊坊这个钉子拔掉不可。所以在 7 月 11 日就向廊坊我军挑衅。在这天的中午，我接到万庄车站通知，说："有日军五六名携带通讯鸽两笼，到廊坊车站去了。"据此我和参谋长李树人研究（这时旅长刘振三正在庐山受训，师长张自忠在天津任市长，所以师旅都是参谋长或副职代理），决定请安次县廊坊公安分局局长出面交涉，同时也传令我们的官兵不准到车站去。待这几个敌人下车后，局长趋前问其来意，敌人回答是“检查通讯的”，并要求让他们到市内去逛逛。局长耐心向他们说明，从车站到市内均被驻军隔绝，不能进去，劝他们早些回去，以免和驻军发生误会。敌人并没坚持要去，答应等有车来后回北平。敌人与局长谈完话后，立即放走了两只通讯鸽。公安分局派了两位公安人员陪同他们等车，直到来车走了完事。这是第一次挑衅行动。以后这类事情不断发生，特点是人数一次比一次多，态度一次比一次强硬。我们的对策是随机应变。我们选派机警能干的军官化装成公安人员，暗带短枪，随同公安分局局长与敌人周旋，借此观察敌人的企图，随时报告旅部和团部。同时也派出武装便衣，采取各种方法，敌人来了，就把他们秘密包围起来，以防万一。有一次，十几名敌人仍以检查通讯为名来到廊坊车站，下车后佯作无事，到处游逛。有一敌兵爬到电线杆上，四下张望。他发现房顶上有我们哨兵向他们瞄准作射击状，急忙下来，咆哮如雷地向我公安分局局长表示要找驻军司令抗议，说什么他们正在值勤之际，中国兵为什么向他们射击。经公安人员作了解释，并劝阻一番，才算完事。旋即回北平去了。很明显，这些敌人多次来到廊坊的目的是侦察情况，找借口，为攻占廊坊做准备。

23 日傍晚，接天津车站紧急通知，说“有敌人兵车一列开向北平”。这时敌车离杨村只有一站。我当即与杨村、落垡两站站长商量是否有办法阻止敌车前进，他们说没办法阻止。我们的任务是守备廊坊地区阻止敌人前进。打吧，上级不准；阻止吧，又没办法。既要避战，又要寸土不能资敌，在这个矛盾的命令下，真是左右为难。正在紧急时，适有廊坊站长李益三说：“我倒有办法，团长能不能为这两个站长负责？”我急问什么办法，表示任何责任我都能负。李站长说，叫这两个站长带着全体职工和一切工具一跑了事。我认为他的话有道理，可以照办，但李参谋长犹豫不决。我当时认为这不是什么了不起的责任，即请两个站长照此办理，都撤到廊坊来。结果敌人的兵车没法开来，算完了。据李益三站长介绍，这个办法是在长期军阀混战中摸索出来的经验，当作战双方谁也惹不起的时候，一跑了之。根据以上情况，我们分析，廊坊的保卫战快要爆发了。正在为难的时候，旅长刘振三 24 日晚从庐山受训回来。我们真是如释重负，松了一口气，认为旅长一回来，不但有了依靠，而且上下为难的担子，也不会这么重了。

三、廊坊战斗的爆发

（一）被迫开火

7 月 25 日的下午，接到北平师部的通报，有日军兵车一列向廊坊开去，令严加注意。我当即和刘振三旅长研究敌情，商量对策。据我们判断，卢沟桥已经打响十几天了，廊坊又是平津要冲，势在必争；而且敌人最近的活动，又都是带侦察性的，因此认为敌人此来，是决心占领廊坊。据此由旅长向师部请示机宜，便于行动。师部的指示是“让敌人的列车进站或通过，不让敌兵出站进街”。如果此着不通，下一步怎么办？师部的指示一字没提。旅长根据指示精神，交我具体办理。廊坊的部队是我团的两个营，我也没有什么好的办法，照样请公安分局局长出面与到站的敌人兵车交涉。公安分局向敌提出，只准在站内活动，不准出站进街，理由是站外街内都有驻军，以免发生误会（七七事变后安次县政府为廊坊公安分局派了个日语翻译，凡与敌人交涉事情时，都用这个翻译）。当时敌因立足未稳，一面虚与应付，一面又提出：“光在站内活动，怎能完成我们的任务呢？”要求请我们的旅长来谈谈。旅长在这样的情况下，当然不能冒险前去，可是又不能不去。于是派了位上尉参谋，代表旅长去和敌人交涉。但敌人仍坚持要旅长亲自来谈，并说“如果旅长不能来谈，派团长来也可”。根据敌人降了格的要求，刘旅长又派第二二六团中校团附杨遇春同李参谋随公安分局局长一道再去交涉。待一伙人到后敌人还和我方人员合拍了照片，而且让杨团附站在中间。照完相后，双方开始谈判。我们的要求是：“你们的任务完成后尽快离开廊坊，以免发生误会。”敌人要求出站宿营。我方说：“此地有驻军，你们在此宿营绝对不行，还是赶快离开此地。”这样反复争执，终无结果。待我方人员回来后，敌人就行动起来了，分成三四个组列，每组约有 30 人至 50 人左右，全副武装，并带有工具。他们分头出站，选择有利地形开始向着市内方向构筑工事。这时敌人的主力仍在站内隐蔽，不让我方看见。

还在双方谈判时，我和刘旅长随时研究情况，并随时报告师部，请示办法。但是师部在这种一触即发的紧急情况下，下达的指示仍是老一套，即“不准敌人出站进街，不准开枪”。我们还派公安分局局长前去交涉，要求敌人“停止构筑工事，马上离开廊坊，否则发生冲突，由你们负责”。敌人这时更进一步提出强硬要求，要我驻军退出营房让他们宿营，他们就停止构筑工事。刘旅长用电话向师部报告，副师长李文田指示“不能让出营房”。刘旅长说:“敌人硬要进怎么办？”副师长说:“挡住敌人。”刘旅长问:“如何挡法？”副师长说:“总之驻地不能让出，也不能先敌开火。”我在电话前听了二人的对话后，就出去看情况，正遇第三营营长邢炳南报告:“敌人正对着九连住的街口做工事，工事做完以后一定会向我们开火。”这时第九连连长宋再先也来了，他说:“团长，打吧！”我说:“你打谁负责？你先回去，我和你们营长商量商量。”我和邢营长商量的结果是，先敌开火，待敌人开火后再向师部报告，说敌人先向我开始进攻，我们为了自卫才还击的。但是这样办了，又瞒不了旅长。我让邢营长回去布置，我去找旅长商量。邢营长说:“如果旅长不同意怎么办呢？还是等团长回来再说吧！”

我到刘旅长那里报告邢营长与宋连长先敌开火的意见，刘旅长没加可否，光是低着头吸烟。正在这个时候，忽然听见外边响起了机枪声、炸弹声，夹杂着喊杀声，很激烈。这时刘旅长才拿起电话筒向师部报告，说:“敌人已经开始向我们进攻，我们不能等着挨打，怎么办？”我听见电话筒里说:“育如（刘旅长的字），你拿着电话机不要放下。”听到这里，我马上出去，观察各处的情况。走到第九连阵地时，见到宋连长，他神情不安地说，这次开火是他连里的一个列兵，叫王春山，他自己集合了 5 挺轻机枪，没得到任何人的命令就向敌人开火了。我说:“敌人先打了咱，咱当然也要打敌人。”我事后考虑，宋连长所说的一个列兵集合了 5 挺轻机枪，先敌开了火，恐怕这是宋连长亲自办的。不然一个列兵怎么能够集合

5 挺轻机枪呢？他是怕负责罢了。我又找到邢营长，他说刚才的炸弹声是第十连蒋排长搞的。蒋当时在一家饭馆房顶上（当时在廊坊商民的平房顶都设有隐蔽哨，敌人还没发现），正好房子墙根下有一部分敌人休息，他一听第九连响起了机枪声，他就用集束放手榴弹的办法，每捆 5 个，投下了 5 捆。

廊坊的抗日战争，就是这样开始的。这次因为敌人没重武器，只有重机枪、小口径炮，特别是立足未稳又加上他们轻敌，所以伤亡很大。当时已进入黑夜，只听见敌人的伤兵鬼哭狼嚎。敌人曾数次使用猛烈火力作掩护，抢运伤兵，均被击退，又伤亡不少。我军是以主待客，早筑有一定强固程度的工事；又违背了上级命令，先敌开火，争取了主动，因之伤亡不多，损失不大。但是我们估计，敌人这次伤亡很大，又没撤走，绝不会罢休。决定在拂晓前，将车站现有的敌人全部歼灭，夺回车站，以便天亮后对付增援的敌人。我们也估计了形势，自己没有重武器和攻坚的准备，而敌人占领了车站的各种建筑物。如果在天明前歼灭不了他们，敌人援兵来了，势必向我们进攻。要是我们支持不住，再后撤，困难就大了。可是半夜 12 点左右时，听刘旅长说，北平方面敌我双方都已经派出调解人，乘汽车前来廊坊进行调解。按时间计算快该来到了，所以又增加了拂晓前歼敌的顾虑，于是就作罢了。下面的决定是在天明前把旅部、团部撤至营房以内；又重新调整了部署，准备敌人拂晓进攻和应付增援之敌。这是 7 月 25 日的情况。这一天的战斗，在我们来说，既被动，又主动。按上级“备战避战不先敌开火”的作战指导来说是被动的；从下级来说，在敌人的步步进逼下，不顾上级命令先打了敌人，是主动的。

（二）26 日再战

当我回去指示团部向营房内迁移时，刘振三旅长早在等我了。我们正在交换情况，忽然接到报告说，天津之敌开出兵车一列，已到落垡车站下车，估计此刻敌已下车，集结完了即将开始向我们攻击前进。刘旅长急找邢营长来，打算用邢营长的名义给敌人写封书信，说明北平中日双方都派人来进行调解。目的想缓和一下敌我气氛，争取些时间，完成自己的部署。待找来邢营长，写下不到几行字，从天津飞来9架敌机，分3个组在我们的营房上空转了一个圈即开始轰炸；紧接着又来了6组18架。两次共27架飞机，在廊坊上空轮番侦察、扫射、轰炸。邢营长的信也没用上。当时研究，营园面积不大（仅6000多平方米），纯系沙土围墙，素无坚固的防守工事；我们部队现都在市的边沿，正在敌机的攻击目标下，固守营房是没用的，也守不住。不如把队伍撤至市外，和敌人作野战倒还有利。这时营房内的房屋大部都被炸塌了，幸亏我们是在地下室开会的，散会后刚一出门，敌人的炮弹也打过来了。仓促之间，刘旅长沿着围墙外部利用高粱和芦苇的隐蔽走掉了。旅长走后我和邢营长跑到营园外边，找了个适当的地方又研究尔后的作战方针以及通讯联络和伤员的转移等问题。决定团的机枪连归邢营长指挥作总掩护，并作为营的预备队。邢营长即开始作撤退部署，待撤退和占领阵地的队伍大致就绪后，我就去找旅长去了。走不多远就遇见第十二连连长鲍俊德。他说，刘旅长到桐柏镇去了。这时看到敌人的炮火和飞机都集中向营房轰击。我们有八二迫击炮4门，也集中向敌人射击，用活动阵地的方法，每放上五六炮，就迅速转移阵地，再向敌射击。我们步兵利用高粱、芦苇的隐蔽，向营房接近，向墙里射击，投掷手榴弹。但敌人始终不出围墙。敌机终日保持着9个组27架飞机，协助其地面部队作战。

在上午12时前，我得知旅长已到了桐柏镇。我正要到桐柏镇去见旅长，刚好旅长派人来找我。旅长已将团的第二营从武清县调到桐柏镇旅部。我到了桐柏镇，范绍桢营长对我说："需要不需要第二营上去？"我以为他们刚从武清开到，一定很疲劳，就让第二营先吃饭休息。我见到刘旅长，汇报了前方战斗情况。旅长问我今后怎么办，他说反攻廊坊也无意义。我说，去守武清城关如何？旅长说，去武清不如到安次。我们分析了利害后，决定今晚横过落垡铁路向安次县城关进发。26日敌人完全占领了廊坊，其伤亡人数不详。27架敌机轰炸了一天，敌人的步兵占领了营房以后，没作进一步攻击，只是机枪大炮向我们盲目射击。那天我们共伤亡四五十名左右，团部和第三营的行李全部丢光，只是将文件带出来了。

（三）主动转移

7 月 26 日，我们撤出了廊坊。所谓北平敌我双方派人来调解，根本没见到人影。我们与北平、天津的联络已被中断，无法了解卢沟桥方面的情况，得不到军和师的指导，事实上形成了我们在廊坊独立作战和盲目作战的局面。我们处在卢沟桥和天津中间，如果整个战况不利，是很危险的，只有主动撤退是上策。26 日晚 9 时左右，我们由现地出发向安次县城关前进。为了防止敌人的追击或腰击，我把两个营的大部分轻机枪和团的迫击炮交由第三营营附李盛荣带领，向敌人搜索前进。估计李营附他们通过铁路后即向敌人实行急袭，尔后迅速脱离敌人，追随大部队到安次县城关会合。

我们通过铁路到安全地带休息时，听到后边枪炮声很激烈，因此，旅长和旅部并没停止休息就走了，我们估计敌人黑夜里摸不清情况，绝对不敢追击。一阵枪炮声响过后，我到后面去看情况。没走多远，正迎上担任掩护退却的张永贤连长，他说有一列敌兵车从天津开向廊坊，在落垡站开出时很慢。他便集合本连所有的 9 挺轻机枪向这列车射击，并在铁路上埋下了好些手榴弹。敌人列车上的机枪盲目地向铁路两旁乱打了一阵。这时我们的李营附回来了，我们趁天还不明，就向安次县城关出发前进，和旅部会合。

（四）27 日夜袭廊坊之敌

根据军队的法令，一切军事行动，必须绝对服从上级的命令，没有上级命令而行动，即使对了，也得受处分或斥责。不对的行动，更不要说了。失掉廊坊，对整个卢沟桥战争关系很大，同时，我们撤出廊坊是擅自行动，责任重大。只有夺回已失的阵地，或可将功折罪。我们到安次县城关时，老百姓欢迎我们，并没责骂我们丢掉国土。但这个县的县长张汉权请旅长和我吃饭时，对我们说了不少刺激的话。张县长是军人出身，跟孙传芳当过师长，以后叛孙投卢（永祥）。他向我们说话的大意是：廊坊的情况，不管是在时间上、地点上和敌情上，都和卢沟桥不一样，如上级指示，虽没命令不得向敌人开火，可是也没命令撤出廊坊，如果为了一时的态势不利而撤出，应当伺机恢复廊坊，庶不致有过……我不知旅长内心如何，我当时心里很激动，认为我们虽属军人，守土有责，还不如人家一个县长有远见哩。当即和旅长决定今晚由我带领1个营7个连的兵力向廊坊进发，夜袭敌人，夺回阵地。

廊坊之敌在战斗两天后，伤亡颇重（约百余人），立足不甚稳固，守备人数约在一个加强连左右。北平此时正在激战，估计敌人从北平向廊坊抽调增援的可能性不大，但从天津方面增援的可能性较大。根据这个判断我们做了如下的部署：

第一营附迫击炮连（缺两门炮）、轻机枪4挺，由营长左景春带领为主攻，以夺回廊坊全歼守敌为目的。

第五连附迫击炮两门、轻机枪两挺，由赵营附带领占领落垡阵地，破坏铁道，堵截由天津增援之敌，确保主攻方面的安全。

第六连附轻机枪连（缺6挺）为预备队，随团长行动，并将由安次县城关到北史家务村的电话线路修整完毕。

下午，我们由安次县城关出发。黄昏前到达离廊坊十里左右的北史家务村，将队伍略加整顿，安下基点，以便与旅部（驻安次县城）联络。一些非战斗员、医务所、伤兵收容所以及县政府随来的人员均在此停下，一切就绪后各按自己的任务分头前进。

我带预备队进至廊坊车站西一华里之蔡庄时，廊坊枪炮声已响了。不多时伤兵下来了。接着左营长的报告也来了，报告内容和伤兵口述的大致相同，即廊坊之敌兵力不大，从北平开来的列车均是伤兵。我们的主要攻击目标是列车上的伤兵，其次是廊坊守敌。听枪声时急时缓，我将这个情况报告刘旅长，旅长指示：“在拂晓前将队伍撤下来，先在北史家务村休整一下即回安次。”

袭击廊坊的战斗，我们使用的兵力比敌人大两倍，我对廊坊的地形、市街又熟悉，士气也旺盛，打起来较顺手，所以敌人伤亡重大，敌人的伤兵列车及护卫医务人员全被歼灭；守备之敌除死伤外，大部仓促逃走，只有少数躲在建筑物内的未及逃走。如我不奉令撤出，残敌准能全部消灭，夺回廊坊阵地是有把握的。我们回到安次县城后受到民众的热烈欢迎和慰问。当天的广播和天津各报都在宣传我军某部收复廊坊、歼敌若干名……虽然有些夸张，但是我们打了个主动胜仗倒是事实。

前边说过，我们前在廊坊未撤出时，由于上级在和战不决的情况下给了我们很大约束，失掉了不少打击敌人的机会。最后在敌人的步步进逼下首先开火的蒋排长、列兵王春山和袭击敌人列车的张连长也是顾虑重重，怕受处分。后来接到上级的指示，即对敌作战的命令，大意是“和谈绝望，遇敌就打”，这几个首先打击敌人的人才如释重负，并且得到了奖励。在我来说，也放下了个包袱。

28 日，接到命令，去打天津，先到王庆坨集结。行军到永定河，刚要渡河，又接到命令，即向马厂、青县、大城转进，当即转向永清县渡河，到胜芳镇、大城县集结，休整待命。我们走到胜芳镇，遇上从天津退出来的我军人员第二二八团和天津保安队，才知道我们已经放弃天津。据说我军主动作战，给敌人以很大杀伤，但因整个形势对我不利，不得不撤出天津。

天津抗敌记

李致远*

一

抗日战争刚开始的几个月，驻在河北省的第二十九军士兵及中下级军官，抗日情绪很高，部分高级军官也受到一些影响。但因第二十九军军长宋哲元优柔寡断的领导，军官的思想十分混乱。除了部分亲日派死心塌地地想当亡国奴外，其余军官的思想都苦闷得很。

卢沟桥事变发生时，第二十九军第三十七师（冯治安师）在卢沟桥反击了日本侵略者的挑衅。当时我任第二十九军独立第二十六旅旅长，属第三十八师师长张自忠指挥。我旅驻天津外围马厂一带，有两个步兵团和一个警卫连，装备主要是轻武器，只有几门小口径平射炮和十几挺高射机枪。但士兵们要求抗日的心情十分迫切，个个摩拳擦掌，跃跃欲试。

我旅两个步兵团，一个是“朱团”，团长朱春芳，性情直爽，勇于战斗；一个是“马团”，团长马福荣，性情文雅，长于思考。旅参谋长因公出差未归。

---

* 作者时任第二十九军第三十八师独立第二十六旅旅长。

7 月 25 日夜里，满天阴云，空气闷热。从廊坊一线（由刘振三旅驻防）传来的枪炮声一直未停。我当时在马厂旅部，一夜未眠，等待着廊坊方面的消息和第三十八师副师长李文田（师长张自忠在北平未回来）从天津来的命令。26 日晨 4 点左右，接到刘振三的电话，说廊坊失守，部队损失很大。我即通知部队做好战斗准备，随后乘汽车去天津见副师长李文田。当时在天津的我方主要人员有第三十八师副师长李文田、第三十八师手枪团团长祁光远、市政府秘书长马彦翀、天津保安队队长宁殿武、天津警备司令刘家鸾，还有驻小站的黄维纲旅长等。

在去天津的途中，我想，第三十七师已经在宛平打了十几天，廊坊失守，平津交通断绝，直到现在上级还没有一个明确的指示，看来是非打不行了。见到李文田后，我就问："我们为什么还按兵不动，到底打算怎么办？"李文田见我心情急躁，便说："不要急嘛，我们现在和张师长断了联络，打与不打我一人不好决定。你这一趟来得很好，我明白了你的决心，你先回去掌握住自己的部队，我再试探马彦翀、黄维纲、祁光远他们的想法才能决定。"我说："现在和日本侵略者已经撕破脸了，不打是不行了！我的部队是有把握的。要打还必须拉着天津保安队和警察一块干，不然叫亲日派把这部分力量拉过去向我们开起火来，就不好办了。"李文田说："如果打起来的话，就得拉着这部分力量，你赶快回去把部队向天津靠拢，听候命令吧。"我看李文田有打的决心，就心情愉快地回到马厂。回去后，我立刻把两个团长找来研究了一下，命令朱团立即开赴静海县并占领静海车站，扣住一部分车皮，随时准备开赴天津。马团于 27 日晨再开赴静海待命。

27 日早上 5 点左右，接到副师长李文田叫我立刻到静海县去的电话，我立刻赶到静海见李。李说祁光远和宁殿武 10 点到我家去，我们一块商量一下这个仗怎样打法，于是我们就一起乘汽车到天津去。路上李文田说："我已经和马彦翀商量了，可是没有结果。"接着我俩简单地交谈了一下作战部署。

在李副师长公馆会客室里，宁队长和祁团长已在这里等着了。我们立即围着长桌子坐下来，桌上放着天津市地图。李副师长说："北平方面直到现在还没有命令，战与不战，如何应付当前局面，大家商量一下吧。"大家都同意打，但在时间上发生了分歧。我和李文田主张立即打，宁殿武力主等北平指示。最后大家又分析了天津当时的局势，决定还是立即打。在讨论兵力布置上，又发生了争论，最后李文田作了决定。他先朝我微微一笑，我明白这是表示按照我俩在汽车上商量的做法作决定了。他说，如果现在不打，等到日军兵力增多了，想打也无法打了，因此要立即打。敌人在市中心海光寺驻有一个联队，有十几门炮，而且工事比较坚固；东局子日本飞机场停着三十多架飞机，有一个中队步兵；天津总站和东站还各有一小队日军。大沽口外有日本兵舰和海军陆战队，山海关和廊坊也驻有日军。因此，市内这部分日军，必须迅速消灭。否则敌人援军一到，我们就会被包围，遭到内外夹击，有被消灭的危险。我插话说："要干就干，来个攻其不备，先下手为强，打了再说，副师长下命令吧！"当时我们的兵力有：第三十八师手枪团一千余人，装备较好一些；天津保安队共三个中队，加上武装警察约1500人；独立第二十六旅两个团约3000人，共约五千余人。黄维纲旅可以马上赶到作总预备队。会议最后决定的兵力配置是：保安队一中队攻取东车站，由宁殿武负责指挥；手枪团全部，配独立第二十六旅一个营及保安第三中队攻占海光寺日本兵营，由祁光远负责指挥；独立第二十六旅，配保安第二中队，攻占天津总站及东局子日本飞机场，消灭守敌，烧毁飞机，由我负责具体指挥；武装警察负责各战场交通和向导。总的指挥由李文田和我负责。决定于28日凌晨1时同时开始。

会议结束已经是27日夜10点钟了，离规定发起战斗时间只有3个小时。好在会议期间我已派传令兵乘小汽车命令朱春芳团即时开赴西南哨门集结待命。会议后，我立刻命令朱团第一营与保安第二中队，每人携带一小水壶汽油、一盒火柴，跑步到东局子占领敌飞机场；第二营由朱团长亲自带领攻占天津总站，我还给他一个手枪连，作为预备队。总指挥部设在西南哨门，我和李文田副师长在那里，可以随时听取战况报告。

二

战斗在28日凌晨1时开始。战斗刚开始的几个钟点，发展是顺利的。

朱春芳带领第二营和保安队一个中队，乘黑夜偷袭了总站，将一小部分敌人压迫到仓库的楼上，占领了总站。

攻占东局子敌机场的部队，因相距较远，部队跑步前进。营长选了两个排长一同跑在最前面，当他们跑到机场时，部队还没有赶到，他们三人就隐蔽在机场门口，用大刀将两个站岗日军砍死。这时由机场内开出一辆小汽车来，他们三人开枪将小汽车打坏，刚好部队也赶到了，一齐冲进机场。日军的飞机驾驶员都睡在飞机下，听见门口枪声，就都上了飞机，开动发动机，准备起飞。部队扑向停在机场上的机群，将汽油倒到飞机上，火柴却划不着（因跑步出汗和天气潮湿，火柴都湿了），只有一个飞机点着了。驻在机场的日军，疯狂向我士兵射击，我士兵一部分设法烧飞机，一部分抵抗。这时约有二十多架飞机将要起飞，有些士兵急了，不管管事不管事，用刀乱砍飞机；有的抓着飞机不放，飞机起飞，只好放手掉下来，跌伤了三四个士兵。飞不了的飞机，士兵们用大刀砍，用刺刀刺，用枪打，用手榴弹炸；起了火的飞机，士兵们不管火烫用手撕下着了火的飞机碎片，到别的飞机上引火，霎时机场上烟火冲天。我军喊杀之声惊天动地，将守卫机场的日军压迫到机场办公楼和营房的工事里。起飞了的飞机黑夜里看不清地面，在机场上空乱飞。天亮以后，形势对我们就不利了。我军暴露在机场的平地上。敌机向我军扫射，敌军在楼内居高临下向我们射击，伤亡很大。这次战斗部署，因时间紧迫，我们没能将具体打法交代清楚，士兵又没有经验，如果事前告诉他们，点不着火时，可用手榴弹炸飞机，或先用大刀将飞机的尾巴砍坏，使它不能起飞，这样就不仅烧毁十几架飞机，而能将其全部烧毁了。

攻击东车站的部队，用偷袭的办法在两个小时内占领了东车站，消灭了敌人。总指挥部即命令宁殿武留一个小队（约一连）严守车站，其余（指攻东车站的部队）由宁殿武带领支援海光寺，归祁光远指挥，宁为副指挥。部队完全用市内自动支援的公私卡车接送。

攻击海光寺的部队，因为敌人工事坚固，并有十几门炮向我军轰击，没有得手。

29 日天亮以后，天津市民纷纷来慰劳我们。虽有几十架敌机（这时有东北飞来的敌机）在天上轰炸扫射，当我部队通过市区时，市民仍夹道鼓掌欢迎，送茶，送饭，送西瓜，还有送手巾、鞋袜的。我通知部队不准要市民的东西，严守纪律。这时有的市民找到我，要求我们接受慰劳品。因为天气太热，我才命令部队可以喝茶水，可以吃西瓜，其余的一律不准要。

天亮后，我增援步兵乘天津市卡车，高举着军旗，来到英法租界。这时各租界听到枪炮声，已在各路口设上了铁丝网或鹿砦和拒马挡着。汽车如绕道过去，要转很远，住在租界内的市民看我们的军队到了，就拥过来鼓掌欢迎，甚至有的巡捕也受到群众抗日爱国热情的影响，主动地把拒马拉开，让运送部队的汽车顺利通过。当部队汽车通过时，群众夹道鼓掌欢迎，民气之高，情绪之热烈，给我们官兵以莫大的鼓舞。

天津市的公私卡车和公共汽车，几乎全部自动地来支援我们运送弹药和部队，汽车司机们抢着将弹药搬到自己的汽车上，冒着敌机的轰炸扫射，开赴前线，有的司机主动帮助炮兵将高射机枪和小炮，安装到卡车上，运送到前线。

当时我组织了一部分汽车去静海县路上迎接马团，很快就运到天津。这时战斗打得十分激烈。在海光寺、东局子和总车站的部队遭到日军的炮击和飞机轰炸，伤亡严重。市民为了支援我军，在敌人炮火下主动帮助我们修筑工事。特别是海光寺附近，有些商店将自己的铁门卸下来，运到前沿阵地，在敌人密集的枪炮射击下，前面的人被敌人打倒了，后面的立刻跑上来接替，继续抬着铁门唱着号前进。当时看到群众的抗日热情如此高涨，感动得士兵受伤也不下阵地。不少群众在前线阵地帮助修筑工事时，流了血，也有不少人为此壮烈牺牲。

战事进行到下午 1 点，情况就十分不利了。我所掌握的预备队只剩下一个营，黄旅又无到来的信息，敌机轰炸得很凶，市政府被炸起火，在南开大学的预备队一个营被炸死伤一百多人，市民百姓死伤也不少。前线要求援军的电话、报告纷纷到来。总指挥部被敌人发觉，十几架飞机轮番轰炸，敌特汉奸大肆活动。和前线的通讯断了联络，副师长李文田为了躲炸弹，已经离开指挥所到一里许外之住户处。指挥所里只有我和几个传令兵。在 1 点 30 分左右，我派出两个连支援东局子机场。东局子机场、海光寺总站几个方向的枪炮声很激烈，此时，我心内暗想，只有两连预备队，不到万不得已，是不能拿出去的。就在这时一部小汽车来了，我想这时候谁还坐汽车到这里来。汽车走近停下来，从汽车内走出两个穿便衣的人，原来是祁光远和宁殿武。我迎上去奇怪地问："怎么换上便衣了？海光寺打得怎样？"宁殿武丧气地说："完了！人全打光了！"祁光远叹口气也说："完了！阵地上的人不多了！路上到处是汉奸和日本特务，所以才换上便衣来的。"我感觉他俩有些动摇了，形势确实不妙，我们一块儿去找李副师长商量。他俩将情况向李文田作了报告，最后提出撤退的建议。我说："无论如何，也得等到天黑才能撤，免受敌机的危害。"李文田将接到的报告给我们看，其中讲道：山海关一列车日军开赴天津，廊坊日军两辆装甲车开赴天津。塘沽来电话说：有一小轮船日军沿大沽河开向天津。我们曾数次电报调黄维纲旅增援，迟迟未到。看来有被围的危险了。我们商量一下，决定撤退，部队集中点在静海县、马厂两地。我还是坚持到天黑再撤，他们都主张即时撤，以免被围。最后决定下午 3 点开始撤。命令下达后，我和几个副官组织了汽车，将辎重、重武器以及伤员等，在高射机枪掩护下先运走。下午 4 点左右，基本上运输完毕。到 4 点半步兵陆续撤下来了。我通知各部队出东南哨门不准走公路，全部从高粱地里撤退。这时我的手枪连从朱团长那儿也回来了，我即派出一个排沿汽车公路布置岗哨，一方面严防汉奸敌特捣乱和破坏，另一方面严禁士兵暴露目标。我在东南哨门外公路上，指挥部队隐蔽撤退。敌机侦察没有找到目标。直到天黑，我才随着两连掩护队离开天津市区，奔赴马厂。经过 15 小时的战斗，天津市区陷入敌人之手。

三

天津敌军因遭到一定程度的损失，没有力量进行追击，部队撤到马厂后，我们就抓紧时间整顿部队。当时保安队撤到静海县就不走了，副队长是个亲日派，根据我们掌握的情报：保安队已派人到天津与日本人联系，企图叛变。队长宁殿武，下落不明。副师长李文田到沧县第二十九军军部去了。保安队如被拉到日军那方面去，当了伪军，对我们十分不利。我和两个团长商量决定，派马团长去静海县，召集保安队全体讲话，然后派朱团长带全团去接防，强迫保安队到马厂整训，并撤换其大队附。这一计划进行得很顺利。

我于当日晚赶到静海县，召集朱团团、营长商量防守静海的办法。我说："日军很快就会向我们攻击，静海县和车站一定要守住！这次我们不能像在天津市里一样，和日军硬打正规的阵地战，这样我们要吃亏。"县城和车站相距一里。我想，第一营守车站；第二营守城，但是阵地放在城外；第三营在天津市和静海县之间，打游击，敌人来攻静海时主要是在后方打，敌少我就吃掉它，敌多我就跑。第一、第二营各派一个连在本营阵地前方打游击，但是不要进入第三营的区域内，主阵地每连派出一个班，在游击连和主阵地之间作游击，这样敌人一来就到处挨我们的打，绝不使敌人攻到我主阵地。朱团长等都同意我的意见，就按照这个计划布置了兵力。敌人曾有几次进攻，都未到主阵地，就被我们打跑了。有一次敌人用装甲火车，向静海车站进攻，我们早料到他有这一手，已在铁轨上铺上了麦秸，埋上地雷。装甲车不敢前进，敌人下车向车站攻击，我游击营把住后面的铁路，包围了敌人，敌人钻在车内很长时间未出来，在修铁轨时敌人被打死不少，丢掉了十几个尸体逃回去了。就这样守了一个多月，后来第三十七师张凌云旅长带了王维贤团来静海县接防。王维贤和我是同学，我将我们的防守办法告诉了他，建议他也这样办，并陪他们防守了一天，我们就撤到马厂休息。

朱团回到马厂的第五天，张凌云旅长来马厂找我洗澡。我问他那里怎么样，他轻松地说："没事。"正在洗澡的时候，听到静海方向枪炮齐鸣，张旅长穿好衣服就要走。这时来了电话说静海失守了，张旅长匆忙赶回前线。约在 3 点多钟接李文田副师长自军部来电话，命令我旅立即收复静海县。我气愤地说："他们给丢了，叫我们去收复！"李副师长说："你先执行命令吧！这是冯主席的指示（第三十七师师长冯治安兼河北省主席），要张旅长收复静海县城，你负责攻占静海县车站。"我放下电话立即传知各团准备出发。我召集团长说明情况，命令朱团担任主攻，马团支援，今晚偷袭静海车站，我随朱团走，5 点出发。过了一会儿，朱团的一个排长来找我，向我说："靠近静海车站东南有一个菜园，菜园内有一间小屋，我们住在车站时，我和看菜园的老头很好，他说我可以带一个班，先占这个小屋，再偷袭车站就容易多了。”我同意这个办法，派他带一个班为先遣班。当他们摸到菜园时找着看园的老头，这个老人轻轻地告诉排长说屋内有四个日本兵，还有一挺轻机关枪，最好在无声中消灭他们。就这样我方占领了小屋子。我和朱团长带着部队沿铁路向静海车站摸去。因连日大雨，水深过膝，部队运动到车站附近时，站着走恐暴露，匍匐前进水又没了顶，只好蹲着向前摸。当我接近菜园，准备将部队布置好再偷袭敌人时，李副师长派传骑送命令来到。宋军长（指第二十九军军长宋哲元）令，即速撤回马厂。我用电话和副师长联络，原来是军长看着阵地太突出，认为就是收回也是无谓的牺牲。

当天我又接到第二十九军军部命令，叫我旅自铁道以东（不包括铁路）唐官屯烧窑盆村沿减河到海边防御，阻止敌人南下。这条减河约 20 米宽，满床河水约三四米深，两岸堤坝很高，上面长着茂密的芦苇和杂草，岸上还有成荫的柳树。村西约一里处河上有一座大木拱桥，桥面很高，桥下能行船，站在桥上可以看得很远。

部队先头刚到村，就得到情报：日军约一个大队也在这个方向疾进。看来敌人企图由此桥抢渡。我即带着两个团长到桥侦察阵地和敌情，并使部队即到桥南头附近高粱地内隐蔽待命。我向团营长说，敌人要抢渡这条河，如果不把他顶回去，这条防线就垮了。我大声而肯定地说：“我们要死守这条河，每团选出‘敢死队’，每人带着长把大刀和四个手榴弹，用洋红抹成大红脸，冲过桥去，用大刀砍！”我问谁愿领敢死队，当时朱团长把胸脯一拍激昂地说：“我带着去！”说着把上衣一脱，跑到朱团选出的敢死队前说：“脱了光背，将红抹上，跟我来！”这一百多人全跟去了，马团选出的一百多人也去了，我看人数太多，想拦住，他们还是都跑过去了。

用长柄大刀，是根据过去的战斗经验，因为我们的刺枪术不敌日军，将大刀把接长三尺，在白刃战时有利。

每人带一包洋红抹脸，据说日本人怕红脸，也是表示我们流血死拼的决心。

这时哨兵报告，有四个日本兵快到桥了，远处还有一队日军，向桥走来。看来他们还不知道这里有我们的军队。朱团长带着士兵像一阵飓风，呼的一声冲过桥去。日军还没搞清红脸是怎么回事，就被大刀劈死不少。这场白刃战，我军大刀飞舞猛冲猛砍，直杀得日军晕头转向，有的拖着枪就跑。日军刺枪术虽好，但是失去效能。我们士兵边杀边追，后面赶来的日军大队，被自己退逃的士兵一冲也乱了。接着我们的“敢死队”也冲过去，有些敌人企图拼刺，但经不住长柄大刀劲猛。一个日本中佐军官骑在马上拿着握刀哇哇乱叫，我们的张排长一刀就把他劈下马来，将握刀、肩牌、徽章缴下。我们的“敢死队”又追了下去。这时我想，士兵们没带枪，总是要吃亏的。我叫司号长吹调号撤回来，可是士兵们喊杀声超过了号声，同时也杀红了眼，只知猛追，调不回来。我命副官骑马追上朱团长才调回来。这次白刃战伤亡不少。我即命马团长带本团沿减河南岸布防，立即派出侦探监视敌人行动，并派人将减河所有船只尽沉河底，派一连人用汽油将木桥烧掉。

我召集团、营长商量防守计划：如果要守住这条河，必须守住河北岸两个村子（村名忘记）。这两个村紧靠河岸，相距一里许。我命朱团长带领本团，守住村子，在河两岸柳树上扯起粗绳，绳贴在水面上，使敌机看不见。来往的兵可以沿着绳子渡河。将附近各村封锁起来，严防汉奸和敌探。朱团在北岸可以灵活作战，南岸随时支援。

第二天敌人就来进攻，朱团把他们顶回去了。以后敌人天天来攻，兵力不断增加，但一直没有攻破。朱春芳灵活布置防线，根据敌人攻势，挖了很多交通沟、盖沟等；今天这样部署，明天那样部署。敌机在低空中乱转。我们抓获的敌探供称，日本飞机在天空对我们阵地拍照，然后在第二天就按空中摄取的我军阵地图布置进攻。而我们就在一夜内改变阵地部署，按照敌人来攻的方向改为侧击夹击对付敌人。我们是远处不打，尽可能发挥手榴弹轻武器的效能。就这样苦战了二十多天，敌人没有攻过这条减河。后来敌人突破邻军阵地，占领我左后侧的马厂，我们只好转移。天津外围战斗到此结束，天津附近全部陷落。

平汉路、津浦路北段抗敌

明顶山、琉璃河、窦店战斗

徐宪章*

一

卢沟桥事变爆发后，驻在湖北孝感、应山一带的孙连仲第二十六路军第二十七师的官兵，时刻准备着奔赴前线抗日。他们给父母、妻儿写下一封封诀别书，立下与日本侵略军决一死战的誓言。第七十九旅旅长黄樵松在写给他妻子的信中说："挥兵北上赶倭寇，壮士一去不复还！""他不死，我便亡，决殊死之战最后关头，便是今日！"第二十七师的官兵，就是以这种同仇敌忾的精神欣然接受抗战命令的。从 7 月 12 日开始，第二十七师各部分由湖北孝感、花园、广水等车站，踏上征途。上车时，有不少群众帮助搬运辎重和行李。车站和列车上到处贴满了标语："打倒日本帝国主义！""为祖国流尽最后一滴血！""向英勇抗战的将士致敬！""欢送英勇将士果敢杀敌！"车站上还有机关、学校和人民团体组织的欢送队伍，敲锣打鼓，鸣鞭放炮，高呼口号。人民的热情，大大激发了官兵的抗日斗志。

我们乘坐的是敞车和铁闷罐车。官兵们都恨不得马上与日本侵略者决一

---

* 作者时任第二十六路军第二十七师第七十九旅参谋长。

死战。一列一列的兵车向北开动，在沿途人民热情的欢送声中，陆续进入河北。但是当时冀察政务委员会委员长兼第二十九军军长宋哲元，依照中央统帅部的指示，与日本华北驻屯军司令香月一谈再谈，不许孙连仲军越过保定以北，怕有碍他们和平解决的进行。第二十七师也只好在保定以南下车，集结在大缴店、于庄地区待命。

一直等到敌人由关东、朝鲜和日本国内调集兵员达十万以上，对平津已经完成军事部署，于 7 月 28 日对平津发动进攻时，宋哲元才知道受了日军的欺骗，放弃和平解决的幻想，亲自跑到保定来，敦请孙连仲军、万福麟军挥师北上，协同作战。但为时已晚，军机已误，完全处于被动地位，不到两天，就把平津奉送了。7 月 30 日，第二十九军由门头沟、长辛店撤退到保定。我们第二十七师第七十九旅的先头部队刚到长辛店，就碰到这样急转直下的情况，只得在长辛店占领阵地，掩护第二十九军撤退。敌人飞机沿途追踪轰炸扫射，情形十分混乱。

二

我第二集团军总司令刘峙，驻在保定指挥作战。在平汉线方面采取所谓“步步为营、节节抵抗”的单纯防御战术，以期实现“以空间换取时间，以时间争取胜利”的战略。

孙连仲的第二十六路军和万福麟的第五十三军，摆在房山、周口店、琉璃河、码头镇、固安、永清之线，为第一线防御。

关麟征的第五十二军，摆在安新、漕河、满城之线，为第二线防御（这一线有既设工事）。

商震的第二十集团军和鲍刚的独立第四十六旅，摆在正定，为第三线防御。

孙连仲为第二集团军副总司令，和刘峙同住在保定。孙自领第三十师在房山西南高地，池峰城的第三十一师在明顶山，第二十七师在琉璃河，构成防御阵地带，拒敌南侵。

第二十七师在掩护收容宋哲元军之后，立即根据防御作战部署及任务，以阎廷俊的第八十旅占领周口店、以黄樵松的第七十九旅占领琉璃河。左与明顶山第三十一师、右与码头镇万福麟第五十三军接防。师部在高碑店。

炮兵第一旅第五团第一营（营长蓝守青）支援第八十旅作战。

第七十九旅以杨守道第一五八团附第一五七团戴炳南第一营为守备部队，占领琉璃河、黄土坡之线阵地，并在窦店、交道镇构筑两个前进据点。窦店由王书忱第一营防守，交道镇由戴营派出一个加强连作游动性守备。

时尚彬、于怀忠两个登峰队（临时性作战小分队）为游击部队。

侯象麟第一五七团（缺第一营）为预备队。

8 月 1 日，当面之敌乘我刚筑战壕、阵地未固之机，即以步、炮、坦克、飞机联合，向我窦店、琉璃河阵地攻击。我军立即披甲上阵，与敌激战竟日，将敌击退。敌人不甘败阵，犹一再进犯。8 月 3 日上午，我击落敌机一架，击毁坦克车一辆。午后，日军又以装甲车十余辆、战车两辆，载步兵百余人进行反攻，企图运回尸体和被击毁的飞机、坦克残骸，又被我击退。

8 月 5 日，我军把屡犯之敌赶出良乡以北之南岗洼，但良乡仍在敌手。

良乡、琉璃河都是平原，又有青纱帐，难于发现隐蔽的敌步兵，用迫击炮弹和手榴弹又不易击毁敌坦克。我师装备只有迫击炮、轻重机枪、步枪和手榴弹而已。登峰队每人另配一把大刀，认为这是砍日本兵的锐利武器。敌人欺我无现代化武器，愈发猖狂，飞机低飞掠顶而过，连轰炸带扫射，坦克横冲直撞。但是，我军士兵不畏强敌，用排子枪和机枪对空射击，打落敌机数架；埋伏在青纱帐里和公路桥下的狙击手，用手榴弹投入坦克车孔，炸毁敌坦克数辆。

8 月上旬，南口方面，华北敌军以若干兵力与汤恩伯军作战。平汉线方面，只有河边一个旅团，连日来经我痛击后，守在良乡、房山一带，不能前进。这时，刘峙不用在保定的关麟征军和在正定的商震军趁机向敌进攻，以策应汤军作战，只是由我第七十九旅抽出一个步兵团去袭击良乡。

第七十九旅奉命之后，即派侯象麟指挥第一五七团（缺第一营）和两个登峰队，于 8 月 12 日拂晓袭击良乡城。时尚彬队由东南角登城，冲入城内，第一五七团也突入了一部，与日军展开激烈巷战。敌军由北门冲出一队骑兵，利用青纱帐掩护，向西南绕到我攻城部队的左后方蜂拥般杀来，与我掩护队第三营激战。侯团长为诱敌出城予以歼灭性的打击，故意将城内部队撤出，利用青纱帐的掩护向交道镇方向撤退，另一部向窦店退却。良乡的敌人倾巢向窦店追来，被窦店的王书忱营顶住；侯团及两个登峰队在敌人左后方猛冲反扑，这一回马枪，给予敌人重创，敌不支，溃退良乡城。我夺获大炮一门、战车一辆。这是策应南口方面的作战。

敌人在八九月间，调集大军分四路进犯：一路由平绥线、同蒲线进攻山西，一路由平绥线进攻绥远，一路由平汉线进攻河南，一路由津浦线、胶济线进攻山东。采取速战速决的战略，并大言要在三个月完成对华战争。

平汉线方面的日军指挥官为土肥原，指挥第十四师团、第二十师团，从8月21日起，对我全线阵地作正面不定型的或间歇性的攻击，恃其精兵利甲，狼奔豕突，横冲直撞。首先对我左翼第三十师和第三十一师阵地攻击，激战三昼夜，敌人不支而退。随后，日军又对我琉璃河及码头镇阵地攻击，经过第七十九旅几次痛击，敌人也未得逞。9月4日，敌机3架被击落在马厂附近。

9月内，日军增援第六师团、第十六师团之一部，以飞机重炮掩护坦克、步兵和骑兵，举行全面进攻，置攻击重点于左翼。明顶山的争夺最为激烈，周凤朝连死拼到底，几乎全部牺牲。琉璃河、窦店的战斗也相当激烈。12日上午，敌人的飞机、大炮和坦克猛烈攻击窦店据点，守兵伤亡很大。营长王书忱张皇失措，擅自撤退，被黄旅长撤职，命孙国祯任营长。

敌人攻占窦店后，即向琉璃河主阵地攻击，我战士顽强抵御，抗住了强敌。15日，日军由右翼固安强渡永定河，向我后方高碑店迂回。我左翼友军既经久战，又受重创，逐次且战且退，致使琉璃河阵地在平汉线上特别突出，形成一个凸形的阵地。我旅不得已于17日夜放弃琉璃河阵地，奉命向涿州转移，占领涿州西郊，左与长沟峪第三十师、右与涿州第三十一师另行组织一道新防御阵地线。但各师部署未定，阵地还未完全占领，日军就追击上来，猛向第三十师和第二十七师第八十旅阵地冲击。同时，敌由固安渡河的迂回部队已到高碑店。第二十七师在这种情况下，只得闪开正面，于18日在雷雨交加的黑夜里，向涞水、易县方向转移。

孙连仲军在明顶山、琉璃河之线，顽强抵抗达50天之久，各师伤亡惨重，尤当战况紧急时，刘峙坐视孙军苦战恶斗，不支援一兵一卒，还要孙连仲上前线督战。孙抱着既要抗战、又要保存自己实力的矛盾心理，不愿督阵。以后孙军被迫撤退，刘峙又不以第一线部队与第二线部队交互抵抗，还是要孙军在涿州、长沟峪之线重新组织阵地，继续抵抗。孙连仲更加不满。从此，刘、孙的矛盾愈来愈深，平汉线上的战局也愈陷于不利局势。

三

第二十七师撤退到易县，各部会合后，再由易县向满城转进。时届中秋佳节，在一轮明月下，我同黄旅长骑着马边走边谈。我说：“我们大汉民族以前有抗击外族入侵的光荣历史，而今我们却是垂头丧气地躲日本人，何时才有痛杀侵略者的一天呀！”黄旅长说：“月落日出，夜尽天明，这是天地日月运行的规律，我们是抗战，我们是义战，中国人民是会面对伟大的明天的。骑驴看唱本——走着瞧吧！”

日军第十四师团、第二十师团、第六师团以及第十六师团之一部，以其优势兵力，气势汹汹地沿着平汉线步步进逼，节节南侵，24日占领保定。至10月初，又先后占领新乐和正定。而我数十万大军，在单纯防御战略的指导下，战局愈加陷于不利的、挨打的被动境地，以致连遭惨败，一退再退。一连串败退，使人失望，挫伤士气。在正定县以南的滹沱河，水可徒涉，但河底地质系油沙淤泥，越踩越活，愈陷愈深，不能自拔。总司令刘峙先部队撤退，对滹沱河没有作任何设施，以致退却军队的辎重多被抛弃在河的北岸，遍地皆是，令人痛惜。有些骡马陷于淤泥中，不能动弹。南逃的老百姓，散在沿河岸，无人拯救。这是平汉线上战局最黯淡的一刻！然而，这永远不能动摇中国人民抗战到底的决心！

第二十七师官兵以无限惶惑的心情，由易县向满城、望都、清风店、定县一口气撤退到藁城，休息了一天，再折向西北到获鹿，布防于滹沱河南岸。

漕河、漳河之战

韩梅村*

七七事变后，我所在的第五十二军加入第一战区战斗序列，曾在平汉路保定以北漕河及邯郸以南漳河与日军作战，现概略回忆如下：

华北战场敌我概况

抗日战争初期，在华北的日本侵略军除早已在平津附近的香月、矶谷两个师团和在冀察边境的板垣师团外，又先后调来3个师团和特种兵部队，共约10万人左右。我军宋哲元部原有的4个师5个独立旅，已扩编为3个军，连同保安部队共约14万人，称为第一集团军。集团军总司令宋哲元，防地是津浦路北段及永定河南岸地区，总部在河间。

刘峙任第二集团军总司令，先后指挥万福麟、孙连仲、庞炳勋、曾万钟（王钧）、冯钦哉、关麟征等军共约17万人，防地是平汉铁路北段涿州至保定，及其左右两侧地区，总部在保定。这两个集团军属第一战区，司令长官由蒋介石自兼。阎锡山为第二战区司令长官，指挥全部晋绥军和高

* 作者时任第五十二军第一九五师第一四五团团长。

桂滋、卫立煌、汤恩伯等军共约 20 万人。两个战区的兵力共约 50 多万人。而敌人师出无名，失道寡助，又是出国作战，情报、补给等等困难很多，条件远不如我。特别是华北地区，西部多山，东部多河流，敌之机械化部队也难以发挥其优越性。在这样的易守难攻的形势下，如果蒋介石、阎锡山、刘峙等人有保卫民族、保卫国家领土的决心，发动和组织战地的广大人民群众，军民合作，共御外侮，组织得力，以一部分军队坚守阵地，以主力打击敌之侧背，这个战役或许可以获胜，至少也不会失败得那样快，那样惨！

保定附近漕河之战

8 月初，蒋介石的嫡系部队第二十五师，由陕西咸阳开到保定后，师长关麟征升任第五十二军军长。下辖第二师，师长郑洞国；第二十五师，师长张耀明。防地是保定西北郊漕河南岸。我由第二十五师参谋主任调任该师第七十三旅第一四五团团长，防地在铁路西漕河南岸大不留村及其两侧。由于政工人员不做政治宣传工作，所以，“我们为什么抗战？”“抗战的前途如何？”官兵们都不清楚。

8 月 13 日，日本侵略军进犯上海，华北战场敌军也开始南犯。25 日，第二战区的南口、居庸关失守；26 日，张家口，怀来沦陷；9 月 8 日，天镇、阳高陷落；11 日，广灵失守；13 日，大同、阳泉、蔚县、涞源沦陷；第一战区的固安于 15 日沦陷；18 日，涿州、琉璃河沦陷；21 日，定兴、徐水沦陷；25 日，津浦铁路线上沧州沦陷。

沿平汉铁路南犯敌军川岸师团侵占徐水县城后，即把矛头指向保定，第五十二军首当其冲。敌机不断侦察、扫射、轰炸保定城及我军阵地。22 日天亮后，敌以飞机大炮掩护步兵，向我团和我团左翼之第七十五旅（旅长张汉初）第一四九团猛攻，我军阵地上的工事大部被敌炮击毁。中午前后，约有 300 多敌人徒涉漕河，向我第一营阵地猛扑。我团中校团附霍锦堂、第一营营长陈仪章负重伤，连、排长和士兵伤亡 200 多人。但终因我团迫击炮和轻重机关枪猛烈射击，官兵死守阵地，渡河之敌大部被消灭。随后敌又增加兵力渡河攻我左侧之第一四九团阵地，该团第三营被突破。营长徐克让是军长、师长的陕西老乡，平日很骄傲，这时不听团长覃异之的指挥，向后溃退。覃团长令第二营增援，第二营营长李正谊也是军长、师长的陕西老乡，也不听指挥，随着徐营溃退，因而覃团阵地被敌侵占。覃团长亦负轻伤，愤而欲拔枪自杀，幸为左右拦阻未成。

在渡河之敌侵占覃团阵地后，我团左翼受敌侧击。我第三营伤亡惨重，营长颜受廷要求缩短左翼阵地向右翼第一营移动，我坚决不同意。我带着第二营一个连和团属警卫排增援第三营，固守原有阵地。虽又有伤亡，但全团阵地始终未丢失。令人气愤的是军、师预备队不增援覃团，致使覃团阵地丢失，让敌人继续渡河，使我团左侧受到严重打击，全团官兵伤亡近半。

这天夜晚，南渡之敌约 2000 人左右。第二十五师后面有王钧的部队，满城东南面有赵寿山的部队。如果刘峙、关麟征等人真想打，这股敌人完全可以消灭。23 日下午，平汉铁路东侧的漕河南岸被敌突破，冯钦哉的部队也放弃了满城。于是刘峙首先离开保定，向南逃跑。第五十二军奉命于 23 日夜间撤退。从此十多万大军像脱缰之马向南狂奔。保定不要了，定县、新乐、正定等城不要了，平汉铁路两侧大片地区也不要了。第二天，即 9 月 24 日，保定沦陷。28 日，定县、新乐沦陷。当时华北风声鹤唳，草木皆兵，保定地区人民群众陷入苦难的深渊。

在保定沦陷的第二天，八路军 115 师在平型关附近与敌短兵相接，用手榴弹和刺刀杀敌，打了大胜仗，消灭敌军板垣师团 1000 多人，缴获大量军用物资。可是这一振奋人心的消息被中央封锁了，国民党军队全不知道，刘峙集团军仍然在溃退中。滹沱河南岸自安平经晋县到平山之线，本来筑有较坚固的国防工事，准备防守石家庄。然而刘峙没有抵抗南侵敌人的打算。第五十二军一直退到河南彰德（今安阳市）、新乡一带。孙连仲、曾万钟（王钧）、冯钦哉、赵寿山等部队退入山西，以致石家庄于 10 月 10 日沦陷。

六河沟附近漳河之战

敌军川岸师团侵占石家庄后，以一部沿平汉铁路前进，主力绕过娘子关侵犯山西，企图与北路攻忻口之敌会攻太原。南进之敌则在几天内就侵占了顺德（今邢台市）、邯郸、磁县，未遇到任何抵抗，真是“如入无人之境”。10 月中旬，侵占磁县之敌分出一部向西侵入彭城镇，准备在六河沟观台附近南渡漳河侵占林县、鹤壁，与在磁县之敌会攻彰德、新乡。第五十二军奉命转向六河沟附近漳河南岸筑阵防守。19 日，该军到达目的地。20 日拂晓，第二十五师进入漳河南岸阵地。但这时南犯之敌步兵约 500 人已在漳河北岸，并正在渡河，由于第二十五师第七十五旅抵抗不力，又不抢筑工事，该旅之第一五〇团竟被渡河之敌冲垮，团长曾谦阵亡，全团溃退。我团由于在漕河战斗中伤亡近半，原作为师预备队，位于第七十五旅之后约千米的一个小村，此时又奉命增援第七十五旅。我率部跑步赶到第一线，令第一营冲上去抢占了曾团已失去的两个小山包，令第二、第三两营占领第二线，抢筑工事，阻止敌人后续部队渡河。上午 9 时左右，敌军飞机、大炮向我纵深阵地轰击，我右翼第一四六团正面又有约 300 敌人渡河南犯，该团颇有伤亡，团长郑明新负轻伤，第一四九团也有伤亡。

敌我相持到黄昏。这时先后渡河之敌，最多达 700 人左右，但关麟征、张耀明没有采取积极措施，当天深夜，竟令全线撤退。而渡河南犯之敌，也在 21 日拂晓前撤回漳河北岸（我估计是因为孤军深入）。

这次漳河战斗，为时不到一天，第二十五师伤亡 1000 多人。我团少校团附钟湘涛、第二营营长谢蔚云负重伤，第一营营长阵亡，连排长、士兵伤亡 300 多人，实在令人痛心。而关麟征却说第五十二军在漳河打了“大胜仗”，国民党报纸宣传说：“国军征漳河消灭南渡之敌数千人，残敌向北岸逃窜。”

第二十五师经过漕河、漳河两次战斗，全师伤亡 4000 人左右，需要补充整理。军长关麟征、师长张耀明找我和旅长戴安澜谈话，一见面关就说：“这两次战斗，七十三旅是有功的，今后你们还要努力，争取立大功。”接着说:“一四五团现在人数最少，韩团长立即到洛阳（二十五师管区）去接收新兵，准备训练三个月再回来打胜仗，全团营、连、排、班长留下，战斗兵拨补到其他团，请张师长合理分配。”戴旅长说:“这样不大好，应该把战斗不力的团拨散。”但关、张没采纳这个合理意见。

第二天我含着眼泪将 600 多名经过战斗锻炼、炮火余生的老兵拨给了其他团（我团原有 2400 多名官兵，这时只剩下 1020 人），带着刚由第六连连长升任第二营营长的奚濯之、第九连连长升任第三营营长的段培德（原第三营营长颜受廷已升任师部中校参谋）和刚调整好的半数连、排长及仅够编制三分之二的班长和勤杂人员共 200 多人到洛阳接新兵。

正定保卫战

廖运周*

1937年七七事变爆发不久，日军攻陷了保定，直逼正定、石家庄。同年10月，为了保卫石家庄这个战略要点，阻敌南下，我军组织了正定保卫战。我所在的独立第四十六旅参加了这次战役。该旅归刘峙直接指挥，下辖两个团和一个独立营，旅长是鲍刚。

七七事变发生的时候，我旅正在平汉线信阳武胜关地区构筑国防工事。8月下旬，上级电令我们，开赴北平南口归汤恩伯指挥，增援第十三军作战。当我们到达河南彰德（安阳）车站时，汤恩伯派员通知鲍刚：本军已由南口撤至彰德补充休整。鲍旅即在彰德下车待命。汤看到这个旅阵容整齐，士气旺盛，只是装备太差（每连只有3挺轻机枪，步枪也都陈旧不堪），建议把这个旅与第十三军混合整编。鲍刚表面不敢拒绝，心里却很不情愿。消息传到下边，反响十分强烈，一致反对分散补充，要求开到最前线打敌人。在此情况下，鲍刚迭电请示南京，同时派代表到开封向刘峙呼吁。就在这时，我军部队在保定抗战失利，日军沿平汉线南犯，无部队抵抗，我方从保定撤退的部队秩序混乱。面对这种情况，刘峙命令鲍刚率部迅速开往正定及

---

* 作者时任第二十集团军独立第四十六旅第七三八团团长。

其以北地区，占领要点，滞敌前进，掩护我撤退的部队，并配合第八十三师固守正定城，确保石家庄的安全。汤恩伯不得已把收缴我们的陈旧枪支退还给了我们。全旅官兵摆脱了被分散补充的厄运，实现了到前线抗敌的愿望，无不欢呼雀跃。

9 月 25 日，我们到达正定，驻扎在正定城东关及正定城北、新乐县的东长寿车站。鲍刚旅长带领我们由远而近地视察地形。正定是石家庄的北大门，是座古城堡，城墙坚固完整，构筑有半永久的国防工事。城外均是平坦的开阔地，城北有大沙河、磁河两条东西走向的河流。

正定与石家庄之间又有滹沱河天险，河南面驻有我军炮兵可以补充支援我正定守军作战。因此，守正定城，是保卫石家庄的关键，刘峙和林蔚决定固守该城，决策是正确的。对我旅来说，地形已决定这是背水一战，加之官兵同仇敌忾，所以士气十分旺盛。

视察完了地形，鲍刚派出掩护小分队和收容小组，在东长寿车站和各渡河点，掩护并收容从保定退下来的官兵。这些部队有的无人指挥，散兵游勇，三五成群，潮水般向石家庄涌来，秩序十分混乱。刘峙、林蔚亲自到石家庄视察，颇为不满，命令鲍刚部在东长寿沿河设站收容。我们扎上了黄底红字的“纠察队”臂章，头两天就收容了一千多人。他们当中各兵种的都有，有带炮兵观测器材的，有带新式武器的，花样繁多，我们急需这些武器、器材，只好就便“借用”了，真是受益不小。

9 月 29 日，刘峙向我们传达了命令，据报日军河边旅团配属野炮二十余门，坦克二十余辆，沿平汉线节节向我进犯，有攻取正定、威胁石家庄之企图。其先头部队已越过定县，在大沙河之线活动。着刘勘第八十三师配属两个炮兵营，占领正定车站，固守正定城；着鲍刚独立第四十六旅，以一部在正定以北地区东长寿附近沿磁河之线，占领前进阵地，阻滞日军南下，其主力控置于正定东关附近为机动部队。该旅归刘峙直接指挥。9 月 30 日鲍刚给我们下达了命令：廖运周的第七三八团在东长寿沿磁河之线占领第一线前进阵地，辛少亭的第七三六团及旅部驻守城东关附近。我团官兵立即进入指定位置，挖掘前进阵地掩体和散兵壕。磁河南岸是道沙岭，刚挖出个坑就被塌下的沙子填平了。当地老百姓真好，没用我们动员，就连夜赶编草帘子，拆门板，甚至把桌面拆下来给我们送来作挡流沙之用，军民的确打成了一片。中秋节那天，老百姓还特地跑到石家庄买了月饼、柿子、葡萄，送给我们过节，官兵们非常感动。

10月1日，敌人一个大队百余人向我们发起进攻，被我击退。10月2日，第八十三师调往娘子关，固守正定的任务由第三十二军宋肯堂的第一四一师和我旅接替，我旅归宋肯堂指挥。下午，敌人一个小分队向我前沿阵地武力侦察，我们置之不理。10 月 3 日，敌人在我东长寿阵地前沿升起了一个大气球侦察我方情况，我们用轻机枪射击没有打掉，要求城里炮兵发炮，又没请动。上午 10 时，敌人向我们打来了猛烈的炮火。我们的工事被炸塌了，就利用丛柳、芦苇作掩体，继续坚守。敌炮火刚刚停止，四五百名敌兵越过大沙河、磁河，向我们发起了进攻。我们立即登上山头占领有利阵地，给敌以很大杀伤。我们的阵地又稳固了。10 月 4 日，敌人先打来了一阵炮火，接着几辆坦克向我们发起进攻。我们请求城里的第一四一师和炮兵部队向敌拦截射击，他们却以缺少炮弹为借口，支援很不及时。眼看着让敌坦克越过了我团前进阵地，敌步兵也随着冲了上来。我立即命鲍汝沫的第二营向我城北关第二线转移，李家锌的第三营向我城东北角主阵地转移。这时，一部分敌人向车站迂回，被我团第二营击退。当天晚上，一股敌人偷偷窜到正定车站西北面一个小村子里，把驻在那里等候转移的我旅野战医院的一百多名伤病员和医务人员，用刺刀活活给戳死了！我们得到这个消息时，敌人早已逃之夭夭。全旅官兵肺都气炸了，憋足了劲儿，誓与敌人决一死战，替死难的兄弟报仇。

10 月 5 日上午，敌人又升起气球对我侦察，随即派一股步兵向城东北高地我团第三营阵地和城北关我团第二营阵地进攻，均被击退。午后，大批敌人步兵在坦克的掩护下，再次向城东北高地我阵地发起猛攻，我团第三营被迫转入城东门附近的预备阵地。下午的战斗更为激烈，敌人用密集的炮火向我城内轰击，在城东北角轰开了一个 3 丈多宽的大口子，300 多名敌步兵从缺口进入城内，辛少亭团与我团第二营配合第一四一师把敌击退。10 月 6 日上午，敌人继续集中火力向这个缺口轰击，好几辆坦克冲进了城内，与我城内守军展开了激烈的巷战，又一次被我击退。战局处于拉锯状态。

战事日益激烈，我们的部队都中途撤退。6 日夜间，第一四一师师长宋肯堂向我们传达了商震的命令，着独立第四十六旅接替第一四一师守正定城的防务。军令如山，必须执行。是夜子时前，辛少亭的第七三六团已接替完毕。后半夜，第一四一师及守城的炮兵全部过了滹沱河向南撤去。我们曾电报请示刘峙，刘让我们再坚守三四日。我们孤军奋战，又临强敌，但官兵们毫无畏惧。鲍刚向全旅官兵作了慷慨激昂的讲话：“人生自古谁无死，留取丹心照汗青！我们要与正定城同存亡，为国捐躯，死也光荣！”全旅官兵士气大振。7 日上午，敌炮火继续轰击正定城的缺口。下午，又以工兵开道，坦克紧随，再次攻进了城内。辛少亭率第七三六团官兵登上平房顶与敌巷战，把一束束手榴弹向敌坦克投去，把敌人打得晕头转向。老百姓主动给我们送水、送饭、送弹药，抬担架运伤员。辛团第一营和旅部特务连固守南门及城南关。敌屡攻不下，又向我城东南方向迂回，企图包抄正定城。鲍刚命令我带第七三八团第二、三营，迅速转移到城东南 5 华里处的大临济、小临济迎击敌人。7 日下午，我团一部分兵力到达那里，其他兵力于 8 日到达。

我们刚到大、小临济，旅长鲍刚、参谋长吴实明、政训处主任陈尧和第七三六团团长辛少亭也赶到了。敌人炮火密集地向我阵地轰击。吴实明和陈尧吓得魂不附体，趴在砍倒了的玉米棵捆上不敢动弹。鲍刚走上前去，嘲弄地说：“哎，起来呀！你们整天说要为校长（指蒋介石）效忠，怎么忘了？”吴、陈二人很尴尬地站了起来。鲍刚又转身对官兵们说：“胆量是练出来的，不是天生的。对炮弹，躲是躲不开的。炮弹不长眼，却专找胆小鬼炸。”说着，他向大家一招手：“跟我来，迎着炮火走，胆子就练出来了。”说完腰板笔挺地向前走着。辛少亭和我紧随在他身边，许多官兵也都跟着走了起来。被我们收容的从保定下来的那些被日军吓破了胆的官兵们，也都镇静下来。不一会儿，敌人坦克在前，步兵在后，向大、小临济发起了进攻。我团官兵登上老百姓的平房顶，与之展开了激烈的战斗。老百姓主动加入了我们的战斗行列，把从家里拿来的棉被浇上汽油点燃，与我们一起向敌坦克上抛去。我们把能用上的火力都向敌人发射过去，又一次打退了敌人的进攻。9 日，我们又坚守了一天，由于兵力消耗太多，全旅四千多人损失了一半，其中校官死伤十多人，尉官死伤三十多人，加之武器装备又差，正定城终于被敌人攻破。于是刘峙给我们下达了撤退的命令。

听说我们要撤退了，正定的老百姓十分悲伤，老老少少围了上来。一位老百姓含着眼泪说："长官们，兄弟们，你们中秋节来，双十节走，为正定流了血，乡亲们感激你们。我们备下了一点酒、菜，喝点、吃点吧。"说到这儿，他已泣然泪下，官兵们也大都流下了热泪。

队伍正准备向南开拔，一大群老头、老太太拉着一些青年男女赶了上来，有的还牵来了骡马。他们跪在我们面前，抱着官兵们的腿，边哭边说："老总，把我们的儿子带走吧，不能叫他们留在这里让日本鬼子杀害！""把我们的女儿带走吧，不能眼看着她们留在这里让日本鬼子糟蹋！""把我们的骡马带走吧，不能留在这儿白白让日本鬼子抢走！""求求你们了！"

"求求你们了！"真把人心哭碎了。本来我们还要作战，不愿增加负担。在这种情况下，只能答应了乡亲们的请求，带走了 70 多名小伙子、30 多名姑娘，依依不舍地告别了正定。

第一四一师和炮兵南撤的时候，曾在滹沱河上搭过一座便桥。但他们南撤时，过了河就把桥拆了。老百姓帮我们选择了一处河水比较浅的徒涉场，但仍然水深过胸，河底又尽是淤泥，稍一停顿就陷了下去，百十名官兵在敌人炮火下幸存了下来，却丧生鱼腹，令人心寒。夜里我们到达石家庄南面整顿了队伍。刘峙电令我们 3 天内到达涉县补充，我们遵办了。谁知，政训处主任陈尧给军令部拍了一个电报说：我旅已完成扼守正定的任务，但官兵伤亡殆尽。军令部回电说：该旅伤亡殆尽，停止发薪。真是苦了我们。10 月天气已经很冷了，兄弟部队都发了棉衣，我们还穿着单衣，更无经费。不久又调往山西，归阎锡山指挥。他命令我们在东阳关构筑工事并在此防守。11

月下旬，阎锡山在太原召开军事会议，研究抗战事宜。

八路军朱德总司令出席了会议，热情地与到会的鲍刚握手，称赞鲍是一员战将。为此，鲍刚高兴了好长一段时间。会后，阎锡山给我们拨来了棉衣和经费。12 月我们开到河南焦作，与张轸的豫北师管区、东北骑兵旅合编成了第一一〇师，不久便赴山东参加了徐州会战。

津浦路北段抗敌记

邓旺熙*

第二十九军第三十八师和天津保安队奉命撤出天津地区后，到天津以南静海县和青县地区整补。日军占领天津和塘沽地区后，忙于组织汉奸集团和布置军队，约有月余没有大规模向市郊以外扩张。故天津南郊以外，中日双方部队除有小范围接触外，没有大的战斗。

退出北平的第二十九军、第三十七师、第一三二师，军部的特种兵部队，石友三的保安部队两个旅，高树勋的两个旅，郑大章的骑兵第九师在永定河布防，阻止日军南侵军部驻保定。其所属部队在永定河以南、保定以北地区整补后将防地移交孙连仲部的第二十六路军。第三十七师和第一三二师转移到津浦线北段静海县、大城县、青县、河间县地区布防。第三十七师第一一一旅由运河西岸流河镇闸口西至子牙河西岸南赵扶布防，旅部驻青县王店子；第三十七师第二十五旅进驻静海县，接替天津保安队防地；第一三二师沿子牙河西岸，北由王口镇、子牙镇、姚马渡布防，在河岸上构筑野战工事，战线全长约 50 里，师部驻大城县城。

1937 年 8 月，原第三十七师与第一三二师编为第七十七军，军长冯治

* 作者时任第七十七军第三十七师第一一一旅参谋长。

安，下辖第三十七师，师长刘自珍兼第一一一旅旅长（刘自珍升副军长后，由原第二十五旅旅长张凌云升任第三十七师师长，吴振声任第一一一旅旅长，王希贤任第二十五旅旅长）；第一三二师师长王长海；第一七九师师长何基沣。原第三十八师率天津保安队移驻减河以南沧州以东地区整补，这时奉命改为第五十九军，因张自忠留平未归，军长一职由副军长李文田暂代。下辖第三十八师，师长黄维纲；第一八〇师，师长刘振三；骑兵第九师，师长郑大章。第五十九军西端占据唐官屯，与我第一一一旅的流河镇阵地衔接，东沿减河至歧口海岸一线防守。我第七十七军与第五十九军扼守了运河、津浦线北段的全部。

日军在津塘地区站住脚后，派一个联队进犯静海县城。静海地区各村镇的民众马上给我军送信，报告日军的人数、去向及武器装备等情况。驻王口镇的第一三二师遂派出一个加强营，向东对敌后方强袭。敌人颇有伤亡，狼狈窜回天津南郊一带。当时正是青纱帐季节，易于我方隐蔽活动。第三十七师第二十五旅与第一三二师研究决定，以阵地战配合游击战，与敌人周旋。在此作战方针指导下，我与敌战斗多次，皆取得了胜利。

对于企图沿津浦线南犯的日军来说，正面有我第三十七师和第三十八师部队，右方沿子牙河西岸有我第一三二师据守的王口镇、子牙镇和姚马渡 3 个据点，战线长 50 余里，右翼随时会受到袭击。因此，必须突破并占领子牙河我军阵地，迫我退向文安县境，才能解除对南下的威胁。

日军在空军配合下以炽烈火力猛攻我第二十五旅，经数日战斗占领了静海县城。第二十五旅退到静海县城以南地区，利用青纱帐的掩护，展开游击战，阻击敌人。当时部队过于疲劳，奉命由子牙镇、姚马渡、南赵扶过河向河间县地区进驻整补。

日军旋又集中陆空优势兵力进攻子牙河东岸的瓦头镇，我第一三二师官兵以大刀与敌展开白刃战。两天后通王口镇的桥被敌机严重破坏，我军遂在夜间撤回王口镇。敌机继而轰炸王口镇至子牙镇的河堤。由于考虑到河堤被炸开后，王口镇有形成孤岛的危险，部队乃于夜间缩短战线，放弃王口镇，撤到子牙镇防守。此时敌机轰炸河堤不停，终于把王口镇到子牙镇的一段河堤炸开，满槽河水灌入文安县和大城县地区，河堤两岸皆是水，没有防守必要，部队又撤出子牙镇。这时，第一三二师据守的河堤只剩姚马渡到南赵扶的一段，长约25里。第一三二师据此协同第三十七师第一一一旅对敌防守。

第三十七师第一一一旅奉命强占流河镇闸口，拂晓开始至上午10时，两次进攻皆未成功。我旅部前进指挥所看到闸口北岸的一所平房顶上插有日旗，上有轻重机枪四五挺控制着闸口。我对迫击炮连连长说："叫士兵快找砖头堆两个大堆，露出水面（水过膝深），速向屋顶太阳旗射击。"又命两个机枪连（那时只有团编制有一个重机枪连）各找地形，以炽烈火力掩护步兵攻占闸口及流河镇。敌房上火力很快被摧毁，步兵立即发起猛攻，不到一小时，就把敌军击退，占领了闸口和流河镇。我方伤亡七八十人，敌人伤亡约倍于我方。我方张子钧团邓营长（名字忘记）阵亡。

在这一个多月的战斗中，有20几天连下大雨，平地水没膝，战壕中的水满满的，官兵们浑身泥水，坚持战斗。日军利用气筏子掩护步兵向我军侵袭，因地上全是高粱，便于隐蔽，敌人找不准目标，又怕气筏子被子弹击穿，不敢太接近我方，故敌之侵袭皆被击退。

我方利用子牙河用船将沿途的伤病官兵及受伤的老百姓尽数收容，送往后方医院。当地群众无不称赞我们是抗日、爱民的队伍。

第七十七军的第三十七师和第一三二师在静海、大城地区与日军苦战了一个多月，部队已很疲劳，上级即命在河间构筑第二线防守工事的吴克仁第六十七军来换防。吴克仁部接防后，因阵地大部分在水内，防守困难，只守了一昼夜即于第二天上午撤回河间地区，扼守原构筑的第二线工事。至此，我军在静海、大城地区的全部阵地皆被敌占领。

第四十九军沧州捷地之战

李铁醒*

沧州捷地战役，是抗日战争初期，在华北战场津浦铁路线上掩护由天津撤退的我军的一次激烈战斗。当时我是东北军第四十九军第一〇九师第三二五旅第六四九团的中校团附（即副团长）。现将记忆所及，亲身经历和耳闻目睹当时的情况，追述如下。

战前敌我概况

1936 年西安事变和平解决后，东北军由陕甘宁边区奉命东调，在豫南、豫东、皖北和苏北地区进行改编。其中，东北军第一〇五师改为国民革命军第四十九军，驻防河南南阳待命抗日。我当时所在的东北军第一〇五师第一旅第一团改编为第四十九军（中将军长刘多荃，军部驻防河南南阳城内）第一〇九师（中将师长赵毅，师部驻南阳城内）第三二五旅（少将旅长赵镇藩，旅部驻唐河县城）第六四九团（上校团长张治邦），驻防河南南阳唐河一带整训待命抗日，我任该团中校团附。

* 作者时任第四十九军第一〇九师第三二五旅第六四九团中校团附。

东北军自从九一八事变后，由于失守东北，挨骂受气，全体官兵随时都愿抗日打出山海关，收复东北失地。西安事变活捉蒋介石“兵谏”就是为了抗日。消灭日寇，打回老家去，这是东北军全体官兵的共同心声，也是我们卧薪尝胆、枕戈待旦多年的心愿。

七七事变发生后，第四十九军奉命由河南南阳调往河北省沧州地区，在沧（沧州）石（石家庄）公路东段及津浦铁路以东至渤海滨之线构筑阵地进行防御，担负掩护友军由天津撤退的任务。

我团于 7 月 25 日奉命由河南南阳唐河出发，于 8 月初在陇海铁路兰封（今兰考县城）车站召开誓师动员大会，由团长张治邦、中校团附李铁醒对全团官兵作了一次慷慨激昂的誓师动员讲话。张团长以“消灭侵略敌人，收复国家领土是我们东北军唯一的责任”为题，继之我也以“杀倭寇披甲还乡打回老家去收复东北失地”为题作了动员讲话。而后，全团开赴河北沧州捷地一带。我团的任务是接替沧州西下花园阵地，阻止日寇前进，掩护友军撤退。右翼为第六五〇团。

1937 年秋，正值河北省涨大水，沧州以西地区一片汪洋，尽成泽国。沧州捷地以东地区地势较高，我第四十九军沿运河、捷地、碱河、黄骅、赵家堡之线构筑阵地，昼夜不停轮流施工。国难当头，民情振奋，人民群众协助我军征集材料，并帮助构筑阵地，抗日情绪颇为高涨。

日军侵占平津后继续南犯。由天津南下之敌攻占静海之后，沿运河和津浦铁路线前进。由于运河涨水泛滥，日寇以装甲汽艇和水陆两用坦克掩护步兵进攻，其步兵均带有救生圈，在其飞机大炮火力掩护下，利用装甲汽艇、水陆两用坦克在前，沿运河猛冲。马厂、青县我友军阵地先后被突破，张自忠师、庞炳勋军纷纷后撤，边战边退转战月余。

捷地战斗经过

当时东北军第四十九军兵力部署如下：

以第一〇九师和第一〇五师（欠一个旅）为第一线，在沧州捷地运河以东沿捷地碱河、后藤庄、黄骅、赵家堡之线进行防御。两师以后藤庄、孟村为战斗分界线，在旧县东西之线构筑第二线阵地。军指挥所在孟村附近。

第一〇九师以第三二五旅和第三二七旅（欠一个团）配置于沧州捷地运河以东沿捷地碱河至后藤庄为第一线，以张家、王庄之线为分界线，线上属第三二七旅。以一个团在砖河东西之线构筑二线阵地。师指挥所在刘庄附近。

第三二五旅以第六四九团和第六五〇团（欠一个营）为第一线，在沧州捷地沿运河以东捷地碱河南岸构筑阵地，并在刘庄东南之线构筑预备阵地。旅指挥所在刘庄附近。任务是阻止当面日寇进攻，掩护津浦铁路线由天津撤退的第三十八师张自忠部和庞炳勋部队向南撤退。

第六四九团奉命后，立即接替阵地，加强构筑阵地进行防御。

9月，日军突破静海、青县第三十八师张自忠部队的防线，乘装甲车和水陆两用坦克、橡皮舟、汽艇等沿运河和津浦铁路前进，到达沧州，向我主阵地进行猛烈攻击，均被我军击退。

9月20日凌晨，日军气球升空，随风飘荡于我阵地上空，视察观测。根据观测，日军先以飞机向我阵地投弹轰炸，继之以炮兵集中向我阵地猛烈射击。因运河以西遍地洪水，其步兵都带有救生圈，在其炮火掩护下乘汽艇向我阵地猛攻。以水陆两用坦克为先锋，步兵跟随前进。我军以平射炮将其水陆两用坦克和汽艇击毁数辆，使日军不敢前进，而成为对峙状态。

21日拂晓，日军出动飞机对我沧州阵地轮番轰炸。上午7时许，敌先用炮兵向我阵地猛烈轰击，继之出动6批水陆两用坦克和装甲汽艇，掩护其步兵进攻。我军凭借阵地工事沉着应战，发扬火力，予日军以严重杀伤。其中争夺关帝庙制高点战斗最为激烈。当日军炮击时，我则以少数人监视，大部进入掩蔽部待命冲锋；待日军炮火稍停，或其炮兵延伸射击时，其步兵冲来，我军即以炽烈火力进行射击。激战至午后4时许，我团第一连吴荫华连长率领全连官兵反复冲锋夺回了关帝庙阵地。第一次冲锋，吴连长负伤夺回了阵地，打得日军丢盔落甲狼狈逃走。不久，日军发起第二次冲锋，吴连长裹伤再度高喊杀敌，把日军大部歼灭于堑壕中。未几，日军又发动第三次冲锋，吴连长高喊杀敌，亲自打死日寇指挥官，在与日寇肉搏时中弹阵亡，壮烈殉国。由于吴连长英勇杀敌而战死，我团官兵更加仇恨日寇，奋勇杀敌，誓为吴荫华连长报仇雪恨。在我军的殊死拼杀下，日军终于败退，我军守住了原阵地。

是日战斗中，敌我均伤亡惨重，日军伤亡尤甚。我击落敌机两架，击毁水陆两用坦克数辆，以及汽艇多只。入夜后，只有稀疏的枪声，两军互相对峙。此战掩护了我友军第三十八师张自忠部队由军右翼安全陆续撤退。传闻，张自忠师的官兵路过我军阵地时说："谁说我们在天津、北平不抗日，佟麟阁副军长、赵登禹师长等都阵亡了，我们是有信心抗日，和你们东北军共同抗日。"我军闻之，非常振奋，增添了抗日的信心和决心。

22 日，日军从早至晚用飞机侦察轰炸，还不时用炮兵向我阵地射击，我团严阵以待。这时华北战场上，我军既无飞机，又无高射炮，日军的气球升空，任意观测，可以说制空权完全在日军控制下。但是我军并不气馁，以我们的劣势武器，凭借华北的大洪水，与日军战斗。官兵都知道守住阵地则生，失掉阵地则死，养兵千日，用兵一时，杀敌报国义不容辞。我们判断这一天日军可能夜间来进犯，因此各营连做了夜间战斗的充分准备，包括夜间射击设施、阵地前增设障碍物、埋设地雷等。

果然不出所料，是日夜 10 时许，突然火光冲天，日军用照明弹交织于天空，阵地前如同白昼。我团以既定的火力射击，凭借阵地既设地雷，将日军来犯的水陆两用坦克炸翻，其汽艇也多被炸沉或被水浪冲翻。日军人仰船翻，死伤甚多，死尸随运河的洪流滚滚漂泊而去。我团阵地虽有几处曾被日军冲入，但经过肉搏，反复争夺，终于守住了阵地。我军获得胜利，士气益壮。一夜酣战精疲力竭，天明发现我阵地前有日军尸体多具，但都在敌我双方火力控制下，敌几次派人来抢死尸，都被打死打伤而退回。

23 日，自拂晓到中午，日军又发起数次攻击，均被我击退。连日来的激烈战斗，都是以我团担任铁路和运河堤坝正面为日军进攻的主要方面，其他方面虽也发生战斗，都没有我团正面战斗激烈。正午 12 时左右，日军曾集中兵力，向我团阵地猛烈进攻，我以严密火网，沉着应战，敌屡次增援，均被我击退。午后，战斗更为激烈，日飞机轰炸，炮火集中射击我阵地，掩护其步兵进攻。在日军攻至我阵地前时，我防守部队即发起冲锋，以激烈的白刃战斗，将来犯的日军歼灭于阵地内，终于保全了阵地。负伤下来的八连官兵说："日寇凶恶极啦，攻击我们的阵地，八连连长穆春茂用连发手枪打死了几个敌人。当他的子弹打完了时，一个敌人就给穆连长一刺刀。穆连长夺过了那个敌人的枪，反把那个敌人刺死了。接连又来了几个日寇刺他，他虽然受伤，但又高又壮的穆连长以压倒一切的战斗精神，连续刺死了几个日本兵，最后壮烈牺牲了。穆连长真是勇猛的好连长啊！"

24日，战斗继续进行，以争夺运河堤坝上的关帝庙制高点最为激烈。我军几度冲锋，反复争夺，第一营少校营长王肖孔身先士卒，率领全营夺回关帝庙阵地。在指挥战斗中，他负伤不下火线，裹伤再战，支撑危局。日军再度来犯，他奋勇当先，以连发手枪打死打伤多名敌人，并将日军指挥官中村少佐击毙，使日军败退。不幸的是，王营长也被日军炮弹炸死，壮烈殉国。第二营少校营长张莹洁在率领预备队增援冲锋搏斗中，也身负重伤。我团连续作战五昼夜，多次杀退敌人，坚守阵地，博得上级嘉奖。终因伤亡过重，于24日夜10时奉命由我军应鸿纶旅接替我团防御阵地，全团后退至团指挥所附近休整。

夜雨掩护撤退

9月25日晨，我东北军第四十九军完成掩护友军张自忠师和庞炳勋军的撤退任务后，又奉命担任了掩护全军撤退的任务。

我团刚换防由第一线撤下来，又于夜12时奉命在捷地占领阵地，掩护全军撤退。我团第一、第二营为第一线，在捷地之线占领阵地，阻止日军追击。第三营占领预备阵地，待第一线第一、第二营撤退后，转为后卫跟进。

是夜大雨滂沱，我军在狂风暴雨中严阵以待。我第一线部队于25日晨4时隐蔽撤出阵地，由第三营右翼撤回到张格庄。撤退顺序为：第一营，团直属各连（机、迫、平、通），其后为第二营，第三营转为后卫，在第二营后 300 米跟进。部队沿津浦铁路东侧沧州、南皮大道前进。

我团的行动，日军当夜并未发现，我们安然地撤出了沧州捷地。事后据团情报员汇报说：25 日上午，日军始发现我军撤退，方前出占领我军阵地。

我军撤出沧州捷地后，在南皮县休息一天。10 月 2 日，我第四十九军奉命夜袭泊头而占领之，旋又奉命撤出泊头，继续向济南转进。路过吴桥（花园）时，方知第六战区司令长官冯玉祥将军已将指挥部转移到山东黄河南岸洛口。我团随军撤退到山东黄河南岸长清县孝里铺，准备在黄河南岸构筑阵地。后因八一三上海战起，上海战事紧张，我军又调上海，参加淞沪抗日战役。

这次在沧州捷地作战，我第六四九团在阴雨连绵中奋战五昼夜，阵亡第一营少校营长王肖孔、第一连上尉连长吴荫华、第六连上尉连长宋自启、第八连上尉连长穆春茂等。第二营少校营长张莹洁等负重伤。全团共伤亡营、连、排长 30 余人，占全团官长总数的三分之一，伤亡士兵 300 余人。沧州捷地之战给日军一次沉重打击，胜利完成了掩护友军安全撤退任务，获得军、师的嘉奖表扬。张治邦团长因母丧返回南阳奔丧，李铁醒以战功晋升上校团长，其他官兵亦分别论功行赏、晋升，负伤的官兵送后方医院诊治，阵亡的家属予以抚恤，妥善安置。

平绥路东段抗战

第十三军南口抗日纪实

吴绍周*

1937年8月的南口战役，是七七事变以后，蒋介石嫡系部队第十三军投入战斗较早的一仗，战斗比较激烈。当时我任该军第八十九师参谋长。特就回忆所及，提供史料参考。唯事隔20余年，印象多已模糊，写稿时，既无参考资料，也无地图可查，承当时在第八十九师的吴祖震先生和杨柳营先生帮助回忆，遂能作出约略的记述。

车运南口

日本帝国主义侵占平津以后，一面进窥冀省南部，一面以截断察绥为目的，进攻南口。时汤恩伯的第十三军集结平地泉、丰镇一带整训。7月下旬的一天，汤恩伯被蒋介石召见后，由南京返部，约集第四师师长王万龄、第八十九师师长王仲廉、第四师副师长兼旅长陈大庆和参谋长吴绍周进行密商，传达蒋介石的决定：第十三军开南口，归傅作义指挥。蒋介石限第十三军于8月初到达南口防地，又要汤在任何艰难情况下，必须守住十天半月，

* 作者时任第十三军第八十九师参谋长。

再由卫立煌部增援。

这次商谈的结果，决定进行紧急思想动员，由营长以上的部队长带头，普遍发动官兵写抗日决心、师长们“请缨杀敌”的文章，送到报纸去发表。汤恩伯还谈了一通精神战胜物质的大道理。另外决定先派我赴张家口向刘汝明接洽防务。

约为 7 月 25 日，我带少校参谋彭静秋由平地泉到张家口向刘汝明接洽。刘的答复出乎我的意外，他说南口目前问题不大，前晌有敌骑兵骚扰，已被他们击退，现无大规模活动；对第十三军的接防，表示尚未接到命令。晚间，刘的参谋长杨然到旅社找我，表示欢迎第十三军接防，但部队不能通过张家口，理由是客军过境，怕引起军民误会。我问：“南口是敌人必争之地，大战迫在眉睫，刘主席（刘汝明时为察哈尔省政府主席）对平绥线上形势，究竟如何估计？”杨然是陈诚派在刘部工作的人，态度比较诚实，他表示“希望十三军立即开来，但问题并不是你我所能解决的”，示意要我速回，由汤恩伯向南京请示。我除电告汤恩伯外，决计在张家口再留一天，窥察刘汝明究竟是怎样的情况。

显而易见，张家口很安静，没有战时紧张的气氛，连防空设备都没有，更令人刺目的是街上仍看到日本人照常行动，听说天主堂还驻有他们的特务机关。在我停留的一天当中，刘的交际科长以购赠车票为名，连续两次来问我动身的时间。我也知道这里不容久住，即回到平地泉。汤恩伯已经电蒋介石请示，蒋回电是派鹿钟麟对刘汝明进行说服，并令部队先向大同集中，戒备前进。事后据汤恩伯了解：蒋介石曾将汤的请示电报批交冯玉祥处理，因冯主张抗日，经常作诗讽刺蒋军回避作战，刘汝明为冯一手提拔的旧部，冯当然了解蒋的用意，即在原电上批复：如所报属实，请依法拿办。后仍由蒋找冯商量，才决定请鹿钟麟一行。

7 月 30 日，我同汤恩伯到大同迎候鹿钟麟，他见面即告知已有电报给刘汝明，并风趣地说：“我送你们去！”鹿亦为刘的老上司，经在大同用电话找刘谈话后，刘始允许部队由张家口通过，但仍提出不得下车停留。汤恩伯看到军中将领对刘汝明愤愤不平，怕在过境或接防当中发生冲突，又想到今后作战时须与地方取得协调，复请鹿钟麟同赴张垣，借以对刘疏通关系，刘部原在南口的军队，令其先撤张家口及热河边境。鹿均慨然应允。

8 月 1 日，汤恩伯决定第八十九师罗芳珪的第五二九团先由大同出发，我与王仲廉陪同鹿钟麟一起随车赴张家口，而敌人飞机亦于是日上午轰炸大同至南口一段铁路。当我们的列车开出不久，大同车站即落弹数枚。车经下花园时，铁轨又被炸毁，并炸伤罗团士兵数名。经护路员工抢修后，才于深夜继续前进。刘汝明亲到车站迎接鹿钟麟时，我同王仲廉亦被邀在张家口一宿。次早，汤恩伯来电，令对张垣情况严密注意。

尔后，第十三军便一直在敌机狂炸中陆续车运。幸敌机轰炸时间多为上午，一到下午或凌晨，被炸毁的轨道，经护路员工昼夜抢修，仍可选择时机通车，唯每天最多只能抢运一次，每次列车最多又只能运走一团，致部队延至 8 月 3 日，还只运到南口 3 个团。不过我同王仲廉的师部及直属部队已于先一天到达。

兵力部署及援军概述

当时南口刘汝明部已经撤走，剩下的一些地方部队也没有人作防务移交，相率离去。蒋介石所说的国防工事，只是秦始皇遗下的一段万里长城，其余就是依山傍岭一堆堆的石块，其中当然也有军阀混战时期的破堡残垒。经集合第八十九师第二六五旅营长以上部队长侦察后，我们的阵地部署大致如次：

（一）八达岭、居庸关、南口沿铁道线正面为第八十九师作战地区；南口车站、龙虎台（又名关公岭）为该师罗芳珪的第五二九团阵地，即正面第一线。

（二）南口东边得胜口、苏林口为第八十九师谭乃大的第五三〇团阵地，即右翼第一线。

（三）居庸关南边的凤凰台、青龙桥为第八十九师舒荣的第五三四团预备队位置，即正面第二线。

（四）八达岭或三堡车站附近的岔道、菪涧子为第八十九师李守正的第五三三团集结的预备队位置，即第五三四团的正后面，为正面第三线。

（五）居庸关西边的横岭城、镇边城、十八家（长城分段路口）一带为第四师作战地区，即南口左翼。其第一线在横岭城以西一带山地，预备队位置在十八家。后又向前移动。

（六）居庸关以西和横岭城东边（即第八十九师，第四师中间地区）的黄老院、吊明湖、白羊城，为吴绍周支队作战地区，其第一线在吊明湖南边山地，预备队位置在榛子岭。

吴支队以第四师刘汉兴的第二十二团及临时增援的河北民军朱怀冰师所属的两个团编成（详后）。

（七）第八十九师炮兵阵地在居庸关以南山地，第四师炮兵阵地在横岭城附近。

（八）第八十九师师部驻康庄车站，其前方指挥所位置在居庸关。

第四师师部驻横岭城，前方指挥所在该城南边前进约 7 华里地方。

吴绍周支队司令部驻榛子岭。

第十三军军部及所属补充团驻怀来。

以后增援的朱怀冰师部亦驻怀来。

第十三军抗日的重兵器情况：炮兵，仅第八十九师有日本大正式山炮 9 门，且为使用过时的陈货，射程最多 4000 米或 5000 米；其他炮兵情况不明，但还比不上第八十九师。当时据我所知第四师只有几门小炮，另有用绳子拉上山去的战防炮两门，是苏联试制品，直到使用时，才发现所领到的炮弹，是一些试射炮弹（领不到彻甲弹）。在南口战役中，敌人恃其优势炮兵，每天同时用山炮轰击我第一线，野炮轰击我第二线，重炮和铁道重炮轰击我第三线。我军不仅山炮小炮无法抬头，以后连迫击炮、重机关枪也时常停顿，以免暴露目标，不敢轻易使用。据第八十九师第二六七旅小炮连连长杨柳营说，他每天伏在山头，只能听炮，不敢回炮。该师两个旅的所谓小炮连，实际只有小炮两门，每门只配有炮弹 100 发左右。

南口战役使用的兵力，原只限于第十三军所属的两个师和一个补充团，但实际动员的部队却在 3 个军乃至 4 个军以上。自战斗开始，汤恩伯仅到过居庸关一次，以后即坐在怀来向各方面求援。凡被视为可调的部队，他都指名电请蒋介石，傅作义、刘峙、卫立煌，乃至阎锡山的部队，他都请求调用。这些被调动的部队，有到达的和没有到达的两部分：

（一）河北民军朱怀冰师，在战斗展开一星期后，首先到达。朱系保定军校毕业，著有《孙子兵法释义》，对察绥情况熟悉，更主要的是蒋介石因他同刘汝明关系较好，示意汤恩伯以临时兼代第十三军参谋长诱他。所属 3 个团：以两团编归吴绍周支队投入战斗，一团随师部驻怀来，并担任军部警卫。因第十三军原属警卫团（即补充团），已加入第一线。

（二）李仙洲的第二十一师在战斗到第 10 天南口沦陷后才到。该师计 3 旅 6 个团，除一部在居庸关投入战斗外，主力集结京庄南边地区，作为反攻南口的总预备队。后为十八家作战主力，并掩护全军退却。

（三）高桂滋的第八十四师比李仙洲部约迟到 3 天。时李守信伪军由多伦向居庸关方面移动，汤恩伯令高驻沙城一带，向热河边境警戒。

第八十四师为陕北地方部队，官兵有抗日要求，增援较速。第十三军驻永定河时，该师驻绥德附近。高、汤二人联系密切，其所属的几个团长又与我为军校高教班同学。他们由绥德取道黄河军渡，经太原，徒步出雁门关，东向平型关，到达怀来。

（四） 8 月 23 日左右，战斗接近尾声，阎锡山驰援的一个旅到达。时第四师在镇边城吃紧，汤恩伯令该旅先以一个团开十八家接防，其旅长（姓名忘记）托词拒绝，汤一怒之下，电请傅作义直接指挥。后经了解：阎锡山起先考虑如居庸关不守，山西门户的大同、雁门关必相继沦陷，出兵动机本来就是维护自己的老巢。后见南口败绩已成定局，该旅在怀来徘徊两天，仍由阎锡山来电调回。

（五）陕北地方部队高双成师（番号忘记），实系陕北井岳秀的地主武装。井病逝后，汤恩伯在绥德利用与高为士官同学关系，密电蒋介石请将该师并编第十三军建制，并先派其炮兵营长为高师参谋长，密切联络。南口告急时，高率部由米脂驰援，到达张家口附近，亦被刘汝明拒绝过境。这不仅使南口战役受影响，且使汤恩伯对高部的兼并亦成泡影。

（六）汤恩伯对各方面援军，认为唯一可靠的是蒋介石当局应允的卫立煌部，但卫始终未发一兵一卒。后汤派第八十九师副师长龙慕韩驰往保定面请，又因大雨，一再拖延。龙不得已，仅携回卫的回信返部复命，汤气愤将信弃之地下。以后两人时有矛盾，实由此始。

（七）由于卫立煌部迟迟不到，傅作义令第三十五军驰援，复因平绥路被敌截断，无法通过。

上述各路援军，除朱怀冰的3个团和李仙洲所部参加过较短时间的战斗外，其余动员的军、师、旅都未到达。因汤恩伯的惊慌叫喊，加上蒋介石的判断错误和部署混乱，致本来只需三四个师的战场，竟疲惫人马达两倍以上。

南口战役，除上述各部队和各方面的物质支援外，当时名记者范长江曾深入前线考察。他在七七事变以后，即考察了陕北、包绥一带辽阔地区。他写的旨在宣传抗日的《青山角》一书，就是在平地泉写成的。范长江自到南口前线，日夜搜集战地军民生活和战斗情况，写成生动的报道，南京上海各报纸及时发表，鼓舞后方人民同仇敌忾，激励前方将士抗日民族意志，发挥了很大的宣传作用。

龙虎台战斗

南口战役是8月4日正式展开的，即在第八十九师先头部队到达阵地后两天，其后续部队和第十三军军部及补充团尚在车运中。第四师是战到第三天以后，才全部到达。而敌军板垣师团早在昌平集结，其空军自8月1日——即我军由大同出发之日起，已不断轰炸南口车站。我阵地工事的建筑和加强，主要是靠夜间施工。4日上午，敌步骑混合部队约1000余人在空军掩护下，开始向我龙虎台第一线进犯，该处为南口阵地唯一制高点。敌机由山头到车站轮番轰炸达数小时，接着骑兵进袭。我车站工事没有钢板掩体，守兵仍沉着应战，同时展开激战，敌主攻龙虎台，未逞。下午，东西两边山地炮火密集如雨，但敌步兵始终不敢逼近。是日我炮兵阵地一所被毁，阵亡排长一员，士兵伤亡约数十人，敌死伤人马较我为多。

5 日以后，敌步兵配合战车全面进攻，在其优势的炮火轰击和空军整天不停的狂炸下，持续两日，双方伤亡惨重，我龙虎台左边山头被敌一度攻陷，旋于当晚反攻克复，俘获敌兵数名。南口右翼得胜口阵地，连日被敌攻击，均为我第八十九师谭乃大团击退。

7 日，敌先以空军集中轰炸龙虎台阵地，后以步兵一小队，一班、两班或三五人一组，连续向我山头爬进，由拂晓战到下午，尸横遍地。最后敌人竟使用毒瓦斯，我台上守军一加强排全部牺牲。敌死伤数倍于我，一联队长为我击毙。是为南口战役杀得风云变色的一仗。龙虎台后为敌人抢占。次日，王仲廉责令第二六五旅旅长李铣负责收复。李自战斗开始即蹲伏掩蔽部，惊慌万状，几次向王仲廉哭闹。时第八十九师直属部队已大半增援第一线，王乃率军部补充团一个营驰赴南口车站，命罗芳珪团第二营营长李谨率兵两连，乘夜反攻龙虎台。该团竟于深夜克复，毙敌 20 余名，生擒两名，我伤亡官兵约 50 人以上。尔后王仲廉即进驻旅指挥所附近，令李铣退后休息，李托病在居庸关就医两天，仍回第一线，从此两人失调。龙虎台收复的第二天，敌机配合炮火轰炸更猛，罗芳珪所驻掩蔽部被炸塌。王仲廉未经核实，以罗阵亡急电汤恩伯转报，南京上海各报随即登出“罗芳珪全团殉国”的消息。实际罗经过抢救即脱离了危险。

龙虎台战斗的 8 天中，敌先以一大队全线冲锋，因死伤逐次增加，不久即改为一中队；后又逐渐减为一小队，乃至一班轮番冲击，这样敌人的死伤减少，而我军牺牲却天天增多。大家总结经验：决定当敌炮和空军联合轰击时，隐伏不动，一到敌步兵接近，即奋起猛击。但终因我炮兵在敌人的压制下，无力回击，官兵感到坐待轰炸，不啻等候死亡，各连、排长均要求采取主动，向敌作短距离突击。士兵则大喊一命拼一命，以求得肉搏为快。王仲廉察觉士气可用，立即配备一些机动部队，利用敌人疲困时机，常常在傍晚以小部队进行猛袭，伤亡转为敌多我少。敌人使用的兵力转而增多，战场上有时我也可掌握主动。

罗芳珪团战了整整 8 天以后，仅余官兵 400 余人，舒荣的第五三四团及军部补充团的两个营亦全部上了第一线。敌军的山下旅团，因兵力消耗过半，改由铃木旅团接替，继续进攻。我军阵地的好些山头，经常是白天被敌攻陷，晚间又由我夺回。有的连长及排、班长常以收复山头争胜，且能以少胜多，每攻必克，并击落敌机 1 架，击毁坦克车两辆。敌酋板垣亦不得不公开承认在南口遭到了坚强的抵抗。

南口战斗到第 10 天，汤恩伯见援兵迟迟不到，决心收缩兵力，退守居庸关。战争开始不久，蒋介石曾要汤死守 8 天（前曾说十天半月），后由卫立煌接替。现既超过期限，汤乃将撤出南口的计划和上阶段的作战情况总结，电告蒋介石，还通电各有关方面，目的乃表功与求援。此电报虽难免有所渲染，但也有不可否认的我广大官兵流血牺牲的事实。这电报发出以后，便应该按汤自己的计划于 15 日撤退，因他的决心不够，到 16 日又是一整天的血战，左翼谭乃大团先自溃退，连长刘舜辉等多人阵亡，龙虎台我守兵最后一排又壮烈牺牲。是晚退守居庸关南边一带山地。

居庸关战斗

居庸关我军部署的情况是，正南面为第八十九师舒荣的第五三四团，右翼及左边山地为李守正的第五三三团和由苏林口转移的谭乃大第五三零团之一部，王仲廉的师指挥所驻在关上。当南口激战期间，居庸关一线，同时卷入敌人炮火和空军的不断轰炸中。南口到居庸关的铁道和公路，更经常被敌坦克车冲入，直达长城脚下。我建筑在沿路两边山脚的夹壕，组成交叉火网，在予紧随战车后面的敌步兵以两次痛歼之后，路口和隘道中间便很久未发生过战事。但敌坦克车队仍驰驱如故，我手榴弹无法阻挡。有一次，第八十九师少校参谋吴祖震率工兵利用敌机投下没有爆炸的两颗炸弹，加上信管，代替地雷，埋藏路口，第一次炸毁了敌一辆坦克车。后南口退却，我工兵营将路基破坏，敌战车无法活动。敌步兵再使用毒气弹，企图从隘道进攻关口，被我守兵诱至中途，奋勇击退，一次歼敌数十名。此后敌人不敢再来。

居庸关的战斗是山地战。敌人照例是先轰炸，再冲锋。每次必狂炸一阵以后，其步兵再以纵深配备，向我展开波浪式的冲击。我军凭险固守，苦战数日，阵地仍屹然未动。但官兵伤亡惨重，连长牛桂卿等三员先后殉职。牛在阵地一度失守时，负伤不退，手榴弹投尽以后，复用石头击敌，终将阵地恢复，斩获甚众。以后敌人常在轰炸数小时后，先以三两个步兵向我阵地试攻，只需我军放一枪，又速退去，再行轰炸，再行试攻。我守兵即利用这样的试攻，设伏以待。敌兵常被歼灭和活捉，因而感到无法应付。故居庸关的战斗，整日只听到炸弹声震天，听到机枪和手榴弹声音较少，敌人能够冲入我阵地的次数也不多。我官兵并以能诱敌上山聚歼，互相夸耀。

在上述情况下，敌在居庸关使用的步兵、骑兵、战车，乃至毒瓦斯，已无法发挥多大的作用。他们恃以无恐的，是空军和炮兵的联合轰射。我军为了分散敌人轰炸的目标，以少数兵力，广占山头，设疑兵，扰乱敌轰击目标。消耗敌人和减少我伤亡，收效较大。

战斗约五天以后，我第五三四团曾以部分兵力乘机出击，但在被迫退回原阵地，立脚未稳时，敌以优势兵力集中猛攻，连陷两个山头，几致我全线动摇。在搏斗中，我各勤杂人员、炊事兵、马夫等均投入激战，该团某营营长负重伤，连长蒙定国阵亡。后经李仙洲部增援，始转危为安。但李部初到，地形不熟，不久亦被敌冲散，其所失阵地仍由第八十九师的两个连奋战收复，再交李部接防。

李仙洲的第二十一师到达以后，王仲廉建议居庸关由李部接防，而以熟悉地形的第八十九师收复南口车站。正当问题未做决定的时候，敌人对居庸关的攻势突然停止，将主力转移到白羊城，向我右翼攻取镇边城、横岭城，企图由十八家越过长城，进犯张家口，截断我军后路。居庸关战斗暂告缓和。

吊明湖战斗

吊明湖（现名吊末湖）的战斗，是因敌情变化临时发生的，主要是打击敌人向我右翼进攻的企图，同时牵制其对我镇边城和横岭城的攻势。

18日左右，第八十九师副师长龙慕韩向卫立煌乞师由保定回部，报告敌人增兵白羊城，企图从我第四师、第八十九师的夹缝地区中间突破，并先消灭第四师。时王万龄在怀来养病，该师副师长陈大庆在横岭城告急。汤恩伯乃决定以第四师刘汉兴的第二十二团、朱怀冰部原驻康庄的两个团、第八十九师工兵营，令我组织支队司令部，前往堵击。军参谋长职务由朱怀冰暂时兼代。我先率工兵营进入吊明湖侦察地形。白羊城已为敌骑兵盘踞，因令工兵营先占领吊明湖西南边一带山地（即靠近白羊城方面），同时在东北面山头赶筑工事。但当我回军部的次日，吊明湖被敌攻占，工兵营长门长春抵抗一阵，溃退到石匣口附近。

大约是20日，我进驻榛子岭，刘汉兴团担任前面攻击，朱怀冰的一团担任由白羊城通居庸关的沿途警戒。朱师另一个团和工兵营随支队司令部驻榛子岭为预备队。汤恩伯顾虑朱怀冰部的战斗力不强，要我以守为主。因陈大庆和在镇边城的马励武（第四师第十一旅旅长）感到吊明湖之敌对他们的威胁太大，坚决要求协同出击，我乃令刘汉兴进攻吊明湖北边敌阵的山头。激战两日，敌退守湖的南岸，与我军隔湖对峙。双方进攻，均从东西湖岸边山地进出，主要在东边山地上。对我军有利形势是：敌战车无法活动，我迫击炮至此发挥了巨大的威力；同时在南口战役中，敌很少用步兵直接冲锋，而我军爬山作战，较为熟练，一至短兵相接，杀伤敌兵甚众。敌我反复冲杀，持续了3天。25日或26日，终将敌军击溃，吊明湖克复。我刘团伤亡达500余人，第二营营长壮烈殉职。朱怀冰部在陆续增援中，死伤较少。湖边民房约20余栋，悉成灰烬。

横岭城、镇边城的战斗

第四师在南口左翼的战斗，大约在20日以后才转入紧张阶段。在此以前，汤恩伯、王万龄等并没有切实注意到敌人绕出左翼的企图，又由于南口、居庸关两处战斗的坚持，陈大庆、马励武等狂热地提出“夺取昌平，打到北平去”的口号，而希望把南口左翼的任务转移给增援部队，且认为只要向昌平施行奇袭，使敌人腹背受敌，比把兵力搁在南口左翼要灵活得多；左翼只留些警戒部队，就可凭险侥幸取胜。汤恩伯对第四师将领好大喜功的轻敌思想，表面虽没首肯，但对我表示过有同样意图。比较稳当的是等援兵集结以后，再视情况决定。时李仙洲、高桂滋两师已陆续开到，民心士气，确曾可用。汤并在一个晚上召集各师师长到怀来开会，计划反攻南口，同时也准备向昌平出击。马励武在镇边城同敌接触的第一天，敌一小队约 30 余人，在长城一垛口内为我石觉团围困。石以兵力一排，利用山势，扼守垛口出路，每天用手榴弹投掷，官兵们瓮中捉鳖，士气高涨（后这 30 余敌人到我军撤退时，饿毙一部分，并未最后消灭）。他们接连两日打得很出色，又击落敌侦察机一架。第四师“打到北平去”的口号，已得到汤恩伯的默许，喊得更加响亮。

直到镇边城危急，横岭城亦同时被敌猛攻，敌人由十八家袭取康庄，直趋张垣的企图，更加明显，这才知道第四师的主力均集中在横岭城和镇边城一带高地，对十八家认为地势低洼难守，仅留少数兵力担任路口警戒，是失策。而敌人对我左翼各据点的进攻，除移南口、居庸关的主力集中使用外，并另由昌平开来高木旅团全线展开总攻。那几天的情况是：吊明湖收复的当天，居庸关之敌又继续蠢动，接着是镇边城失守，横岭城相继陷落。十八家原来就没有固定部队负责，汤恩伯临时令阎锡山所派来的一个旅增援，又遭到拒绝，最后只有李仙洲部上去。李部到十八家时，由横岭城溃退的陈大庆部因敌乘胜追击，无法立足，在阵容混乱中，复被敌炮火居高临下集中轰射，搏斗之惨，血流成河，李部一团长阵亡。汤恩伯为牵制敌军攻势，复令吴绍周支队向白羊城出击。因地形险恶，由吊明湖向南前进的路口山势耸立，为敌炮火封锁，我军亦只能采用炮战。南口抗战形势，已到最后关头。

8 月 28 日，汤恩伯退出怀来，部队向桑干河一带退却。

值得一提的是，南口战役，我报效祖国的广大士兵前仆后继，从无一人被俘，而敌军除运尸车辆日必数起外，且为我生获约 20 名以上。

晋军七十二师血战长城内外

陈长捷*

一、日军进犯南口，长城骡子圈失守

七七事变，已临民族存亡关头，在北平的宋哲元第二十九军被日本侵略军袭击，退于长辛店迄永定河线上抵抗，华北战局展开。蒋介石划河北和察哈尔为第一战区，任参谋总长程潜为司令长官，于保定成立司令长官部，指挥平汉线方面的作战。划绥、晋为第二战区，任阎锡山为司令长官，任傅作义为第七集团军总司令，率在晋北和绥远各部队，于平绥线上作战。为威胁日军在北平集中并牵制其南进，先着汤恩伯第十三军循平绥线进入居庸关、南口地区的长城线上活动。

察哈尔省政府主席刘汝明属宋哲元第二十九军派系的另一部，尚怀恋其封土，在张垣游移观望，因而对汤军的入察，竟加拒止。汤恩伯军运输列车迟滞于天镇东的永嘉堡、柴沟堡间，日日被日机轰炸。

1937 年 8 月 7 日，日军向南口进攻，汤军王仲廉第八十九师在南口居庸关正面，王万龄第四师一部在居庸关南，均沿内长城险要占领阵地。第四

* 作者时任晋军第七十二师师长。

师主力尚随军司令部在怀来。日军板垣第五师团陆续到北平西区集结，汤军不敢主动出击，坐让敌人从容集结完毕，自由选择攻击方向。居庸关正面对战经旬，日军渐向两翼扩展。朱怀冰第九十四师和高桂滋第八十四师东开怀来，朱师增加于居庸关北翼的延庆方面，第四师主力增加到南翼，沿长城线亘于横岭城。热河伪蒙骑兵一部进犯怀来北侧的龙关，高师迎击蒙伪军于赤城、龙关间，有所俘获。沿平绥线进攻的日军主力转移于南翼，指向官厅方向，和第四师争夺长城线上制高山头，日趋激烈。李仙洲第二十一师再开到怀来，即插入于第八十九师和第四师中间。李师是刘珍年杂牌军所改造，素质脆弱，初就阵地，立脚未稳，其右翼骡子圈据点即被日军突击占领，战线被突破一部，突破点逼近怀来，形势顿形紧张。汤恩伯急电分向蒋、阎和傅再请增援。

二、晋军第七十二师急援怀来

骡子圈失守，汤恩伯大告危急。当时傅作义掌握着第三十五军的孙兰峰、董其武、马延守 3 个三团制的独立旅（马旅是临时配属的），集结在平地泉、丰镇间，赵承绶和门炳岳两支骑兵部队从大同渐向长城外的兴和、张北方向活动，均准备以对付日军东条的挺进纵队，将伺其接近张北，突起掩击其侧背。犹顾虑刘汝明军不肯负担张垣正面的一时抵抗，又准备李服膺第六十一军于阳高、天镇、柴沟堡间，以便适时推进张垣，代刘汝明负责守备。为此不愿打破所准备的兵团而为零星的增援使用，一方叫汤坚定支持，吸引敌主力使胶着于长城线，待集团主力转移攻势；一方亦坚请另派一部晋军赴援怀来。同时，蒋对汤的呼救，亦就长城形势，作了全般策划，从平汉线遣出有力兵团，配合傅集团的出击张北，而向南口敌之南翼抄击，对阎作了紧急援汤的指令。阎锡山还是出于敷衍，指命尚在雁门山前构筑工事、未经动员装备的我第七十二师赴援，说是我师和汤军两度合作甚好，赴援可期密切得力。但又拖住我师的尾巴，要我师留下一个团于浑源北山，整理并坚守原来工事，并以我师未经动员装备为词，指示汤恩伯斟酌情势暂为控置，待机另有应用。

全面抗战经月了，阎锡山对晋军只将在平绥线上傅作义第三十五军（3个独立旅计9个团）、李服膺第六十一军（1个乙种师、1个独立旅计7个团）、赵承绶骑兵军（3个旅计6个团），给以动员装备。我率领的第七十二师尚置在雁北工地，不加以战时装备，8月13日，阎仓促电令该师开赴南口前敌，当时官兵愤于日军的侵凌，抗战情绪极为奋跃，部队里虽尚乏战时通信、卫生、辎重、兵战等动员装备，亦无难色，即日从工地出发，星夜载驰，于两日夜间，即赶到平绥线阳高县车站集结。照阎指命，原来拟留下第二一七旅梁春溥旅长和程继贤第四三四团监理工事，梁旅长坚请不愿置身后方，仍率旅属曹炳第四三三团同赴前敌。阳高集结毕，分4列车进发，张树桢第四一六团在先，师部及直属部队继之。第二〇八旅旅长率高金波第四一五团，梁春溥旅长率曹炳第四三三团，依次相继向怀来输送。南口、居庸关剧战已经旬了，后方部队通过张垣车站，仍受刘汝明所限制，必须挨到夜间才得偷越，输送迟滞备受日机轰炸，受了不少损失。

第七十二师先头张树桢团于8月16日清晨到达怀来，在15日夜里失守骡子圈的第二十一师右翼部队约同第四师左翼石觉旅协力反攻骡子圈。石旅向骡子圈东南抄击，以不少的牺牲夺取了长城岭上重要的制高点八五〇高地，以俯瞰骡子圈敌后方。但是第二十一师右翼旅的进攻骡子圈竟遭敌的逆击而溃乱下来，一时怀来形势又形紧张。恰好张树桢团到达，汤恩伯为扼阻骡子圈之敌迳冲怀来，即命张团进于长城岭，以掩护怀来和第四师的左侧。

三、朱怀冰干预汤恩伯的指挥

长城线剧战经旬，部署于延庆方面的第九十四师尚未发现敌情，师长朱怀冰特经汤恩伯捧为参赞留在怀来军部，对前敌指挥咨而后行，同食共处，十分密切。汤十分粗鄙而虚骄，只工逢迎而昧于方略，他从蒋中央军校的教导总队长得了张治中教育长的扶植，出任第四师师长，在参加江西反共战争里，紧紧追随抱陈诚，不断幸进。当担负南口前敌任务时，日日尚要向在上海前敌的陈诚和张治中等陈报军情。陈诚理解汤的“能力”，特叫汤把朱怀冰师长留在他跟前作为导师（朱曾任陈诚的庐山军官训练团办公厅主任），所有汤每日呈蒋和分报陈、张的文电，均托朱主稿，以适合“机宜”。

当骡子圈紧急、李仙洲师长紧喊危殆时，在怀来未有控置部队可供应付，军参谋处建议从延庆方面抽出第九十四师主力到怀来，加入第二十一师右翼和石觉旅协力以防制骡子圈突破口。朱怀冰竟不愿他的第九十四师投到激烈的主战斗方面，而不加赞同，且夸大居庸关北翼承担着牵制敌军向龙关大迂回方面，轻与调动，势将影响居庸关正面。在晋军第七十二师未到之前，他为汤出主意，认为龙关方面仅是少数热河伪蒙骑兵，没有战斗力，已经高桂滋师一击，退缩去赤城塞外，可以从龙关方面抽来第八十四师主力，有此后方主力军增到，比从延庆回调第九十四师，尚有振作士气的作用。汤恩伯和高桂滋共事于陕北的反共各役，明知想调度该部投于应急方面，不是凭一纸命令所得实现，但亦不便有违所倚智囊、俨同盟军的“朱先生”（汤对朱的恭维称呼）意见。便请朱以电话向高商洽。高对朱转达“汤的意旨”，在电话上满口唯诺，并立刻奔赴怀来，显若急难不遑宁处。他并未为朱怀冰的饰词所欺蒙，对骡子圈的反攻崩溃，以及居庸关、延庆各方实际情况，掌握得清清楚楚，对待朱的调弄，已有所安排。

高桂滋到达怀来，即从龙关方面频频传来赤城伪军重兴南进的消息。继之，又重以有日军大纵队增加的紧急情报，催高返部主持。高显得镇定，传谕该部云：“龙关重地，关系全军侧后安全，须坚强守御，任何牺牲不得动摇。”这样作态，无异对中央军的失守骡子圈据点而不能拼死夺回的讥讽。高并不以所谓“龙关紧急”返其部队去，仿照朱怀冰的方式，自动呆在汤的左右，给汤多添一员义务参赞。由是彼此心照地急盼晋军第七十二师到来，以为应急使用，又对阎锡山对该师的遥制有所怀虑。

四、横岭城鏖战

出乎汤、朱的怀虑，第七十二师先头张树桢团到达怀来，汤、朱对张团长告知骡子圈反攻失败及怀来受到威胁的紧急情况，张团长不等待师的集结，立即接受汤的指示。急行 18 里，到长城岭下的长城沟口，阻止日军向怀来插入，收容了第二十一师溃部，在长城沟山头占领了掩护第四师左翼阵地，怀来一时慌乱形势，得以稳定。骡子圈突破口继续扩大，第二十一师右翼受敌压迫继续退缩，第四师石觉旅左翼团虽然占了八五〇高地，但陷于孤立突出，受到敌火的三面压制，死伤辄出。17 日午后，发现敌军一股不下一联队向四师右翼镇边城方向前进。17 日晚，第七十二师全部于怀来下车完毕，汤、朱以上述紧急情况相告，商定以第七十二师协助四师石旅夺回骡子圈，使石旅占领八五〇高地后，和第四师主力共同守备横岭城、镇边城，以巩固军的右翼，向洋河南岸接受从平汉线方面来援兵团。我慨然承担任务，在师的辎重和兵站分布未到之前，即进入山地，请汤军兵站予以接济。其时张树桢团掩护着长城沟口，阻止骡子圈突破口向石旅左后方扩大，战斗经日已有伤亡，尚无担架救护，亦赖汤军拨出卫生队一部附属，设立了师临时野战医院于长城沟，以为收容伤患者。

8 月 18 日早，晋军第七十二师部队由旅长吕瑞英率高金波第四一五团，旅长梁春溥率曹炳第四三三团相继进于长城线；我先率骑兵连、炮兵连到长城沟山上张树桢团位置。在所经过和靠近长城的 18 里长的山峦地势，几乎全与地图所示不相符。当时尚无实测军用详明地形图。从汤部领得的竟是前清光绪年间 40 年前所草制的编撰图，未经实测，与长城区的山川实际殊不相符。张团长明敏又积极，他已先期亲临前敌，爬上山头，把骡子圈、八五〇高地联系横岭城一线的形势、敌我双方所占位置，测绘明晰，呈出要图。又就所调查说明第二十一师士气颓丧，反攻骡子圈的失败。由于自相惊扰，现在骡子圈之敌在长城沟和八五〇高地我军的前后压制下，不能迳下怀来。但是八五〇高地亦在敌三面瞰击下，十分孤危，将成双方争夺的焦点，要夺回骡子圈非占稳八五〇高地不可。他建议准备应援石旅，并自告奋勇推进该团和石旅联系，准备敌攻逼八五〇高地时，不待命令即行突起反击，或协力石旅截断占领骡子圈敌后方的联系，而夺取敌人所占长城上各碉楼。我赞许他的建议，叫他做好准备。我又向横岭城走去，拟和第四师王万龄师长协商和石旅协力攻夺骡子圈以进出于八五〇高地前方，粉碎敌之攻势。行不几里，第四师副师长陈大庆先已迎来，声称敌正向四师右翼横岭城进攻，目击又有三股敌向镇边城方向活动，可能迂回于怀来后方去。他神情显得很张皇，并道汤以第四师电话找我有新的指示，即相偕到第四师的指挥所。王师长带着病，处在挖成深邃的掩蔽洞里，接通军部电话，仍是朱怀冰代汤发言："军依四师晨间情报，敌沿洋河向军右侧后迂回；骡子圈之敌尚沉静。第七十二师须先接替第四师横岭城右翼团阵地，并堵击向镇边城迂回之敌。"由是陈大庆据以要求第七十二师先接横岭城战线，撤下第四师右翼一个团，以转移于左翼为支援石旅准备。但鉴于当前八五〇高地的危险，要求仍留张团于石旅左侧，受石觉旅长指挥。第四师参谋长王××是山西人，对晋军表现得接近，特向我直陈，横岭城前岭和八五〇高地两剧战地区，第四师部队的实力和士气均近于消竭，非得生力军接替，难再支持若干时间。由是决定以第二〇八旅吕瑞英旅长率高金波第四一五团和炮兵连即接横岭城前岭阵地；以第二一七旅梁春溥旅长率曹炳第四三三团和骑兵连向镇边城活动，截击向怀来迂回之敌；由梁旅派出张翼营，附以骑兵连为右侧支队，进出洋河南岸活动警戒，相机联系平汉方面北进兵团。张树桢团暂置于长城沟、横岭城受石觉旅长指挥，以待第四师从横岭城撤下之部相交代。特与第四师约定各控制一个有力之团，拟乘敌攻击顿挫，断然进行反击，不坐而挨打。

8 月 19 日拂晓前，吕瑞英旅高金波团逐段接替第四师横岭城前岭阵地。正值日军发动拂晓攻击，第四师部分阵地竟未待交替妥当而匆匆离开，有两个山头被敌占领，团长高金波亲率两营死战强敌，始能夺回，高团长和李炳申营长均负伤。高团长仍坚持留在前线，调整部署，抵抗敌的继续进攻。旅长吕瑞英推进炮兵连使接近长城线，倾注炮火于阵地前沿，才击垮了连续进攻之敌。当战况激烈中，第四师撤回岭下部队，讹传敌军冲垮我师接防部队。当时前方通信设备交接未妥，但同敌我枪炮声和手榴弹爆炸声激烈交杂，莫名前线究竟如何？陈大庆又起惶惑，频来电话探问战况，第七十二师参谋长李铭鼎告以师长已经率特务连上山应战去了，鏖战正剧，工兵连亦调去，可能稳定下来。横岭城前岭鏖战经午，高团坚守阵地，将连续进攻之敌击垮。过午敌再兴攻击，从八五〇高地亘横岭城间蒙敌极优势的各种炮兵轰击，我山炮兵被制压无能还击，师炮兵参谋到前线指导以单炮活动于步兵阵地之后，作为游动炮兵，参与前线战斗，专以制压敌轻重机关枪火点，以次摧毁敌步兵进攻据点，起了巨大的效用。日暮前，高团把岭前当面之敌击退山下。可惜放列在长城岭线上的第四师山炮营装备德制卜福斯重山炮，射程可及七八千米，固定在一个阵地上，不以人力扶助活动，始终被多数敌炮所制压，而寂然无声，不能对后却之敌予以摧击。而从横岭城岭上撤下之团经一日尚未能整理，陈大庆不肯即让张树桢团即来横岭城，便坐视敌人后溃，无能乘其顿挫出以反击。

五、争夺八五〇高地

20 日，敌主攻点转向石觉旅，八五〇高地突出前方，敌炮火集中轰击该高地。敌步兵从三面向该高地逼攻，守兵抗拒甚力，第四师炮兵仍被敌所制压不敢推进直接为之支援。激战到午，该高地被敌攻占，石觉旅长请张树桢团急援，张团立刻推进其第一营向八五〇高地反扑，在激烈冲扑中李营长受重伤，随即阵亡。张团长先到石旅指挥所，目击情况危急，认为八五〇高地如被敌占稳，骡子圈突破口更要扩大，怀来和居庸关均将大受威胁，他即举全团投入反攻。正当敌人纷纷向八五〇高地抢上，并有敌机协同扩大战果时，立行展开二、三两营，增援第一营前线。他不顾敌火的压制，亲自指挥两营的重机枪和团迫击炮，集中强大火力倾注于八五〇高地，支援前线仰攻。敌弹亦密如豪雨，第三营营长孙瑞祥于发动冲锋中壮烈阵亡。在紧急状况下，张树桢团长复亲率一连预备队，投入第三营战线，再发动冲锋。正当部队冒着强烈敌火，再接再厉地冲夺山头中，张团长腹和胸部中了数弹倒下，犹喊命团附马宗俊督队继续冲上，直到马团附把八五〇高地夺回，将尚留在山顶的日军扫数歼灭时，他仍强起，要卫士扶上山去，叫全团仅余的一个营长和团附布置守备，坚守下来，却以流血未及包扎，又坐倒，勉强写着报告:“八五〇高地夺回来，职重伤不支，部队和阵地，命团附……”尚未写出团附姓名，即又倒下，阵亡在他所关切决心要夺回的八五〇高地上。张树桢团长是河北省河间人，保定军官学校第九期学生，他治军勤勉，积资以少将军衔任团长，为晋军抗战第一个为国家民族英勇牺牲的团长。未完成的绝笔报告，由石觉旅长转到第七十二师来，同致以赞悼，且鼓励着士气！

八五〇高地的争夺战，经过虽仅五六小时，一度拉锯反复，极为惨剧，第四师石旅的伤亡未计外，只第七十二师张团就阵亡团长和两个营长，其他干部和士兵亦伤亡过半，仗着士兵的勇敢搏斗，夺回该要点而确保下来。敌军不敢再向该处碰荡，使锲在骡子圈长城碉上的敌后路永被截断，不能再进以威胁怀来，第四师左翼赖以稳固。但是第四师和第七十二师的两个坚强团亦蒙受了严重的残损，没有余力以乘机反击挫折于阵前之敌。

六、横岭城二次恶斗

8 月 21 日午后，横岭城前岭之敌又形活跃，炮击辄兴。吕旅长从炮兵观测所上目击不下一联队之敌分三路向横岭城前岭高团潜进，判断当夜将有一场夜战。高金波团长依敌各路活动的形势，组织奋勇队，布置于各山腹的冲要小径上，构筑秘密伏击小据点，配备轻机枪、冲锋枪和大量手榴弹。每据点以排长指挥一个奋勇班据守，像在阵前三五百米线上处处扎下钉子一样。对进袭之敌，先放任其前攀越过，从敌后以大力予以抄击，特定灯号和阵地相呼应。吕旅长再推进单炮到阵地前沿与迫击炮相协同，以制压敌的掷弹小炮（当时敌人所独有的步兵携带小六〇炮恃为冲锋前的主要兵器），依阵前钉点奋勇班的灯光和照明弹的指导，各山炮更准备发射零线子母弹对逼袭阵前之敌加以霰击。横岭城前岭全线做了充分准备。近黄昏，敌炮击更烈，高团阵地大部被摧毁，前后方交通通信均阻断，犹坚据不动。午夜后敌之各路潜逼到我阵地前，被我阵前各据点火力的突然抄击零乱纷窜，尚再折再进冲到阵前，几次激荡恶斗，高团守兵依所预备的步炮协同，将敌击溃。拂晓后进行阵前扫荡，敌军死亡累累，获步枪 170 余支，轻机枪 4 挺，六〇炮 17 门，俘敌受伤的上尉中队长一员，从其图囊中拣得五万分之一地形图一份（昌平、张垣间6张）。图是九一八事变前所秘密测绘，关东军印发军官以战斗所应用的部分。测绘地形地貌备极精细，举小庄和独立家屋与长城上的石碉、砖碉，历历明晰，其处心积虑的侵略战略，甚为周密。而我方所用本国地图犹是前清非实测的编撰图，且只是团长以上各仅有一份的十万分之一图，对照实际竟把长城线上重要的镇边城搬到洋河（永定河上游）北岸来，竟遂使我梁旅依师图上指命以一团活动于镇边城，就近到洋河南岸实地去，而和师右翼失去联络两日，又经纠正才重返北岸来。

从日俘查知当面敌军为板垣第五师团的一个旅团，于攻夺八五〇高地被反击垮下后，转向横岭城夜袭，又失败了。第七十二师派在洋河南岸的张翼支队报告：洋河两岸只是敌骑兵，约一个联队，主力在河的北岸，有三四支各几十名骑兵的搜索队在河南岸各地活动，查探通怀来小路。洋河到处本可徒涉，连日暴雨骤涨，勉强漕渡，常被湍流所覆没。综合南口战地的敌情，是敌板垣第五师团和另一个独立旅团，只北翼赤城方面为伪军步骑杂编的一个师，南翼沿洋河活动是日军骑兵联队；居庸关正面有重炮兵和若干轻型坦克，山炮兵则配属各联队活动于各山区。

七、没有实践的歼敌计划

八五〇高地的争夺和横岭城两度恶斗，粉碎了日军一个旅团。王、陈两师整顿了八五〇高地迄横岭城间的阵线后，士气十分振奋，曾请以右翼为重点，抽出两个整团，突起反击，压迫当面之敌于山地外。汤恩伯和朱怀冰经过考虑之后，终以骡子圈一点未经夺回，感到怀来仍受威胁，未作采纳。

据我方飞机侦察，日军东条纵队从多伦南下，已经沽源正向张北前进中。傅作义拟即发动第三十五军继赵承绶骑兵军挺进之后，向张北进出，以三倍于敌的兵力，迅速击灭敌东条纵队后，即越宣化东出，带动长城全线，以席卷北平。傅作义怀着这个积极企图，亲自出马到张垣，劝刘汝明和日军决绝关系，拘押日特，决心作战。并于过阳高时，面命李服膺指挥第六十一军（李俊功的第六十八师和刘潭馥独立旅共7个团），断然向柴沟堡、万全进入察区，以强迫刘汝明对日作战。傅又到怀来前线和汤、朱、高等见面，宣达了集团军主力即向张北出击的积极计划和配合平汉线上第十四集团军总司令卫立煌所部第十四军从涿州向青白口潜进，以抄击南口战地的敌侧后，共同会歼敌军于军都山（即长城线）的前景。

汤恩伯和卫立煌电报联系之后，知道第十四军于 22 日全部从涿州出发，分两纵队向镇边城、青白口间洋河线上北进，计程 5 日，约 26 日以后可到达洋河以南地区。这个情报和准备歼敌的指示，传达到各部，大大鼓舞着军心，尤以第七十二师右翼梁春溥旅和张翼支队更积极向洋河两岸活动，以接应卫军的到来。但是汤、朱犹坚持须先攻下骡子圈，解除对怀来的威胁，以利全线出击的发展。

八、再攻骡子圈失利

傅作义答应汤、朱的要求，回到大同即从第三十五军建制内调出马延守独立第七旅到怀来，专负攻取骡子圈任务，且准备待张北会战向东发展时，用马旅推动居庸关前线联系延庆转移攻势。

晋军马延守独立第七旅随李服膺军进入察区之后，于 8 月 23 日迅速来到怀来，对长城岭的骡子圈一带形势未经详加侦察，以为日军仅占长城线上两个碉楼，至多兵力不过一大队，其后方已被我八五〇高地的火力所遮截，强支多日业已衰竭不振，可以强攻一扑而下。他颇自负他的“强劲生力军”，未曾考虑汤军参谋处建议（从八五〇高地左侧绕过，依八五〇高地我石旅的支援，乘夜向敌后方袭攻），竟凭一股豪气轻敌，马上就在第二十一师右翼展开，用所配属的山炮猛射骡子圈，压迫敌军退入长城线的石碉内。炮兵已再无能为力，就亲督 4 个营逼攻而上，达到山腰，受到日军掷弹筒、轻重机枪的阻击，死伤惨重。经过一日，一再冲击，终成顿挫。再兴夜袭时，敌军从各方已准备好炮火，对之集射，使其蒙受了极大损害，退下山来，有两营不堪收拾。一时粗疏“豪气”见夺，即退回怀来整理。汤、朱所属意要夺回骡子圈的愿望落了空，又是仅取监视，以不了了之！

九、张家口失守

正在期待卫立煌军北来和傅集团主力进出张北，以转变战局时，刘汝明对晋军李服膺第六十一军到达察西郭磊庄、万全地区，仍拒绝其进入张垣布防，仅以察区保安队于张垣以北警戒，作为敷衍。且竟放走公开设在张垣的日军特务机关，让其以汽车逃往多伦，向东条联系，刘还妄想敌东条纵队仅对晋军打击，摆出张垣的“中立”姿态，把他属于第二十九军系统的一个大师，移避于察南，连同省政府和家当都搬到蔚县去。李服膺亦复颟顸不省，还在等待刘汝明让出张垣再作部署，由是便利了敌军东条纵队的长驱直入。26 日夜，平绥线上的郭磊庄车站被敌截断，敌骑遂不战而扑进张垣。刘汝明放弃了张垣，撤往蔚县，李服膺部亦慌张向柴沟堡退缩。

十、分区固守

张垣失守，南口战地的总后方被敌截断，在龙关的高桂滋第八十四师最先受到威胁。卫立煌第十四军的先头虽于 26 日驱逐敌骑，到达洋河南岸，但为洪水激湍所阻碍，不得即渡洋河。时又阴雨绵绵，洪流续涨，卫军遂被沿河警戒的骑兵联队所牵制，不得参与长城线的作战。

傅作义受到张垣失守和卫军阻水的事故的意外打击，其作战志气仍然是积极而坚定的，严令李服膺第六十一军以全力反攻，夺回张垣，命汤恩伯镇定，不要动摇，兼顾后方，紧缩阵线，分区固守要点，以待南北主力军的发展。傅电到达前方，汤总部讨论形势，认为李军已失机后缩，再反攻张垣绝无成果；洋河水落非短期可望，卫军北进亦有困难；当面敌军将乘机发动全线进攻，感到危机逼迫，据以后汤的参谋长万建藩告诉我，从那时以后，朱怀冰黯然不再有所谋议，听任总部参谋处依傅电要旨，划分全战地为 5 个固守区：先调龙关的高桂滋第八十四师到下花园，阻扼铁道线固守，对张垣方面，掩护怀来后方；第二十一师向居庸关、康庄与八十九师靠拢，对南口正面固守，以王仲廉师长为指挥官；第九十四师仍在延庆，紧缩阵线，为长城线的左固守区，朱怀冰为指挥官；第四、七十二师在横岭城、镇边城为长城线的右固守区，以我为指挥官；怀来县城为中心守区，以马延守独立第七旅固守。下花园的高师适应情况，准备夹击占踞张垣之敌。横岭城、镇边城陈师，相机驱逐洋河北岸敌骑，接应卫军北渡，共击当面之敌。至于汤总部位置，原应坚定同守在怀来中心区，作各区固守的意志支持，参谋处所拟定的却经汤更改为必要时向樊山堡移动，解析为便利和卫立煌总部谋取联系，这就暗示了将转变作战正面于洋河南岸，亦即放弃长城线的抗战，而向平汉线方面靠拢了。

先是独立第七旅不肯进入怀来城固守，汤总部遂向樊山堡转移。高师撤离龙关到下花园，闻知汤总部已离开怀来，就不停步走向蔚县和刘汝明靠近起来。朱怀冰不曾去延庆负责守备，而是让第九十四师开到怀来，跟着汤总部作为义务的护卫，同到樊山堡去。马旅以朱、高两部的自由行动，它更有“理由”也去蔚县。只有居庸关和横岭城两区，还在依然固守着。横岭城的右翼旅极力压迫洋河北岸的敌骑，尚设法为在洋河架桥征集材料，准备接应卫军北渡。据洋河南张支队报告，洋河南岸敌骑被驱逐，不退遏北岸而是深入镇边城后方，绕向怀来西面去活动。这又引起横岭城后方受扰的顾虑。

一日后，王仲廉在居庸关发觉延庆朱师撤走，失去掎角形势，总部离怀来，独立第七旅不在守城，第二十一师虽然靠拢康庄，尚无力负担兼对侧后的防御，认为局势突变，在未奉汤的指示前，特电第四师王万龄师长商议共同“妥当”行动。王万龄带病在军，一切以副师长陈大庆为灵魂，陈大庆持王仲廉电到横岭城小庙的第七十二师指挥部见我说：“右地区不能再固守下去了！”他要求作转移的打算与处置，且肯定王仲廉发电后，第二十一师和第八十九师部队已经撤守。我告以受命固守此区，再未得傅、汤命令指示，不便自由行动，且据张支队报告我骑兵已联系上卫军第十四师，洋河洪流渐退，可以期待卫军的急援，如果我们不坚持固守长城线上，将使卫军贸然过河，失所倚据，陷于背河受扼的危殆。陈大庆喋喋呶呶，在一日里三次来促我速打主意，入夜又持王仲廉通报电（第八十九师同二十一师已得汤许可撤离居庸关守区）相示，且言怀来城已有敌骑侵入，第十三军留在怀来城的兵站散亡到第四师来，他坚决要求我下令撤守，否则第四师部队亦将自由行动。我再告以未直接奉到汤电，不能以王仲廉的通报为凭，而为顾虑卫军迫近洋河的安全，即便居庸关已经弃守，我区更应勉负重责。其时我犹信傅军一出动，张垣立可夺回，吸引敌军深入怀来，使傅、卫两主力军从南北两方出于机动猛击，仍是极好的会战形势。其夜横岭城当面之敌，一度发动凶猛的攻击，两师前线仍极镇定，协力将敌击退。横岭城、镇边城当面之敌，已经被接近洋河的卫军所吸引。铁道正面之敌虽然占了居庸关，但由于八五〇高地和横岭城前岭各要点我军屹然固守，故尚未敢轻行深入于怀来。

十一、横岭城突围

李服膺没有用其第六十一军全力反击张垣，仅在郭磊庄敷衍应战，收容了进入万全的部队退回孔家庄，所谓反攻张垣竟成空言。挺进于张北的骑兵军，望敌运输车的风驰疑为坦克成群，竞相回避观望，让敌肆意南进。傅闻汤总部移去樊山堡，马旅亦弃怀来西奔，于是傅军的东进亦告停止，不得以命令长城前线弃守。29 日，汤总部始从樊山堡传来傅令，第四师较早接到，陈大庆振振有词据以责我，声称已陷重围。如何是好？第七十二师参谋长李铭鼎告我说：“两师士气还好，要镇定，勿乱军心！”于是商拟突围计划。按当时敌我形势，若从横岭城后方钻长城沟出去，不但要引起慌乱，且正落于敌已形成的阻击围截环套中，目下两师不能分路各自行动，只有专力向敌薄弱点进攻，乘敌昨夜攻击顿挫的惶惑迟疑，可以向敌方打开一个突破口，以出击的态势进出于敌侧方，再行转进。经决定以横岭城第七十二师右翼吕瑞英旅猛攻敌南翼步、骑兵结合部，冲出敌侧；以梁春溥旅扩大突破口，掩护第四师经镇边城逐步南撤，向板达峪以南越山转进；第四师右翼旅先协同第七十二师吕旅出击，以次掩护吕旅侧后；在洋河南的张翼支队向向阳口、沿河城以南驱逐敌骑，联系卫军，接应第四师南渡洋河。处严重形势下，两师的前线 3 个旅长尚极镇定依照计划互相协力，出击勇猛，出敌意外，进展十分顺利。南口敌主力正在配合张垣的占领，从居庸关沿铁道向怀来作深远的追击，不虞我的八五〇高地和横岭城守军未为它的夜攻压迫后退，且突起摧垮它的南翼，而和洋河以南的卫军呼应起来。

第四师安全撤过洋河以南后，第七十二师以高金波、曹炳两团交互掩护，亦于当日晚渡了洋河。入夜，高、曹两团相次来会于沿河城，遂与敌完全脱离。张支队再驱逐深入横岭城后岭的敌骑，掩护第四师越梁家山，走向小龙门。

十二、汤军脱离第二战区序列

在横岭城的两师向敌方突围，安全撤过洋河南岸后，汤恩伯认为南口抗战就此结束，无心再在第二战区作战，遂下了简单通令：第四师联系卫立煌第十四军向涿州转进，归于平汉线方面；王仲廉第八十九师、朱怀冰第九十四师亦随第四师之后，向平汉线转移；陈长捷率第七十二师和马延守独立第七旅向山西雁北归还晋军建制。只对尚混处在蔚县的第八十四和二十一两师未作指示。汤的这样区处，分散了作战序列，当然是揣度着蒋介石的意旨的。

阎锡山对汤恩伯把所谓中央军转移出第二战区，极为不满，一方向蒋电争，一方仍以司令长官名义，命令汤恩伯指挥退出南口战地各部队，向晋东北的广灵、灵丘转进。并以在广灵布防的晋军刘奉宾第七十三师增补汤军序列，给汤以守备广灵、灵丘边境的任务，搞得汤恩伯进退失据。经蒋介石叫徐永昌几次向阎饰词说："十三军的王万龄、王仲廉、朱怀冰各师损折过重，不能任战，使开赴河北顺德从事补充。"尚折中地叫高桂滋、李仙洲两师留下。阎锡山仍要汤恩伯负责指挥该两师，担起防守灵丘的任务。汤不得已应命了，却不带第十三军司令部，仅只身经灵丘进入平型关，以尚完好的高桂滋第八十四师部署于平型关以北的团城口预设的"国防工事"线上，使李仙洲第二十一师集结于团城口后方的恒山下整理，以为团城口支援。

张垣失陷，南口弃守，山西东北边境暴露在前敌。太原的第二战区基地，日受日机的战略轰炸，阎锡山为避免轰炸的威胁，以出发前敌为名跑到雁门关下的岭底村，设立第二战区“行营”。汤恩伯到团城口部署好高、李两师后，即奔赴代县岭底“行营”，向阎面报。蒋介石随即来电要汤速赴河北顺德整补第十三军，另有任务。由是汤恩伯经太原出娘子关离晋，第十三军正式和第二战区脱离，而高桂滋、李仙洲两师遂归入杨爱源（正）孙楚（副）的第六集团军序列。

晋军马延守独立第七旅从怀来西越涿鹿到怀安，依傅作义指示撤于大同以北地区，复归第三十五军建制。我第七十二师绕到沿河城，一路上尚不断受沿着洋河的日军骑兵联队的追截，在梁家山以宋恒宾营协力张支队对敌骑作一度的反击，始摆脱其纠缠，然后越内长城，退到倒喇嘴、西河营，进入山西广灵县。晋军第七十三师师长刘奉宾转送阎电，令第七十二师开到雁北应县集结待命。

红军改编为八路军奔赴抗日前线

中国工农红军改编为八路军始末

徐 平*

1937年8月下旬，在抗日战争爆发后一个半月，平津沦陷，淞沪危急，中华民族面临生死存亡之际，传出一个振奋人心的消息：集结在陕北地区的数万红军精兵改编为国民革命军第八路军，并迅即出师迎敌，开赴华北抗日战场。不久，又传来一个令全国人民欢欣鼓舞的消息：八路军115师林彪部在晋西北平型关地区痛击日军精锐板垣师团，取得了中国全面抗战以来第一个胜仗，打破了“皇军不可战胜”的神话。平型关大捷极大地鼓舞了全国军民的士气。

其实，红军改编为国民革命军一事，早在1937年春国共谈判时就已正式提出。如果不是蒋介石有意刁难，八路军可能在几个月前就改编成了。

一

西安事变后的1937年2月中旬，中共中央派周恩来、博古、叶剑英为代表同国民党代表顾祝同、张冲等在西安谈判。周恩来等首先提出了中共关

* 本文系作者综合有关资料整理而成。

于举国联合抗日的 5 项要求和 4 点保证。其中，4 点保证的第二点便是“工农政府改名为中华民国特区政府，红军改名为国民革命军，直接接受南京中央政府与军事委员会指导”。

谈判中，双方首次对红军改编问题进行了接触。中共代表提出：红军组成一路军，设总指挥部，配正副总司令，朱德为总司令，彭德怀为副总司令，下辖军、师、旅、团。具体计划编 4 个军、12 个师、36 个旅、100 多个团。4 个军的军长分别是林彪、贺龙、刘伯承、徐向前。林、贺、刘、徐都是赫赫有名的红军将领，林彪曾任红 1 军团军团长，贺龙为红二方面军总指挥，刘伯承为中革军委总参谋长，徐向前为红四方面军总指挥。

国民党代表、西安行营主任顾祝同说，委员长根据抗战需要，再三考虑决定，红军只能编两个师、8 个团，师上面不设军，更不设总指挥部，8 个团共编 1.5 万人。两个师直属军委会领导或归西安行营领导。军官配备，除师长由你们派，副师长以下至副排长军官，统统由南京配备。由于双方的编制数额相差太大，根本无法谈拢，双方都表示回去商量商量再说。

第二天谈判，周恩来一开始就说：“昨天，顾主任提出的两个师 8 个团编制数太少，而且军官的配备也不合情理。我们已向延安毛泽东、朱德、彭德怀等领导作了汇报，为顾全大局，我方同意作出适当让步，由原来的 4 个军 12 个师改为 4 个师 12 个旅 24 个团，共计 7 万人。4 个师的师长仍是林彪、贺龙、刘伯承、徐向前。师上面设总指挥部，军官人选由延安选派。”但国民党方面仍然坚持只给两个师的编制，也不同意设总指挥部。双方僵持不下，谈判又陷入僵局。此时，中共代表团再次接到毛泽东指示：谈判不能操之过急，对蒋不能抱有太大的希望，希望越大则失望越多。在谈判中要采取灵活机动的战略战术，只要蒋介石同意改编红军，就是我们的一大胜利。

周恩来等人也认为，客观形势的发展不允许再回到西安事变前的态度。只要他们同意改编，我们就胜利了。具体编制及兵力问题，今后我们会想办法发展。老是纠缠在编制及兵力数量上也不是办法。拖长了时间，错过了发展时机更不好。

经过中共方面的一再让步，1937 年 3 月 8 日，谈判终于达成一致意见：

红军编为 3 个师，史称“三八协议”，并决定由周恩来把近一个月的谈判情况与结果写成总结性条文，报送蒋介石审批。共 5 条，其中第三条内容为：红军改编为国民革命军，取消红军名义，服从国民政府军事委员会及蒋介石统一指挥。其编制人员的给养及补充，按国军同等待遇。红军中最精壮者改编为 3 个国防师，计 6 个旅 12 个团及其直属工、炮、通信、辎重等 4.5 万人。在 3 个国防师上设总指挥部。各级人员由自己推选，报南京批准，政训工作人员可由中央派人联络。

就在“三八协议”草签之际，蒋介石节外生枝，派心腹、“十三太保”之一的贺衷寒前来“指导谈判”。根据蒋介石的最新指示，“三八协议”根本通不过，因为蒋仍坚持只给红军两个师的编制，而且师上面不设总指挥部，两个师的军官全部由南京方面重新安排。这样，谈判再次陷入僵局。周恩来提出要去南京直接与蒋介石面谈。3 月 20 日，周恩来应蒋介石之邀前往杭州与蒋谈判。这次谈判，蒋介石总算作了点妥协，同意红军改编为 3 个师共 4.5 万人，师以上设总部，各级指挥军官由延安委派，但总司令由蒋委派。

1937 年 6 月，周恩来等再次应邀赴庐山谈判，国民党方面出席会议的有蒋介石、张冲、宋子文、宋美龄等。在谈到红军改编一事时，蒋介石终于给了 3 个师的番号，即 115 师、120 师、129 师。这 3 个师的番号原是东北军的，1937 年春东北军整编时被蒋介石撤销。

一波三折，出尔反尔的蒋介石随后又提出不设总指挥部；各师副职由国民政府委派；可以在团以上部队设政训处，负责政治工作，师上面的政训处，由蒋介石的“十三太保”之一、特务头子康泽任主任；朱德、毛泽东必须离开部队。这实质就是要控制共产党、红军和陕甘宁边区，取消中国共产党及其所领导的人民武装在统一战线中的独立性。蒋介石提出的这些无理要求自然遭到了中共代表的坚决反对，周恩来对蒋介石这一方案予以严正驳斥，坚决不同意领袖离开军队，坚持红军改编后由朱德任总指挥，保持共产党的独立性，反对国民党派人到红军部队中任职。但蒋介石予以拒绝。红军改编之事再次搁浅。

就在周恩来等人在庐山谈判之际，中共中央书记处于 1937 年 6 月 25 日给彭德怀、任弼时、叶剑英的电报中说：“在宣言发表后，如蒋同意设立总的指挥部，红军即待其名义发表后改编，否则即于‘八一’自行宣布改编，采用国民革命军暂编军、师名义，编 3 个正规师，共 4.5 万人。每师以编至 1.4 万人上下为标准。每师仍 2 旅 4 团，每团等于过去红军的师，约 2700 人。其他编师的直属队，总部编 3000 人，另外地方部队编 1 万人，保卫队在内。工厂、医院另编。抗日军政大学另行解决，本期毕业后力求继续办一学校。在此编制下编余之老弱、残废、妇女及机关工作人员约三四千人，另设法安置。”在多次遭到国民党方面无理刁难之后，中共领导人这回真是忍无可忍了。红军改编是大势所趋，而且宜早不宜迟，如果蒋介石仍无诚意，中共中央准备最迟在 1937 年 8 月 1 日自行宣布红军改编。但不久，形势发生了骤变。

二

1937 年 7 月 7 日，卢沟桥事变爆发。7 月 8 日，毛泽东和朱德、彭德怀、贺龙、林彪、刘伯承、徐向前等红军将领致电蒋介石，要求“实行全国总动员，保卫平津，保卫华北，收复失地”，并表示“红军将士，咸愿在委员长领导下，为国效命，与敌周旋，以达保土卫国之目的”。7 月 9 日，彭德怀、贺龙、刘伯承、林彪、徐向前、叶剑英、萧克、左权、徐海东等红军高级将领率全体指战员致电国民政府主席林森等，表示“以抗日救国为职志，枕戈待旦，请缨杀敌”，“愿即改名为国民革命军，并请授命为抗日前锋，与日寇决一死战”。

7 月 14 日，中共中央革命军事委员会命令红军以军为单位改组为国民革命军编制，限“十天准备完毕，待命抗日”。令红军将领到陕西省泾阳县云阳镇集中，研究讨论红军改编问题，并对红军参战、部队编制等重大问题作了严密细致的部署。14 日，周恩来率领中共代表团去庐山与国民党继续谈判。由于蒋介石不顾国家民族利益，在大敌当前的情况下，仍企图限制与削弱共产党和人民武装的力量，第二次庐山谈判又是不欢而散。

在这次国共两党谈判的同时，中共中央即着手对红军改编进行准备工作。7 月 21 日，中共中央书记处发出《关于目前形势的指示》，提出红军立即改编为国民革命军，准备向华北出动，执行对日直接作战的神圣任务。7 月 22 日，在陕西省泾阳县云阳镇工农红军前敌总指挥部召开的红军高级干部会议上，红军前敌总指挥彭德怀作了《红军改编的意义和今后的工作》的报告，说明红军改编的意义是为了推动国民党进行全面抗战，结成抗日民族统一战线。明确指出改编的中心问题，是保障共产党对红军的单一领导，并保留红军固有的特色。8 月 1 日，中共中央组织部和红军总政治部分别作出决定，强调红军改编后必须坚持共产党在部队中的绝对领导，为改编工作指明了方向。广大红军指战员为了早日出师抗日，认真学习政治、时事，掀起练兵热潮。8 月 6 日，红军前敌总指挥部命令红军集中于陕西省三原、富平、泾阳地区，进行改编和开赴华北抗日前线的准备工作。

在平津沦陷和淞沪方面形势日趋紧张之际，中共中央应国民党邀请，于 8 月 9 日派周恩来、朱德和中革军委副总参谋长叶剑英等，飞赴南京参加国民政府军事委员会召开的国防会议，并就红军改编等问题继续同国民党谈判。八一三事变爆发后，日军大举进攻上海。8 月 15 日，国民党政府发表《自卫抗战声明书》，表示了“中国决不放弃领土之任何部分”的决心。8 月 15 日，下达总动员令，并调集精锐部队投入上海方向作战。由于形势的急剧变化，国民党对两党合作抗日的态度转向积极。于是，两党最终就红军改编问题达成了协议。

8 月 22 日至 25 日，中共中央在陕北洛川冯家村召开了政治局扩大会议，这就是著名的洛川会议。张闻天、毛泽东、周恩来、秦邦宪、朱德、彭德怀、刘伯承、贺龙、张浩、林彪、聂荣臻、罗荣桓、张文彬、萧劲光、林伯渠、徐向前、周建屏、傅钟等 22 人出席了会议。

会议召开的当天，即 8 月 22 日，国民政府军事委员会正式宣布红军主力改编为国民革命军第八路军（简称“八路军”），委任了正副总指挥，下辖 3 个师，每师辖两个旅，每旅辖两个团。每师定员为 1.5 万人。自 1928

年“军事编遣会议”后，国民党军队陆军师有大中小3种编制，即甲种师、乙种师和丙种师。甲种师辖3旅9团，乙种师辖3旅6团，丙种师辖2旅4团。蒋介石的嫡系部队一般都是甲种师，而其他派系的部队则都是乙种师或丙种师。国民党只给红军3个师的编制，而且是最小的丙种师，千方百计限制红军数量。

8月25日，洛川会议的最后一天，中革军委发布红军改编为国民革命军第八路军的命令，将红军前敌总指挥部改为八路军总指挥部，任命朱德为总指挥、彭德怀为副总指挥，叶剑英为参谋长、左权为副参谋长。中革军委总政治部改为八路军政治部，任弼时为主任、邓小平为副主任。同时任命了各师的领导干部。当日，朱德、彭德怀等高级将领发表通电，宣布就职，并宣告部队已整编完毕，即将东进杀敌。

三

八路军所属3个师的编成和主要领导干部配备如下：

第115师，由红一方面军第1军团、15军团（实际为红四方面军之力量）和陕南红军第74师编成。师长林彪，副师长聂荣臻，参谋长周昆，政训处主任罗荣桓，副主任萧华。下辖第343旅，由红1军团第2、第4师改编，旅长陈光，副旅长周建屏，辖第685团、第686团；第344旅，由红15军团改编，旅长徐海东，辖第687团、第688团；另辖独立团、教导大队、骑兵营、炮兵营、辎重营。全师约1.55万人。

第120师，由红二方面军第2军团、第6军团、第32军和西北红军第27军、28军，独立第1师、第2师，赤水警卫营及红军总部直属队一部编成。师长贺龙，副师长萧克，参谋长周士第，政训处主任关向应，副主任甘泗淇。下辖第358旅，由红二方面军第2军团和红28军合编，旅长张宗逊，副旅长李井泉，辖第715团、716团；第359旅，由红二方面军第6军团和红32军等部合编，旅长陈伯钧，副旅长王震，辖第717团、718团；另辖教导团、特务营、骑兵营、炮兵营、工兵营和辎重营。全师约1.4万人。

第 129 师，由红四方面军第 4 军、31 军和西北红军第 29 军、30 军，独立第 1、2、3、4 团及第 15 军团骑兵团编成。师长刘伯承，副师长徐向前，参谋长倪志亮，政训处主任张浩，副主任宋任穷。下辖第 385 旅，由红四方面军第 4 军改编，旅长王宏坤，副旅长王维舟，辖第 769 团、770 团；第 386 旅，由红四方面军第 31 军改编，旅长陈赓，副旅长陈再道，辖第 771 团、772 团；另辖教导团、特务营、骑兵营、工兵营和辎重营，约 1.3 万人。

八路军总指挥部及直属部队 3000 余人。全军约 4.6 万人。

除了将红军主力改编为八路军外，原本将地方红军 1 万人编为保安队，高岗为司令，萧劲光为副司令，军饷照给。在国共关于改编红军的谈判中，中共中央一直坚持红军地方部队改编为陕甘宁特区的保安队和民团，人数 9000 人至 9500 人。但国民党对陕甘宁特区问题拖而不决，保安队的提议最终被束之高阁。原来打算改编为保安队的陕甘宁地方红军不得不编入八路军编制。

红军改编后，人数未减，编制级别却大大降低，由原来的 3 个方面军改为 3 个师，大多数红军干部不得不降级使用，许多高级将领“官降三级”，方面军总指挥当师长，军团长当旅长，军长当团长。如原红军独立第 1 师和陕北独立团改编为 120 师特务营，红 29 军改编为 129 师特务营，红 30 军改编为 129 师炮兵营，等等。许多方面军领导改任八路军师级干部，如红二方面军总指挥贺龙任 120 师师长，红二方面军副总指挥萧克任 120 师副师长，红二方面军参谋长周士第任 120 师参谋长，红二方面军政治部主任甘泗淇任 120 师政训处（政治部）副主任；许多红军的军团领导改任八路军旅级干部，如红 15 军团军团长徐海东任 115 师 344 旅旅长，红 6 军团军团长陈伯钧任 120 师 359 旅旅长，红 2 军团政治委员王震任 359 旅副旅长；更多的红军军、师领导改任八路军团级干部，如红 1 军团第 2 师师长杨得志任 115 师 343 旅 685 团团长，红 1 军团第 2 师政治委员邓华任 685 团政训处主任，红 1 军团第 4 师师长李天佑任 115 师 343 旅 686 团团长，红 1 军团第 4 师政治委员杨勇任 686 团副团长，红 15 军团第 78 师师长韩先楚任 115 师 344 旅 688 团副团长，红 1 军团第 1 师师长兼政治委员杨成武任 115 师独立团团长，红 28

军军长宋时轮任 120 师 358 旅 716 团团长，红 6 军团参谋长彭绍辉任 120 师教导团团长，红 4 军第 10 师师长陈锡联任 129 师 385 旅 769 团团长，等等；许多连、排级干部重新当起了战士。

红军改编为八路军后，国民政府军事委员会委员长蒋介石、军事委员会副委员长兼第二战区司令长官阎锡山、第五战区司令长官李宗仁、军事委员会副参谋总长白崇禧、西安行营代主任蒋鼎文、第七集团军总司令傅作义等国民党高级将领纷纷电贺八路军朱、彭正副总指挥。李宗仁、白崇禧贺电“望东指之旌旗，赋同仇而御侮，歼朔方之倭寇，复失地以奏功”。蒋鼎文贺电“率部抗敌，壁垒新增。行见马肥苜蓿，壮秋塞之军容；酒熟葡萄，励沙场之斗志。扬我国威，挫彼寇焰，河山还我，指顾可期”。

为了加强中国共产党对八路军的绝对领导，中共中央于 8 月 29 日作出决定：在中革军委领导下，成立前方军事委员会分会（简称“前方军分会”，后改称“华北军分会”），由八路军总指挥、副总指挥、总政治部主任和 3 个师的师长、政训处主任共 9 人组成，即朱德、彭德怀、任弼时、林彪、聂荣臻、贺龙、关向应、刘伯承、张浩，朱德、彭德怀为正、副书记。在前方军分会领导下，八路军各师成立军政委员会，负责领导全师的军政工作。115 师军政委员会由林彪、聂荣臻、罗荣桓、周昆、萧华组成，林彪为书记；120 师军政委员会由贺龙、关向应、萧克、甘泗淇、王震组成，贺龙为书记；129 师军政委员会由刘伯承、张浩、徐向前、陈赓、王宏坤组成，刘伯承为书记。

在红军改编为八路军后，按照国民党军队的编制，一度取消了政治委员制度，并将政治部改为政训处，从而降低了政治工作的地位，一定程度上影响了部队建设。为了加强对部队政治工作的领导，八路军总指挥朱德、副总指挥彭德怀、政治部主任任弼时于 1937 年 10 月 24 日发布命令：中共中央决定，恢复军队中政治委员和政治机关制度。独立营和团以上设立政治委员，各师设政治部，旅、团设政治处。聂荣臻、关向应、张浩分别改任 115 师、120 师、129 师政治委员。旅、团级单位也都任命了政治委员。

四

红军改编，在部队中引起很大震动。许多干部、战士想不通，对改编不理解，尤其是对“红军改名”和“穿国民党军服”“戴国民党帽徽”意见最大。不能容忍红军的红五星换成“白军”的青天白日十二角星。他们说，过去我们戴着红帽徽为穷人闹翻身，国民党军队打了我们多少年，如今却要摘下红五星，换上他们的帽徽，想不通！有人甚至留条“干地方”去了。在新中国成立后出版的许多将帅回忆录中，都提到了那次“换帽子”，足见此事对红军将士的影响之大。

面对这些问题，朱德、贺龙、刘伯承、罗荣桓、左权等高级将领带头做干部、战士的思想工作。9 月 2 日，贺龙在 120 师誓师大会上说：“现在国难当头，为了国家与民族的生存，共同对付日本帝国主义，我愿带头穿国民政府发的衣服，戴青天白日帽徽，和国民党部队统一番号。这样，看起来我们的外表是白的，但是我们的心却是红的，永远是红的！”

八路军副参谋长左权到八路军随营学校的各个部队，给官兵们讲换红星的道理：我们取下红星，不是要丢掉它，这里有烈士的鲜血和我们的理想；要往远处看，为了抗日救国，可以把红星保存起来，把它放在心坎里；红星在我们心里，就不会迷失方向。

9 月 4 日，刘伯承在 129 师师部主持召开了全师连以上干部会议，宣布改编后的部队编制序列及各级干部名单。一名干部忍不住站起来问道：“改编后我们不是成了蒋介石的队伍？”另一个干部也说：“战士们想不通怎么办？”

刘伯承耐心地做着大家的思想工作：“现在大敌当前，日本帝国主义是我们的主要敌人。大敌当前之时，我们同意改编为国民革命军，表明了我们党实行国共合作，坚持进行抗日的诚意，这对促成全国的抗日统一战线，推动全面抗战，有很重要的意义。大家都要从这个大局出发。部队改编了，只是改了个番号，改了个形式，我们人民军队的本质没有变，我们的红心没有变。我们名义上叫八路军，但仍是共产党的队伍，蒋介石是指挥不动我们的，这一点没有半点妥协，毛主席和蒋介石已经达成了协议。”“对于现在还没有想通的战士和干部，就要靠在座的同志们去做思想政治工作，但是，在6日前必须把弯子转过来，这一点也毫不含糊,9月6日全师召开誓师大会。”

1937年9月6日,129师在陕西省泾阳县石桥镇冒雨举行抗日誓师大会。师长刘伯承宣读了对129师各旅干部的任命书。

宣布完任命书后，刘伯承将头上的红军帽摘了下来，他缓缓地抚摸了一下红五星，说道:“不管戴什么帽子，不管穿什么衣服，我们的心永远是鲜红的。同志们，我们永远是共产党领导的人民军队。我们现在穿的是当年大革命时期北伐军穿的衣服，戴的是当年北伐军的帽徽。我们要保持红军的本质，也要发扬北伐军的革命精神，而且要比北伐军更好。同志们，为了救中国，暂时和红军帽告别吧！”说罢，他将缀有国民党党徽的军帽迅速戴在头上，然后发出命令:“下面，我宣布:换帽子！”随着刘伯承一声令下，全师指战员一起戴上了准备好的灰色军帽。换完军帽，刘伯承带领全师1.3万名官兵宣誓:“我宣誓:为了民族解放，为了国家富强，为了同胞幸福，为了子孙后代，我们一定要抗战到底，把侵略者赶出去！”

誓师大会总指挥、386旅旅长陈赓在当天的日记中激动地写道:“……此时大雨如倾，人人精神焕发，口号震天，没有畏雨者。我们红军永远是红军，是中国共产党领导的队伍，任凭换个什么名义，戴上什么帽子，我们始终为了共产党的光荣而奋斗！”

9月11日，国民政府军事委员会按全国陆海空军战斗序列，将八路军改称第十八集团军，八路军总部改称第十八集团军总司令部。朱德改任总司令，彭德怀改任副总司令。9月14日，朱德、彭德怀发布八路军改为第十八集团军的通令。但此后仍沿用八路军的番号。

红军改编后,115师、120师、129师分别在泾阳县云阳镇、富平县庄里镇、泾阳县石桥镇举行抗日誓师大会，之后即开赴山西抗日前线。

誓师抗日东渡黄河

李　达*

三原誓师

1937 年 7 月 7 日的卢沟桥事变，触发了中国人民伟大的抗日战争。

8 月 6 日，中国工农红军前敌总指挥部命令红军集中于陕西省三原地区，整装待命。

我们援西军此时正驻在甘肃省镇原县的屯子镇地区。接到命令后，8 月 7 日，援西军由司令员刘伯承率领，从屯子镇出发，途经甘肃省的西峰镇、宁县，陕西省的旬邑、淳化等地，于 8 月下旬，到达陕西省三原县城以西的石桥镇。

8 月 25 日，中共中央军事委员会根据与国民党政府谈判的结果，颁布命令：中国工农红军主力改编为国民革命军第八路军（以后又称第十八集团军），辖 115 师、120 师、129 师 3 个师。朱德、彭德怀于当天发表了就任八路军正副总指挥的通电。

我们援西军改编为 129 师。刘伯承任师长，徐向前任副师长；张浩任政

* 作者时任八路军第 129 师参谋处长。

训处主任，宋任穷为副主任；倪志亮任参谋长。当时，我担任参谋处长。

援西军原由中国工农红军第四方面军和陕北红军一部（罗炳辉领导的一支队伍）组成。改编后，红四方面军的第10师、第12师编为第385旅的第769团、第770团；红32军的第91师、第93师改编为第386旅的第771团，第772团。陕北红军的第29军、第30军，独立1、2、3、4团和第15军团骑兵团改编为师直属特务营、工兵营、炮兵营、辎重营、骑兵营。还有一部分干部编成了教导团。全师共1.3万余人。按照中央军委命令，385旅除769团外，连同师属炮兵营、辎重营、特务营、工兵营，脱离本师建制，留防陕甘宁边区。129师开赴抗日前线的，计有9160余人。

部队整编完毕，准备9月6日召开全师指战员奔赴抗日战场誓师大会。徐向前副师长和倪志亮参谋长尚在延安，此时还未到职。刘师长和张浩主任指定386旅旅长陈赓担任誓师大会的总指挥，要我协助他工作。刘师长特别嘱咐我们说，这是我们129师第一次阅兵，也是我们开赴前线抗日的第一次誓师大会，会场要布置得简朴一点，但要庄严；主要是把部队组织好，要造成抗日救国、杀敌立功，为挽救祖国的危亡不惜牺牲个人一切的气氛。

我们选定了石桥镇附近的一片空旷的田野，按我们陕西的习惯，叫作“休闲地”。这片小“广场”面积不小，是作会场的理想地方。按照刘师长的指示，我们立即进行准备工作。我组织师直属队的一些同志搭检阅台。这检阅台很简单：先用4根木桩埋到地里，然后在上面架上几块木板。在这个简单的检阅台的4根立柱上，又贴上了几条标语，烘托着会场的气氛。

6日清晨，我们刚刚通知各部队到会场集合，天空中乌云密集，随着阵风，零零星星地下起雨点来。看样子，这雨是要越下越大。这时，驻地离会场近的部队已经到了。陈赓和我看雨暂时停不了，就商定先让部队回营房待命，再请示刘师长可否将誓师大会改期举行。说罢我们便上了马，分头通知已经进入会场的部队。

刚好，刘师长和张浩主任骑着马到会场来，和我们走了个迎面。他们没有穿雨衣，身上都淋湿了。一见面，刘师长就问我们：

“怎么部队又往回走了？”

“报告师长，因为下雨，我们想请示一下誓师大会能不能等雨停了再开？”

“不行！”刘师长干脆而又坚决地说，“军人嘛，就是要风雨无阻，定了的就不能随便改。今天是我们出师抗日的誓师大会，更不能改，要按时举行！”

“是！”陈赓和我马上按照刘师长的指示，又分头去追赶往回走的部队。

刘师长这一年45岁了。这个年纪虽然并不算大，但在我们这些三十几岁的人看来，他却是一位德高望重的长者。他年轻时就是川军中的一员名将，以带兵严格、骁勇善战著称。从他参加著名的南昌起义时起，多年担任红军参谋长之职，自1928年到1930年，曾在苏联高级步兵学校、伏龙芝军事学院刻苦研读军事学。他性格坚毅，对部下要求很严。他平时总是讲，作为一个军人，就要风雨无阻，有一股无往而不胜的气概。尽管我们早就了解这一点，但这一回我们的体会却更为深刻。

这次雨中誓师，场面庄严、壮丽。

近万人的队伍，分列在检阅台的四周，队伍又长又宽，摆了方圆四五里，一眼望不到头。那时还没有什么军乐队，我们就把号兵集合起来，组成了一个临时的“军乐队”。

雨果然越下越大，到临开会时，已经是倾盆而泻了。师首长们在大雨中泰然自若地站在检阅台上，宛如一株株挺拔的松树。首长的以身作则，感染着全师将士。全师指战员整整齐齐地列队站在雨中，秩序井然，上万颗红星帽徽在迷茫的雨雾中闪着一片红光。干部、战士一个个英姿焕发，等待着师首长检阅。

陈赓旅长宣布誓师大会开始，请刘师长讲话。这里，还有一段故事。就是红军改编成国民革命军的番号后，我军从上至下，都要换上国民党军队的标记。对于我们来说，主要换帽子和帽徽。这对于红军广大干部战士来说，可谓一大转变，一时很难接受。有些战士听说要换帽子，心里非常憋气，在睡梦中还常常哭醒。不少同志说：过去我们是打白军的，现在我们自己却戴上了白军的帽子，接受不了。还有的同志一时冲动，甚至要求退伍不干了……经过各级党、团组织做工作，部队中的一些糊涂想法虽然消除了，但在感情上，是难以转变过来的。为此，刘师长在讲话中，特别讲了换帽子的问题。刘师长向前走了几步，开始讲话："同志们！今天是我们开赴抗日最前线的誓师大会。"他魁伟的身躯，昂然屹立在雨雾中，洪亮的声音压过了风雨的喧啸。接着，他简短地讲了一下全国抗日的形势，然后说："经过我们共产党的努力，抗日民族统一战线建立起来了。我们共产党人要把祖国和人民的利益看成最高的利益。现在大敌当前，国家民族危在旦夕，我们要把斗争的矛头指向日本帝国主义，为了抗日救国，挽救国家民族的危亡，我们要把阶级的仇恨埋在心里和国民党合作抗日。从今天起，我们就是国民革命军第 129 师。"说到这里，他提高了嗓音，激动地接着说："同志们，换帽子算不了什么，那是形式，我们人民军队的本质是不会变的，红军的优良传统不会变，我们解放全中国的意志也不会动摇！"说着，他拿出一顶缀着青天白日帽徽的黄色军帽，用手指了指，"这顶军帽上的帽徽是白的，可我们的心永远是红的。同志们！为了救中国，暂时和红军帽告别吧！"说罢，他把那顶黄军帽戴在自己头上，然后发出命令："现在换帽子！"一声令下，全师同志一齐从挎包里取出昨天准备好的帽子，又依依不舍地把红星军帽脱下来，小心翼翼地放进挎包里。没有一个人把红星帽丢掉。

换帽之后，举行授旗仪式，颁发第二次国内革命战争纪念章。这时，同志们振臂高呼："打倒日本帝国主义！""发扬红军的光荣传统！""中国共产党万岁！"这慷慨激昂的口号声，响彻云霄。紧接着，进行宣誓。

誓词是这样的：

> 日本帝国主义，它是中华民族的死敌，它要亡我国家，灭我种族，杀害我们父母兄弟，奸淫我们母妻姊妹，烧我们的庄稼房屋，毁我们的耕具牲口。为了民族，为了国家，为了同胞，为了子孙，我们只有抗战到底！
>
> 为了抗日救国，我们已经奋斗了六年，现在民族统一战线已经成功，我们改名为国民革命军，上前线去杀敌。我们拥护国民政府及蒋委

员长领导全国抗日，服从军事委员会统一指挥，严守纪律，勇敢作战，不把日本强盗赶出中国，不把汉奸完全肃清，誓不回家！

我们是工农出身，不侵犯群众一针一线，替民众谋利益，对友军要友爱，对革命要忠实，如果违犯民族利益，愿受革命的纪律制裁，同志的指责。

谨此宣誓。

刘师长读一句，同志们跟着重复一句。雨声和宣誓声交织在一起，久久回荡在田野上空，激动着全师将士的心弦。这次雨中誓师的豪壮气概，永远印在全师将士的心中。

巧拒蒋介石的调令

誓师大会之后，9 月 16 日，129 师奉命进驻陕西省富原县的庄里镇地区，准备向晋东南进发。115 师向晋北进发，120 师开往晋西北。这样，八路军的 3 个主力师就可以建立以太行山为依托，进可攻、退可守，又能互相联系、互相支援的巩固的抗日根据地。这是我党中央经过慎重研究而作出的战略部署。

我师到了庄里镇后，立即投入了紧张的筹备工作。如军事训练、组织先遣队、进行侦察、了解华北地区的风俗习惯、进行政治教育等等。

正当我师准备按八路军总部的预定计划，东渡黄河北上的时候，国民党驻西安的战区司令长官蒋鼎文派了一个叫乔茂才的高级参议来到我师。这是一位不速之客。我们既没有请他，师部事先也没有接到通知。

值班参谋告诉我，乔茂才来到师部，自称认识刘师长，要求见。我想，刘师长早年参加辛亥革命，毕业于重庆将校学堂，曾在熊克武的部队任过团长。他是川军中被誉为“刘伯温”的有名的常胜将军，知道他的人一定不少。这个乔茂才可能在四川时跟刘师长共过事，也许他仅仅见过刘师长的面，或者只不过闻名而已。到底见不见他呢？我立即向刘师长报告了此事。刘师长说：“乔茂才我认识，可是我们已经多年没有来往了，他来干什么呢？

还是先弄清来意再说吧。我暂时不好出面，你先去招待一下，跟他谈谈，就说我到前边部队去了，有什么事等我回来再说。”

我领会了刘师长的意图，便来到师部那间简陋的会客室。我打量了一下这位不速之客。他年纪约有40多岁，头戴礼帽，身着便服，见我来了，立刻起身相迎，伸过手来，自我介绍说：“乔茂才，我过去在四川时，认识刘师长。此次来到贵师，是想拜望一下。”

“我叫李达，参谋处长。”我说了这么一句，跟他握了握手，算是礼节。“唉呀，实在不巧，刘师长到外面视察部队，到现在还没回来。”

乔茂才露出着急的样子，问：“那几时才能回来呢？”

我说：“很抱歉，刘师长行前没有说回来的日期。”

接着就是一阵沉默。我想：你是“无事不登三宝殿”，反正你总得讲话。果然，干坐了一会儿，乔茂才终于沉不住气了，说：“李处长，我此次来贵师，一是来拜访，二是有公事相商。不知您可否转告刘师长？”

我说：“这几天，刘师长正忙着到部队交代准备出征的事，行踪不定，一时很难找到他。乔参议如有公事，等刘师长回来，我一定转告。”

乔茂才打开随身带的公文包，取出一封信来递给我说：“请李处长先过目。”

我接过来打开一看，原来是蒋介石亲笔签署的一个命令。命令的大意是，要129师经陇海路转平汉路北上，加入石家庄方向作战。我边看，乔茂才边说：“你们爬雪山，过草地，吃了不少苦。这回贵师到了陇海路上，可以先休息一段了。”

我看过后，觉得这个命令大有文章，就问乔茂才：“蒋委员长的命令，朱德总指挥看过没有？怎么我们没有接到八路军总部的指示呢？”

“没，没有。”乔茂才尴尬地说。

我想，这个命令我不能接，就把它还给了乔茂才，说：“乔参议，这个命令还是等刘师长回来交给他为好。我先给你找间房子，休息一下。我这就去找找刘师长，请他尽快回来。您看怎样？”

乔茂才不得不表示同意。我也就趁机辞了出来，把这个情况向刘师长作了汇报。刘师长沉吟了一下，说："'来者不善，善者不来'，他不是找我叙旧，而是要向蒋介石邀功请赏。"他边说边走到地图前边。"115 师已经到了灵丘、广灵、涞源、阜平、曲阳和行唐之间；120 师正在神池、宁武、朔县一带活动。日本鬼子呢？ 9月 13 日占了大同，以 20 万兵力沿着平绥、同蒲、平汉、津浦几个方向推进。照国民党这种打法，用不了几天，日本鬼子就会攻下石家庄和太原。我们师如果按照蒋介石的命令，加入石家庄方向作战，我们同 115、120 师的联系就很容易被日本人切断。"

"这么一来，我们师就得被迫孤军作战，不得不担任正面防御。而目前按我们实际情况恰恰应该尽量避开正面防御。"我插了一句。

"这是个大阴谋，是蒋介石要借日本人的刀杀我们。老子不上这个当啊！我要马上报告朱总司令。"

"这个乔茂才怎么打发呢？"我问。

"看来，他已经当了国民党的特务，我不能见他。你就说找不到我。过去我们是共过事，现在他是为蒋介石出谋划策，充当引我们上钩的钓饵。国共谈判的时候，已经定了的，对八路军的指挥一定要通过八路军总部，谁也无权越级下命令。蒋介石这么干，不符合这个协议嘛！我们不理睬他，让他等着，等得不耐烦了，他就回去了。"

就这样，第一天我陪他吃饭，散散步。第二天、第三天仍是如此。彼此再没有什么话好说。过了几天，乔茂才看看刘师长就是不见他，心里也就明白了八九成。再等下去，更是自讨没趣。他为了下台阶，就对我说："我还有事回去要办，等刘师长视察回来后，我再来拜访。"

"既然乔参议有要事在身，我就不好留您了。"

这位不速之客，就这样被送走了。他本想来 129 师显显身手，没想到碰了刘伯承的软钉子，不得不灰溜溜地回去"述职"了。以后，再也没敢来。蒋介石原以为乔茂才与刘伯承有旧，可以利用这个关系，做一做 129 师的文章，企图假日本人之手消灭之，结果是错打了算盘。

蒋介石的阴谋被粉碎了。我师仍然按照原计划，东渡黄河，沿同蒲线北上。

东渡黄河

出发前，师里组织了一个先遣队，由师前方指挥所和769团组成。为了在师主力到达前搞清敌、我、友三方的情况，先遣队由刘师长亲自率领，陈赓旅长随同，9月24日由庄里镇出发，比大部队先行一步。每到一地，刘师长都要亲自看地形、摸情况。行军时，他总是尽量向前靠。这已成了他多年来的习惯。我随张浩主任跟大部队走在后面。

先遣队行军4天，到了韩城县的芝川镇。这里是黄河的一个渡口，河面窄，水流也较缓些。再往北60华里左右，就是著名的黄河龙门古渡口。龙门是司马迁的故乡。在芝川镇南边，有司马迁的祠和墓。但是，此时谁也无心去光顾这些名胜古迹。大家心急如焚，只想早点找到船只，渡过黄河。

但是，奇怪得很，参谋人员在河西岸都跑遍了，也没有看到一条船。究竟河西岸的船让他们弄到哪里去了呢？为什么这么巧，偏偏八路军要过河的时候，竟然连一条船都找不到呢？这里面一定有鬼。115师首获平型关大捷的消息，早已传到我师。指战员们求战心切，恨不能插翅飞到抗日前线去痛击日军，怎么能让一条河拦住而耽误时间呢？

刘师长更是十分焦急，马上派人去找负责芝川镇和渡口的国民党地方官。等把这两个地方官找来后，天已经很晚了。刘师长先是问他们为什么河西岸没有船？这两个人油腔滑调，支支吾吾地说："我们不知道贵军今天要过河，实在抱歉。明天一定想办法。"不用说，这是含糊其词地搪塞我们一下。很难说这不是他们故意给八路军制造麻烦，好让我们承担贻误战机的责任。

刘师长对这两个老奸巨猾的家伙非常恼火，气得使劲儿一拍桌子，厉声问道："你们认识我吗？"

那两个家伙摸不着头脑，连说："不认识，不认识。"

"这就是国民革命军第八路军129师师长刘伯承。"一位参谋向他们介绍了一下。

一听这个，两人的气焰收敛了。忙说："刘伯承将军大名，我们早有耳闻，今天能见面，非常荣幸。”

“啪！”刘师长又狠狠地拍了一下桌子，语气十分严厉地说：“什么荣幸不荣幸的。告诉你们，我们是奉了蒋委员长、第二战区司令长官阎锡山将军的命令，要渡过黄河去抗日前线的。我们必须明天拂晓全部过河。限你们一小时内把船给我调齐。不然我就把你们当汉奸论处！听清楚没有？”

“当汉奸论处”，在那时就是枪毙的代名词。那两个家伙这时吓得脸都变了颜色，战战兢兢地答道：“我们一定照办，一定照办。”

刘师长叫过两位参谋，说：“你们陪他们一块去找船吧。”

这一着真灵，那两个家伙果然在个把小时就把所有的船都调到了河西岸。第二天，即 10 月 6 日，先遣队便渡过了黄河，比预计时间，晚了一天。

事后，有几位同志问刘师长：“师长，我们可从来没有见你发过这么大的火啊？”

刘师长说：“你们看，国民党政权腐败成了这个样子，上上下下都是如此，还能不打败仗？我在旧军队里混过几年，知道国民党这些当官的脾气。他们欺软怕硬，看势头办事，何况这次是故意刁难我们。吓唬他几下子，他就知道八路军不是好惹的了。”说罢，刘师长和几位同志会意地大笑起来。

整编换装　浴血敌后

向守志[*]

整编换装

离开庆阳红军步兵学校后，我来到连队报到，正赶上部队在陕西省三原县进行整编。

1937 年七七卢沟桥事变发生后，国共两党在南京举行会谈，我党为促成与国民党建立抗日民族统一战线，最终达成协议，将陕甘宁地区的红军主力改编为国民革命军第八路军，又称第十八集团军（简称“八路军”）。我清晰地记得，中共中央军事委员会是在 8 月 25 日发出改编命令的，宣布中国工农红军第一、第二、第四方面军和陕北红军改编为国民革命军第八路军。红军前敌指挥部为第八路军总指挥部，朱德为总指挥，彭德怀为副总指挥，叶剑英为参谋长，左权为副参谋长，任弼时为政治部主任，邓小平为副主任。八路军下辖第 115、第 120、第 129 师 3 个师，每个师辖 2 个旅，每个旅辖 2 个团，每师定额为 1.5 万人。4 个月后，南方 8 省 14 个游击区的红军游击队改编为新四军。我和红军学校的一批学员一起被编入第 129 师 386 旅 771 团，

---

* 作者时任八路军 129 师 386 旅 771 团副连长。

师长是刘伯承，副师长是徐向前，政训处主任（后称政委）是张浩。翌年 1 月，八路军总部任命 34 岁的邓小平接替张浩任第 129 师政委。从此，在漫长的战争年代，我和战友们一直在刘、邓首长的指挥下战斗和工作。

真是太巧了，我刚下到连队，就赶上师里发了新军装：灰帽子、灰军装、灰挎包、灰绑带，还有子弹袋等，每人还发了“青天白日”帽徽。

9 月 6 日，第 129 师在陕西省三原县石桥镇召开抗日誓师大会。可是换装的事，让许多人心里想不通，不愿意执行，有的竟想回家不干了。我心里也不是滋味。红军长征爬雪山过草地，血战河西走廊……战友们牺牲数以万计，血流成河，这都是为了什么？现在突然要化敌为友，并且要脱下红军军装换上国民党的军服，心里怎么想都不是味儿！战士们围在一起，像互相怄气似的，都不说话。抬头看见我，便七嘴八舌说了起来：

“这是沾满人民鲜血的狼皮，我不穿！”

“打来打去，我们也成了国民党军了！”

有的同志指着新发的青天白日军帽徽说：“我们是红军，要是戴上这玩意儿，还有什么脸去见乡亲们。副连长，你说是不是？”

面对战士的问话，我意识到自己的责任，红军步校刚培养出来的干部，应该有更高眼光，要坚信党中央、毛主席的决策是正确的。我想了想，大声对全连的战友们说：“对红军的光荣历史，对军帽上闪闪发光的红星，我们要铭记在心；但更重要的，我们要坚信党中央、毛主席制定的抗日民族统一战线方针的正确，实行国共合作共同抗日，是抗战的形势需要。换帽徽的事，我们一定要按党中央、毛主席的指示办，我们三大纪律的第一条就是‘一切行动听指挥’，大家做得到吗？”

战友们点点头，表示同意。

第二天一大早，我提前起床，冒着不大不小的秋雨到各排检查，嘱咐同志们按照要求做好准备。

1937 年 9 月 6 日，这是一个值得纪念的日子。在陕西省三原县石桥镇附近的广场上，第 129 师的抗日誓师大会在大雨中举行。

师长刘伯承指定 386 旅旅长陈赓担任阅兵总指挥。陈赓旅长上午 7 时来到阅兵场，看到阅兵台不适用，决定用木桌临时搭台。

台刚搭好，约 8 时许，全师 1.3 万多人陆续到达。我看到旅长陈赓不停地调遣部队，指挥若定。此时雨还没有停，但人人精神振奋，口号震天，歌声不断，步伐雄壮。等到全师集合完毕，雨下得更大了。

此前，陈赓旅长接到师部电话，因雨停止阅兵。这时他见雨越下越大，便向刘伯承师长报告:“各旅已经到齐。如此大雨，阅兵是否顺延一日？”

刘伯承笔直地站在雨水中，厉声说:“不行！怎能让风雨阴晴来左右既定的军事行动安排呢？何况我们今天是在民族危机、时不我待的紧急关头召开抗日誓师大会，大雨已经把我们打湿了，躲它还有啥子意思嘛！”

“是！”陈赓答道。

阅兵仪式仍按照原计划进行。全师司号员一齐吹响军号，陈赓站在庄严简朴的阅兵台上，以洪亮的声音宣布:“八路军第 129 师抗日誓师大会开始！”

刘师长发表了激动人心的长篇讲话。他说:“从今天起，我们就是国民革命军第八路军第 129 师。同志们！改变番号，只是个形式，我们人民军队的本质是不会改变的。”说到这里，他拿出军帽，指着青天白日帽徽说:“这顶军帽上的帽徽是白的，可是我们红军永远是红军，我们的心是红的，任凭换什么名义，戴什么帽子，我们始终为了共产党的光荣而奋斗，我们今天的一切努力和牺牲都是为将来的社会主义胜利。同志们！为了救国，暂时和红军帽告别吧！”

说罢，刘伯承师长拿起一顶缀着国民党青天白日帽徽的黄军帽，轻轻用手指弹弹，在将士们朦胧的泪眼中，换下红军八角帽，让全师指战员把有红五星的军帽放进挎包里，把青天白日帽子端端正正戴在头上。

“现在我命令，换帽！”

军令如山倒，刚刚还在雨幕中如火焰般燃烧一片的红五角星，顷刻间被青天白日帽徽所代替。

风声雷动，大雨滂沱，山河震荡。口号声和欢呼声混成一片，泪水和雨水一道流淌……

我们师刚改编完毕，刘伯承师长、张浩主任就奉命率领 386 旅的 771、

772 团和 385 旅的 769 团以及师直属骑兵营、干部营，于 9 月底由陕西省三原县出发，经富平、韩城东渡黄河，进入山西省晋东南侯马地区，包括山西省正太铁路以南、同蒲铁路以东，平汉铁路以西、黄河以北的广大地区。

在开往山西太行山地区抗日前线的行进路上，沿途受到人民群众的热烈欢迎。由于我们的地下党组织根据中央的指示精神，做了大量宣传工作，老百姓知道我们是红军，是开赴前线打鬼子的，一路支援我们。记得在经过荣河镇、通化镇时，我们 386 旅陈赓旅长向欢迎的群众作了热情洋溢的讲话，宣传我们党的抗日主张。我看到，大街小巷贴满了抗日的标语，还有成群结队要求参加抗日的青年，臂上都佩戴着"民族英雄"的臂章。另外，还有许多戴着"少年先锋队"红色标志的男女学生，排着队伍在街上集会游行，高呼抗日口号。这些学生见到威武雄壮的抗日队伍，围着我们不肯散去，盼望能和我们一起上前线打日本鬼子。八路军勇敢地奔赴抗日前线的行动，教育和激励了这些青年学生。同样，他们的抗日热情、爱国的精神也感动了广大指战员。我和战友们说："这些情景过去在苏区是经常见到的，但是在即将沦为敌占区的地方，还是第一次见到。"这些青年学生热血沸腾的抗日爱国真情，在八路军官兵的心灵上产生了互动，使我们非常欣慰和振奋。他们燃烧的激情，对渴望上战场杀敌立功的抗日军人也是一个巨大的鼓舞。

敌后游击战

黄土高原的 9 月，沙枣泛红，金菊飘香，已近收获的季节。我八路军第 129 师挥师北上，经陕西韩城渡过黄河。

"君不见黄河之水天上来，奔流到海不复还。"我小时候就听说过黄河，她是我们中华民族的母亲河，五千年的历史在她的激流里穿过。大浪淘沙，洗尽往事沧桑无数，这条古老的历史长河，就像一条中华民族滚滚流动的血脉，穿行在神州大地上。

眼前的黄河，比诗歌中的黄河更博大雄浑。人们都说黄河九曲十八弯，她百折不挠，不辞辛劳地绕过一座座高山，默默地载着一切苦难、光荣和梦想，不停地向前、向前。坐在木船上过河，听着船工豪迈的号子，我们为黄河自豪，为她不舍昼夜、气贯长虹、一泻千里的襟怀、勇敢和坚强自豪，更加坚定了广大指战员保卫黄河、保卫华北和保卫全中国的战斗信念。

过了黄河是侯马。此处是晋南重镇，位于正太路南端终点。按照当时与国民党军的协议，我军在此乘火车北上。但诡计多端的阎锡山并没有履约派来火车。我军没有因此停止前进的步伐，而坚持沿铁路线步行往北走，一直走到临汾，才坐上火车驶往阳泉。据侦察员收集的情报，阳泉附近还没有驻扎日军，所以日军的飞机就不停地向这一带投弹轰炸。我 129 师主力为了避免敌机轰炸造成伤亡，命令我们未到阳泉车站即火速下车，徒步往东直插平定县。

在北上的路上，我们看到了不抵抗的国民党军像潮水般地往南撤退，挤满了公路，车流人流拥挤不堪，公路多宽撤退的队伍就有多宽，真是兵败如山倒。我们的队伍往北上，国民党的军队往南跑，谁是真正抗日的队伍，老百姓看得一清二楚。

在战场上，遇到新的作战对象时，常常出现两种截然相反的倾向：一种是畏敌如虎，就像眼前的国民党军狼狈逃窜一样；另一种是麻痹轻敌，我们初战，就犯了这一兵家大忌。

第一次与日军作战，尚不知道日军的强点和弱点，我们还是沿用打国民党军队的战法。有的同志轻敌，只知道日军远离国土，进行的是非正义的侵略战争，人生地不熟，以为他们晚上不敢出来。其实，日军有其本身的作战特点，尤其是经过长期战争准备的头几批“老鬼子”，步炮协同好。那时我们还不知道他们用的是掷弹筒，就叫它“小钢炮”，打得很准，近距离发射有较大的杀伤力。我们过去打伏击战，习惯于把敌人放近了再打，一个冲锋就把敌人压下去消灭了。日本军队受“武士道”精神灌输，作战时，只许进，不许退，也不怕近战，嗷嗷叫着往前冲，敢于拼刺刀。初战时，宁死也不缴枪当俘虏。另外，日军还擅长夜战，且装备精良，当官的大都有战马，部队配备有汽车、装甲车和火炮等重型装备，轻重机枪也比国民党军的多，三八式大盖枪枪管长，拼刺刀有优势，且打得远，也打得准……这些，都是我们用实战和鲜血换来的经验教训。刘伯承师长在对日军作战中最早提出一个很值得注意的问题，就是要以小的代价，换取大的胜利，消灭更多的日本兵。在后来的作战中，我们就有针对性地研究日军，在战斗中不断探索新战法，克敌制胜。

1937年10月中旬，根据上级通报，日军以一个旅团的兵力从井陉向南经过侧鱼镇、定盘寨、老爷庙、七亘村、马山、营庄、白井镇、石门口一线，由平定县进至阳泉镇，企图截断旧关和娘子关的后路，向太原进犯。上级命令我们771团在营庄、马山阻击从侧鱼镇西进的日军。团长徐深吉带领我们营连干部现场勘察地形后，认为营庄、马山地形不如七亘村前面更有利。师部同意了徐团长的建议。10月21日，我团一营前进至七亘村以东老爷庙，在后山上设防。第二天上午，日军一个联队三千多人，在强大炮火掩护下向我们团阵地发动猛烈进攻。这是我们与日军的第一次真枪实弹的作战，互相还不摸对方的特点，战斗进行得非常激烈，阵地上尘烟弥漫，弹片横飞。激战至黄昏，日军在步炮协同下连续多次向我们阵地发起冲锋，我和战友们抱着机关枪狠狠地向敌人扫射，我1营3连在副营长徐其海的带领下，上起刺刀发起反冲锋，把敌人压了下去。夕阳西下时，我们担任阻击的部队完成任务后撤出战斗，回到七亘村归还建制。我部毙伤日军七十余人，我伤亡三十余人，1营副营长徐其海腿部受重伤。

入夜，天像墨水染的一样黑，伸手不见五指。团首长命令我带领第1连到敌人设防的侧鱼镇、老爷庙一线进行夜间袭扰。我们摸到敌人阵地前，又是投弹，又是打枪。敌人疑为我军主力发动进攻，不停地打枪打炮进行还击，一夜不得安宁。完成任务后，我们回到驻地休息。连续行军作战，加上晚上的夜袭行动，我和战士们都很疲劳，一躺在老乡为我们烧得热腾腾的土炕上，就很快入睡了。睡梦中，突然听见枪响，我机警地一骨碌站起来，穿好军装，抓起手枪就赶紧带领战士们集合。原来，日本兵也给我们来了一次偷袭。在警戒部队掩护下，我们按预定计划有秩序地转移到集合地点。团长徐深吉清查各营已到齐，指挥部队在拂晓前进入预定的新阵地。上午8时左右，陈再道副旅长来到我们团，在他直接指挥下，我团进行运动防御，继续阻击西进的日军。这次战斗后，我129师以386旅772团为主在七亘村地区两次伏击日军，都取得了胜利，狠狠打击了日军。

打一仗，进一步。10月底，我由1营调2营任机枪连连长。时日军一〇九师团经昔阳向榆次进犯，该师团一三五联队一个大队将由九龙关进犯昔阳。刘伯承师长分析说：敌人如果到昔阳，就必然要经过昔阳以东的南、北界都和黄崖底。黄崖底是两侧绝壁下的一条河谷，便于埋伏部队。他当即决定在这一带设伏，并决定让我们771团参加打这一仗。刘师长把指挥所设在黄崖底附近的一个山顶后侧，可用望远镜清楚地观察到黄崖底河谷。

11月1日，我们771团参战部队进入阵地，于黄崖底以南风居村设伏。772团于黄崖底以东巩家庄一带高地设伏。2日，骄横的日军第一〇九师团的一个大队约七百余人趾高气扬大摇大摆地开进黄崖底河谷。待敌人大部进入伏击区后，刘师长下令开火。我们机枪连和兄弟伏击部队率先向敌人射击，敌人在一座庙旁集结，用炮掩护步兵向我冲锋。刘师长用电话指挥我迫击炮部队猛烈还击，几十发炮弹落在敌人阵地上，敌炮被我摧毁。日军又向我团发起第二次冲锋，刚爬到半山腰，就被我们打下山去。

771团主力大部埋伏在高地上，只有几条羊肠小道通向河谷，不便向敌阵地发起冲击。刘师长下令："集中全部火力，猛烈杀伤敌人！"全团的迫击炮猛烈轰击敌人，我指挥全连的重机枪一起开火，向敌持续射击20分钟，将敌大部歼灭，随即迅速撤出战斗。这次伏击战，我团以伤亡三十余人的代价，击毙日军三百余人，缴获战马两百多匹、步枪百余支、电台1部。有的同志觉得这一仗打得还不过瘾，说："受地形限制，没有把鬼子全部歼灭。要不然更痛快。"刘师长说："我们用火力大量杀伤了敌人的有生力量，是个大胜利呀！"

我们771团继黄崖底伏击战之后，奉命与772团、769团及115师主力，再次设伏于广阳、户封地区，又给了由沾尚镇、旧关西犯之日军第二十师团另一个联队以沉重打击。仅我们师3个团就毙伤日军二百五十余人。此战，771团毙伤日军百余人，缴获机枪2挺、步枪二十余支、掷弹筒2个；我伤亡四十余人，1营营长吴宗先负重伤，3营教导员张明建壮烈牺牲。

在不到一个星期内，八路军第129师在黄崖底、广阳、户封等地连续3

次成功地伏击了日军，刘伯承师长把这 3 次战斗称为“重叠的设伏”。

太原失守后，华北的国民党军队大部分溃败，逃往山西南部中条山区和黄河以南。唯有八路军在华北坚持独立自主的山地和平原游击战争抗击日寇。我们 771 团兵分 3 路深入敌人后方，开展群众工作和游击战争，破击同蒲铁路，积极打击敌人，都取得了一些胜利。

771 团在敌后的战果和行动，引起了太谷城内日军的警觉。

11 月 26 日拂晓，太谷城日军出动步兵五百多人，骑兵百余人，炮 6 门，汽车 2 辆，向驻守范村的我团第 2 营进犯。徐深吉团长遵照刘伯承师长在全师干部会议上提出的战术原则，即对劣势兵力的敌人，集中兵力打歼灭战；对优势兵力的敌人，以少数部队打消耗战。据此，团首长决定以 1 个连的兵力打消耗战，拖住敌人为主力部队寻机歼敌创造条件；确定 2 营主力由范村撤至东面山梁上待机，如果敌人上山，相机打击敌人；如果敌人不上山，则由 8 连对敌进行运动防御，诱敌进山沟，打消耗战。具体部署：以 1 个排正面诱敌深入，近距离突然开火，杀伤敌人，待敌还击时，就隐蔽撤退，占领新阵地，如此反复，一步一步地牵着敌人的鼻子往里走；另外 2 个排分成多个战斗小组，埋伏在敌人前进道路左侧的山坡上，以冷枪杀伤敌人。

上午 9 时许，敌步、骑、炮兵六百余人，成一路纵队向范村开来，气焰嚣张，也不派侦察警戒，如入无人之境。这时我 8 连 1 排 1 班已在范村西北阵地待机。当敌距我 1 班约 200 米左右时，一个排子枪打过去，撂倒四五个日本兵。敌迅速散开还击，没敢发起冲锋。

这时，日军骑兵约五六十人开始向范村村南前进，估计他们可能迂回范村。我 1 班立即隐蔽地从范村村边撤至村东占领新的阵地。敌见我没有还击，便一边打枪，一边向村里搜索前进。当敌前进至村东一里多地的小山嘴前，我 1 排 2 班、3 班突然开火，步枪、机枪一起射击，又撂倒十几个日本兵。敌再次向我猛烈还击，敌骑兵闻声也从村南赶来。这时，我 2 班、3 班已隐蔽地撤至 1 班新阵地。敌军见我军无动静，便又开始前进。我早已隐伏在范村北面山坡上的 8 连 2 排、3 排的各个战斗小组抓住战机，从各个侧面侧击敌人，不但使日军先头部队遭到重创，连他们的后续部队也没逃脱挨打的厄运。战斗到下午 3 时，日军无心恋战，收拾尸体，带着伤兵，开始撤退。我各战斗小组继续侧击，正面诱敌深入的 1 排立即转为跟踪追击，一直把鬼子追回范村，敌人慌忙将伤兵和尸体运回了太谷城。

这次战斗持续了 6 个小时，打死打伤日军百余人，击毁军车 1 辆。敌人打炮两百余发，我部无一伤亡。喜讯传开，军民振奋，很受鼓舞。

刘伯承师长看到范村的战斗报告，称赞我 771 团 2 营打得好。并对这一仗的打法，做了一个十分形象的总结说："这叫作'麻雀战'。"他还说："这是 771 团发明的，是 771 团的成功作品。""麻雀战"这个军事用语，就这样诞生了。

"麻雀战"，威力大。我们在抗战初期利用敌人骄横狂妄不可一世的麻痹心理，放手进行游击战争，仅一个多月的时间，开辟根据地的工作就取得了很大的进展。人民群众发动起来了，地方政权、群众组织、人民武装都逐步地建立起来了，大批青壮年踊跃报名参军参战，我们一个团很快就扩充到 3853 人。部队新战士补充得多，最缺的是枪支弹药。我们主要靠战斗歼灭敌人，缴获敌人的武器来武装自己，正如抗战期间我们广为传唱的《游击队歌》所唱的那样："没有吃，没有穿，自有那敌人送上前；没有枪，没有炮，敌人给我们造……"

记得那是粉碎敌人对我晋东南根据地九路围攻战斗后的第二天，朱德总司令路过 771 团。他问我们团长：深吉同志，771 团现在有多少人？徐团长报告说：有 3853 人，但三分之一以上用的武器是长矛。朱总司令充分肯定说：有人就好办，经常保持这样满员就好，去向日本人要枪。说完，总司令喝了一茶缸水就走了。听了徐团长的传达，大家对开展游击战的信心更足了。

后来，我们在与日军作战中，同时创造了"跳蚤战""蜜蜂战""麻雀战""拉锯战""飞行神枪手战"等十多种游击战战法；冀中平原的八路军还和群众一起因地制宜创造了"地雷战""地道战"等新战法，给了日伪军以沉重的打击，胜利地坚持了敌后抗日游击战争。

战地总动员委员会的成立

程子华*

战地总动员委员会的纲领

七七事变后，日军很快占领了北平、天津、保定、石家庄；同时由平绥铁路攻到大同。阎锡山为保自身，希望借助八路军抵挡日军的进攻。当时周恩来同志代表党中央到太原，后在太和岭前线，同阎锡山进行了多次谈判，商定了八路军三个师开赴山西的晋东北、晋西北和晋东南抗日前线，对日作战。同时提出了成立战地总动员机关，发动组织和武装群众，开展敌占区游击战争，配合我军正面防御战，变全面抗战为全民抗战的建议。阎锡山同意，于是成立了第二战区民族革命战争战地总动员委员会（以下简称“战动总会”）。这是我们党和阎锡山建立的抗日民族统一战线地方组织。

战动总会的“工作纲领”是周恩来同志得到阎锡山同意发布的。纲领的主要内容有：战动总会管辖地域和动员范围是雁门关长城内外十八个县，察哈尔南部五县和绥远全省。以后因战区范围扩大，工作范围扩大到察哈尔全省和晋北的五台、岢岚、兴县等十一个县。战动总会的任务有：在敌占区开

* 作者时任战地总动员委员会武装部长。

展游击战争，动员新兵上前线，组织人民自卫队，组织民众团体，侦察敌情和铲除汉奸等七项。“工作纲领”还规定了组织原则和具体办法。此外还确定了战动总会同各地政府和部队的关系，以及同各群众团体的关系。纲领规定各地政府应积极帮助战动总会的工作，不得阻抗或破坏；各部队得在总计划下向各级动委会提出粮秣、新兵、夫役等要求，但不得干涉动员事务；各群众团体可选举代表参加和协助动委会工作，动委会应尊重各群众团体的独立等。

当时还商定战动总会的委员会由阎锡山、我们党以及各方面派代表组成。正主任由续范亭担任。续早年参加孙中山的同盟会，是国民党内有名的左派。他主张抗日，蒋介石却叫嚷“攘外必先安内”；他提出反对意见，蒋介石不听。1935 年，他在南京中山陵前剖腹自杀，用这办法向全国人民表示挽救民族危亡的愿望，但蒋介石不悔改。续经救护未死。西安事变期间，他接受周恩来同志的建议，以杨虎城代表的身份，回山西推动阎锡山抗日，任二战区行营的高级参议。现在共产党和阎锡山结成统一战线由他出来当战动总会的主任委员，双方都可以接受。战动总会设组织部、宣传部、人民武装部、动员分配部、铲除汉奸部和总务处。共产党方面参加总会委员会的委员有：邓小平、彭雪枫、南汉宸和我。我和南是常驻委员，南任组织部长，武装部长一职经过了一番争论，因为武装部是抓枪杆子抓军队的，阎锡山要派他的军官担任，我们要派我们的干部担任，周恩来同志对阎锡山说：战动总会要在敌人的后方打游击战争，我们的干部有经验，你们的军官就不行。阎锡山没有办法，只好由我当武装部长，郭宗汾当副部长。我们党还通过各种渠道派了一百多同志到战动总会工作。当时我在战动总会还担任党团书记。战动总会副主任委员是山西晋西北二区的杨集贤，除奸部长由国民党左派郭任之担任（郭后来参加了中国共产党），阎锡山方面派梁化之任组织部副部长；阎方公道团团长薄右丞任宣传部副部长，部长是救国会七君子之一的李公朴，李未到任，后由未公开的共产党员赵宗复作为阎方的人代理，后期由段云负责。动员分配部长是阎方的省政府秘书长王尊光，副部长武新宇同志；总务处长郝梦九。

战动总会的工作纲领简要为以下几条：

1. 积极组织民众、武装民众。

2. 实行减租减息、合理负担，改善人民生活。

3. 实行民主政治，扶植抗日言论、出版、集会之自由。

战动总会成立以后，日军已进到太原以北的忻口附近。总会立即在群众中进行了广泛的宣传活动，组织宣传队、剧团、慰劳队等，深入晋北前线慰问战士、救护伤员，并到各县组织和成立县、区、村各级动员委员会，还帮助建立农民、青年、妇女等各种抗日救国的群众团体。战动总会协同牺盟会和各群众团体一起开展群众运动，实行减租减息和合理负担，有钱出钱，有力出力。为了补充战斗中兵员的损失，扩大抗日队伍，战动总会还有计划地动员农民参军，仅 1938 年 4 月、5 月间，一次就动员了两万多新兵参加八路军的 120 师、决死队、战动总会所属游击队和当地的晋绥军。此外，还动员粮食、布匹、毛皮等物资和动员妇女做军鞋，支援八路军和其他部队。

当时的武装建设工作

作为战动总会的武装部长，我想着重介绍一下当时的武装建设工作。战动总会在太原成立时，平型关被敌人突破了，绥远、察哈尔省、雁北等地，完全成了战区。为了组织游击队，到战区去开展游击战争，武装部首先开办了游击干部训练班。因为战争发展很快，急需干部去组织游击队，课程只是游击战术和游击队政治工作，上课用大报告形式，学员听完课分组讨论。第一期一星期结业，名额 100 人；第二期 10 天结业，名额一百多人；第三期时间较长，名额 200 人。（后来战动总会到了离石又办了第四、第五两期共四百多人）这一时期受训人员是各种人都有的：中学教员、大学生、文艺工作者、工人、农民、机关职员、商人，还有少数军官和士兵。但主要是全国各地当时来到太原的青年学生。这些学员受训结业后，有的回他们原来工作的地方，有的走上战场到雁北和晋察冀边区，参加或组织游击队。

中央很重视战动总会的武装部队建设，先后由红军大学派来几十名红军老干部到武装部，武装部就把他们分成多批，每批三五人带领一批结业学员去组织游击队。这些老干部有打土豪、筹款的经验。这时按有钱出钱，有人出人的合理负担的办法，组织起了游击队。枪支来源是由收缴抢掠老百姓的逃兵的武器。我对游击队的建设是在保证党的领导下，按照八路军制度组织的。

太原失守后，山西敌占区的主要战争形式，是游击战争。战动总会先后成立了 8 个游击支队。战动总会从太原撤到离石不到一个月工夫，就成立了六、七、八、十等 4 个游击支队；同时把战动总会除奸部的服务队改编为第五支队，把离石县公安局来参加战动总会的几十个武装同志编为第二支队。从太原到离石这一段，很快组织起五六支游击队，加上 120 师组织的共有十几支游击队。这些游击队活动在太原以西和忻口一带。还有的是在交城、文水、汾阳一带交通线上组织起来的，它们破坏日军的交通线，战斗比较多。打得激烈的是文水游击队（后来叫一支队），仗打得多，战斗力锻炼得也最强，牺牲也大。派到文水游击队工作的红军 3 个支队长刘森堂、谭公强、周平等同志，在不到一年的时间内，都在作战中英勇牺牲了。

在此，我想讲一讲太原成成中学师生游击队和工人武装自卫旅。

太原成成中学校长刘墉如，在太原未失守时就到战动总会找我，他说他们学校的教员和学生，一致要求组织游击队，问我的意见怎么样，我当然欢迎。成成中学退出太原到了清源县。我就到清源县去同他们一块商量成中师生游击队怎样编制，怎样开展工作。为了整训成中师生游击队，就让他们开到岢岚附近，编为第四支队。以后党中央令 120 师由李井泉同志带一个支队到大青山开辟根据地，要战动总会出一部分干部和一支武装，战动总会决定由武新宇带一部分干部和成成中学师生游击队去。成中的同志在创建大青山根据地中是有成绩的，锻炼出有战斗经验和创建根据地经验的好干部，也牺牲了不少好同志。

工人武装自卫旅是以郭挺一为首的部队。郭和我是国民师范时同期不同班的同学。大革命失败后，郭投降了阎锡山，抗战初是阎锡山总工会的负责人。我们两个机关都在国民师范办公。有一天，他找我说：“我这里工人很多，想组织武装，我不懂军事，不好组织。”我说：“我帮你把武装搞起来。”我又对他说：“你有了一支武装，以后在阎锡山面前讲话，分量就不一样了。”郭要利用我的军事知识，帮他组织武装，我则利用他需要我的军事帮助，便于对工人武装自卫旅进行工作。太原失守后，他带着工人武装自卫旅退到中阳县，我跑到那里去找他，问他今后打算怎么办？他说要继续往南去靠近阎锡山。我就和他谈，你往南走，老叫日本人追着你，而且越往南，汾河与黄河之间的地区就越狭小，打游击不方便。往北是日军的占领区，汾河与黄河之间地区宽广，好打游击战争。郭挺一同意了我的意见，把部队开回到文水、汾阳一带，同文水游击队靠在一起。他们互相往来，一起在交通线上打仗。以后我和郭说，战争发展，我俩难以见面，我可以派一个红军老干部帮助你，职位由你定，他给你提的意见，你同意就采纳，不同意就不采纳。郭说：“好，同意。”我就把卓雄同志派去，改名张英，我还让他和康永和、周子桢等同志接上了党的关系。

阎锡山的联共并不是真诚的，抗战也不是真正坚决的。太原失守前后，他就对抗战失去信心，对国共合作开始动摇，他看到不能控制战动总会，便存有戒心，撤走他派到战动总会的人员，使战动总会孤立起来，失掉统一战线的合法名义。刘少奇同志在太原时，曾找我和黄敬同志讲了抗日战争的各种政策，又对南汉宸说：“你们拿到阎锡山的委任状，这是块合法的牌子，决不要停留在阎锡山限定的范围内，但是也不要超出范围太远，以免过早同阎破裂，要把我们力量发展起来。”太原失守前，战动总会撤退到汾阳时，周恩来同志对我指示说：“阎锡山撤走他的干部，要拆台，我们不要上当。战地动委会的组织形式还需要，我们要继续坚持下去。战地动委会顾名思义，就是要活动在敌人占领的‘战地’，开展游击战争。他撤走干部也好，便于我们更好地发展。你们要放手发动群众，组织武装群众，扩大抗日武装，开展游击战争，创建抗日根据地。”当时邓小平同志也在汾阳，他指出：“在兵荒马乱时期，要广泛发动抗日势力，大锣大鼓地打起来，造成一个声势浩大的抗日局面。”当时有人说：汾阳不属战动总会的动员区域。小平同志果断地说:“我们要当仁不让,他们逃跑不干,我们干。”续范亭经过周恩来同志对他做工作,我们战动总会内的同志都尊敬他,也对他做工作,他看到:阎锡山领着他的军队溃逃,日军继续进攻前进,敌后空虚,战动总会的共产党员和大批青年,坚决在敌占区开展游击战争和各种抗日斗争,收复失地的决心和勇敢精神,使他的抗日态度更加坚决,他坚持和我们一起打游击,坚持把战动总会这一统一战线组织的工作继续下去。郭任之部长也主张战动总会应当坚持在战地打游击,这就打破了阎锡山孤立我们的阴谋,反而使他自己孤立了起来。

战动总会在汾阳只停了十天,撤到离石,在离石的时间有三个月。它在晋西北、雁北及绥远、察哈尔南部等五十九个县开展工作,在这些地区建立了县、区、村各级动委会,配合八路军和牺盟会,发动广大人民群众,组织工、农、青、妇等抗日救国团体,组织自卫队、游击队等抗日武装,积极摧毁敌伪政权,建立抗日政权,并同阎锡山的旧地方政府、旧军队的阻挠破坏,进行有理有利有节的斗争。当时,在这些地区动委会的工作,实际上同党的工作是密切不可分的。党的机关隐蔽在战动总会和各级动委会之内,许多县、区党的书记就是县、区动委会主任或组织部长。党通过战动总会进行活动,这就加强了动委会的工作。战动总会作为半政权性质的机构,有威望,群众拥护,实际上代替了政权工作。党通过战动总会进行建党、建政、建军而外,还通过战动总会进行对傅作义和阎的其他部队的统战工作。战动总会还兼管察绥游击军一千八百多人,总共发展由我们党领导的抗日武装近两万人。这些部队在晋中平川,在晋西北地区和长城内外,积极开展游击战争,打击日本侵略者。

当日军向离石县城和黄河东岸的军渡进攻时,中央指示我在太原到军渡的交通沿线,进行游击战,袭击敌军,破坏交通。我即到文水县境,指挥第一支队执行这一任务。忻口失守后,晋中各县已直接处于炮火之下,各县自卫队组织成游击队,第一支队是以太原游击队和文水游击队为主发展起来的,后来发展为一个团。第一支队自 1937 年 11 月到 1938 年 12 月一年多时间中,进行了以下战斗:

12 月 23 日文水西城村战斗

这是一支队与敌作战的第一仗。我二营于这一天晨 2 时许，到达西城村。老百姓报告，离此 8 里的武良村，有敌六十到七十人，是昨晚到的。我二营决定予敌以打击，把队伍部署在村东坝堰上。二营有 88 人，步枪三十多支，一半是不管用的大口枪。约半小时，敌成二路纵队过来，进入我埋伏线。战斗打了约一小时，我因火力太弱向村西撤退，敌不明情况，也同时撤退。这第一仗打死敌十余人，我阵亡 1 名，伤 2 名。

1938 年 1 月牛家口战斗

我一营探得敌人汽车由南面返太原，即于牛家口伏击，打坏敌汽车一辆，得步枪 6 支，敌死伤四五名，谭公强同志在战斗中英勇牺牲。

1 月 23 日源后岭战斗

我驻交城草庄头的三营，探得敌常到涧沟运炭，决定伏击。23 日清晨，敌二十余人掩护大车五十辆行进，不料我伏击部队被敌发觉，敌逃跑，我获骡马 20 匹。下午 3 时，敌三百余，扛轻重机枪分两路向我包围。因我警戒疏忽，山头为敌占领，战斗三小时，黄昏时敌始撤退。我队长刘森堂和队员 1 名阵亡，受伤 3 名。

2 月 2 日交城郭家社战斗

敌分两路进攻古交，我三营驻郭家社，得悉后埋伏在后山上，但目标为敌侦知，战至下午 1 时退出。敌仍向古交前进，到李家社与我三大队接触，又因我警戒疏忽，为敌包围，敌以大炮向我三大队猛烈轰击，该队与敌肉搏，天黑才冲出包围。我阵亡 9 人，伤 9 人，失踪 6 人，敌伤亡 7 人。

2 月 15 日交城覃村战斗

敌一百多人 5 时从清源出发，携大炮 1 门，机枪 5 挺，到交城覃村抓壮丁，抢民女。6时我一营三连得到消息，即抽两个排由连长率领，跟踪追赶，7时许在覃村附近与敌接触，至下午3时，敌向高白镇退却。我一营追到高白镇，向敌猛烈冲击，敌向南逃走，亡4名，伤11名，我无损失。

8月2日文水马坡战斗

驻扎在神堂马西一带的我支队得到报告，说文水之敌百余人，乘汽车5辆，携轻重机枪向汾阳方向前进。我即调三个连到汽车路旁埋伏，二营五连隐蔽在上贤村，三营十连与十一连隐蔽在马村。晚11时敌进入我埋伏线内，到相距约30米远处，我机枪步枪同时发射，冲锋时十连长吴克宽牺牲。周支队附率三营向敌作第二次冲锋，敌混乱后退，我亦撤退。这次毙敌47名，敌驻文水司令受重伤，我还缴获不少战利品。

对战动总会的正确认识

在战动总会一周年时，续范亭、南汉宸、郭任之等讲了话和写了文章。我也写了一篇文章，题目是《战动总会的过去与当前工作的正确认识》。我在文章中，写了战动总会的产生与任务，战动总会的工作和工作的总结，最后我批驳了当时的两种有害的说法：一种说战动总会是八路军的。我批驳说：战动总会成立时，八路军派了四个代表，经阎司令长官委派，参加了委员会。我们是代表八路军在阎司令长官领导下，协同其他军、政、群众团体的代表，站在抗日民族统一战线的原则上，为中华民族的解放事业而尽自己的一切努力，来动员民众参加抗战的。

我们自从参加了战动总会工作以来，对于这一光荣的伟大的事业，未尝稍有懈怠，深怕辜负了阎司令长官和我党以及爱国人士和人民对我们的希望。我们从未想过将战动总会变为八路军的：1. 因为我们在战动总会的委员中只占很少数，即在目前在会的委员7人中，我们仅占2人，想把战动总会变为八路军的机关，是一件不可能的事情。2. 我们在战动总会里是本着我党的立场，依据统一战线的原则，提出对于工作上的意见。可是我们的意见，也只有在大家同意后，才能去执行，我们没有任何权利强制别人服从我们的意见。同时别人也不会盲目地同意我们的意见。3．我党自从九一八事变以后，为了停止内战，团结对外，发表了痛切的八一宣言。双十二事变以后，我党为了中华民族的利益，不计十年来血的仇恨，坚持主张释放蒋委员长。西安问题和平解决以后，我党为了全国一致统一对外，将红军改名为八路军，将苏区改为边区，取消推翻国民政府的暴动政策。卢沟桥事变以后，全国共产党员领导着自己的群众与日军周旋，八路军与日寇进行着最坚决的抵抗，这都证明我党数年来为了中华民族的解放，为了统一战线的成功，自己在原则上作了很大的让步。今天在统一战线的战动总会里工作的八路军代表，他还能够不爱惜他所艰苦奋斗得来的结果——统一战线吗？他还能违反全国民众的要求，违反我党的主张而狭隘地固执地一意孤行吗？请大家放心吧！我们总不会施行这种自杀自欺的策略。4．战动总会在一贯的工作中，未曾分过界限与党派，尽自己的努力帮助一切军队，只要它是抗日救国的。八路军是一个坚决抗日的部队，受到战动总会的帮助是应该的，可是战动总会从未在工作上对八路军有过特别帮助的地方。几次新战士的动员，大多数是补充了晋绥各军，一部编入八路军所组织的游击队，一部编为山西保安第二区的游击队。铁的事实，总可胜过雄辩吧！

或者部分具有自私自利思想的人，想要我们离开中华民族的利益，来为其部分的私利而努力，想要我们离开统一战线的原则来为某一部分人的私利而尽忠，那我们今天不会这样做，并且永远也不能这样做的。因为那样主张会破坏统一战线，给敌人以挑拨离间的便利，给中华民族解放事业以损失。

我们八路军的人们，诚恳地要求一部分人员放弃对于八路军的成见，共同努力，共同负责，来反对我们共同的敌人——日本帝国主义、汉奸的挑拨离间，不要制造和扩大不必要的摩擦，而为敌人所利用所称快。

另外一种是取消战动总会的观点。他们说战动总会的组织不充实，并造谣说拒绝其他各军代表参加。不错，战动总会的原来委员已有不少不在会了，这是因为阎锡山把他们撤回（如梁化之、薄右丞、王尊光等），并非战动总会的排挤。同时战动总会为了充实组织，曾经多次请求阎司令长官委派新的委员，要求各军速派代表，除了很少数军队在当时为了与自己工作有关而选派临时代表外，其余皆无允准。我们并未、并且不能将战动总会的门关起来。

另外是将战动总会的工作成绩一笔抹掉，而将战动总会的工作中的缺点尽量扩大。

我们并不希望别人夸我们的功，因为这是我们的责任所应当；同时我们也不愿别人掩盖我们的缺点，因为这会使我们重复错误，得不到大的进步。这都会给中华民族以有害。可是对战动总会的成绩没有足够的估计，对它的优良点不能给以发扬光大，对各级干部的积极性创造性不能给以鼓励，对它的缺点作了扩大的指摘，这不是为了纠正其错误，帮助其工作，而是要打击它，使之消沉灰心，不能为抗日事业而努力。

我们竭诚欢迎一切爱国的人们对战动总会作善意的批评，使战动总会更加健全，能够在目前严重的时机，尽它更大的努力。

我们诚恳地老实告诉一部分具有成见的人们，这样的作法不但得不到战动总会人们的同意，反而将受到社会舆论的谴责，受到抗日救国人民们的反对。抗日救国的事业，是每一个中华儿女的权利，任何人都不能剥夺的。

我们只希望不要作“仇者所快，亲者所痛”的事情。

1938 年 8 月间，我到延安去参加六中全会，中央决定我到冀中军区去工作。我回到岢岚战动总会移交了工作，又向贺龙、关向应同志汇报了战动总会武装部掌握的武装部队和工卫旅的情况，这些武装就由 120 师指挥了。

战动总会从 1937 年 9 月成立，后被迫结束于 1939 年 7 月，历时将近两年。

八一三淞沪会战

八一三淞沪会战记略

史　说*

一、为抗日备战成立京沪警备司令部

八年抗日战争由1937年的七七卢沟桥事变开其端，全国抗战局势的发展却始于1937年八一三淞沪战役。

淞沪一带是国民政府首都的门户。一·二八日军侵沪，国民政府事前毫无准备，下关日舰一声炮响，只得迁都洛阳。一·二八战役以屈辱的停战协定告终后，蒋介石感到南京至上海，门户洞开，认为有在这一带作防御设置的必要。

早在1933年春，陆军大学第10期学员在嘉兴、乍浦一带作战术实施，研究敌军登陆及我军防御方案，我当时是第10期学员，随同出发。参谋本部也派参谋在京沪杭地区侦察地形，拟制设防计划。1935年秋，在南京以南句容、溧阳地区举行国民政府成立以来第一次，也是仅有的一次军的规模的对抗演习，由张治中、谷正伦任东、西两军军长、蒋介石自任演习统裁，进行准备抗日作战的训练，我当时任军部参谋，亲与其事。

---

*　作者时任第九集团军司令部作战科科长。

1935年，由林蔚定稿的国防计划，主要内容是在郑州、开封、徐州、海州及豫北汲县、新乡、辉县地区和京沪杭地区设施防御阵地。郑、汴、徐、海及豫北地区由当时任河南省政府主席的刘峙负责，京沪杭地区由唐生智负责，并在军事委员会内密设“执行部”，总揽国防工事事务，由唐生智以训练总监兼负执行部总责。京沪杭地区设3个分区：南京分区，即南京到镇江这个核心地区，由当时任南京警备司令的谷正伦负责；沪杭分区，即杭州湾沿海到黄浦江以东地区，由张发奎负责，在嘉兴设苏浙边区司令部；京沪分区，自无锡、江阴东至上海地区，由当时任中央陆军军官学校教育长张治中负责。

京沪分区归张治中指挥的军队有3个师：第八十七师，驻江阴、常熟，师长王敬久；第八十八师，驻苏州、昆山，师长孙元良；第三十六师，先驻无锡，西安事变时北调，七七卢沟桥事变后又南来，师长宋希濂。这3个师的前身是德国军事顾问训练出来的教导师，是蒋介石的精锐部队，曾参加过1932年一·二八战役，当时编为第五军，只有第八十七、八十八两个师。第三十六师是从这两个师分出来的。还有淞沪警备司令杨虎及所属保安总团步兵两个团（总团长吉章简）与上海市警察局（局长蔡劲军）及所属警察总队；太湖水警指挥官陈又新（指挥部在吴江）所属的太湖水警；江阴电雷学校（校长欧阳格）和江阴要塞，也归张指挥。

张治中为了执行这一任务，于1936年春初，在中央军校内密设一参谋机构，名为高级教官室，由军校教育处长徐权、步兵科长童元亮主其事，调战术教官方传进、沈蕴存和我等六七人为参谋，实施京沪分区防御设施计划。到1936年秋，将这个组织推进到苏州，成立京沪警备司令部，对外不公开，张以军校教育长兼任司令官。参谋长是徐权，下设主管军事计划的参谋处，处长童元亮，后调任淞沪警备司令部参谋长，到“八一三”以后，又调回任处长；作战科长，先是龙矫，后是我。又设主管政训工作的秘书处，处长夏维海，第一科长刘孟纯。西安事变以后，抗日统一战线逐步形成，抗日备战加紧，蒋命张治中卸去军校教育长职务，专任京沪警备司令官，驻苏州留园东半部。

二、八一三淞沪战役前的备战工作

国民党政府在一·二八战役后的中日停战协定中，已经把安亭经太仓到太仓西北长江江岸七丫口一线划为停战线，并秘密承认在停战线以东，不再进驻陆军部队，淞沪一带不得有防御设施，吴淞炮台破坏后不得重修。而日本在上海虹口、杨树浦驻有海军陆战队约3000人，其陆军随时可在黄浦江岸及长江沿岸登陆。在这种情况下，我国不能不先在内地重要有利地带设置防御阵地，再密图在上海附近部署兵力，防止日军入侵。

京沪分区，依照国民党政府参谋本部的计划，在无锡、江阴一线（名锡澄线）和苏州、常熟、福山一线（名吴福线），设置防御阵地与沪杭分区乍浦、嘉兴一线相衔接；预先在阵地上构筑钢筋水泥的重机枪巢作为阵地骨干，战时再以战壕沟通。为了构筑工事，军事委员会拨款一百几十万元充材料费，由驻军第八十七、八十八、三十六3个师担任构筑。到1937年春，这些机枪巢都已完工。这样的工事不要说在现代化战争中，就是当时也不能算是坚固阵地。但军委会限于经费，只能如此设施。

在上海虹口的日本海军陆战队司令部设有坚固工事，杨树浦东端的日商公大纱厂和小沙渡附近的日商丰田纱厂也设有防御工事。蒋介石亲下手谕给张治中，如战事发生，我军应先扫荡这些据点及在虹口、杨树浦的日海军陆战队，使它无法策应登陆的日军。张治中命我拟制扫荡计划，我的主要设想是陆空军配合强袭。张批准了，转报给蒋。蒋来电问，500磅炸弹能否摧毁日海军陆战队司令部工事。航空委员会派参谋作战科长罗机到苏州，与我这个作战科长订立陆空协同计划。七七事变后，又派张廷孟到苏州见张治中确认这个计划。在部队方面，必须学会对坚固据点的攻坚战术，但当时部队军官缺乏攻坚知识与经验，又没有威力强大的武器，只作了一些形式上的训练。

京沪分区参谋机构，于1936年到1937年，领导驻军3个师的团级干部及参谋人员，在苏州到上海的长江沿岸及以南地区做了几次参谋旅行，设想各种情况，研究了这一地区作战的方略。政治工作方面，也在苏州、无锡、江阴、常熟各县，利用暑假集训学生，并训练一些民兵。

京沪分区和淞沪警备司令部还想在当时以江湾五角场为中心的上海市中心区，秘密设置阵地工事，防止日军在黄浦江登陆。但只做了几个据点的机关枪巢，没有能照计划全部实施，八一三战役就爆发了。

为了准备运输，协同京沪铁路在有关车站作了便于军队装卸及坦克上下的车站设备；修筑了从苏州经吴江到嘉兴的苏嘉铁路。这条铁路在战争初期起了作用，以后被日军拆毁。

三、八一三淞沪战役的引火线

卢沟桥事变后，蒋介石还想保持上海这个港口与国际间的联系，命令张治中不要在上海与日本人挑起事端。张治中去见蒋介石，说明上海限于一·二八停战协定，在未与日军决裂前不能进驻陆军，只有一个保安总团，兵力薄弱，如果日本海军陆战队一有行动，即可占领淞沪各要地，建议抽调陆军部队化装为上海保安部队，增强兵力。蒋介石同意了，派第二师补充旅（后改独立第二旅，旅长钟松）由徐海地区南调到上海附近，以一部换上保安团服装进驻虹桥飞机场。当事情决定的那天晚上，何应钦和张治中同由蒋介石那里出来，何拍拍张的肩膀说："文白，这是要闹出事来的啊！"

日本人大概知道有中国正规军到达上海的消息，8月9日，派了一个军曹，名叫大山勇夫，骑了机器脚踏车到虹桥机场，要进机场大门，守门的就是化装保安部队的步兵旅士兵。这些士兵平时恨透了日本人，一见日本军人横冲直撞，不听制止，就坚决自卫，开枪打死了那个军曹。淞沪警备司令部急了，参谋长童元亮与上海市长俞鸿钧商量，把一个死囚犯穿上保安部队服装，打死在虹桥机场大门口，说是日本军曹要强进机场大门时，先把我卫兵打死，以便与日本人交涉。当警备司令部与日海军共同派人来查看的时候，发生了提交法警检验的问题。中国方面要交上海中国法院法警检验；日本人要交租界外国法警检验。双方争吵。同时，日方又提出撤出一切中国部队的要求。而日第三舰队已由吴港、佐世保运送海军陆战队千余人到沪。形势趋于紧张。以上这些情况是淞沪警备司令部参谋长童元亮亲口告诉我的。大山勇夫是军曹，相当于中国的中士，不是军官，当时警备司令部参谋现浙江省参事室主任刘劲持也记忆相同。有些资料上说大山勇夫是中尉，不准确。

蒋介石料到上海终不免要作战，密令张治中在苏州进行部署，并准备在江阴封锁长江。封锁江阴的消息被行政院汪精卫的主任秘书黄浚（号秋岳，是日本收买的间谍）泄露给敌人，日海军即命江阴上游军舰及汉口日海军陆战队东下，听说当时汉口日侨吃饭未毕，丢了饭碗就上船。这些军舰集中到黄浦江上。同时又从青岛及国内的吴港、佐世保运来海军陆战队近 2000 人。到 11 日，上海的海军陆战队兵力达 5000 人以上。附有小坦克及炮兵，集中在虹口、杨树浦一带，以在现虹口公园旁的日海军陆战队司令部及杨树浦东端公大纱厂为坚固据点。丰田纱厂的据点，因在苏州河南的公共租界内，且远在沪西，日军自动撤出。

1937 年 8 月 11 日夜，蒋介石命令张治中将在常熟、江阴、苏州、无锡的第八十七、八十八、三十六师 4 个师及重炮兵两个团推进到上海。两个重炮团，一个是 10 厘米加农炮团，番号为炮兵第十团，团长彭孟缉（解放后去台湾，曾任参谋总长）；另一个是 15 厘米重榴弹炮团，团长邵存诚（以后任顾祝同的参谋处长，被日机炸死），都是从南京附近调来的。

四、战幕揭开，我国进入全面抗战

军队的运输是准备好了的。第八十七师由江阴、常熟用汽车输送到江湾附近，第八十八师和第三十六师由苏州、无锡用火车输送到真如、南翔。8 月 12 日晨，第八十七师主力已到杨树浦租界北侧一线，第八十八师主力已到闸北、虹口公园以北一线（虹口公园已为日军占领），第三十六师控制在江湾附近。重炮兵亦已到江湾以南附近进入阵地，准备按原定扫荡计划与空军协同对日军阵地进行强袭。张治中的司令部到达南翔，以便指挥。

但 12 日张治中接蒋介石命令，不得进攻。据说是上海领事团建议，使上海成为不设防城市，南京政府始终想保持上海的国际关系，因此有此命令。但坐失袭击的良机，使原定计划第一次落空。

8 月 13 日，日军在闸北及虹口公园北的八字桥附近进行火力搜索，两军发生前哨接触，八一三战役正式揭开序幕。

8 月 14 日，我军正式下令开始进攻。我空军和日本木更津航空队在杭州笕桥上空进行空战，轰炸机主要去炸日军舰，只派了少数到上海轰炸日海军陆战队司令部工事，对日军损伤不大。下午，第八十七、八十八两师开始攻击，战斗激烈，第八十八师旅长黄梅兴中炮弹阵亡。至日没，进展不大。是日夜又奉蒋介石令，停止进攻。

16 日，前线争夺一些小据点。17 日，再次全线进攻，稍有进展。18 日，又奉蒋介石令停止进攻。这第二、第三两次停止进攻命令，是何缘由，我不知道。

是时，由十九路军福建事变失败后的残部编成的第六十一师（师长杨步飞）和由陈诚嫡系第十八军所属的第九十八师（师长夏楚中）、第十一师（师长彭善），先后由后方到达淞沪战场。命第六十一师归第八十七师师长王敬久指挥，在第八十七师后方设置第二线阵地，并控制一部准备支援防守杨树浦北至吴淞口的黄浦江岸的上海保安总团。第九十八师控制在江湾附近，第十一师控制在大场附近，准备日军在长江沿岸登陆时，支援自宝山至福山沿江警戒守备的第三十九军（军长刘和鼎，主力为第五十六师）。浙江张发奎的部队也已于 13 日到达浦东。

19 日，我军前线又开始进攻，第八十七师突入杨树浦租界内。我国仅有的一个坦克部队南京装甲团（团长杜聿明）奉命派来战车两个连（战车重 7 吨）、战车防御炮一个营，都配属给第八十七师参加战斗。因为步兵与战车从来没有协同作战的训练，当战车进入杨树浦街市内时，步兵一迳逼战车在前面突击而不加掩护，战车都被日军击毁，两个连长阵亡。这两个连长都是我黄埔六期同队同学，配属给第八十七师的命令是我亲自交给他们的。一去不返，思之黯然。

为扩张战果，以第三十六师加入第八十七师与第八十八师的中间，20 日继续进攻。此时，日本也已由国内增运海军陆战队 2500 余人到沪。直至

22 日，双方逐屋争夺，伤亡惨重。第三十六师一度夺取汇山码头。日军放火阻止我军进攻，杨树浦大火烧了几天几夜。

近来有一位陈诚系的高级军官告诉我，张治中曾把第九十八师两个旅分归第八十七、第三十六两师指挥加入战斗，夏楚中成了光杆师长，大为不满。在我记忆中没有此事。但张治中的回忆录中亦记有此事，可能是张治中直接电话指示，果若如是，此种部署极不合理。

对日本海军陆战队司令部及公大纱厂的攻击，因我军在战术上缺乏钻研，没有把重炮直接瞄准射击，又没有接近爆破技术，不能奏效，形成胶着。于是防御日陆军从海上到黄浦江岸和长江江岸登陆，成为主要问题。

淞沪战事发生后，全国动员抗战。蒋介石成立大本营，设第一至第六部，把参谋本部、军政部、军训部都编入，各为一个部。蒋自任大元帅，从南京撤退到武汉时，又自动取消，仍称军事委员会委员长。有人说蒋迷信，孙中山、张作霖都称过大元帅，都不善终，所以他不愿称大元帅。又有人说，中日未正式宣战，不宜设大元帅、大本营。我曾见他在8月20日用“大元帅蒋中正”名义下的一个命令，编定全国军队的战斗序列：划河北方面为第一战区，蒋介石自兼战区司令长官；山西方面为第二战区，阎锡山为战区司令长官；京沪杭方面为第三战区，冯玉祥为战区司令长官。冯设司令长官部于无锡，未到前线亲自指挥。不久，冯调任山东方面第六战区司令长官，蒋自兼第三战区司令长官。第三战区辖第八、第九两集团军。苏州河以北，黄浦江以西，北长江属第九集团军，张治中为第九集团军总司令。苏州河以南及浦东属第八集团军，张发奎为第八集团军总司令。当时，张治中、张发奎以及陈诚、薛岳等都是中将加上将衔，这一官衔是 1937 年上半年在一、二级上将下增设的。

五、张治中将军冒险指挥抗登陆作战

自 8 月 23 日拂晓前起，日本从国内运来了 4 个步兵旅团，旋又增加至 8 个旅团，由日本上海派遣军大将松井石根指挥，主力在宝山以西狮子林、川沙口长江沿岸登陆（最先登陆的是第十一师团的部队），一部在蕴藻浜南黄浦江沿岸登陆（是第三师团部队）。在23日拂晓以后，日空军开始猛烈轰炸，使我援军不能接近，日海军也以猛烈炮火支援日陆军登陆。我沿长江岸守备的第五十六师和沿黄浦江口守备的上海市保安总团，兵力薄弱，日陆军登陆获得成功。

日军利用汉奸，到处剪断中国军队的电话线路，前后方电话均不通。张治中由南翔古漪园的司令部一路冒敌机扫射与轰炸的危险，到江湾叶家花园第八十七师师部指挥，我亦随行。他命第八十七师抽出一部与第六十一师抗击黄浦江口沿岸登陆之敌，并令第十一师由大场向罗店，第九十八师由江湾向宝山前进，归还第十八军建制。当第九十八师、第十一师到达前线时，第十八军军长罗卓英尚未到达，此时他已至嘉定，其所属第六十七师及第十四师也先后到达。张要我下达第十一师、第九十八师归建命令。我说罗未有明令归我指挥。张说，在我第九集团军作战地境内，我当然可以指挥他。而张未知蒋介石已决定任陈诚为第十五集团军总司令，指挥抵御沿长江南岸登陆之敌。

张治中于夜间始返司令部，命我拟电报告蒋介石。24日拂晓又到嘉定附近乡村，找到罗卓英（我也随行）。张与罗商定把罗带来的部队向罗店、浏河推进。罗卓英指挥第十一、十四、六十七、九十八师4个师，进行了激烈的罗店争夺战。战斗结束后，我记得曾看到过第十八军写过一本《罗店十日》的油印资料。

因为电话不通，张治中在嘉定部署定了以后，于日没后到苏州和蒋介石通电话。蒋因很久得不到张的消息着急，在电话中责骂，我看到张气得把电话听筒也砸了。

翌日，蒋介石派陈诚到上海，在张治中的司令部，与张协商我军全般部署。陈当面命我写命令，他讲一句我写一句，我送给张签发，张也签了。

接着，蒋介石正式任命陈诚为第十五集团军总司令，指挥蕴藻浜以北对由长江沿岸登陆之敌的战斗；又从西安把顾祝同调到上海，任第三战区副司令长官，代他指挥全局。顾住在张治中的司令部内（司令部已由南翔移至安亭与南翔间之徐公桥）。顾每天早晚与蒋介石通电话，报告情况，由蒋在电话中指示某师调到哪里，某师如何作战，顾祝同作了传令兵。顾到达时未带参谋，张把我借在顾身边做参谋工作，顾与蒋的电话均由我记录，并下达命令。自此以后，张治中就不大参加指挥。

日军在长江沿岸及黄浦江沿岸继续登陆，与我军一个点一个点地争夺，往往日军白昼占去，夜间我又夺回。此时，我中央军校教导总队的一个团、浙江周岩的第六师、西北胡宗南的第一军两个师先后到达宝山、吴淞、蕴藻浜一带，与敌激战。在日军舰炮火下，伤亡惨重，往往一个部队，不到几天就伤亡殆尽地换下来了。我亲眼看见教导总队那个团，整整齐齐地上去，下来时，只剩下几副伙食担子。

8 月底，第九十八师转移阵地时，顾祝同命令留一个营固守宝山（我在侧听顾在电话上说的）。这个营长姚子青率全营官兵誓死抗击日军，宝山失陷，该营无一生存，真是可歌可泣。

到 9 月中旬，第十五集团军及第九集团军正面均被日军突入。顾祝同下达命令，两个集团军退守北站、江湾、罗店（以南附近）、浏河一线之阵地，于是我军取固守形势。据宋瑞珂回忆，9 月 17 日蒋介石曾亲到昆山，并饬调整部署。我记得有一天，张治中、顾祝同要和南京的什么人一同出去，我问张，我要跟去吗？张说不必了。他未告诉我是蒋来，事实上此时张已不管指挥事务。

以后日军主要在第十五集团军正面进攻。到 9 月 22 日，在张治中数次恳辞后，蒋介石任朱绍良为第九集团军总司令，调张治中为大本营第六部（管理部）部长。23 日，张离沪赴南京，我亦离职到苏州。此时，顾祝同的长官部已在苏州成立，顾派人找我，坚邀我做他的作战科长。我以要回富阳老家看看为辞。顾说你去了即来。但我因张治中有约在先，从家里出来就到了南京。以后上海附近战况只是耳闻。

六、全国全军参加淞沪会战

到 9 月 22 日，因后方兵力陆续增加，蒋介石命令调整部署。第三战区分为右翼、中央、左翼3个兵团。右翼兵团总司令张发奎，辖第八、第十两个集团军；第八集团军总司令由张发奎兼；第十集团军总司令刘建绪；作战地境为苏州河以南、浦东及杭州湾沿海。中央兵团总司令朱绍良，辖第九集团军，集团军总司令由朱绍良兼；待广西军队廖磊的第二十一集团军到达后，亦归中央兵团；作战地境为蕴藻浜以北至长江南岸。顾祝同的第三战区司令长官部在苏州。以后又以陈诚为前敌总指挥，驻昆山。

此后，日军与我军又均由后方陆续增加。日军前后计有第三、九、十一、十三、十六、一〇一等师团，听说日本把伪满军队也调来了。我方除增加中央嫡系军队外，粤军、桂军、湘军、鄂军、川军、东北军都调来了。日军增兵后，不断进攻，到9月底，以主力在我左翼进行了一次大规模进攻，突破左翼兵团刘行附近阵地，我方作了局部调整。

对峙到10月中旬，广西部队廖磊的第二十一集团军到达，酝酿进行一次反攻。白崇禧以副参谋总长身份到上海来了几次。早在张治中尚任第九集团军总司令时，白就商量他的广西部队到后，由西向日军侧翼反攻的部署。他也和我们幕僚人员商量，参谋长徐权和参谋处长童元亮都比较持重，而我当时只有27岁，年轻气盛，竭力主张于夜间反攻。

10月下旬，以广西部队第七、第四十八军的6个师（一七〇、一七一、一七二、一七三、一七四、一七六师）为主力、在徐行广福前线开始了较大规模的反攻。激战彻夜，终以在日军猛烈火力下，又未能在夜间进攻前，在白昼侦察好日军火力点，布置火炮压制，以致伤亡惨重，两个旅长阵亡。日军在第二日采取攻势，我军不得不退守原阵地。10月25日，大场失陷。湘军第十八师师长朱耀华自杀。这是此次战役中殉职的第一个师长。

于是苏州河北阵地已被突破，无力恢复，不得不作西撤之计。原先在京沪地区抗战计划内，预定淞沪抵抗后，逐次撤退至吴福线、锡澄线，作两年的持久作战。此时，淞沪战场已尽到抵抗的责任，应撤退至吴福线再行抗击。蒋介石初亦同意撤退至吴福线，已命令部队开始行动，可是在11月1日晚，他突然偕白崇禧、顾祝同到南翔附近一小学内，召开紧急军事会议。蒋讲了“八一三”以来作战概要和国际上的反应，并对前线官兵英勇战斗作了表扬鼓励。接着说，根据外交部意见，九国公约会议将于 11 月 3 日在比利时首都布鲁塞尔举行，这次会议对我国命运关系甚大，要求各部队尽最大努力，在上海至少再支持两个星期，以便在国际上获得同情与支持。这样就改变了撤退部署，苏州河北军队主力守南翔、嘉定，胡宗南第十七集团军及六十一师、第六十七师等十几个师，撤至苏州河以南沪西地区，归张发奎、黄琪翔（原任第九集团军副总司令）指挥，坚持与租界联系。这样，继扫荡计划落空后，战前预定计划又一次落空，酿成敌在金山卫登陆后之全军溃退。

在张治中任第九集团军总司令时，9 月中旬，曾受蒋介石最后也要保持与租界联系之授意，命我草拟在苏州河南沪西之防御计划，并派参谋侦察，准备构筑阵地，旋以张去职作罢。

当第八十八师撤退时，留一个团（第二六二旅第五二四团）的主力坚守苏州河北侧四行仓库。这个仓库建筑坚固，又与河南租界紧邻，谢晋元团长率部坚守，时称“四行孤军”“八百壮士”，轰动了租界居民，争着过河送犒赏物品，一女童子军渡河过去送旗，报纸热烈表扬。激战 4 日，至 9 月 30 日以达成后卫任务，退入租界，被租界当局缴械圈留。其后谢被刺身亡，在国人心中永留纪念。

11 月初，日军强渡苏州河攻击，随即停止。5 日拂晓，日陆军第十军司令官柳川平助指挥第六、第十八、第一一四师团 3 个师团，在金山卫及其附近登陆，陷松隐镇，占米市渡，进陷松江，一部沿沪杭路北上占南市，主力出青浦，向西北包围我军侧背。11 月 8 日，第三战区下达转移命令，9 日开始全线撤退。后面有日军猛追，南面日军由太湖沿岸登陆，北面由长江沿岸登陆夹击，我全军成溃退之势，经过吴福线、锡澄线之既设阵地，均不能守。

原定计划，前方淞沪会战，后方应在吴福线及锡澄线留置有力后续部队固守阵地，于前线退却时，拒止敌追击部队之前进，掩护我后撤部队。但留置军队到达不久即调淞沪前线，钢筋水泥机枪巢的钥匙几经转手不知去向。到这个时候，退到国防工事线上的部队，在已筑的工事上打几枪就跑，花了多少人力财力的工事，竟丝毫不起作用。

日军一路追击，一路杀戮奸淫，军民遭劫，惨绝人寰。11 月底，我军一部沿沪杭线南撤，大部撤到皖南，仍归第三战区。第八十七、八十八、三十六师及教导总队、叶肇的第六十六军的十几个师，撤到南京，在首都卫戍司令长官唐生智指挥下，进行南京保卫战。这些部队都遭重大伤亡，补充多次也已精疲力尽，南京亦不能守。

七、尾声——战役经验检讨

八一三淞沪战役是我国全面抗战的开始，把全国军队都调动起来了。蒋介石的嫡系精锐部队，绝大部分到达淞沪战场，成为战斗主力。

当时，首先到的是张治中的 3 个由德国顾问训练的教导师改的第八十七、八十八、三十六师；接着就是陈诚系罗卓英的第十八军 4 个师；以后胡宗南的第一军、李玉堂的第三师、李延年的第九师、俞济时的第五十八师、王耀武的第五十一师等都陆续到达。蒋嫡系部队中，没有到上海的只有汤恩伯的第十三军在南口，卫立煌的第十四军在山西忻口，第二、第二十五师在平汉路上。地方部队也踊跃参战，粤桂湘余汉谋、李宗仁、何键所部都来了，东北军也来了，远至川军、滇军也调动出来，川军一部且到达参加战斗，各省保安团队都调上来补充。全国人民在国共两党第二次合作的抗日民族统一战线引导下，一致奋起，造成了抗日的极好形势。但在军事方面，有很多可以作为吸取教训之处。兹将我的观感，综述如下：

（一）战役指导上有两大失着。首先是预定的扫荡计划落空。按照预定计划，要在日陆军登陆前，以陆空军协同强袭上海日海军陆战队据点。但在我大军于 8 月 12 日到沪后，要保持国际联系，一再命令延迟进攻，致失良机，预定计划落空。其次是预定在京沪地区进行持久作战，所以在后方构筑吴福线、锡澄线、嘉兴—乍浦线以及南京外围阵地。但战事爆发后，认为上海是国际视听所在，竭力要保持与租界联系，要在淞沪这个水网地区，抗战三个月。淞沪地区一片平原，掘地不深就见地下水，不能做土木的坚固工事。而日海军军舰的大小口径火炮，威力和数量都比我陆军强大，以致我军伤亡特重。到 10 月底已不能支持时，还为等待九国公约的开会，要求坚守半月，把应控制在后方阵地和江防、海防的兵力，都吸收到上海来。以致当敌人在金山卫登陆，迂回我军侧背，造成全军溃退，弃有利地形上的既设阵地于不守，甚至南京亦不能保。此实指导上之大失策。

在敌陆军登陆以后，淞沪作战，差不多由蒋介石直接指挥每一师的行动，他坐在南京以电话传达命令，哪能适应战机？后期陈诚任前敌总指挥，调动部队比较乱，特别是大军退却时，固然军队多、道路少，败势已成，控制不易，然如能划分好战斗地境，在后方阵地先部署掩护部队，撤退秩序一定会好些。

（二）军队士气极为旺盛。官兵对于抗日无不意气风发，在惨重的伤亡下，犹能奋起作一村一舍之反复争夺，战役进行中，可歌可泣之事甚多。为人传诵的如第九十八师姚子青营为坚守宝山而全部牺牲；第十八师师长朱耀华为失守大场而自杀殉国；第八十八师谢晋元团八百壮士的坚守四行仓库。旅长阵亡者，据我所知有攻虹口日海军陆战队司令部之第八十八师黄梅兴；罗店争夺战中之第六十七师蔡炳炎；在 10 月下旬反攻中之第一七〇师庞汉桢，第一七一师秦霖；敌在金山卫登陆后守松江之第一〇八师刘旅长，阻击敌向青浦前进时之第五十八师吴济先；守吴兴之第一七三师夏国璋。负重伤的师、旅长尚有多人，中级军官平均伤亡过半。有的师 4 个团长伤亡四五个、12 个营长伤亡十七八个（包括补充后伤亡的）。下级军官与士兵，平均伤亡三分之二以上。精锐部队由后方来的保安部队、杂牌部队整团补充达四五次之多（此时尚未实行征兵制，新兵无来源）。

到淞沪作战的先后有 73 个师，但有好些战斗力薄弱的部队，也因伤亡过大，战斗激烈时，几天就要换下阵来，有的部队上去，一触即垮。为使前线能保持有经验的指挥骨干，应当充实精锐部队。

（三）军队指挥机构，开始时第八、九两集团军各指挥几个师。以后师增加了，编成军。一个军应该有 3 个师，但新编的只有两个师，甚至只有一个师，因为资深的师长不升军长摆不平。顾祝同到安亭，设第三战区司令长官指挥所，于是有战区、集团军、军、师四级，这是必要的。以后觉得有些人做军长，官小了，做总司令又不够，例如陈诚认为罗卓英应该做比军长大些的官，蒋介石认为胡宗南做军长嫌小了，于是在军上设军团一级，但又不普遍设。后来又在集团军上设兵团一级，有右翼兵团、中央兵团、左翼兵团，共辖5个集团军，以后是6个。在淞沪一地有战区、兵团、集团军、军团、军、师六级指挥机关，不免叠床架屋，有些机构形同虚设，如何运用得动？

（四）上海之能抗战三个月，全凭军队士气，至于战斗训练，战后检讨，即使蒋介石的精锐部队，都只形式上受了一些德式或日式的军事训练。在高级指挥官幕僚中的陆军大学新毕业的参谋人员（包括我自己在内）也只形式上受了一些德式参谋与指挥教育，缺乏针对现实的战术研究。怎样以劣势装备对优势装备作战，怎样利用士气与地形打击日军，都没有深入钻研。初期攻击日海军陆战队司令部，就不知道用重炮直接瞄准去破坏和压制日军火力点以及接近爆破。以后抵抗日军进攻，对炮兵与坦克束手无策。夜间反攻，也不于白昼侦察敌火力点和布置炮火压制，以致伤亡惨重。至于步兵与炮兵、战车协同作战的训练，从来未有做过。京沪警备司令部一再请求后方重炮与战车到苏常一带进行联合演习都舍不得，一到战时，互相埋怨。炮兵第十团长彭孟缉到我这个总部作战科长办公处来，希望步兵不要丢了他的炮兵就跑。其实他的10毫米加农炮都是汽车牵引，不怕跑得不快。战车一上战场，步兵不予掩护，说你有装甲，怕什么，单独冒敌人炮火前进，直到战车全毁为止。

（五）友军之间常怀猜忌，不特中央军与非中央军之间为然，即同为蒋之嫡系亦如是。高级指挥官如张治中和陈诚都是蒋介石亲信，但互不相容。有人说，张之去职是陈诚排挤出去的。又有人说，陈诚把顾祝同推到苏州后方，自揽前线指挥大权。1938年冬，白崇禧、张治中、熊式辉在江西吉安开会，跟张去的副官回来对我说，听到他们谈话，他们对蒋介石之宠陈诚非常不满，说：“他（陈）是浙江人嘛！”

中级指挥官也是矛盾重重。如张治中指挥的第八十七师师长王敬久、第八十八师师长孙元良，同是黄埔一期同学，却互不融洽。为了争战斗地界，当面在张治中前争吵，张不得已，把第三十六师插到两师中间来调和冲突。第六十一师归王敬久指挥，王天天讲该师长杨步飞的坏话，顾祝同撤了杨的职，该师和钟松的独立第二旅合并，以钟为师长，与第八十七师合编为七十一军，升王为军长。胡宗南的第一军到上海，还怕陈诚吃了他，以战后能调回西北为幸。这些情况，以后愈演愈烈，终至互不救援，友军被消灭则幸灾乐祸，而自己亦不免于亡。

（六）空军与优势敌机空战很勇敢。在猛烈高射炮火下轰炸敌工事，被击落到敌阵地上的战斗人员，如阎海文还以手枪击敌后自杀。还有轰炸机对日舰猛撞，与敌舰同归于尽，都为人所传诵。但蒋介石建立空军，由宋美龄、宋子文当权多年，从美国购买飞机，往往受军火商诓骗。听说有一批战斗机，仅速度过人而乏迅速升降能力。据航空委员会作战科长罗机对我说，“八一四”空战开始，只有 89 架飞机能作战，不久即消耗殆尽。到 8 月下旬日陆军登陆时，天空一色日机，青天白日飞机一架也不见了。

中国海军军舰，大都自沉或被日机炸沉于江阴长江封锁线上，没有和日海军正式作战。当时最大的 3000 吨，两年前从日本购买的最新的“海容”巡洋舰（舰长欧阳景）就是在江阴被日机炸沉的。江阴电雷学校（校长欧阳格），号称蒋介石创立的新海军之基础，扬言要用鱼雷炸黄浦江上的日本“出云”舰，但真到浦东放射鱼雷，却毫未伤及日舰。

作战开始以后，后方组织跟不上。伤兵大量下来，京沪线沿途都是伤兵，缺乏医疗与后送能力。铁路白天被日空军炸了，夜间修复通车，也无法送完这些伤兵。

（七）日本间谍汉奸活动猖獗。在日军登陆那几天，差不多所有电话线路都被剪断。到了夜间，后方村落到处看到汉奸放的信号弹，直到各村组织民兵放哨，才好了一些。

日军登陆后，到处乱杀老百姓。罗店附近一带，家家有死人，户户穿孝衣。1960 年我与中国新闻社记者访问罗店时，公社负责干部对我说，自抗战以后，直至解放，老百姓把阴历七月十五的祭鬼节都移到日军登陆那天。

我军退却，日军追击，在京沪沿途到处奸杀，兽兵以刀砍人为乐，逼母子奸淫作为玩赏；集中村中妇女，大寒天裸体置田间稻草堆中，随时拖出强奸。国民政府军事委员会政治部第三厅（厅长郭沫若）从战场上日军遗弃尸体中，搜集很多照片，出版了一本日军罪行录，阅之令人发指。

（八）日空军轰炸，海军炮火射击，均极猛烈，但我军无所畏惧。不过也做了些傻事，如 8 月 11 日夜，我军向上海运输时，规定坐火车的在南翔下车，官兵却不肯下车，一定要火车开到闸北，他们怕留在南翔，不让去杀敌，上级告诉他们，闸北在日军炮兵射程内，而他们却说，怕炮火还来干什么？广西部队在苏州火车站下车，日本飞机来了，他们不肯疏散，说我们来打日本鬼子，还怕它的飞机！

上海全市市民，除汉奸外，都热烈支援这次战事。慰劳品不断送到前线去，学生抬了担架，驾了汽车，冒炮火到前线抬伤兵下来，大批战地难民，也由上海救济收容。上海租界中医院、舞厅和不少公共场所收容了伤兵，文化界人士也都出来慰劳。我好几次看到这些情况，不禁感动得热泪盈眶。

血战淞沪

宋希濂*

一、风驰电掣奔赴淞沪战场

1937年8月13日晨2时，日军从闸北、横滨桥以东及青云桥一带出动。9时50分，日本海军陆战队从北四川路日本小学开出，用轻重机枪向我扫射。于是八一三战役开始。我第八十七师（师长王敬久），第八十八师（师长孙元良）最先投入战斗。

当时我任第三十六师师长，驻防西安。13日晚接到最高指挥部命令："火速开赴上海参战！"同时命令沿途一切车辆（包括特别快车），通通为我师让路。奉命后，我立即部署部队乘车顺序，准备好干粮、饮水等。然后风驰电掣地沿陇海铁路东开。（这里附带说明一下，当时驻在徐州、蚌埠及南京附近的军队颇多。为什么单独命令我师由陕开沪？因为我师和第八十七、八十八两个师是姐妹师，是由原国民政府警卫军改编而成的。）日夜兼程，经过两天两夜，16日即赶到上海。我们这个师经过南京、镇江、常州、无锡、苏州等京沪路沿线各县。老百姓知道我们是去参加淞沪保卫战，打击日

---

* 作者时任第九集团军第三十六师师长。

本侵略者的，每站都是人山人海，鼓掌欢送，高呼口号壮我军行。慰劳将士的饼干、糖果、罐头食品、香烟等物，纷纷争相掷进火车窗口。我师将士无一不为民众高涨的抗日热情所鼓舞，誓死保卫祖国的壮志更为坚定。

17 日，我师即投入战斗。我亲自率领陈瑞河旅为前驱，彭辑光旅的胡家骥团殿后。

我师进攻的位置在第八十七师与第八十八师之间的天宝路一带。陈瑞河旅首先向驻守该处的敌军猛烈进攻，逐街逐屋地争夺，伤亡颇重。旅长陈瑞河负重伤，我即命第二一二团团长李志鹏代理旅长职务，继续攻击。日军的防守掩体多半是钢筋水泥加上沙包建成。我军缺乏攻坚炮火，只能逐步接近，使用手榴弹爆炸敌人据点。日军陆续增加部队，造成两军对垒，进行阵地攻坚战。

二、中外驰名的汇山码头攻坚战

我师在淞沪打得最精彩、最激烈、功绩卓著的一仗，是进攻汇山码头之役。这次战役是淞沪整个会战中几次著名战役之一。它是和姚子青营长死守宝山，全营壮烈牺牲；谢晋元八百壮士死守四行仓库；罗卓英的第十八军往返争夺罗店等战役，同样驰名中外。

我师第二一六团由西安开抵上海后，立即进入引翔乡阵地，奉命攻击敌重要据点汇山码头。其任务是：除了阻止日军在虹口增援部队的登陆以外，并准备一举驱赶敌军于黄浦江畔，然后集中力量歼灭之。

20 日，首先侦察地形地物，准备晚间开始攻击。第二一六团当时共有官兵 2000 余人。除团直属部队外，共辖 3 个步兵营。以第一营营长熊新民所率官兵为主力，进攻兆丰路，第三营营长顾心衡所率官兵助攻公平路，两路齐头并进。吴涛的第二营为预备队，担任策应。

半夜 12 时，攻击开始。第一营由兆丰路向汇山码头攻击前进，途中必须冲破唐山路和东熙华德路口的日军防御工事。敌军躲在四五层高的楼顶上，居高临下，对我军进行俯射，阻止我军前进。相持了一个多小时，胡家骥团长下令："不顾一切牺牲，冒着敌人的炮火前进。"于是我军官兵与敌人展开了激烈的巷战，进行逐屋争夺战。由于我军官兵视死如归，凭着英勇无畏的气概，一举冲过了唐山路，胡团长身先士卒，走在队伍的最前面，带领部队继续冲击。他的两名卫士，一个叫胡正林的光荣牺牲，一个叫喻盛东的身上中了两弹，他自己也 5 处负轻伤，但仍坚持不下火线，继续指挥战斗。因此又连续冲过了东熙华德、百老汇路，直逼汇山码头。残余的日军支持不住，争相逃窜到外滩外白渡桥，向桥南英军投降。我军乘胜追击。但抵达汇山码头的部队，无法摧毁坚固的铁栅门，进攻受阻。胡团长首先爬上铁门，士兵相继跟进。然而由于遭到侧面日军的猛烈炮击，我军官兵很多人壮烈殉国。我于是下令第二一六团在完成扫荡汇山码头的任务后，重新撤回引翔乡，形成与敌人对峙的局面。仅汇山码头一战，我师伤亡 570 余人。敌军除一部分向英军投降外，死伤也不下 400 余人。

我军装备远远不如敌军。我师官兵抵达上海后，没有经过休息，立即参战。凭着爱国精神、民族正气，三天内即取得这样辉煌的战果，这是中华民族的骄傲，也是被敌人诬蔑为"不堪一击"的中国军人的骄傲。

三、敌我淞沪增兵，形成决战态势

淞沪战役由于我国军队的顽强抵抗，上海工人、学生、市民的热烈支援，在战役初期，日军即遭到重大的挫败和陷于苦战。

8 月 23 日，日本一个旅团登陆增援。8 月到 9 月之间，在上海北面，陆续登陆的援军，先后共有十几个师团，总计约 30 万人。日方委派松井石根大将为上海战场总司令。将陆续增援的部队，从吴淞、浏河等方面登陆后，迂回攻击我方的左侧背，企图在淞沪西北地区，一举击破我军，消灭我军主力。我方亦陆续增援精锐部队。如第一军、第十八军等均相继投入战斗。尤以在罗店的争夺战，极为壮烈，双方伤亡枕藉。上海战争开始时，派张治中担任第九集团军总司令。及到 9 月中旬，张治中调任军委会第六部部长，派朱绍良接任，改称为中路军总司令。派陈诚为左翼军总司令，指挥薛岳、罗卓英两个集团军。派张发奎为右翼军总司令。同时发表王敬久为第七十一军军长、孙元良为第七十二军军长、我为第七十八军军长。但指挥的部队仍只一个师。我军先后在淞沪之战中，投入了约 70 多个师，几乎占开战初期军委会共辖有 180 个师的一半。敌军投入约 30 万兵力。这一阶段敌我双方展开了激烈的争夺战。

四、将士血热之躯，染红每寸土地

在这一阶段中，我第三十六师经常在与敌军相距很近的地方进行战斗。有时两方讲话都听得很清楚，日军的机关枪甚至可以打到我军的司令部。我师及第八十七师在初期是进攻虹口、杨树浦一带。以后由于日军的不断增加，两师主力随即移到江湾一带作战。

9 月某日，敌人的炮弹击中了我的指挥所。我和师参谋长，还有几个参谋，正在屋内研究作战方案，而炮弹落在隔墙的房里，造成房倒屋塌，看守电话总机的 4 名通讯兵牺牲。

我率领的第三十六师是一个整编师，装备较好，上战场时 9000 余人。由于战斗激烈，伤亡很大，共补充了 4 次。每次补充约 1500 人至 2000 人，这些补充兵多为曾经有过训练的老兵。

敌人掌握了制空权，日夜轮番对我轰炸。即使白天有一两个人在路上行走，敌机都要进行低飞扫射。其战况之激烈、严酷，可见一斑。但我军士气旺盛，同仇敌忾，奋勇争先，没有一个人怕死贪生。也由于我师与敌人展开了短兵相接的阵地战，旅长陈瑞河负伤，营级以下的干部死伤甚多。将近 3 个月的作战，全师共计伤亡官兵 1.2 万多人。

其中补充来的人员，为了避开敌机白天的狂轰滥炸，都是晚上到达前线，立即投入战斗。有许多官兵连编号都没有来得及发就牺牲了。他们用血肉之躯，护卫着我国的每一寸土地，血洒疆场，成了为国殉难的烈士。战争结束后，连姓名都不知道，他们的家属连抚恤都得不到。他们是我中华民族的忠魂，是我抗敌勇士中的无名英雄。因为我们从事的是反侵略战争，才有了这么一大批英勇捐躯的官兵，才使得我们在武器优劣悬殊的战争中与敌相持了两个多月。

第三十六师全体官兵与其他兄弟部队一样，虽然牺牲是惨重的，但使日本侵略者也同样付出了死伤约 10 万人的代价。

英国伦敦《泰晤士报》，当年 10 月 28 日发表社论，特别提出华军之英勇抵抗。并称日军尚未获得其摧毁中国军队的主要目的。即此次两军作战，华方伤亡固极惨重，但十周之英勇抵抗，已足造成中国堪称军事国家之荣誉，此乃前所未闻者。虽知若干华军器械，犹未充分，但一般所认为不能保持一日之阵地，彼等竟守至十周之久，此种奇迹，实属难能可贵。上海一隅之抵抗，对于整个中国均有极大影响。

这是比较客观的评价。

五、淞沪失败原因

（一）敌强我弱的客观形势

日本是一个实行征兵制的国家，受过正式军事训练两年或三年（特种兵为三年）的壮丁甚多。所以，它虽然平时只有 20 个师团及一些特种兵部队。但一旦动员，立即可以征集数百万人。而我国于 1936 年才开始设立师管区，办理征兵事宜，临时征集的壮丁，根本没有受过训练，参加淞沪战场作战的部队，伤亡都很大。除由各省的保安团队抽调部分官兵，送上战场补充外，已无后备兵可以征补。在淞沪战场打了将近三个月，伤亡过重，部队残缺。每个师所存人数，多的不过三四千人，少的只有两三千人。

（二）当局指导上犹豫不定

当时主管作战的军事委员会第一部（以后改称为军令部），及前线的高级指挥官，鉴于已被日军攻占了浏河、刘行、江湾、真如等地，后方已无可以抽调的增援部队。均建议迅速将上海战场的主力部队，有计划地逐步撤退到常熟、苏州、嘉兴之线（简称“吴福线”），及江阴、无锡、嘉善之线（简称“锡澄线”）进行整补。这两线是1935年、1936年两年，以4个师和几个工兵团的兵力，构筑的两条国防线，实行和日军持久作战的方针。这一方针无疑是正确的，并已获得蒋介石的批准。10月底，这一方案正在开始实施之际，蒋介石突然于11月1日晚10时左右，乘专车来到南翔附近的一个小学校里，随来的有白崇禧、顾祝同等人。随即召集师长以上的将领会议，以约半小时的时间，听取了几个高级指挥官的战况报告。接着蒋介石讲话，主要内容分为前后两部分，而尤侧重于后者。前一部分他概括了“八一三”以来，敌我双方作战的经过、概况和国际间的一般反映，并对前线官兵的英勇斗争，进行了表扬和鼓励。后一部分则是他此行的目的，他说:“九国公约会议，将于11月3日，在比利时首都开会。这次会议，对国家命运关系甚大。我要求你们做出更大的努力，在上海战场再支持一个时期，至少十天到两个星期，以便在国际上获得有力的同情和支援……”同时他又说:“上海是政府的一个很重要的经济基地，如果过早地放弃，也会使政府的财政和物质受到很大的影响。”蒋说这些话时，语气很坚定。说完他就走了。

（三）敌增重兵

11月5日晨，敌以军舰多艘，炮击平湖县属金山卫一带，掩护其第六、第十八两个师团在漕经镇、全公亭及金丝娘桥登陆，在黄埭会合，趋张堰镇。6日抵松隐镇，7日占米市渡，8日敌军窜至石湖荡、张庄市，进陷松江。侵占松江之敌，以一部沿沪杭铁路向上海前进，以主力疾趋青浦、南翔，企图将在沪西北区的我军，加以包围歼灭。

（四）毫无撤退计划，部队极度混乱

自八一三淞沪战争爆发，我就率第三十六师投入战斗，在江湾、天宝路一带，与敌军周旋了两个多月，没有一天停止过战斗。10月28日，奉命撤到苏州河南岸据守。我的指挥所设在沪西的罗别根路，敌军曾数次施行

强渡，均被我击退。至 11 月 6 日，敌又集中优势炮火轰击我阵地，掩护其工兵进行架桥作业，随着敌兵强渡成功，我军仍在河畔逐点据守，阻其扩大，但战况已益趋严重。因当时所有退守苏州河南岸的部队，均伤亡甚大，又无兵力增援。我原归中央集团军总司令朱绍良指挥，退到苏州河南岸后，改归右翼集团军总司令张发奎指挥。他的司令部设在青浦附近。9 日下午 6 时，张发奎和我通电话，说："委员长命令我军务必在沪西再坚持几天。"但到 8 时，张又突来电话，命本师于当晚立即向昆山方向撤退。9 日这一夜的退却，简直是紊乱极了。因为自沪西经青浦、南翔至昆山一带地区，全是河汊纵横，没有一处可以徒涉，只有一条公路可走。所有部队全沿着这条公路西去。大家争先恐后，拥挤不堪。各级指挥官对自己的部队，完全失去了掌握。自青浦至南翔的苏州河大桥，被敌机炸毁了。所有车辆无路可走，拥塞于途。加以深夜过青浦时，西南方向机关枪声很密，说明日军已迫近青浦。大家为避免使自己的部队陷入敌军包围圈，更是拼命向前赶，形成极度的纷乱。敌军编组了几个小规模的挺进部队，从青浦以西地带，挺进到苏州河北岸的南翔至昆山间公路上。胡宗南的第十七军团司令部，在南翔西南角的苏州河畔，遭受敌军的偷渡袭击，司令部人员及警卫连被打死者甚多，胡宗南只身逃出。薛岳（那时任第十九集团军总司令）乘小汽车，自南翔前往昆山，被敌军机枪扫射，司机和他的一个卫士被击毙，薛岳从车上跳到一条河沟里，幸免于难。

这次撤退十分混乱。这样大的兵团，既不能进行有组织的逐次抵抗，以迟滞敌军的行动，又无鲜明的退却目标。造成各部队各自为政，拼命地向西奔窜。战场统帅部，对许多部队都不明白其位置，遂使敌军如入无人之境。弄到这种地步，最主要的是蒋介石妄图依赖国际联盟和九国公约签字国，对日本施加压力，与日本进行和谈，以谋求结束战争。

（五）第三十六师淞沪撤退经过

我于 11 日在南翔附近，将部队收容掌握后，晚越过沪宁铁路以北地区，绕道前往昆山。到达昆山时，陈诚的总指挥部（陈诚那时担任前敌总指挥）

已经撤走。那里只有一些找不到自己单位的小部队和溃散的士兵。我得不到任何指示，便率部退往苏州。大约是 17 日黄昏到达苏州。这个古城已是死一般的沉寂，街上店门紧闭，阒无一人。我走到电话局，和在无锡的顾祝同（顾那时任第三战区副司令长官，负东战场指挥之责）接通了电话，他叫我迅即开到无锡去。当晚继续西行，于 19 日正午到达无锡，即往见顾祝同。他告诉我，军委会命令第三十六师立即开南京。运输部队的车辆已通知铁路局准备，让我速往接洽。

淞沪战役自 8 月 13 日开始，到 11 月 9 日夜全线撤退，历时将近 3 个月。双方都投入了相当大的兵力，战斗是激烈残酷的。参加这一重要战役的我军官兵，懂得这是为保卫祖国的生存而战，是一场反侵略的伟大战斗。虽然我军装备远不如敌，但都奋不顾身，视死如归。每一寸土地的争夺，敌军都要付出重大的代价。我军也牺牲惨重，实在是可歌可泣的。尤以第三十六、八十七、八十八这 3 个师自战斗开始的那一天起，一直到全线撤退的最后一天止，始终坚持战斗。其他的师最多打半个月，便被轮换下去整补。因此，这 3 个师在闸北、虹口、杨树浦、江湾、大场一带作战的英勇尤为突出，应该成为中华民族史册上的光荣一页。

英勇战士　血肉长城

张发奎[*]

一、浦东的“神炮”

淞沪战争的征候，到了8月9日才开始发现。当时敌人的兵舰集中于黄浦江和长江的江面，并运到陆战队万余人在上海登陆，随即令武装士兵闯入我虹桥机场滋生事端，同时更要求我方撤退驻沪的保安队。这一要求，经我方严词拒绝，敌方遂于13日正式揭开了淞沪大战的序幕。

在这次战役的前夜，最高统帅部适时下达了淞沪方面军队的战斗序列：张治中将军担任指挥左翼部队，我担任右翼军总司令；另以李崧山、阮肇昌、刘尚志各师，张銮基的独立旅及炮兵第二旅第一团编为第八集团军，集团军的总司令也由我兼任。同时，刘建绪将军的第十集团军，亦奉命加入右翼军的序列。

我奉命后，即令张銮基旅推进浦东，接替李崧山师的防务；命李师移动于上海方面，策应左翼军作战，并令刘尚志推进至松江附近，以为集团军的预备队；刘建绪集团军则由衢州附近向杭州推进，为右翼军的第二线兵团。

---

* 作者时任右翼军总司令兼第八集团军总司令。

13 日，敌我在上海的警戒部队发生战斗。我左翼军按照原定计划，即开始攻击行动。经过数日的战斗，因为没有摧毁坚固防御工事的火器，同时，又缺乏街市战的熟练经验，我左翼军的部队虽曾一度进出于汇山码头，但终不能摧破敌人的整个防卫组织。

我所指挥的右翼军方面的情况，是比较沉寂的。因为在南市方面，隔离着一个租界地区，浦东方面，又隔离着一条黄浦江，所以就没有成为作战的重点。但左翼方面军就不同了，战况是紧张的，因此，我必须用各种方法给予策应和支援。我除将阮肇昌师增援左翼军外，也不断地以炮兵在浦东的洋泾附近袭击敌人的侧背，来策应左翼军方面的作战。

我浦东方面的炮兵对敌人的袭击，也确曾发挥过相当的威力。因此，在当时就被一般人过誉为“神炮”。它不断打击敌人的“出云”旗舰，轰击虹口的日军司令部，使敌人不断感受着威胁。敌人为谋消除这威胁，曾采取了种种侦察手段，不间断出动飞机，企图搜寻我炮兵阵地，毁灭我炮兵的力量。但他们始终无法找到我们的炮兵阵地，更无法制止我炮兵每天黄昏和夜间的袭击。

炮兵阵地的位置，是在浦东洋泾附近。为尽量发挥威力及避免敌方空军的威胁计，当时就在对岸设了一个秘密的观测所，利用海底电线的通信，协助我们指挥炮兵的射击和修正弹着点的偏差。同时，炮兵的活动时间，常在黄昏和夜间，白昼我们就把各阵地巧妙地伪装起来，或将各炮移动藏于沟渠和竹林的深处。因此，在这战役的全部经过中，敌人始终没有发觉我们阵地的位置。我对这几门炮，当时是非常爱护，不但常常亲自去指挥射击，并且在这次会战终了的最困难的时候，也用尽了方法，把它全部安全地转移到后方去。

我们的炮兵阵地也曾有过一次几乎被敌机摧毁的教训。当时有几位新闻记者到战地访问，他们要求去看一看“神炮”的雄姿，经过炮兵营长的许可，同到竹林隐秘的炮兵阵地里，并在那里拍摄了一些照片。次晨，他们将访问战地的详情披露于报上，并且连炮兵阵地的照片，也一并刊登了出来。当天早上，我在《时事新报》上看见了这详尽的报道，即认为这是一个不应该泄露的军事消息，并且认为这消息使我们的炮兵阵地将会发生不可测的后果，因此便立即命令该营长迅速变换各炮隐秘的位置。到中午，果不出预料，敌方便出动了空军，把所有洋泾附近的竹林都炸光了，致令附近的居民也无辜遭受很惨重的损失，但侥幸的是各炮依然无恙。事后那位炮兵营长即被撤差，那负责的新闻记者也受了处分。这件事，对战地新闻不慎的报道是一个教训，同时也说明了一个军事指挥官对细微的事，也须时时刻刻作密切的注意。

所谓“神炮”，说来也许一般人不会相信，我们所有的只是 6 门“卜福斯”山炮而已。假如能够有较多的炮量和较大口径的炮种，我深信对这次会战将有更大的帮助。因此，我最初便建议统帅部，主张由乍浦附近海岸赶筑一条可以运输重炮兵的临时公路，直达浦东，效法海岸游动炮兵的使用方法，调集一部重炮兵使用于浦东方面，但统帅部却没有采纳这个建议。

二、不惜牺牲，保全上海

到 8 月 22 日，战事即开始转入更猛烈的阶段。敌军增援部队第三师团、第十一师团，以及第一师团、第八师团之各一旅团，当天即在宝山狮子林登陆，并即向我左翼军方面宝山、罗店、浏河线进攻；同时对我右翼军方面之川沙及浦东各地，也采取积极的行动。我方亦同样以京沪、沪杭两铁道输送增援部队，投入左翼军方面，双方均以猛烈火力作阵地的战斗，情况特别紧张。是以我方对原来预期以攻击的作战手段指导会战的计划，不得不加以修正，而转入以纯粹防御战的阶段。

那时，最高统帅部坚决地企图确保这个远东最大的都市，便尽量挹注兵力于淞沪方面。京沪、沪杭两铁路的军车日夜不间断地奔驰，把一师一师的部队送来，加入填补火线，其情况好像 1916 年法军为挽救凡尔登要塞的危急，从巴黎运送增援部队的状况一样。但敌人的装备和战术及战斗力各方面，俱达到相当的高度。他们的空军力量更占了绝对的优势，他们大量的野战炮兵配合着海军的长射程炮也发挥了很大的火力。而我方仅有临时构筑的野战工事，一切器械也比不上敌人，战斗的不利是可以想象的。为着企图避免过巨的牺牲和改变不利的状况，我常常竭尽智虑去搜求战斗的真相，推断未来的状况，研究歼灭敌人的策略。我不断考虑，如果没有可以改变这不利的形势的策略，如果以大量的战斗力投入这方面的决战，而没有胜利的把握，则我们纯粹的防御计划，应否考虑加以修正？经过了二旬的战斗，我的结论是：在我军的现有条件下，欲把敌人歼灭，或遏制他们的攻势，确实是非常困难的。

这时，我和张治中将军即建议于最高统帅部，主张对上海作战使用兵力的最高点，应作一个精密的数字计算，并建议如果超过了这个限度仍不能压制当面的敌人时，则我们的战略应转变为持久消耗战。须先以 10 个师的兵力预先占领苏嘉、吴福线之既设阵地，以为第二抵抗线，此 10 个师的兵力除非在扩张战果方面，不得为其他状况而使用。我们二人并明白表示，愿自接受敌人攻击之日起，负责固守此既设阵地 3 个月时间的责任。但最高统帅部不赞成这建议，他的意见认为上海是必争之地，应不惜一切牺牲来确保这个地区。又因当时敌人的增援部队尚未全部到达，战况亦有时稍为沉寂，于是有些将领们便为此种情况所惑，以为敌人的攻势已至极点。就是冯玉祥将军亦有“淞沪方面的战况已经稳定了”的判断。

可是到 9 月中旬以后，情况有变化，敌人大量增援，我们发现其第一、第三、第六、第八、第十一、第十六、第一〇二、第一〇六、第一〇七、第一一四、第一一六等师团的番号，估计其兵力约在 20 余万，炮 300 余门，战车 200 余辆，飞机 200 余架，其在淞沪与我决战的决心，也益加明显了。

此时，我方的部署亦有所变更，原左翼方面，改划成两个区，以薛岳将军担任左翼，朱绍良将军担任中央，与我右翼相连结，左翼方面自 9 月上旬以来，战况已逐渐不利，阵地亦逐渐后移，虽后援部队逐次加入，亦仅能维持“寸土必争”的状况。

我右翼方面的战况尚没有若何变化。敌人虽迭次企图排除我浦东对他侧背的威胁，但在我将领严密戒备之下，敌人几十次的登陆行动都没有成功。不过，我常常顾虑敌人如在左翼军正面突破企图不能成功时，他们可能采取侧面的迂回行动，因此，我右侧的金山方面是一个最可注意的地区。当时我有一个直觉灵感和历史的回忆，就是戚继光于闽浙荡寇时代，日本曾在金山登陆而扰乱浙境，如果敌人以历史作为依据，这段历史实有重演的可能。同时，在战术上判断，那里已是一个理想的登陆地点。那里海岸有 40 尺以上的水位深度，又有利于登陆运动的沙滩及可作为滩头阵地的据点。

为了这个侧面的顾虑，我曾亲自实地侦察那里的地形，并在那里配置了一连炮兵和一营步兵，再三叮嘱他们对海面作特别戒备。同时，我又命令他们编组了一队渔船，远出海面从事广远的搜索。为彻底明了实地的情况，我亦常亲自或令幕僚至沿海地带和浦东方面巡视警戒部队和火线的战况，并把全线的防御组织严密起来。整个右翼方面虽无特别紧张的情况，但我必须在缜密戒备方面努力，使统帅部可以集中全力于左翼和中央方面的作战，免去了对右翼方面的忧虑。

三、英勇战士，血肉长城

整个 10 月的作战重点，始终保持在左翼军方面。10 月下旬，敌人以全力攻击我左翼军阵地，决战的时期已经到来了。战地悲惨的景况，亦一幕一幕地呈现在我眼前。我们的增援部队继续向前进发，由后方输送到战地后，没有一刻的停留和准备，就加入了火线。敌人的炮弹好像雨点一样散落在我们的阵地。我们的炮兵在数量与火力上都无法与敌对抗，只有英勇的战士们以血肉筑的长城，来抗拒敌人的犀利的火器。制空权也完全掌握在敌人手里，敌人的飞机一天到晚盘旋在战地的上空。我们的部队没有立体作战的经验，仅凭着血气之勇，不知讲求疏散与伪装，更招致许多无谓的损害。我们部队的行动白昼大受限制，一切部署的调整和兵力的转用，都在夜晚，这更使指挥与时间上蒙受很大影响。战地是一片平野，不能徒涉的川渠，纵横交错。这对于联络与地形的熟识，均感到不少困难。在这种种不利的条件下，各级指挥官当时都深深感到指导一个防御组织不健全的大兵团作战，确是一件不容易的事。而下级干部和士兵们，到这时候才认识了现代战斗的形式，才明白仅靠精神而忽略物质科学的战斗，已是落伍的思想了。

在战况的高度紧张中，最令人感动而安慰的是人民对作战的协助。他们不仅帮助军队的运输和救护，更自动地献出了他们仅有的粮食，一切好的东西他们都送给军队使用。学生们自动加入了战地宣传和通讯的工作；妇女们自动看护我们的伤兵；慰劳队的歌声鼓舞了战士们的热血；工作队的热心服务消除了战士们的疲劳。在大军作战最感困难的后勤工作，人民都帮助我们解决了。军队为国家而流血，人民也贡献他们的一切给军队，这是民族战争的特点。

10 月 30 日，左翼方面的战况已达到极度的不利。突击我大场阵地的敌军已在周家宅、姚家宅两处强渡苏州河，上海市区的我军侧背便感受到重大威胁。以当时的情况判断，敌人似有从大场以西向左右席卷的行动。朱绍良将军这时忽奉命调任甘肃省主席，所遗中央兵团的任务，最高统帅部即命令我去接任，并将右翼方面的指挥责任交给第十集团军总司令刘建绪将军接替。这时刘集团军的部队方从杭州向前推进，我一面担忧沿海地带的侧面和刘集团军能否确实接防，一面又感于上海方面的紧张状况，将如何去挽救这危殆的局面。我此时陷入了无限的焦虑，以沉重的决心，担当这残破而没有把握挽救的局面，这在我生命史中是最痛苦的记忆。

11 月 2 日，我的指挥部由南桥移至龙华西侧的北干山，这是极接近火线的位置。当我到达那里时，情况已变化了，第一线的部队已陷于紊乱状态；同时，渡河的敌人予我们侧面的威胁，也正在日益扩大中。但第一线已经没有可以抽调的部队，后援的兵团又迟迟未能到达，我除了竭尽一切努力来调整这个紊乱的形势外，开始产生了悲观的心情。

11 月 5 日，一件数月来日夜所焦虑的事终于发生了。敌人的第六、第八两个师团当日就在全公亭、金山嘴等地同时登陆了。我力量薄弱的警戒部队很迅速地被驱逐了，刘集团军以行动迟缓，未能实行夹击的行动，让敌人一直向松江前进，我吴克仁军集结尚未完成，仓促应战，又遭受各个击破的命运。

9 日，松江被陷，我军腹背受敌，失败的战果已是注定的了。

从整个战略上着眼，敌人强渡苏州河以后，退却已是无可置疑而不能再迟延的事。这虽需要最高统帅部作困难的决定，须当机立断地即下决心，但指导大军作战者，其最困难的条件也就在于此。当时，前敌总指挥陈诚将军来到我的指挥部，他亦同意我的意见，可是最高统帅部却仍迟迟未决，等到情况已到了最危急之际，才于 9 日下达退却命令。但这时机已不适切了，当我接到命令时，部队已陷于极端紊乱状态，各级司令部亦已很难掌握其部队了，因而演成了最后一幕原可避免而终未能避免的大悲剧！

一寸山河一寸血的淞沪战争

黄　维*

1931 年日本军国主义者在我国东北发动九一八事变，武装侵占我东北三省以来，我国军民为了救亡图存，要求对日抗战的热潮，日益高涨。我原任国民党陆军第十八军第十一师师长，为了提高个人的军事素质，准备进行抗日战争，于 1936 年请准赴德国考察和研究军事。几经周折，于 1937 年 2 月由上海乘船赴德。是年 7 月，日本侵略军在北平卢沟桥发动七七事变，向我国当地驻军大举进攻。我军英勇抵抗，战局急剧扩大。在日本侵略军疯狂进攻面前，国共实现了第二次合作，从而展开了举国一致的抗日战争。

这时，我应召回国参加抗战，于八一三事变的当天，由柏林起程回国。当时，获悉日本侵略军又在上海向我国发动进攻，我心急如焚，恨不能缩地有术，此时，只能照原定旅程，经热那亚搭乘康特罗梭号邮轮回国，船到香港，已不能驶往上海，而改由火车经广九路、粤汉路、浙赣路、沪杭路转赴上海。在杭州到上海的火车上，遭到日机空袭，走走停停，9 月下旬，我才抵达上海前线。

---

*　作者时任第十五集团军第十八军第六十七师师长。

一寸山河一寸血的激烈战斗

我到上海后，立即到第十八军军部，向军长罗卓英报到。罗军长指示我到罗店附近我军阵地视察战况。此时，第十八军的主力正在罗店以南，与日军对峙，时有步机枪声划破长空的静寂。经过几天的调查，我了解了一些情况：

八一三事变爆发后，在吴淞方面，我第八十八师第二六四旅旅长黄梅兴，于指挥攻击日海军陆战队所占据的持志大学的坚固据点时，在激烈的战斗中，英勇牺牲了。黄梅兴是八一三淞沪战争中最先牺牲的将领。在沪西罗店方面，我第十八军的第九十八师姚子青营，死守宝山城，在日军的强大攻击下，营长姚子青及全营官兵壮烈殉国。第十八军的第十一师和第六十七师，在沪西与日军为争夺罗店进行拉锯战，鏖战逾月，战况激烈，为淞沪战场所仅有，敌我伤亡惨重，第十一师团长韩应斌阵亡，官兵伤亡累累。第六十七师师长李树森负伤，团长傅锡章负重伤，旅长蔡炳炎、团长李维藩均阵亡，其以下官兵伤亡极大。在反复争夺罗店的过程中，官兵前赴后继，愈战愈勇，出现了一寸山河一寸血的激烈战斗场面。我亲自看到这些部队，经过这么大的激烈战斗之后，正在继续抗击日军，士气甚盛。

现在回顾：淞沪抗日战争，迫使日本侵略军在淞沪地区，使用十几个师团的兵力，作战 3 个多月，使日军受到沉重的打击，陷入泥淖，无法自拔。并使疯狂一时的日本侵略军，付出无比高昂的代价，达不到侵略的目的。

赤心报国，罗店鏖战

我到达上海前线才三四天，便接任第十八军第六十七师师长职务。这时，该师已在罗店与日军进行拉锯战，坚持了大约近一月，伤亡惨重，特别是干部伤亡更大，已逐步后撤至接近罗店的金家宅既设阵地之线，与日军阵地对峙中。时有小规模的战斗，白天是日机在阵地上空盘旋侦察和小部队的进攻。我们的部队白天烧饭冒烟，便会招来敌机的扫射轰炸，由于制空权完全为敌方所掌握，所以我们很被动，但一到夜间，便是我军调动部队和向敌搜索骚扰的时候。而敌军一般都在夜间龟缩不动，这样比较沉寂的状况，大致延续了个把星期，我们预感到日军在向我正面增加兵力，将对我发起大规模的进攻。

当我接任第六十七师师长后，军长罗卓英转到太仓方面指挥。第十八军的其他各师均调走了。仅第六十七师改归第十九集团军总司令薛岳指挥，仍在原阵地与据守罗店的日军阵地相对峙，时有局部战斗。我回到师后的大约三四天吧，就在拂晓时，日军开始炮击，向我阵地发动全线进攻，其主攻的重点在我右翼的第七十四师方面。对我师的进攻并不猛烈，对我攻击之敌，被我火力所拒止，双方对战。此时，罗店全镇毁于炮火，成为一片焦土。我军经常趁敌机不能活动的晚间，发动夜战以夺回白天丧失的阵地，有时进行肉搏战，双方伤亡都很大，第六十七师伤亡过半。这时，我接到命令，上级指示于夜间主动后撤到南翔集结。我师在友军的掩护下，安全撤出阵地。这是我罗店方面作战部队的一次主动后撤行动。

由于第六十七师参加沪西罗店方面的作战，经过长时间的苦战，部队建制残破不全。后撤到南翔后，一面担任构筑工事的任务；一面进行休整补充。幸而，陈诚总司令和军长罗卓英早已抽调驻防在后方的第九十九师等部队的官兵3000多人开到战地，及时补充。还有各团均派出多数得力官兵，到后方和医院动员组织大量本师和其他师的伤病愈归队士兵，一并调整补充。并且所损耗的武器、弹药、装具也得到及时的补充。这时，我们抓紧一切时间，在全师进行了作战检讨、战斗训练和精神教育，团结军心，激励士气，做了很多工作。在一个月的时间内，把部队整补完成，基本上恢复了战斗力。

四天五夜的北新泾战斗

10月上旬以来，日军使用新增援的强大兵力，由蕴藻浜北岸强行渡河，向南岸猛烈进攻。我防守部队，乘其渡河，予以反击，累挫凶锋。但日军不顾牺牲，继续增加兵力，扩大地盘，使我军在该方面陷于苦战。

11 月 5 日，我第六十七师奉令由南翔附近增援苏州河南岸的作战。当夜以第四〇二团、第四〇一团、第三九九团接替北新泾方面厅头，我第八十七师（师长王敬久）及其以东第三师（师长李玉堂）的阵地。以第三九八团控制于八字桥为师预备队。师指挥所设地虹桥飞机场东北角独立家屋。我左翼的邻接部队为占领姚家宅阵地的第四十六师（师长戴嗣夏）。6 日拂晓，日军把主攻指向我师，发动猛攻，用系留气球升高在我阵地上空，指导炮兵向我阵地射击，敌飞机助威滥炸，并以战车掩护步兵向我猛烈进攻。当时，我官兵沉着应战，双方伤亡惨重。

与此同时，我占领姚家宅之第四十六师在日军攻击压迫下溃退。使日军直插厅头第四〇二团左侧阵地，包围该团。此时，我在八字桥之第三九八团，措手不及，不得已在原处应战。与第四〇二团几乎成一个 90 度的拐角，形成向西的作战正面，势甚危殆。幸而作战的第二天广东部队巫剑雄师到达增援，但该师不是向敌军外翼反包围，而是对向西正面延伸，老老实实地在那里挨打。

战斗的第三天，第四〇二团仍坚守厅头，逐屋争夺，团长赵天民负伤，以后成残。中校团附叶迪负重伤，少校团附王家骏阵亡，营长连长基本上伤亡殆尽，士兵前赴后继，伤亡更为惨重。但到最后仍有部队死守厅头的一角，屹然不动，直到作战的第五夜，才把阵地移交给教导总队接替。

在八字桥之第三九八团团长曹振铎负伤后，仍带伤坚持指挥作战。第四〇一团连接第四〇二团右翼，受其影响，曾一度动摇。作战的第三天下午，一时电话中断，我很担心出问题，立即率工兵营向该团增援。当我们接近第四〇一团阵地时，见到该团团长朱志席和零星部队向后转移。当他们看见我亲自率部到前线时，该团立即稳定下来，转危为安，继续激烈的战斗。我军官兵就是在这样的激烈战斗中坚持下来，使敌人的攻势徘徊不前，再衰三竭，这次战斗坚持了四天五夜，才由教导总队（总队长桂永清，这个总队比一个师的实力还强）接替我第六十七师的全部阵地，由他们继续阻击日军进攻。

扼守苏州河上泗江口公路大桥

9日夜间，第六十七师把阵地移交完毕后，于10日凌晨前开向七宝镇休整。部队开到七宝镇，只休息了一天，当夜接到薛岳的命令，限第六十七师务必于11日到达安亭车站附近，扼守苏州河泗江口公路大桥，掩护全军总退却。

我接到命令时，的确感到部队已经打得七零八落，筋疲力尽，如何完成这一重大任务。当时为了应急，决心把4个团的战斗兵集中编到第三九八团和第三九九团，每团编足两个营，以便投入战斗，归第一九九旅旅长胡琏指挥。而把其余所有的勤杂人员，编为第四〇一团和第四〇二团两团的营底，归旅长杨勃率领，立即开赴后方接领新兵。11日上午，部队编配调整完毕，即分头行动。

我率第一九九旅实则是4个营的兵力，于11日傍晚到达安亭火车站附近。在泗江口公路大桥的苏州河北岸占领掩护阵地。此时，公路大桥已由第十九集团军的工兵部队装好炸药，只要一按电钮，便可将公路桥彻底炸毁。当时，安亭以西所有村落房舍，俱已有部队宿营，非常混乱。师部和旅部在一起，都在距离泗江口公路大桥以西相当远的小河边的村落宿营。入暮以后，由东而来，由南而来，向西退却的大军，漫山遍野，争先恐后，如潮涌一般向西急行，部队混乱不堪言状。

师部很快与在济公桥的第十九集团军指挥所架通了电话。我与薛岳总司令通了话，我向薛总司令报告当时情况，告诉他，我师只有4个营的兵力，在这里掩护，我师以东以西都没有联系到掩护部队。薛总司令告诉我，他已命令巫剑雄师在我师右翼担任掩护。于是我派人四出寻找巫剑雄师部，最后，终于找到了，与巫剑雄取得了联系。但是，巫剑雄与所属部队失去了联络，对部队失去了掌握，无法将部队配置于掩护位置，以遂行任务，因而误了大事。

当日深夜，日军挺进队在泗江口以西十几里的地方，偷渡过苏州河，骚扰和袭击我退却部队，造成了我军更大的混乱，以致有自相践踏等现象。当夜，我正在电话中向薛岳总司令报告情况，突然在电话中听到了枪声，薛总司令在和我讲话时，惊慌失措地中断了电话。当时，我判断集团军总部可能遭到袭击。事后听说，日军的挺进队是夜间由泗江口以西十余里的两棵树渡口，混在退却部队中渡过苏州河，向我混乱的退却部队袭击时，同时也袭击了薛岳总司令的指挥所。在这一情况下，我即转移到泗江口，直接掌握部队，为应付情况的变化。出乎意料的是泗江口公路大桥方面平安无事。快天亮时，退却部队已通过完毕，公路大桥也已由负责的工兵部队炸毁。于是我指挥所部向北进入丘陵地带，经无锡、宜兴、广德、誓节渡、宁国达到皖南山区，进行保卫南京的外围作战。我师在宣城附近与日军相持。

八一三淞沪抗战亲历记

李克明*

八一三淞沪抗战前夕，我在第一军（军长胡宗南）军部情报科（科长中校参谋杨子明）任上尉参谋，随军由徐州开赴青岛，阻止日军登陆。军部情报搜索队由警校新分配来的学员组成。队长向煌增，指导员上尉女警官孟瑾玉。八一三淞沪抗战打响后，我军奉命转赴上海。军长胡宗南率第一师（师长李铁军）、第七十八师（师长李文），共 4 个旅、8 个团及一部改编拨归指挥的湘军即日出发。驻扎河南安阳尚未归还建制的第八师（师长陶峙岳）和军直属步、炮、工、通信等各团营于 8 月中旬，先后由京沪线车运开向上海前线。

京沪线上，沿途车站成百上千的老百姓自发组成慰劳队，为过往军列送茶水、食物。8 月 17 日上午，我们抵达浦口，当时还未修建长江大桥，列车由轮渡过江。是日天气阴暗，隐约中可望见南京虎踞龙盘的壮观景象。由于久驻西北高原，只见过黄河，未见过长江，更没到过首都，面对这一望无际、烟波浩渺的大江，龙盘虎踞的京都，我们不禁油然感到这锦绣山河、中华民族的心脏，寄托着四万万同胞的心声，是何等的庄严！恨不得马上就

* 作者时任第十五集团军第一军军部情报科参谋。

赶到前线，杀敌报国。渡过大江，天已入暮，深夜车抵苏州，苏州这座历史名城，已看不见他昔日的倩影，这里已有战争气氛。军列进站停下，只见人头攒动，成千上万的学生，高呼抗日口号，欢迎我军奔赴前线杀敌。我第一次听到《大刀向鬼子们的头上砍去》那震撼人心的歌声，全军将士都为这热血沸腾的场面所激动。一群学生，在取得指导员孟瑾玉的同意下，涌上军列，争为官兵献红军、送慰问袋、慰问信，有的学生则当场宣读自己的慰问信。有一女生挤不到前面，就站在车门前，举起手中小红花，含着激动的热泪，高声喊道："消灭日本鬼子，你们先走，我们随后就来！"车中气氛顿时激昂起来，全体官兵紧握手中枪，双目喷火，热泪盈眶，大有"风萧萧兮易水寒，壮士一去兮不复还"之慨。

第一军抵达上海昆山县南翔镇后即开赴宝山前线接防。宝山地区由于地势平坦、视野宽广，加之秋雨连绵，道路泥泞，敌机又不断穿梭袭击，部队只能夜间行动。8月23日宝山失守，经过几天激烈战斗的防守部队第六师基本溃不成军，所剩无几的官兵且战且退，情况十分危急。第一师一旅一团团长王寅尊率部赶到后，当即迎头痛击气焰嚣张的日寇。敌我短兵相接、白刃相见，战斗异常惨烈，几番冲杀，敌军颇有死伤，阵地始渐稳固下来。其余部队亦陆续开到刘行、杨行、蕴藻浜和纪家桥一带，占领阵地，并与右翼孟家宅之罗卓英第十八军取得联系。此时我军左翼刘行至罗店位于最前线，罗店又是敌攻击重点。军长与两个师长研究后，令第一师在左由刘行至杨行，第七十八师在右由杨行至纪家桥一线设防。各师利用黄昏时机，迅速进入指定地点，连夜抢修工事。敌军突遭我一团坚决阻击后，因情况不明，当晚未敢侵犯，但全线通宵遭受敌舰火炮轰击。尽管如此，全体官兵冒着被轰炸危险连夜完成了阵地上的初步作业。

次日拂晓，随着敌炮火的集中轰击和敌机的轮番轰炸，敌人向我全线发动进攻。我一线部队沉着应战，英勇抗击敌人，阵地前尸横遍野，激战一直坚持到黄昏，敌军寸土未进，但双方死伤甚重。入夜后，始将牺牲的官兵就地掩埋在工事里。由于我军广大官兵同仇敌忾，决心以死报国，在敌强我弱双方力量悬殊的形势下，我们顽强与日军浴血奋战了十几个昼夜，阵地屹立不动，有力地挫败了敌人的嚣张气焰。

随着战斗打响，军部也显得十分忙乱。8 月 23 日傍晚，军参谋处派杨子明到我军右翼向罗卓英第十八军交换情报，派我同孟玉瑾前往罗店与七十四军五十一师联系，重点是搜索刘行至罗店空隙地带敌情。摸黑到火线上搜索敌情且又带一女性，我感到为难。军长看出后即告诉我说孟有个性，且专业水平好，对我定有帮助，同时也要我注意她的安全。当晚，我们冒着敌人炮火，乘夜沿一条小河向西偏北方向匍匐趴行。此时天黑伸手不见五指，从黄浦江中敌舰上和宝山方向飞来的炮弹正对我方阵地施行狂轰滥炸，好几次炮弹炸飞的泥土都溅到我们的身上。天下着雨，道路一片泥泞，由于靠近敌我双方阵地，为防不测，孟瑾玉从背囊中拿出一根 40 余米长的绳子，我们各挽一头，小心翼翼，拉开距离摸索前进。未走多远，我不小心，滑入小河中，敌哨兵可能察觉声响，一连串的子弹射向我们，我们好半晌一动不动，直到枪声停下来，孟指导员爬过来，挽着绳子把我拉上岸。到拂晓前，我们总算摸到罗店西南端，正说喘口气，敌人的拂晓进攻又开始了，刹那间，飞机大炮震得人耳膜直响。由于我们距敌前哨阵地仅几十米远，弹如飞蝗，在我们前后左右猛扫，压得我们只好趴在地上。稍停，我们冒着随时可能被流弹击中的危险迅速向左爬行，始脱离了该地，直到天亮，才找到友军五十一师。师长王耀武原由一师调出，故十分热情，迅即叫参谋处通报了情况，方得知目前已到上海的敌军计有第一、三、六、八、七十一、十六等师团，总兵力 10 万人以上。进攻罗店之敌为第十一、八师团；刚抵达上海的还有敌第十三、九、一〇一师团，正在对罗店、刘行、杨行、纪家桥一线调整部署，并估计即将对罗店至纪家桥一线发动重点攻击。同时双方还交换了我军防御情况和联络方法。上午 10 时，返回军部后我即向军长汇报了情报，军长对此十分满意。

8 月下旬，日寇海陆空三军，不断向上海增兵。双方相应增加兵力部署。此时第三战区司令长官冯玉祥调华北主持战局，司令长官由蒋介石亲自兼任，下辖张发奎第八集团军，张治中第九集团军，陈诚第十五集团军及独立步兵、炮旅，加上上海保安部队，总兵力达 30 万人。敌我双方集中在上海西北郊激烈对战，尤以我一军防守的罗店、杨行、纪家桥一线战斗最为惨烈。几乎每天都有白刃相见，阵地失而复得，战壕里到处都是尸体，有许多重伤员因无法运送下去亦只好眼睁睁地等死，幸存的士兵踏着战友的尸体拼死打退敌人一次又一次进攻，双方伤亡惨重。到 9 月上旬，一师先后有第一旅旅长刘超寰、第一团团长王寅尊身负重伤，营连长及士兵更是伤亡过半，但部队士气依然高昂，前赴后继，浴血奋战，阵地寸土未失。

9 月 10 日晚，我军右翼友军罗卓英十八军及第九集团军所属阵地被敌突破，我军阵地工事亦多被敌猛烈的炮火摧毁，但全军将士奋勇杀敌，多次打退敌人进攻。至 9 月 15 日，杨行前沿阵地被敌突破，第九集团军奉令后撤，敌直接威胁到我军右翼阵地。军长胡宗南令第一师迅速组织反击，务必夺回杨行。师长李铁军迅即以第五旅向杨行正面冲击，并亲临前线指挥。军长考虑一师兵力单薄，恐既守阵地丢失，又令第七十八师二三四旅四六八团向杨行敌军侧翼攻击，作为支援。此时战斗十分激烈，师长恐左翼罗店友军丢失，令我前往联络，通报情况。

二旅官兵在黑夜中，凭借月余与日寇作战积累的经验，乘夜靠近杨行前沿阵地，因短兵相接，敌飞机、大炮优势难以发挥，而又恰好为我机、步枪、手榴弹、大刀所长，更重要的是将士们以身报国的强大精神支柱所鼓舞，因此，经过一番激烈的白刃战后，杨行阵地又被夺回。后敌虽发起反攻，但在四团官兵顽强坚守和七十八师许良玉团的侧翼猛攻下，敌人最终溃败下去。杨行争夺战使我第二旅人员伤亡过半，四团团长李友梅壮烈殉国，全团官兵所剩无几。敌军也付出了惨重的代价。

奉师长命令，我带李尚林向师左翼友军联络，途经二团阵地，正逢激战。副旅长兼二团团长杨杰英勇殉国，该团三营连长周大祥（广元回龙沟人）绰号“蛮子”，带领全连坚守阵地数日，给敌人以沉重打击。是日敌挟恨围攻，该连官兵终因弹尽粮绝，寡不敌众，在给敌以重创后，全连壮烈殉国，周大祥在最后一息仍用机枪狂扫敌军，打死军官一人、士兵十多人。敌恼羞成怒，将其尸身浇上汽油焚烧向我示威，我军则以手榴弹、机枪猛烈还击。我将战斗情况通报一团后，建议该团组织火力封锁左翼，防止敌军包围，并将李尚林留下。自己在返回指挥部的途中，被敌枪榴弹破片将双脚炸伤，血流不止，只好撕破衬衣，自行包扎处理，忍痛爬回第一旅旅部。

9月下旬，经补充的我军奉命扩编为第十七军团，胡宗南任军团长兼第一军军长。下辖第一军第一师、第七十八师、第八师以及王修身第三十二师、李觉第十九师共5个师、10个旅、20个团。16日奉命进入蕴藻浜、陈家行、大场一线与敌军血战十余日，双方伤亡惨重。10月21日，桂军第二十一集团军开到上海，我军向敌发起全线反攻，激战数日，未有奏效，桂军6个师损失过半，敌军亦付出了相应的代价。后日军得以增援发动反攻，26日，大场陷落，师长朱耀华自杀殉国，我军奉命掩护各主力部队退守南翔，并开始进行第二次补充。28日，第十军团在苏州河南岸北新泾之线与敌第三师团、第九师团、第十一师团发生激战。由于我军经过第二次补充，有了一定的作战经验教训，加之士气高昂，击退日军多次强攻。11月2日，敌再次出动飞机大炮猛攻，激战次日午后，3架日机欺我空防手段薄弱，肆无忌惮在我阵地上空俯冲投弹，师长李铁军令各团集中火力予以还击，当场命中一架，该机中弹后慌忙逃命，误与另一架日机相撞在空中炸毁，跟在第二架后的飞机估计被眼前突发事件震惊，还没回过神又被我击中要害坠毁。三机毁亡前后不到十分钟，此乃我在上海抗战中见到的一大奇迹。

11月5日，日军在金山卫登陆，威胁淞沪我军主力侧背，我军被迫全线撤离。11月11日，上海沦陷，当晚我军各师奉命完成掩护主力转移，全军激战至12日晨，始与敌逐步脱离战斗，并向苏州转移。是时，我已调参谋处任少校参谋，奉命组织搜索队搜集尾追敌人的情报和收容我军掉队的伤员。11月15日我军七十六师在苏州以北常熟、福山沿长江与日军再次发生激战，19日上述三地陷落，我军退守无锡。22日，日军第六、九、十一师团向我无锡守军发起进攻，我江阴要塞守军第一〇三、一一二师被围，发生激战，敌我伤亡甚巨。25日，我军奉命转移镇江、无锡陷落。26日我军由镇江渡过长江，脱离淞沪战场，经扬州、六合、仪征整补后参加了武汉会战。

八一三淞沪抗战，历时3个月，侵华日军先后投入海军陆战队和陆军

15 五个师团，28 万人，出动军舰三四十艘，飞机 400 余架，战车 300 余辆。我军调集中央部队、广东、广西、湖南、四川、云南、贵州等地部队计约 70 余个师、70 余万人。可谓一寸山河一寸血，彻底粉碎了日本军国主义妄图 3 个月并吞中国的梦想，翻开了我国由局部抗战转向全面抗战的新的一页。我军官兵不畏强暴、不怕牺牲，仅我第一军由徐州出发到无锡退却，为国捐躯的官兵达百分之八十以上，第八师战斗 21 个日日夜夜，全师只剩下 700 余人。第一师先后重伤 3 个旅长，死伤 5 个团长，全师仅存营长 2 人，除通讯连长外，连、排、班长全部伤亡。所有为国捐躯、壮烈殉国的官兵，大都埋葬在淞沪战场这片光荣的土地上，他们保卫祖国的英勇事迹，也理应受到国人世世代代的怀念。

跟随谢晋元浴血四行仓库的回忆

章渭源*

1937年，上海“八一三”的抗日战争持续到10月上旬。开始，日本帝国主义者妄想“二十四小时占领上海”“三个月灭亡全中国”而夸下海口。中国军队顽强抵抗，与日寇浴血奋战。至10月中旬，敌援军增至20余万，集中了当时最精锐的部队和最先进的武器，向我阵地进攻。

我八十八师二六二旅五二四团一营三连的防地在闸北广中路商务印书馆附近，有座房子稍稍突出防线，是战略要地，被敌发现目标后当成焦点，集中火力向该处猛攻。我三连某班英勇守卫，全部壮烈牺牲。等到三连援兵赶到，该据点已被敌占领。师部得到汇报，责令查处，团长韩宪元、副营长唐焕文各记大过一次，营长何沧浪撤职查办；并令唐焕文率三连攻克该据点，将功补过。三连兵力略加调整补充后，与左右翼共同配合，带足弹药，向该据点进行反攻。无奈双方兵力悬殊，仅20多分钟，三连连长刘望亭及该连排长全部阵亡，士兵近百人，死的死，伤的伤，余下士兵及勤杂人员、炊事员等十数人撤下来。副营长唐焕文臀部受重伤，耳朵被震聋，被抬下火线。适湖北保安队援兵到沪，三连兵力当即予以充实，由保安队连长唐棣充任三

---

* 作者时任第八十八师第二六二旅第五二四团班长，是“八百壮士”幸存者之一。

连连长。其他各连亦稍补充。上级又派来杨瑞符任一营营长。

大场一线危在旦夕。我军又集结数万大军予以抵敌，不料大场防线被突破，大军半数皆战死。五二四团团长韩宪元亦在此役中阵亡。接着，吴淞、宝山、江湾等线也先后沦陷，闸北一阵已成弧形，死守无意义。10 月 26 日深夜，“五二四团一营牵制敌人掩护大军撤退”的命令下达到基层。白天，师长召二六二旅部中校参谋谢晋元委为五二四团团附（当时每团设 3 个指挥官，即团长、副团长、团附），并面授权宜，指挥一营完成任务。后又部署各连轮番放枪掷弹，边打边撤。因各连防线不同，退路也不同，枪声和爆炸声此起彼落，使敌人猜疑不透，各连先后到达四行仓库，清点人数后，谢团附作简短的动员训话：“我们掩护任务已完成，本可随军西撤，赶上大部队再上前线杀敌，但还有更艰巨的任务——死守四行仓库，说明我国抗日军队还在打，以安上海民心。现在我们已成孤军，无救无援。这仓库是我们中华民族的领土，我们一定要捍卫它。哪怕只剩一人一枪一弹，也要坚持到底，与阵地共存亡……”接着，杨瑞符营长布置任务：先在二连选派两个班守住满洲路（现晋元路）中段，这是敌人来犯的主要通道，由蒋敬班长（浙江兰溪市柏社人）率领前往该处警戒，以为仓库耳目。谢团附也面授机宜，灵活应变。仓库北面及满洲路西面民房中都派兵埋伏，以逸待劳，做好战斗准备；三连派一个排守住大门，由连长亲自督战；二连守住楼梯和二楼朝北方向的窗口，对外警戒；楼顶、防空由四连派兵负责；一连对付西北方向的来犯之敌，除一部分人警戒南面以及苏州河水面外，其余留作机动，暂分派各层楼窗口待命。并派人在仓库楼下东面墙上凿一大洞，墙洞用整捆的牛皮堵住，派人看守。在仓库楼上同一方向也凿一小洞，形同窗户，可以看见租界边商团（保卫租界的部队）的碉堡和岗哨，并留有人监视。还临时组织一支敢死队，哪里需要就往哪里冲，由谢团附亲自带领。我们连夜赶筑工事，切断电源。到次日中午，各连都已准备就绪，严阵以待，唯大门工事正在加固中。

下午 2 时，蒋敬班长发现一股日军打着“膏药旗”向满洲路搜索而来，向路两边民房乱放枪，还入内劫掠。待其至我军射程之内时，我军出其不意，用两挺机枪一阵猛扫，这小股敌人全部被消灭。在蒙古路上的日军，听到枪声后赶到救援，只见满地的敌尸和我军垒起的简易工事，迅速趴下用机枪猛烈地扫射，看见没有动静正准备起来，我军却从战壕中端起机枪和步枪又是一阵狠打，敌措手不及，多数被我军撂倒，只有后面几人乘我军换弹药之际，向后面逃去。谢团附听到枪声，即在楼上用望远镜瞭望，看见蒋班长连续消灭二次来犯之敌，预料敌人一定还有第三次的且是更大规模的进攻，战斗一定更激烈、更残酷，立即叫传令兵通知蒋班长：敌少则就地消灭，多则稍事还击，即退至二线，再行还击，如抵抗不住，立即撤回仓库，引敌跟踪深入。

果然不出谢团附所料，100 多名敌人在一辆坦克的掩护下，气势汹汹地第三次从满洲路前来进犯，坦克上的机枪直向我军阵地扫射。蒋班长率领全班士兵奋起还击，双方激战一阵，见敌来势凶猛，料难取胜，即转战二线，在二线又顽强抵抗，子弹、手榴弹几乎用完，全班伤亡过半，敌众我寡。敌寸寸逼近，蒋班长正准备撤回仓库，突然中弹倒地，身负重伤，不能行动。他咬紧牙关命令副班长，带领幸存的士兵边打边撤。副班长要背着他走，被蒋班长拒绝，并严厉地命令："快撤，时间逼人，我来掩护，这是命令！"说着，把放在面前的两颗手榴弹揭开盖，把弹弦咬在口中。这时，冲在前面的敌人已到跟前伸手抓人，蒋班长拉断弹弦，"轰隆"一声，眼前之敌被炸倒了，而他本人也在这爆炸声中光荣牺牲了。谢团附目睹蒋班长壮烈牺牲的情景，热泪盈眶。

蒋班长舍身阻敌，为我军赢得了时间，使撤回的战士安全从沙包上爬入仓库。守大门的三连一排战士在垒最后一个沙包时，敌前头部队已冲到门前，抢占苏州河堤畔架设机枪向仓库大门侧射。三连连长唐棣颈部被打伤，包扎后项间缠着纱布，继续临阵指挥作战，守门部队即行投入战斗。谢团附见敌人全部进入火力网内，立即下令，一声军号响，路两边民房中的伏军一齐出动，锁住网口，敌人在网口挨打。仓库各层楼上守军的机枪、步枪一起射击，居高临下，弹无虚发。高楼的重机枪又连续向下射击，部分敌人来不及还击就被我军击毙了。敌退至仓库墙脚下，又被楼上守军的手榴弹轰炸一阵，在硝烟弥漫中抱头鼠窜地哇哇怪叫，乱成一团。苏州河畔的敌机枪手脚跟尚未站稳，就被我军击毙了，连人带枪一起跌入苏州河中。但敌坦克仍掩护着部分敌人向河边开，转弯即将向仓库大门冲去。在这关键时刻，我六楼守军敢死队员陈树生身绑炸弹和手榴弹，拉断弹弦向窗口一跃而下，跳在敌坦克上，“轰隆”一声巨响，与敌坦克同归于尽。他实现了生前的誓言：“为保卫国土，不怕粉身碎骨！”用生命和热血写下了我国抗战史上光荣的一页。尾随坦克后面的敌军多数被炸死，尚有一小股马上向后转，企图从原路突围。但我军无数枪口对准他们，怎能逃出火网？这次战斗，来敌全部被歼，我军虽有少数伤亡，但大获全胜，还捡获一批枪弹，用来充实自己的力量。

满洲路上的敌尸遍地，血汇成了小河，流入苏州河，污染了河水。日军想把尸体运走，担架队不敢来，遂放一群军犬来拖，被拖去一具后，被我军哨兵发现，虽然它们经过训练，机灵警惕，能够利用地形进退，可也逃不脱与它们的主子一样的下场。

谢团附率领八百壮士浴血四行的事迹，通过报纸、电台广播传到全国各地，中外人士莫不精神振奋，群情激昂。苏州河南岸挤得水泄不通，观战者多达数万人。当他们目睹日军被我军打得无处躲藏，成片地倒下去，则拍手欢呼；看见陈树生跳楼炸坦克，则激动得热泪盈眶。外国人则挥舞着手帕致意，或跷起大拇指表示钦佩；有的激于义愤慷慨解囊，带头捐献慰问品。廖仲恺夫人何香凝女士专程来到苏州河南岸，遥望致敬，为我壮士英勇豪壮的气概，感动得热泪盈眶。工部局（租界权力机构）英军司令史摩莱说：“我曾参加过欧战，都从未见过像你们中国这样英勇善战的军队。”

夜幕降临了。战时服务团女童子军杨慧敏，冒着生命危险，向我军捐赠国旗，还带来各报的《号外》，说：“许多慰问品正在集中待运，已有人前去与守桥英军联系，若能过桥，即可运到。”英军司令对我军身陷绝境寄予同情，默许运进物资。大量食品（罐头、面包、糕点、水果等）一筐筐地抬进仓库。各报记者亦尾随而来，除向全体官兵致敬外，随即向二位指挥官进行战地采访。谢团附说：“军人以服从命令为天职。我们奉命死守四行，哪怕只剩一枪一弹也将抵抗到底，绝不退让，不投降，决与阵地共存亡……仅此谢谢租界同胞对我们的关怀和支持。”杨营长当即将慰问品分派到连、到班。自来水亦在这时接了过来。使断水断粮30小时的我军全体官兵喝足食饱。大家都非常激动，深深感到孤军不孤，援绝而不绝，表示以实际行动感谢各方同胞的关怀和支持，坚信有后方广大同胞作后盾，抗日战争一定会取得最后胜利。午夜，各部门的慰问品源源不断地送进来，堆积如山，还送来一根大毛竹及许多手电和电池。谢团附命令四连，连夜把国旗在楼顶升起来。

当晚，闸北方向的敌人复来扰乱，因天黑找不准目标，他们只好躲在仓库北面的空房中的窗台上架枪瞎打一阵，我军无伤亡，并不还击，以节省子弹，保存实力。未几，日军又疯狂地向我军阵地乱打一阵，企图引我军还击，诱露目标，对此我军不予理睬，而是全力注意墙脚，怕敌前来偷埋炸药。后来发给哨兵每人一支手电，不时照看墙脚。不料一个哨兵被敌人打断了手臂，只好改由楼下哨兵负责照管。敌又一次猛烈攻击之后见我军毫无动静，就竖起高音喇叭来，向我军喊话：“中国兵投降吧！竖起白旗，缴枪不杀！否则你们会被消灭的，投降吧……”此起彼落。这时，谢团附作出果断决定，“打”！哪里响就用机枪对准哪里打，打得高音喇叭变成哑巴。日军见用攻心战术无效，即泼洒汽油在原地纵起火来。一时烈焰张天，照亮了满洲路和仓库墙脚。日军利用火光瞄准仓库的窗户和枪眼，打伤我军数人，有一个在枪眼里趴着的机枪手的钢盔顶部被打成两半，灼焦一层头发。

28日，晴空万里，仓库北面浓烟滚滚，火势凶猛，火舌渐渐地向我们据点延伸，热流向我们袭来，整个仓库受到极大的威胁。门前马路上敌尸铺地，四面都有日军围困。守卫在垃圾桥堍的英军步哨见此情况，与我军死守仓库的二楼哨兵通话，说：“我很同情你们，你们解除武装，可以进入租界，保证你们人身安全。”我哨兵婉言谢绝回答说：“谢谢你的好意，武器是第一生命，人是第二生命，有武器就有人。没有武器，人也就不存在了。没有上级的命令，死也不退。”英军步哨跷起大拇指说：“伟大的中国军人！”

这天，因火势逐渐扩大，热流四溢，有股敌人向满洲路攻打而来。敌先头部队进入我军射程时，被我军迎头痛击，打死不少人，后改由西面向我军进攻，也未得逞。是晚，仓库北面和西面之敌，不时向我军据点放冷枪。

29日，火势渐弱。日军另一支部队尚不知我军虚实，调动一大股日军又来进犯。因西藏北路是租界的界路，且有英军驻守；西面则民房密集，弄堂弯弯曲曲，不利作战，余无路可进，只好仍由满洲路而来。我军早有准备，集中各层楼的火力狠打一阵，敌不能前进，伤亡无数，只好逃走。下午，日军用小炮来轰击，烧毁仓库旁的数间民房，使我军外围伏兵无处藏身，撤入仓内，仓库房顶也中弹数枚，但孤军无恙。

30日，火势渐熄。仓库北面一片废墟，断垣残壁，几处焦土上未燃尽的残木仍在冒烟。中午，日军又纠集一批兵力突然向我军发动进攻，来势凶猛地向四行仓库扑来。谢团附发觉后，急指挥一连和四连调动轻机、重机枪还击。一时枪声大作，如放鞭炮，激战良久，敌被阻于半途。与此同时，负责苏州河水面警戒的二连和三连发现苏州河水面有轻便小橡皮船靠岸登陆，敌已爬上河边正在架枪，来不及攻击就被我军连续掷出的手榴弹炸毙。正欲靠岸的小橡皮船中的敌人也被我军机枪打得无法登陆。枪弹还击中一只橡皮船中为炸仓库大门而带来的炸药包的引爆火线，“轰隆”一声巨响，小船及日敌连同水柱被送上半空。它的冲击波不但震碎了仓库的玻璃窗，还震翻了跟之而来的两只小橡皮船。敌人死的死、伤的伤，漂浮在水面，幸免的潜水而逃。接踵而来的另两只小橡皮船仓皇逃走。这场战斗很快结束了，傍岸处敌尸狼藉，有的敌尸漂浮在水面，随同破碎小船慢慢向东流去。北面进攻之敌，听说南面失败，锐气顿挫，也仓皇地撤离而去。在这场战斗中，两位指挥官——谢团附和杨营长身先士卒，各自持枪毙敌数人。

日军声势浩大的进攻被粉碎了。所谓“皇军不可战胜”的谎言被事实驳得体无完肤。

30日晚，谢团附接到撤出四行仓库的命令，召集各连连长进行传达命令，并部署各连做好准备，按一、二、三、四连次序撤退，四连断后边打边撤。我们趁黑夜下了国旗，草草掩埋好仓库内牺牲的战友尸体，又在几处敌人入门时可能经过的地方埋下炸弹。谢团附率领一连带着各连轻重伤员从运进慰问品的墙洞出来，通过两间平房及烟纸店，经过由西藏北路分支的一段通桥下马路，跨上垃圾桥堍，在桥堍指挥，部队战士扶着伤员随后跟上，杨营长押队前进。就在这时，烟纸店门口这段路面，敌军射来一束强烈的探照灯灯光。随着灯光，机枪弹贴地面扫射而来，我军有五六个人连续中弹而死。也许是燃烧弹，尸体马上燃烧起来，焦臭四溢。杨营长腿部中弹几乎倒下，幸被身后警卫向前猛一拖。幸免于难。原来，我们的退路被封锁了。谢团附见状愤怒已极，即行传令四连派兵打灭探照灯，并关照已出墙洞的队伍趁敌换枪管和弹匣的空隙时间伺机通过，墙洞内的队伍暂返原岗位待命。我和战友唐柏年就是利用飞弹的间隙跑过来的。

敌人的枪声，步步进逼，不断向仓库扫射。我军虽不还击，却很警惕，对仓库周围的动静尤其关注。前面罐壳报警器响了，哨兵将手电一照，见满洲路上敌人偷偷冲过来，我军机枪马上跟着手电的指引响了一阵。前面又在报警了。我们以为敌人援兵来了，又把手电亮了一下，敌人又跑了回去。机枪手打得性起，又狠狠地扫射了一阵。手电一照，敌人的新尸加陈尸，一堆堆像是小山丘群。

连长来通知叫撤，命令一、二排先撤，三排断后。等我军全部撤出仓库，连长复派两人进去把在门边早已准备的炸弹埋好，然后领队走出烟纸店。西藏北路早已恢复宁静，只有英军桥头堡的灯光闪烁着。我们越过这曾被封锁的马路，跨上垃圾桥，由北向南渐渐地消失在夜幕中。

我们离开四行仓库后，在垃圾桥南集中，向南京路进发，行至十字路口，工部局的万国商团岗哨林立，要我们卸下武装，交给他们，遭到我军的拒绝。我们正准备散开卧倒架枪，商团少将司令史摩莱带着翻译和谢团附赶来解说，原来有“中国武装部队不得进入租界”的规定。史摩莱少将还补充说：“现在把武器交给我们，暂时代为保管，到时你们离开租界，我们全数归还给你们，并护送你们出境，转道游击区至前方或后方。”幸好谢团附来得及时，否则将闹出一场误会。

我们进入跑马厅（现人民广场和人民公园范围）休息。外围有商团警戒，杨慧敏等女童军送来毛巾、牙膏、牙刷等慰问品，并由工部局供给茶水。次日下午，我们被送进所谓“孤军营”。

陆军一二八师嘉善抗战纪实

唐国钧　陆仁轩　张齐林*

1937年八一三淞沪抗战开始后，国民政府陆军一二八师在师长顾家齐率领下，奉令开赴地处沪杭铁路的嘉善抗敌。由于全师将士勇赴国难，誓死杀敌，与日军血战五天五夜，给敌人以沉重打击，为南方战场的战略部署和后方部队的转移调动，争取了时间，发挥了掩护作用。

1937年11月5日晨，日军第十八师团等，乘大雾从全公亭、金丝娘桥、金山嘴、柘林、漕泾一线强行登陆后，袭击沪杭铁路以威胁我淞沪前线。此时，上海已处危急状态。为了争取时间，确保后方转移和淞沪战场上部队的撤退，11月8日凌晨1时30分，第十集团军总司令电令驻守宁波的一二八师开赴嘉善，阻击进犯之敌。11月9日晚，一二八师三八二旅，在师长顾家齐率领下，登车急奔嘉善。第十集团军总司令部（设在嘉兴）总司令刘建绪命令该部阻击日军，坚守嘉善4天，以粉碎日军企图切断沪杭线，断我淞沪军队退路和补给的阴谋。三八二旅于11月10日凌晨4时到达嘉善。拂晓，七六四团首先进入第一线的枫泾镇外围阵地，士兵们立即换上草鞋，子弹上膛，刺刀上枪，做好战斗准备。上午11时，就与进犯的日军展开了一场激

* 作者唐国钧时任第一二八师师部副官，陆仁轩任营长，张齐林任连长。

战，迫使日军后退。

11 月 11 日，日军集结大队人马，以飞机、大炮作掩护，向我阵地疯狂反扑。我军士兵面对敌人的武器优势，浴血奋战，但终因寡不敌众，弹尽援绝而失落阵地。

枫泾镇陷入敌手后，嘉善城已正面临敌。一二八师官兵在里泽乡南桥一带铁路、公路两侧阵地与日军作战。顾家齐师长两次亲临前线，鼓励士兵们要同心协力，给敌人以猛烈的打击。士兵们齐声高呼："守土御侮，抗击日寇，为国捐躯，万死不辞！"当日军逼近南桥时，即遭到我军迎头痛击。日军增援部队越来越多，在飞机大炮的掩护下，疯狂地向我阵地扑来，我方士兵只是隐蔽在战壕中，等到敌人逼近战壕时，才猝然跃出战壕，以近战的拼刺作战，使敌机不能发威，敌人的机枪也不敢发射。且一二八师的三湘战士都是苗族青壮年，精悍善战，对白刃拼搏更是行家。这样的近战，一直相持到傍晚，我方一次又一次地把日军压了回去。

至此，坚守嘉善 4 天的任务还只防守了两昼夜，然而，我师官兵伤亡已达六百余人，且我师的武器装备极差，只有"土械枪（土枪）""风造枪"，其陈旧程度，用顾家齐师长的话来形容，真是"比道台衙门口的石狮子年龄还要老一点"。顾师长考虑到敌我双方武器装备力量的悬殊，在阵地上及时召开全师军官会议，他沉痛地说："血肉之躯是挡不住敌人飞机大炮的，为了尽量减少牺牲，胜利完成阻击日军的作战任务，我们必须采取灵活的战术，充分发挥夜战、近战、白刃战的优势，克敌制胜！"会后，我师将部队转移到距原阵地前方五六百米处，乘日寇进攻前的间隙时间，抓紧构筑新的掩蔽工事，利用掩体保存实力。

第三天拂晓，日军出动十多架飞机在我阵地上反复轰炸扫射后，日军以多行横队，躬着腰、嘶叫着向我阵地涌来。此时，我师官兵沉着地坚守工事，直待敌军进入伏击圈内后，我官兵就以雷霆万钧之势，端枪直扑敌军，打它个措手不及。日军因吃过我军近战的苦头，所以，一接上火，就显得胆怯，我军紧紧咬住不放，步步紧逼，使距离尽量拉近。敌机也只能在上空嗡嗡地虚张声势。不敢扫射、投弹。这样，双方胶着作战，一直拼搏到黄昏时，双方死伤累累。日军见硬拼不能得逞，只得退下，才结束了一天血肉相拼的战斗。

坚守到第四天，根据师部上一天晚上所发出的转移阵地、改变作战阵容的命令，在离开原阵地一定距离的后方和两侧，又构筑起新的工事；并在老百姓的支援下，在原阵地上虚设了一些稻草人以迷惑敌人。这天早晨，敌机在我方原阵地及前方一带周围地区，进行了地毯式的滥炸，将一个不足 2 平方公里的南桥村几乎炸成一片焦土。轰炸一停，日军疯狂地向我阵地猛扑过来，当他们一进阵地发觉又一次中计时，我师战士已从正面两侧的战壕中一跃而出，给以迅疾的迎头痛击。可是顽固的敌人还是一队队地涌向前来，阵地上血肉横飞，尸横遍地。我师战士虽伤亡很重，但仍坚守阵地，日军因伤亡过重，仓皇撤退。

至此，我师已完成 4 天坚守嘉善、阻击日军的作战任务。本来足可以后撤整休的，但因未接到集团军司令部的撤退命令，我师全体官兵绝对服从顾师长的指挥，继续坚守阵地。

经过几天的激战，日军未能突破我方防线。他们在喘息一天后，又卷土重来，出动了大批飞机，把嘉善铁路沿线的大小桥梁和后撤通道炸毁。另以大队兵力绕过正面阵地，偷渡西塘镇东的南祥符荡，沿善西公路和长生塘向南压迫，从我师后方包抄过来。其来势之猛，火力之密，都超过前几次，我师腹背受敌。顾家齐师长见日军妄图陷我师于全军覆没之地，果断地决定，放弃里泽乡南桥第一线，退守嘉善火车站第二线，同时，命令七六七团移至西侧，扼守嘉善西城门外的 67 号铁路桥，确保我军归路，其余各部在凌晨 4 时前修好火车站一带阵地的工事，准备同日军打一场恶战。到早晨 6 时左右，果然，日军在飞机的掩护下，向我方发动猛烈攻势，炸弹片、炮弹片、重机枪子弹像雨点一样飞向我方阵地。我师官兵无不同仇敌忾，置生死于度外，奋起回击，在嘉善火车站一带往返冲杀来犯之敌，不惜一切牺牲也要死守阵地。

在相持血战中，我师付出了很大的代价。七六四团团长沈荃、营长张健负伤，七六三团少校团附糜大昌阵亡。各团班、排、连长伤亡的达数十人。

激战至下午 3 时，日军的进攻更猛烈了，并把攻击的重点指向我右翼阵地的三八二旅。旅长谭文烈与官兵们下定了战死沙场，为国捐躯的决心，组织火力全力抵御。当时，日军兵力和火力都数倍于我，我右翼部分阵地被隔，情况已十分危急。顾师长目睹形势对我军不利，他一面命令七六七团派兵一营增援右翼阵地；一面亲自率领师部卫队连、工兵连和军官队一起参加战斗。

正在这个激战的时刻，传来了最高统帅部授予嘉奖令和奖金 4 万元的消息。当全师官兵听到这个消息时，士气大振。同时，又看到这位爱兵如子的顾师长亲临前线，冒着枪林弹雨指挥作战，更加精神百倍，奋不顾身冒死杀敌。

激烈的恶战，顾师长眼看自己从家乡带出的这支忠勇淳朴的子弟兵大量伤亡，他十分激动地大声对兵士们喊道：“日本侵略我们，这是国家的耻辱，也是我们军人的耻辱，我们一定要击败日军，为中华民族争光！为牺牲了的弟兄们报仇！弟兄们冲啊！”他边喊边冲，身先士卒向前去。在顾家齐师长这种英勇无畏的精神鼓舞下，全体官兵无不争先冲杀，终于将来势凶猛的日军又一次击退下去。第二天清晨，日军集中更大的兵力向我方发动总攻。我师全体官兵在“弹尽卒尽”的决心下，与日军展开白刃战，浴血拼搏，阵地一片喊杀之声、枪炮之声交织一起，真是惊天动地，响彻云霄。

经过数小时的鏖战，我师七六三团团长舒安卿负伤，副团长杨正银、营长罗安业等阵亡。七六四团副团长杨飞腾阵亡，营长张靖华负伤……全师班排以上军官大部伤亡。我师孤军苦战，弹尽无援，顾师长在向第十集团军总司令部报告情况的同时，又一次率领师直属连队和七六七团的一、二两个营共 500 余人，在汽车站师指挥所附近集结火力，掩护一线部队撤退至有利阵地。当敌人发觉我方开始后撤的意图，就集中兵力想抢攻车站以西的 67 号铁路桥，切断我军归路。这时，67 号桥虽仍在我军控制下，但已被敌机炸得只剩几根钢梁，部队要通过此桥，还需重新铺架。为了保证我师的撤退，顾师长命令已经归还了建制的七六七团以猛烈的火力压制敌人，与敌展开一场更加壮烈的桥头血战。在此激战中，双方伤亡惨重，尸横遍地。那天，直战至黄昏，由于敌人害怕夜战，不敢再攻，我军才得以通过了 67 号铁路桥，奉令星夜撤至临平（靠近杭州的小镇）。我师总计伤亡官兵 2653 人，其中各级军官 190 余人。

嘉善一役，我师虽然付出了重大牺牲，但粉碎了日军妄图切断我沪杭线的阴谋，胜利地完成了嘉善阻击战的作战任务。

淞沪空战

刘国柱*

七七事变后，日军主力积极向上海移动，那时我队（指徐州空军十三队——编者注）主要任务，是监视日陆军在北平一带及日海军在东海一带活动情形。我队连日侦察，将日军移动情形了解得清清楚楚。我队也由徐州调南京，并改组成立空军第六大队，大队长陈栖霞。我编入第三中队，中队长孙省三上尉。对上海日军严阵以待。

1937 年 8 月 13 日 18 时，日军对上海我军发动陆海军总攻击令了。我队奉紧急命令飞滁州待命，当时我也奉派，队长很紧张地在地图上一指说：“飞滁州。”

我对滁州很熟悉，在上学时就读过欧阳修的《醉翁亭记》：“环滁皆山也，其西南诸峰，林壑尤美，望之蔚然而深秀者，琅琊也……”醉翁亭我也去过，所以我一奉命，立即起飞。到了长江上，已升至 200 米高时，我再看地图方位，又因我平日在地图上各大城市间的距离及方位都有记明，所以很轻松地达成任务。

但不幸竟有一位老资格的飞行员，因找不到滁州，天色又晚了，被迫降

---

* 作者时为空军第六大队第三中队飞行员。

落，所幸人机都仅轻微伤损而矣。

8 月 14 日，我们以轰炸机 27 架、战斗机 12 架对上海日军攻击。那时日军还没有战斗机参战，高射炮火力也谈不到，因之日军的军舰、营房、仓库、阵地、纱厂、司令部、油库等等，均中弹起火。我机均安返。

我落地后向地勤人员说：“飞机情况很好，赶快加油挂弹，我去吃点东西就来。”可是等到再返回飞机时，黄文模已上飞机了。

我说：“这是我的飞机，我要再去。”

他说：“你休息一下，我回来你再去。”

他已上去了，有啥办法，只好让他去。不过我说；“嗨！小子当心，上海天气不大好。我等你回来我再去！”

可是不幸得很，他一去，人机再也没回来了。我在地面一直等，没有等到他回来，可等到日本飞机来了，共 12 架，4 架一队，分别攻击南京机场及其他目标。

我因想等我的飞机回来，再去炸日军，不想远离机场，就在附近一个沙包掩体中避避。我清楚地看到日机 4 架正在机场上空由云洞下来，炸弹落处，我修理机棚飞散了，一架我们的地面飞机来了一个底翻面，燃烧起来。

当时我也很佩服日本人的技术，那样不好的天气，他们能找到目标，而且一从云洞下来，正在机场上空。

不过日本机一投弹，就被我战斗机追上了。一个攻击，一架日机冒烟，迅速下落，待我赶到现场看时，日机机头与机尾相去有 100 米，地面一片火，4 个尸体手脚都烧得没有了，这就是侵略者的下场吧！

在南京这次空战中，日机共有 4 架被我战斗机击落。

这天日机也以 11 架攻我杭州基地，被我空军击落 9 架。第二天，日机又以 10 架攻我杭州，又被我空军击落 6 架。这一来，我空军士气大振。

8 月 14 日和 15 日，我轰炸机均集中攻击上海日军。黄浦江中的日舰因江面小，舰只多，运转失灵，只有挨炸的份儿，因之不少军舰被炸沉或炸伤。14 日那天，沈崇诲更以飞机炸弹同人一起攻向日舰，日舰立即爆炸沉没。其他仓库、军营、阵地都被猛攻后重创。于是日舰被迫撤出上海黄浦江，到吴淞口外海上去了。

我这几天，因为黄文模飞去不返，我得不到飞机去炸日军，焦躁不安，日夜不宁。尤其在日机来袭的空袭警报声中，气得顿足捶胸，更难堪的是眼看日机投弹不能反击，气得要发疯了！

总算皇天不负苦心人。到了 16 日下午，于亚杰回到队上来了，我一见到他，抱着他的头，说不出话来，好一阵子才恢复平静。大家急问前方这两天我队攻击情形。他说："我们在队长带领下，在苏州加油挂弹，因与上海较近，夜以继日地攻击，无人愿意休息。一次任务回来，坐在飞机旁，等地勤人员加油挂弹，一声'好了'之后，我们又去投弹。这几天出动多少次，我们谁也记不清了。我今天回来是因为同队人员伤亡甚大，飞机也损失甚多，我这飞机虽然还好，但我已疲惫不堪了。飞机也无人可接，再说飞机也需要检查了。"

我于是叮嘱机械士，连夜检查。次晨一早他们告诉我："飞机好了。"于是我驾机而去，任务是侦察并轰炸吴淞口外海的日本军舰。当时天气很好，我高高在上，远望日舰约 30 艘在吴淞口外，口内也有日舰 3 艘。于是我立即向这 3 艘投弹，然后一个 180 度后转。这时我也发现 3 架日机向我飞来，我表演了一个上下左右乱转几次，再摇摆几下机翼斗着玩儿。因为他们虽然 3 机，然而比我低得多，没法追得上我的。

我回到基地，一下飞机，几个人一齐上来，向我异口同声地说："现在你不能再说你还要去，还是让让吧！"

我一看他们那种情形，把两手一摆，伸伸舌头而矣。

确实，那时的士气，就是一句话："不怕死！"我们那时不但不怕死，根本就不知道有死，而且纷纷去找死。

有一位战友高冠才，他投完炸弹，仍在敌人上空转圈子。回航后，轰炸员大不高兴："你王八蛋，炸弹早投完了，你还在敌人上空老转干什么？找死呀！"高说："我们斗斗高射炮呀，在晚上又好听又好看呀。"这说明他将作战当作好玩，根本不怕。

我对敌人高炮，从来不在乎，开始我在怀疑，大好天气，空中还怎么会有小块小块的云。后来一次在我飞机前不远，突然爆开了一块同样的云，我才知道那是高射炮弹开花造成的，但从此以后我更不怕，我认为敌人高射炮手技术太差了。起初我在敌空，多作不规则飞行避高射炮，从此以后我都一个直线通过了。我认为不规则的飞行，说不定反而会撞上了那劣等炮手的炮弹。

日本人那时宣布：3 个月打败中国，6 个月灭亡中国。而我们呢，在生死存亡的关头奋战、死战，虽然死伤惨烈，然也换得了同样的代价。

队长看见我们争着上飞机，说："大家同仇敌忾、争赴前敌的精神，十分可佩，但还是按排表进行为好，使人人都有机会。大家要知道，这个战争是长期战争，不是日本说的那样简单，6 个月就能灭亡中国，以后杀敌的机会多的是……"因之，以后我只能两日轮到一次任务，偶尔一天一次。

8 月 24 日，我队奉命攻击吴淞口外的日舰。我队到达时，我战斗机已与日机在空中大战，敌方无力攻击我们，我 9 机得以安全投弹后返航。下午，中队奉令全飞到河南周家口，副队长指定由我任总领队。这令我一惊，因为那时我仅是一个刚毕业才两个多月的准尉见习官，队上有的是少尉老资格飞行员，更有中尉分队长、副队长，我算哪一门，怎能轮到我任总领队？但命令之下，没有可异议的。

事后我分析其中原因：1. 周家口我去过一次，那时由南京飞周家口算是长途了，我早晨去，下午返回，一日中飞了 7 小时 20 分钟，也算是当时飞行员日飞的最高纪录了。2. 我在空军官校高级受训时，队上人员曾同我一起受训，他们都知道我的成绩，毕业飞行成绩最高的 75 分，只有他们队长同我两个人。3. 他们知道我飞长途有把握，而且都是直线，当时在队上的长途，几乎是我包办。

有了上述原因，所以虽然我官卑职微而负重任，大家也无话可讲。

写到这里，我还要说说黄文模。他是我空军军官学校六期二班的同学。8 月 14 日那天，我下飞机，他就接了我的飞机去炸上海日军。他的一去不返，让我等得如疯如狂，所以至今记忆犹新。

后来得到消息，他是随队长孙省三，坐桂运光三〇三号机的后座，负责侦炸任务。他们正向日军上海司令部投弹时，后上方来了 9 架日机向他们攻击，桂运光当即中弹死亡，黄文模腿踝亦中弹。但他忍痛驾机迫降我军阵地，经友军送入医院，虽经医院取出子弹，然因无人付医药费，终因流血过多死亡。

我们知道这回事后，痛恨上海那些有势有钱的人——毫无同情心、爱国心，对抗战英雄见死不救！

在淞沪这段战事中，上海租界中的人依然歌舞升平。我们平日对上海租界内借外国人的势力欺侮中国人的情形，无不发指。举点小事来说：我在成都大学时就听说理学院长回国时的遭遇，到上海码头，因为自己提下来提包，拒付苦力小费而被打了几个耳光。后来我到上海码头，试试自提手包去到旅馆，也是要两毫搬行李费，我才说了一句："这是我自己拿下来的。"那个苦力马上凶神恶煞似的说："行李你自己拿不付钱，我们吃什么？这里的事，蒋介石都管不了！"同学见此情形代付了钱，推他走了。从那时起，我就下了决心，将来如果我有办法，我必收回租界，非整整这帮人不可！

淞沪大战是我国家民族存亡的关头，而上海租界内的一些人毫无表示。不说没有爱国的表现，连一点同情心都没有。我们空军战斗员为国受伤，在医院里都没有人管，何至于此！这些情形，我们经常在上海上空来去，看得最敏感。尤其在晚上，战区一片漆黑，而租界灯火辉煌，胜过白昼，电影院、戏院，处处人潮。

这天夜里，一个电影院正在最后一场，在人们等着进、看过的人急着出场的时候，一个炸弹落下开花了，造成死伤近百人的惨剧。

但是这炸弹是谁投的呢？日本？我们？有意？失误？只有天知道！假若是我们，一查就查出来了。不过没人去查，谁也不敢认罢了。至于租界当局，死的都是中国人，没关系的，官场一番了事。再说如果要认真的话，说不定还有第二次第三次呢，算了吧。

也许扯得太远了，还是回到本题来：在淞沪会战时，日本主要策略，是想以重轰炸机破坏我飞机场及飞机。当时我飞机场都是碎石场地，日机远道来，投上一些炸弹，但机场边有的是碎石子，用上几个钟点，最多一夜工夫就修复了。至于飞机，有的是辅助机场，活动性大，很难找着我们，更不会将飞机停在地面由他们炸的。

日本后来用一种水陆两用机作战斗机，有很大的扰乱作用。

我队参加淞沪大战才两个星期，人员飞机已伤损过半，而且没有飞机可以补充了。因之全队调离南京，我也随之到宜昌了。

事后检讨，精神与物质，必须要能配合，否则其效不彰。在这一时期，我们的战斗机队可以说出尽风头，给日本以重大打击。原因是日本重轰机队没有战斗机掩护，本身防卫机枪的有效射程仅300米；而我们战斗机上有炮，射程 800 米，所以能在日机的火网外将其击落。日本自认为无敌的木更津重轰炸机队，只要一遇上我们的战斗机，不是全军覆没，也是落花流水。木更津队 120 架飞机，在很短的时间内就完了，补充的 120 架也难逃厄运。队长剖腹自杀了。

但在轰炸机队方面，我们没有重磅穿甲弹，对日本钢板一英尺的装甲军舰，莫可奈何，除非炸弹落在烟囱，或要害地方一米距离内才有效，但这谈何容易。所以在这一时期，我空军轰炸人员虽然士气高昂，但对日本军舰及其水泥钢骨的军营，始终不能予以根本解决。

所以士气要靠物质充实，物质要靠士气发挥，不可分的。

写到这里，追怀往事，感慨万端，用日本无条件投降时的一首拗体诗作结束吧：

三十四年庆胜利，举国狂欢华夏尊，
回忆淞沪空战友，惟我一人尚幸存！

痛歼日军“木更津航空队”

曹觉迟*

1937 年八一三淞沪抗日战争爆发后，空军第四航空驱逐大队，奉命由河南周家口基地转场到安徽广德机场集合待命，8 月 14 日就一举消灭了气焰嚣张、号称精锐无敌的日寇“木更津航空队”。我军士连当时是担任笕桥机场防空和警卫的，也有幸见证了中国抗战的首场胜利，分享了胜利的荣誉和喜悦。

笕桥机场的卫士

1937 年七七事变之前，我是国民政府航空委员会特务团军士连连长，排长是褚铁（后补副连长）、刘岘（又名刘名山，新中国成立后移居美国）、邱辅英等，驻在南京上新河营房训练学兵。七七事变后，军士连接收了从广州改编过来的邝营为第四营（原来的第四营随空军军官学校到昆明后扩编为官校特务团），增加了一批学生兵及 9 门苏罗通高射机关炮，扩大了军士连的训练内容。

8 月上旬，我连接到团部转发的航委会命令，略谓：“着该团军士连立即

* 作者时任国民政府航空委员会特务团军士连连长。

开赴杭州，担任笕桥机场防空和警卫任务。防空事宜，受杭州防空司令部统一指挥……”我连于 8 月 9 日进入笕桥机场。

笕桥机场是原空军军官学校的训练基地，位于杭州市东北方，西接市区，北邻官校营房和沪杭铁路，东、南两面是濒钱塘江的农村桑园。自 1932 年一·二八上海抗战之后，军校即陆续向云南昆明迁移，现在只有一部分人员留场办理结束交代事宜。机场内没有一架飞机，只有一个庞大的空荡荡的飞机棚。

军士连的 9 门高射机关炮，分布在机场东面和南面的桑园里，刘排长指挥机场南面各炮，我的指挥位置在机场东面第四炮。

8 月 13 日淞沪抗战爆发，我们除担任官校的警卫工作外，全部进入了阵地，准备随时痛歼来犯之敌。

防空指挥的失误

8 月 14 日中午，官校办理结束交代的×科长通知我去接杭州防空司令部打来的电话。找到校部通话之后，对方问我：“你是曹连长吗？”我答：“是啊。”对方说：“有件事通知你，今天下午，大约 3 点钟的时候，有我们民航机一架，从杭州方向进入笕桥着陆加油。加油之后，继续起飞，你们连不要误会，请你复诵一下。”我复诵之后，对方说：“要注意对空警戒，保护民航机安全。”我回到第四炮位，立即用电话通知了各排，并强调了上海战事激烈，要特别注意对空警戒。

时间和防空司令部的通知大致不差，在下午 3 点多钟，发现一架银色飞机，从杭州方向低空飞向笕桥机场。看着该机将到机场上空，不是飞向跑道降落，而是向机库俯冲。我正奇怪这是怎么回事，“轰轰”两声巨响，机库棚顶被炸飞了，场内地勤人员慌乱隐蔽，我刚意识到这是敌机，而敌机已升起，飞过四炮上空，明显的看到机翼上的红膏药标志。炮口旋转 180 度已来不及（因苏罗通是法国造的陈旧机炮，转 180 度须全炮移动），我急得真想跳起来骂杭州防空司令部。幸而在这同时我机场南边的各炮开始了射击。敌机正在向左转弯，薛班长喊叫“打中了，打中了！”我也看到敌机右翼抖动了一下，急忙向大青山方向逃窜，已脱离了苏罗通的有效射程。我恨恨地叹了一声“可恨让它跑了！”真不知道杭州防空司令部为什么这样麻痹，没有发现这是敌机，致使敌寇逞凶。

高志航首战告捷

正在我叹惜的时候，学兵们乱喊：“连长、连长，你看，我们战斗机截住了这个狗强盗！”其实我的眼早已盯着敌机，在大青山上空被我一架战斗机截拦。敌机想转身逃窜，可是已来不及了，我战斗机紧紧咬住它猛烈射击，转瞬之间，就把它揍下来了。我机群一直注视着屁股冒烟、螺旋下垂的敌机葬身在大青山下之后，才离开战区。这时，不仅场内人员欢呼雀跃，也隐隐听到场外的欢呼和掌声。这时又来了两架我们的战鹰，紧随第一架战鹰之后，在杭州上空搜索巡逻后，向东北飞去。

这一场“哑巴仗”（没有空袭警报，也没有解除警报）很快结束了，是谁打下敌机的呢？大家在议论中。不到两个小时，从杭州带来了号外，也听到了鞭炮声。大家争看不及，拿号外的人说：“我来念念吧。”他站在一个高地方念道：“今天（14 日）下午约 3 时 20 分，日寇轰炸机一架，窜至我杭州上空，偷袭我笕桥机场，丢下两枚重磅炸弹后，仓皇向大青山方向逃窜。被我空军第四大队高志航大队长及时拦截，迎头痛击，一举将敌机击落在大青山下，机毁人亡。我方被炸毁空机棚一座，无其他损失。”人家听后，啧啧称赞：“高大队长真是英雄！”“这些日本小鬼就得叫我们志航大队教训教训他们。”我心里想：“苏罗通只能是无名英雄啦。”

下午六时许，×科长打电话给我说：“今晚上志航大队有 4 架飞机进驻笕桥机场，来后请你加强警戒。”我回答：“不成问题。”

推心置腹　以诚相见

黄昏前，4 架战斗机分两次（先三架，后一架）来到笕桥机场。我连派出了军士哨担任警戒。

黄昏后，我去查哨，碰到×科长，他是来看飞机的。我们一边走一边闲聊。他说:“今天看过号外，听说你们学兵有说‘二话’的？”我笑着说:“科座你听见说些什么？”他说:“你们学兵说敌机是高大队长打下来的这不错，可是它右翼上也有我们射穿的窟窿啊，抹掉了这一点，我们炮弹怎么报耗呀？”我接着说，“他们这些话是冲着我来的，想表现表现自己嘛。我对他们进行了教育，告诉他们抗日战争是整体战，有了战功，只能记在最突出的英雄或集体名下。今天的敌机，是高大队长英勇战斗，一举击落的，有目共睹。如果我们一定要说敌机是我们先打伤的，有谁看见了呢？况且我们是空军的防空警卫部队，应该共同作战，空军的胜利，自然有我们一份光荣，有什么委屈呢？”他说:“可以告诉你们官兵，苏罗通击中敌机机翼是抹不掉的，这是我亲眼看到的，因为杭州防空司令部也有电话给我，叫给民航机加油，我一直注视着这架飞机，机库被炸，我须立即上报。我会把你们防空战斗情况写进报告中。”

“谢谢科座。”我又提出疑问:“我对杭州防空司令有怀疑，为什么敌机进入笕桥机场的方向、时间与他说的民航机进入的方向、时间丝毫不差呢？没有空袭警报，军民都没有疏散，今天是炸了机库，如果炸的是工厂、营房，要死伤多少人呀！”他说:“是值得怀疑。不过社会上的事情‘巧合’的时候也有，现在我们还不便武断，等我问他们民航机哪里去了，有答复时告诉你。但这是他们防空失职，是责无旁贷的。”

我还想向他了解志航大队驻在哪个机场，又觉得这是军事机密不便多问。他看我欲言又止，就说:“有什么问题谈谈吧。”我把想问的说了。他说:“这是机密，不过我们有共同作战任务，可以对你说，他们驻在广德机场。”我说:“是不是在苏、浙、皖交界的安徽广德？”他说:“是的。它和上海、杭州成掎角之势，随时可以支援两地。广德到杭州空中距离只有七八十公里，得到情报马上可到。”相见以诚的谈话，使我思想上轻松了不少。

人为事故　贻误戎机

8 月 15 日，天气晴朗，是日本“飞贼”侵袭的好天气。我连接受了昨天的教训，把炮位作了变换，使各炮在空中能形成交叉火力网，严阵以待。

“空袭警报拉响了！”学兵们只在防空演习时听过一次这种“怪声”，大家既紧张又敏捷，很快各就各位，准备就绪，待机歼敌。场内地勤人员，除值班外都迅速疏散。战鹰起飞了。不知是谁在小声数着“一架、两架、三架”。我正在打电话询问各排情况，忽然听到谁喊：“连长，那一架飞机怎么不起飞？!”这是个问题，引起了我的注意。远远地看见几个人围着飞机，像是着急跺脚的样子。过了一会儿，才看见一辆小汽车开到飞机旁边停下。不一会儿，飞机发动了，滑上跑道起飞了。可是，飞机刚刚离地，发动机停止轰鸣，飞机迅速下降，对着我四炮阵地冲过来（四炮阵地在跑道尽头外面的桑园里）。我急忙叫学兵赶快闪开。还好，飞机滑到跑道尽头停了下来。飞行员跳出机舱，低着头坐在机旁。

我跑过去一看，这位飞行员光着头，上身穿的是一件夹克，下身是白色灯笼裤子。手里提着个小皮箱。好像空袭警报才把他从梦中惊醒，慌慌张张跑到机场来的。我问他：“飞机发生了什么故障？”他说：“飞机没有毛病，是没有油了。”我说：“现在还没有发出紧急警报，叫学兵给推过去加油吧。”他低着头不语，我真急了：“放在这里不行，这太危险……”正说着，看见顺跑道来了两辆自行车，骑得飞快，坐着4个穿机务队服装的人。我说：“机务队来人了，你们说吧。”

机务队的人，一面跑一面问：“飞机怎么样了？”这位飞行员仍然不吭声。我说：“飞机没有毛病，是没有油了。”他很恼火地冲着机务人员说：“你们是干什么的？为什么不给加油？”机务人员也火了：“你昨天一下飞机像二大爷一样，扭头就走，屁话不说，我们知道你缺少什么！”他一蹦起来说：“那要你干什么？”我看着不对头，赶紧劝说；“现在打仗要紧，别的话以后再说，趁还没有紧急警报，赶快报去加油。”我不再让他们争论了，派了 4 个学兵，帮着把飞机推走了。

志航大队　再传捷报

紧急警报拉响了，很快就听到杭州湾方向像沉雷似的爆炸声。加油的飞机，也急忙起飞了。我们专注地看着天空，搜索敌机。

不知过了多长时间，听到长鸣不断的汽笛声，警报解除了，疏散的人群回场了，我们的战鹰返航了。人家仔细的数着一、二、三、四架都着陆了。这就意味着打了胜仗。

远远地看着飞机被“包围”了。不一会儿，推飞机去的学兵向回跑来，一面跑一面喊：“好消息！”阵地上的官兵把他们团团围住，范梦云结结巴巴地说：“阿拉打下木老老的（杭州方言是“很多”的意思）。”“到底打下多少？”我说：“薛明你说吧。”“小鬼子来了 5 架，打下了 3 架。另外两架见势不好，把炸弹扔到海里（杭州湾），夹着尾巴跑了，算逃了活命。”薛明说完，大家高兴得又跳又叫。

后来听官校的人说，敌机是受了我们广德和笕桥的战鹰两面夹击，遭到了惨败。如果不是王××的飞机误事，战果可能还要大点。

志航大队　三立战功

8 月 16 日，杭州无战事。我们高炮连利用这个时间加强防空设施。下午，笕桥的 4 架飞机，全部飞走了。

8 月 17 日，空袭警报汽笛又响了。疏散后的机场，空无一人。我询问了各排情况之后，严阵以待。

紧急警报之后，很快就在东方发现了几架敌机，稀稀拉拉地像麻雀阵似的向西飞来。学兵们因为没有看到我们的战斗机，既紧张又兴奋。小声地说：“这回轮着我们打了。”我叫大家不要紧张，看准敌机，算好“提前量”，到有效射程再发炮。

就在此时，忽见敌机乱阵，四下分窜。情况有变。学兵喊叫：“往上看！”啊，原来是我们的战斗机群，不知何时，埋伏在高空，现在正以雷霆万钧之势，向敌机俯冲攻击，趁势来了个“分割包围，各个歼灭”。敌我飞机，左右盘旋，上下翻飞，展开激烈战斗。有一架敌机，被我战鹰赶到笕桥上空，距我们阵地不过2000米，可我们不能开炮，怕误伤我机，只能一面观战，一面待机开火。

“打下来了！”学兵几乎是齐声欢呼。敌机被打落下来，像陨星一样，一头栽到地下，听到轰隆一声巨响，就冒起了黑烟，接着又看见大青山那边打下一架，海边（指钱塘江口外边）也打下一架，不用看战报，我们已知道击落3架，肯定是三战三捷啦！

警报解除之后，我随同很多人围看击落在附近的那架敌机。敌机已炸得五零四散，烧得只剩下破碎骨架，看不出机型；敌人也只有一堆堆焦骨，一块块黄油。这是侵略者的必然下场。

第二天消息传来：“来犯的敌机共6架，击落3架，击伤两架。”我志航大队三立战功。可惜的是高志航大队长受了轻伤，住进医院。打仗嘛，牺牲是难免的；但保家卫国，流血牺牲也值得！

“木更津队” 惨败告终

淞沪抗日战争日趋激烈，敌我都在调兵遣将，酝酿大战。杭州方面，一连几天，安静无事。

在连续激烈空战之后，骤然气氛凝静，就更觉得沉闷。敌我情况究竟如何，心里没有底。去防空司令部开会的副连长回来了，带回一些文件和报纸。他找出一件公文说：“先看这个吧，‘木更津’完蛋了。”我接过来仔细看完，不由得叫了一声：“好，真带劲！”

公文的大意是：“日寇为了破坏我空军官校训练基地和阻扰我由沪杭线增援上海的部队，自8月14日开始，连续侵袭我杭州。侵袭之敌是日本木更津航空队，共有飞机10架，由两艘主力舰（长门号、鹿放号）运载到东海起飞。由于我空军第四大队在高志航大队长率领下，同仇敌忾，英勇奋战，三战三捷，建树战功：共击落敌机7架，击伤两架，彻底消灭了日寇木更津航空队。日寇由于狂妄自大，迷信‘杜黑主义’，致遭全歼！”

我问什么是“杜黑主义？”副连长说：“我们空军人员解释说，杜黑是意大利法西斯的空军理论家，他主张单机轰炸。理由是行动机密目标小，偷袭的成功率大。”我说：“好啊，叫他永远迷信下去吧。”

晋升录用　上级嘉奖

连续几天激烈的空战过去了，传来了敌我双方的战况，顿觉心情轻快。不知不觉到了 9 月下旬，淞沪战争已近尾声，敌机开始轰炸南京。我们军士连完成了在杭州的任务，于 9 月 13 日调回南京。

不久，发生了两件事：一是航委会指定空军在军士连学兵中挑选空军射击士、通讯士，合格多少录用多少。结果，把身体好、有文化、年岁轻的学兵，选了 33 名，整整走了一个排。二是连长曹觉迟晋升少校衔，副连长褚铁、排长刘岘均晋为上尉衔。这也许是对我们的嘉奖吧。

太原会战

国共合作后中日两军的第一次较量

杨得志*

一

1937年元旦，1月底，上级命令我去军团部带一批干部赴延安“抗大”学习。到军团部才知道，参加这次学习的五六十位干部都是参加过长征的老同志，带队的是陈赓和我。

我们在延安“抗大”正努力学习的时候，日本帝国主义完成了入侵中国腹地的军事部署，向我国发动了更大规模的进攻。1937年7月7日，卢沟桥事变发生了。为了抗日救国、挽救民族危亡，我们在“抗大”的学习提前结业了。结业典礼是在我们由延安向三原搬迁的途中——洛川举行的，可见时间、任务之紧迫。

1937年8月，根据国共两党谈判的协议，中国工农红军改编为国民革命军第八路军（后称第十八集团军）。朱德为总指挥，彭德怀为副总指挥，叶剑英为参谋长，左权为副参谋长，任弼时为政治部主任，邓小平为政治部副主任。原红一方面军和红15军团为主，改编为八路军第115师，师长林

* 作者时任八路军第115师第343旅第685团团长。

彪，副师长聂荣臻，参谋长周昆，政训主任罗荣桓。我被聂荣臻要回老部队，到这个师所属的343旅685团任团长，副团长是陈正湘和萧远久，政治部主任是邓华。

我离开“抗大”去115师师部见聂荣臻。他看到我头一句话是：“嗬！我们‘窑洞大学’的毕业生回来啦。好，来得正好，你看！”他指着桌子上一厚叠用五颜六色纸张写成的东西，兴奋地说：“全是战士们要求上前线的决心书噢！现在可以说是刀出鞘、弹上膛，盘马弯弓射大雕。部队情绪好得很呀！”

“我们的具体任务呢？”我问。

聂总说：“要你到685团有两个原因：一是这个团是你原来工作过的2师改编的；二是这个团是全师的先头部队。现在部队已经到了黄河西岸韩城、合阳之间的芝川镇，你们的任务是过黄河进入山西。如今山西以及整个华北吃紧得很呐！”

聂总简要地向我讲述了华北的形势。他说：“北平、天津失陷后，日寇沿平绥、平汉、津浦3条铁路线大举进犯。已经侵占了南口、张家口、大同、涿县、保定、沧州等地，矛头直指归绥、包头、石家庄、太原、济南等地。进入山西的日寇已由大同到了广灵。周恩来和彭德怀等同志曾同阎锡山面谈，鼓励他抗日。日寇进了山西，阎锡山当然紧张。但是要打仗，要抗日，我们还是要有‘以我为主’的思想，既要拉着阎锡山，又不能完全依靠他。”

聂总的谈话虽然简要，但总的形势、敌我态势和我们的任务、基本方针已经交代得十分清楚了。特别是我们那个团已经到了离黄河不远的芝川镇，我必须尽快赶上部队。谁知走出师部碰到了原红1团改编的独立团的几位老战友。他们听说我要去685团，都动员我到独立团去工作，说：“这是老红1团嘛，你为什么不回来？”

我那时年轻，转身就去找聂总，说：“我还是去独立团当副团长，685团的团长让别人去干吧。”

“为什么？”聂总耐心地听完我的理由，然后严肃地说：“你去685团是命令。命令下达了就要执行。形势这样紧张，部队在等你，你马上去 685 团！”

我火速出发，日夜兼程赶到芝川镇时，部队已经渡过黄河，一直赶到山西侯马市郊才见到了陈正湘、萧远久和邓华等同志。

二

9 月下旬，朱德、彭德怀、任弼时、左权、邓小平等同志率八路军总指挥部进驻五台山区的南茹村，直接指挥我们作战。这时，日寇分兵两路向太原方向推进：一路由大同进攻雁门关，南下直取太原；一路由蔚县、广灵西扑平型关，目的也是夺取太原。这后一路来势极凶，已经攻到离平型关不远的灵丘。灵丘一失，必将兵围平型关。“两关”一旦失陷，太原必然难保。把守边关的蒋阎 20 万军队惶惶不可终日，直退至“两关”一线。我党以民族利益为重，决定援助他们作战。朱总和彭总号召八路军全体指战员以“与华北共存亡”的决心，兵分两路迎战日寇。一路由贺龙、任弼时率领 120 师，驰援雁门关；另一路就是我们 115 师，从侯马乘阎锡山派出的接兵车，沿同蒲路日夜向平型关急进，迎击进犯之敌。

侯马在晋西南，平型关在晋东北。也就是说，从侯马到平型关要穿越几乎整个山西，大家坐着闷罐车长驱不停，但仍感速度太慢。当时秋雨连绵，狭窄的车厢里人很拥挤，闷热潮湿，空气污浊，再加上不停地颠簸，不少同志忍不住呕吐起来。大家为了驱散这旅途的困扰，便讲笑话，唱抗日歌曲，情绪相当活跃。

最使我们感动的是，车过洪洞、临汾、霍县、介休等大站时，成千上万的群众，携带着慰问品，在风雨中迎送我们。“热烈欢迎抗日的八路军将士上前线！”“打倒日本帝国主义！”“用鲜血保卫我们的每寸土地！”“中华民族万岁！”“抗战胜利万岁！”此起彼伏的口号声，冲破风帐雨幕震撼着祖国大地！

指战员们受到了极大的鼓舞和深深的教育。民族的需要，人民的希望，自己的重任，一切的一切都摆在了眼前！那些在列车开动中一闪而过的人影，深深地留在了我们的记忆中。有的战士开玩笑说："谁说洪洞县里无好人？胡扯，好人多得很嘛！"

好人当然是多得很，但是我们在沿途也看到一些令人气愤的现象——大批溃逃的国民党官员，带着搜刮来的财物，你拥我挤，仓仓皇皇地爬上南去的列车。群众骂他们是民族败类。我们的战士气愤地说："要不是'联合'了，非毙了他们不可！"

我在介休车站接到通知，要我在车到太原后进城去林彪处接受任务（当时林彪住在太原阎锡山的一个招待所里）。午夜，车到太原站，我便带着两个警卫员往太原城内赶去。在城门处见到许多穿着破衣烂衫的群众聚在风雨中，一打听，原来他们是从大同、广灵、蔚县、灵丘一带逃难出来的。然而，城门紧闭，不许他们入内，只好忍饥挨冻，盼着天明，再想法子。我的警卫员向门卫说明了情况，我们才进了城。

由于不认识路，我们只好雇了人力车。这种车我是第一次也是最后一次坐。看着骨瘦如柴的人力车夫在风雨中拉着我，心里真不是滋味。他听说我是八路军，高兴地说："先生，拉你们我欢喜！你们不来我们就要当亡国奴了！"

车到招待所门口，我们先后下了车。可是两个门卫硬是不让我们进。车夫急了，高声喊道："他们是八路军，打鬼子的，你们咋不让进？"门卫不但不理，反而举起枪托要打车夫。我和警卫员一边拦阻一边说明情况，特别是警卫员告诉他俩我是团长，他们才不发横了。警卫员拿出钱给人力车夫，那车夫怎么也不肯收。他说："你们来山西帮我们打鬼子，我再要钱，还有良心吗！"还是我把钱硬塞到他手里，说："这不是给你的车费。就算我请你吃顿饭的钱吧。"他这才收下，眼巴巴地望着我们进了招待所。

林彪见了我，问了一下部队的情况，交代我要加快北上的速度，把部队开到平型关一线。

赶回太原车站，天刚亮。风停了，雨也住了。我们又乘火车急速前进。谁知列车离开太原才三四十公里，日本飞机就来轰炸了。敌机扫射把列车车厢穿了不少洞，我们有二十多位同志负了重伤。动员他们下车转后方医院休养，他们怎么也不听。有个战士甚至哭着对我喊："团长，还没见着鬼子的面你让我有什么脸回后方？我不走！死也要死在前线上。"时间紧，任务急，我只得命令他们留在后方。其实，我当时心里也很矛盾：这样的好战士，我舍不得离开他们，但又必须离开他们。

列车继续奔驰着。傍晚，进入原平车站时，由于前边的铁路被炸毁，无法通行了。这里离平型关大约还有一百多公里，为了抢时间，我们奉命改乘汽车前进。这时，全团上下只有一个信念，就是天塌地陷，也要及早赶到平型关！

担负输送任务的是国民党军队的一个汽车团，这个团全是美式装备，连卡车也都一律带帆布篷子。条件虽不错，但考虑到前面道路险要，又是夜间行车，而且随时会有敌情，我不禁对这个汽车团能不能安全、迅速地把我们送到目的地越来越担心。部队上车前，我和陈正湘、萧远久、邓华等分别向营、连干部交代，一定要做好司机的工作，防止发生意外。

我正要上车，一个司机走到我面前说："首长，这一带全是山路，颠得厉害，您到驾驶室里坐吧。"

听他叫"首长"，我感到很奇怪——国民党士兵对上级从来是称职务或"长官"的，这个司机却非常自然地用了我军上下级之间的称呼，不知为什么。我说："你的驾驶室里还有副手哩，我坐后边可以。"

"不，不。"那司机急忙解释说，"副手已经到另一辆车上去了。您来坐吧，不会出事的。"这后一句话显然是怕我对他不放心。

我看这司机近 40 岁的样子，长得粗壮结实，比较纯朴，没有老兵油子的味道。汽车开动后，我问他："你是哪里人呀？"

"河南。"

我看他的车开得很稳，便说："是个老把式了吧？"

他打着方向盘，叹了口气，说："摆弄这个'圆圈圈'13 年了。"

"到过不少地方吧？"我又问。

"怎么说呢？"他燃上一支烟，猛吸了两口，没头没尾说，"你们到过的地方，我也到过一些。”他见我不解，惨然一笑，“最后一次‘围剿’你们，我就开车到了江西，后来，你们长征——我们长官说叫‘西窜’——我又开车跟过你们，不久前才调到山西来的。我开车，没打过仗，可见过你们。我曾想跑到你们那里去，可又一想：共产党没有汽车，我又不会打仗，去送死呀？你想，我被抓来当兵，家里上有爹娘，下有老婆孩子，我死了他们咋活？现在，我虽然活着，但也不知道他们还喘不喘气哩！这回好了，共产党和国民党不打仗了，大家一块打日本鬼子，打完日本鬼子我就可以回家了。我不是当着您说好听的，要真的正儿八经打鬼子，还得靠你们呀！要是我跟着你们，让鬼子打死了，那也不屈。中国人嘛，不能让个小东洋欺负着！”

黑夜里我看不见这司机的表情，但他朴素、真诚的语言使我感动。他当了多年国民党的兵，对国民党的本质认识不清这是难免的，但他仍有一颗爱国之心应该说这是可贵的。我由他想到了接触过的东北军、西北军的普通官兵，庆阳县的县、镇长们，特别是从侯马到太原一路上见到的人民群众。是呀！偌大的一个中国，拥有四万万五千万同胞的伟大民族，只要真正团结起来，日寇还够打的吗！当然，我也想到了党中央和毛主席确定的，建立广泛的民族统一战线，共同抗日的政策和策略是何等的英明和正确啊！

天明，我们到达了离平型关不远的大营。在从大营转赴平型关外东南边的冉寨、上寨地域的途中，我们遇到了从灵丘败退下来的国民党官兵。他们简直是一群乌合之众，只顾向平型关内溃逃。有些逃兵竟跑到我们的驻地来抢老百姓的东西。我问他们中的一个老兵：

“你们为什么不在前方打日本？”

那个老兵魂不附体似的说：“日本人太厉害了，太厉害了！”

“你们打上了吗？”我又问。

“没有。”那老兵摇晃着脑袋，“连鬼子的影儿还没见着，上头就命令我们撤了。”

真是可耻、可悲、可气！

三

日寇侵华精锐部队板垣师团占领灵丘不几天，便向平型关扑来。

平型关位于山西东北部古长城上，自古以来是晋、冀两省的重要隘口。关内关外，群山峥嵘，层峦叠嶂，沟谷深邃，阴森幽静。关前有一条公路，蜿蜒其间，一直通向灵丘、涞源，地势煞是险要。这是坂垣师团二十一旅团侵占平型关的必经之路。从关前至东河南镇之间的十余里公路，路北侧山高坡陡，极难攀登，路南侧山低坡缓，易于出击。上级决定，我们685团和686、687等3个团，埋伏在南侧一线。

为了赶到伏击地域，我们连夜从上寨出发。当时大雨如注，狂风不止，加上天黑路滑，行动十分困难。全团上下衣服被淋得透湿不说，几乎都成了“泥人”。深秋，山区的夜晚已是很冷，指战员一个个冻得直打哆嗦。

拂晓时分，我们终于到达了目的地——李庄，我把1营刘营长、2营曾国华营长、3营梁兴初营长叫到一起，在大雨中指着前面的公路说：

“这就是我们的攻击地段。板垣的二十一旅团要进平型关必须通过这条路，这里居高临下，地形好得很呀！”我又指着东面说：“从这里往东是686团，再往东是687团。”

我们团的3个营都是有着光荣历史的部队。1营是朱老总从南昌起义带出来的；2营是跟着毛主席参加秋收起义上井冈山的；3营是黄公略同志领导的老3军的底子。许多战士都是经过长征的老同志。3位营长都是红军干部，都做过团一级领导工作，可以说是身经百战的了。有这样的部队，这样的指战员，对打好这一仗，我是信心十足的。但考虑到这毕竟是我们第一次和日寇作战，不熟悉敌人的脾性，更何况对方又是气焰十分嚣张、“赫赫有名”的坂垣师团二十一旅团，尽管我们都浸泡在雨水里，我还是耐心地提醒他们说：“一定要告诉所有的同志——从干部到战士，以至炊事员——这次战斗非同一般，政治意义更巨大。国民党军队的溃逃不仅助长了敌人的嚣张气焰，而且对热心抗战的人民群众是个很大的打击。如今人民的希望寄托在我们身上，他们在看着我们哪！党中央、毛主席，朱、彭等首长也在等着我们的胜利消息。所以，这一仗一定要发扬我们敢打敢拼，不怕流血牺牲的传统，彻底消灭这帮侵略者！打出红军的威风来，打出中国人民的志气来！”

3位营长刚走，陈正湘、萧远久和邓华就冒雨来到了我的身边。他们刚分头到各连作了战前动员。我问他们下这么大的雨，部队情绪怎么样，邓华说：“一句话，劲头都集中到刺刀尖上，就等吹冲锋号了。战士们说：日本鬼子嗷嗷叫，国民党兵往后跑，人民群众在吃苦，我们这口气死了也咽不下去！这样的奇耻大辱、深仇大恨怎么也得雪，怎么也得报。要不，就不是中国人，更不是共产党领导的红军战士！”

天亮后，风停了，雨住了。除了平型关方向传来稀疏的炮声外，公路上仍不见日军的踪影。怎么搞的？情况有变化吗？ 1营长从山头左侧跑过来，有点着急地问我：

“团长，鬼子怎么还不来？”

我说：“打伏击嘛，就要沉得住气，有点耐性。怎么？你认为鬼子不会来吗？”

1营长摇摇头，说：“拿不准。”

“没有什么拿不准的。”我说，“你赶快回到自己指挥位置上去！”因为他那里集中了全团十多挺机枪，我特别嘱咐他说，“要注意你那些机关枪噢！”

那时候我们都没有手表，不知道确切的时间，大约上午8点多钟吧，先是听见远处传来汽车的马达声，接着隐隐约约出现了汽车的影子。汽车越来越近，这才发现后面还有大车、马车一大溜。只见头一辆汽车上插着一面“太阳旗”，坐着几十个鬼子，头戴闪光发亮的钢盔，身着黄呢大衣，上着刺刀的步枪揽在胸前。汽车一辆接一辆地开进了我们的伏击地域。这些家伙装备精良，侵华以来还未遇到过什么真正有力的抗击哩！他们在车上指手画脚，叽里哇啦地不知讲些什么。在我们的国土上，他们旁若无人似的，真有些不可一世的味道。

战士们上好刺刀的枪膛里压满了子弹，机枪射手们已经在瞄准了；他们都不时地望着我。我好像感到了大家的心在剧烈跳动。而我的双眼却只盯着公路的拐弯处。当日军的头几辆汽车开到我们阵地的山脚下时，我立刻命令：

“全体冲锋，打！”

顿时，机枪、步枪、手榴弹一齐开火，指战员们暴风骤雨般地向敌人冲去。日军最前面的汽车已被打坏，着了火，后边的汽车、大车、马匹等互相撞击，走不动了。日军嗷嗷地叫着跳下车来四处散开。我想他们大概没有想到，会在大白天遇上这样突然的勇猛的打击。“大皇军”的精锐旅团惊惶失措了。

应当说坂垣二十一旅团还是支很有战斗力的部队。他们从懵懂中一清醒过来，其骄横、凶狠、毒辣、残忍的本性就发作了，指挥官举着军刀拼命地嗥叫着，钻在汽车底下的士兵站出来拼命往山上爬。敌人想占领制高点。我立即派通信员向各营传达命令：“附近的制高点一个也不准鬼子占领！”这时，刘营长已指挥 1 营把公路上的敌人切成了几段。他接到我的命令后，马上指挥 1、3 连向公路边两个山头冲去。山沟里的日军也在往山上爬，可是不等他们爬上去，迅速登上山头的 1、3 连紧接着又反冲下去，一顿猛砸猛打，把这群日军报销了。这个营的 4 连，行动稍慢一步，被日军先占了山头。连长在冲锋中负了伤，1 排长就主动代替指挥，他用两面夹击的办法，很快把山头夺了回来，将日军逼回沟底全部消灭。

正当部队同敌人反复争夺制高点时，两架日军飞机顺着公路来回盘旋。战士们看到这情景，一股劲地靠近鬼子，同敌人混在一起拼杀起来。敌机大概看到双方交织在一起，无法扫射，也无法投弹，只好飞走了。

最激烈的白刃格斗在 2、3 营的阵地上展开了。2 营 5 连连长曾贤生，外号叫“猛子”。战斗打响前，他就鼓动部队说：“靠我们近战夜战的光荣传统，用手榴弹刺刀和鬼子干，让他们死也不能死囫囵了。”发起冲锋后，他率先向敌人突击，20 分钟内，全连用手榴弹炸毁了二十多辆汽车。在白刃格斗中，他一个人刺死十几个日本兵。他身上到处是伤是血，一群日本兵在向他逼近，我们的英雄连长曾贤生拉响了仅有的一颗手榴弹，与敌人同归于尽。他的壮烈行为鼓舞着我们，更鼓舞着他身边的战友。指导员身负重伤，依然指挥部队；排长牺牲了，班长顶替；班长牺牲了，战士接上指挥。就这样，前仆后继，打到最后，全连只剩三十多人，却仍然顽强地与敌人拼杀！ 3 营的 9 连和 10 连，冲上公路后伤亡已经很大，但他们依然勇敢地与敌人拼杀，以一当十，没有子弹了就用刺刀，刺刀断了就用枪托，枪托折了就和敌人抱成一团扭打，哪怕只有几秒钟的空隙，他们也能飞速地拣起石块将敌人的脑壳砸碎。战斗到最后，两个连队眼睛都打红了，尽管伤亡都超过了半数，战斗情绪却依然旺盛得很。这是血战，是意志的搏斗，也是毅力的考验。

日军士兵由于长期受军国主义的欺骗宣传和所谓“武士道”的影响，成了一帮亡命之徒。他们负了伤仍然顽抗。战士们喊“缴枪不杀，优待俘虏”，不知他们是听不懂，还是根本听不进去，毫无反应。1937 年的日军，战斗力还是蛮强的。也许，“皇军”几个月要灭亡全中国的神话在他们的头脑里还起着作用。但神话毕竟不是现实。战斗进行到下午，以我们的最后胜利结束了。据后来的统计，此次战斗共歼敌一千余人，坂垣师团二十一旅团，在中国人民的铁拳下，遭到了毁灭性的打击。

四

平型关一战，震动了野心勃勃的日本帝国主义。九一八事变，甚至更远一些如甲午战争以来，他们还没有遇到中国人民这样有力的、巨大的、歼灭性的打击。“不可战胜的皇军”，居然败在了他们认为是“一盘散沙”“不堪一击”的中国人的手下。

平型关一战，震动了矛盾重重的国民党各派势力。“灭共派”看到了被他们“灭”了十多年的共产党的真正实力和气魄，不能不作进一步的思考和谋划了；“联共派”应该说受到了不小的鼓舞，似乎觉得“联共”的“资本”大大地增加了。作为一个整体，国民党在进一步地分化。

平型关一战，也震动了一些对中国共产党了解不深、难免存有观望情绪的人士。从蒋介石四一二叛变，经过从未休止的军事“围剿”“聚歼”和白色恐怖的大屠杀，以及被宣传为“溃不成军的西窜”（指长征）之后，他们觉得中国共产党已经是伤痕累累了；但是今天他们亲眼看到的却是一个无比健壮的、傲然屹立的巨人。这就大大增添了他们对中国共产党的信任和希望，尤其是在民族危亡的严峻时刻。

平型关一战，也震动了世界。那时，距第二次世界大战全面爆发虽然还有近两年的时间，但希特勒已经撕毁了“凡尔赛条约”并同意大利法西斯分子一起干涉西班牙的内战。英、法、美集团采取绥靖政策，力图把战火引向社会主义的苏联。在这法西斯侵略势力日益猖獗的时刻，被视为“东亚病夫”的中国人居然“敢”打日本人，而且打了它的精锐师团，取得了谁也不能否认的胜利，他们不得不“刮目相看”了。而对那些被德、意帝国主义奴役和受到他们严重威胁的人民，不能不说是一个鼓舞和支持。

当然，平型关一战最大、最直接的影响还是在中国国内。它使全国人民看到了貌似强大的日本帝国主义的虚弱本质；它使全国人民看到自己不可战胜的力量；它使全国人民更加信赖中国共产党和她所领导的、坚持抗日的八路军。真是打出了中华民族的威风，打出了中华民族的志气，打出了全国人民对“驱逐日寇出中国”“打倒日本帝国主义”，取得抗日战争最后胜利的坚强信念和信心！

就我个人来说，平型关一战，起码使我更加深刻地认识到党的坚持独立自主的统一战线政策是无比正确的；“唯武器论”不但不可信，而且是注定要破产的；单纯的防御是必定要失败的；主要是游击战，配合以运动战，灵活机动地运用，在当时条件下，是可以取胜的。

平型关一战打击了敌人，大大鼓舞了全国的民心士气，提高了我党我军的声威，也大大地锻炼和考验了我们自己。

这里我想提及一个问题：在一段时间——特别是“文化大革命”前期的宣传中，好像平型关战斗的胜利是林彪一个人的功劳，真有点“天马行空”“独来独往”的架势。其实，如果没有党中央和毛主席的英明决策（这个决策不仅仅是平型关战斗本身，因为这次战斗不是孤立的），没有朱、彭、任、左、邓等首长的直接指挥，就 115 师来说，如果没有聂总、罗荣桓同志的指挥，没有广大指战员的流血牺牲和全力奋战，没有人民群众的支援，就没有平型关战斗的胜利。把功劳归于一个人是不实事求是的，是违背历史的。当然，“文化大革命”当中的那种宣传，今后不会再发生了。

平型关是英雄关，因为她是先烈们用鲜血洗染过的！

平型关是难忘的关，因为她记载着中国人民抗击日寇的第一次伟大胜利！

平型关已经载入了中国人民革命的光荣史册！

追忆平型关血战

孙　毅*

一

1937 年 9 月 22 日，日军第五师团一部，进占平型关以北东跑池地区。23 日，八路军总部命令 115 师向平型关、灵丘间出动，侧击向平型关进攻的日军。

我们第二梯队于 23 日到达上寨地区，先期到达的师长林彪等人刚刚看地形回来。在师部的院子里，林彪和副师长聂荣臻进行交谈。林彪说，日军大队人马正向平型关方向运动，可以考虑利用这里的险要地形打一仗。接着，他摊开地图，同作战科长王秉璋、侦查科长苏静把平型关周围的地形和初步的作战设想作了说明，征求聂荣臻的意见。聂听后，果断地说：“打！为什么不打呢？利用这么好的地形，居高临下，伏击气焰骄纵的敌人，这是很便宜的事嘛！现在不是打不打的问题，而是要在与日本侵略军的第一次交锋中，打出八路军的威风来，给全国人民的抗日情绪一个振奋！”在平型关侧翼山地打一个大仗的部署就这样定了下来，并当即电告了八路军总部。

*　作者时任八路军第 115 师第 343 旅参谋长。

当天，全师连以上干部会在距平型关东南10公里的上寨小学召开，林彪、聂荣臻到会讲话，布置战斗任务。因师参谋长周昆未到职，我这时仍留在师部，聂荣臻对我说："老孙，周昆到现在还不来，你不能走，你走了就没人了。"我说："副师长，你放心开会去吧，我不走，我在家值班。"他们走后，我在家守电话，处理事情，并具体负责师直属队的工作，遂行使师参谋长的职能。

会议结束后，115师主力连夜赶往平型关东南15公里的冉庄待命。

我从师部文件中看到了以下战斗部署：343旅两个团为主攻，344旅一个团断敌后路，一个团作师预备队。攻击部队全部在平型关东南山地设伏。同时，派出独立团、骑兵营向灵丘方向活动，牵制日军，保障主力翼侧安全。

24日，林彪、聂荣臻又组织营以上干部进行了现场勘察。傍晚，师部接到阎锡山部队送来的一份作战计划，说由他们担任平型关正面的出击。

当晚，天降大雨，我同林彪、聂荣臻分别住在老乡家。睡觉前，林彪、聂荣臻根据侦察员得到的情报，叫我通知部队：今夜12时出发，天明前进入埋伏阵地。并强调："暴露与否，是胜败关键。"

我立即交待参谋，用电话通知各部队，直到通知完毕，我才休息。

睡到后半夜，外面的风雨声将我惊醒。

鸡叫时，我坐起来穿好衣服，轻轻来到林彪、聂荣臻住的房前，推开门一看，林彪的铺位空着，被子已经叠了起来，再朝里一看，煤油灯还亮着，林彪正戴着健脑器坐在桌前看地图呢。

我轻轻走上前，小声说：

"师长，你起得这么早？"

林彪打了一个哈欠，又看了地图一眼说："要熟悉地图，了解地形地物，才能指挥好。"

聂荣臻听到我们说话，也匆匆起了床，对林彪说："你看了这么久，该熟悉了。你到炕上睡一会儿，有什么事情我来处理。"

林彪看看手表说："时间不早了，不睡了。"

天亮了，雨也停了。早饭后，我们立即出发去师指挥所。

二

师指挥所和 343 旅指挥所在一起，位置选择在平型关东南方向石灰沟南山头一个小山顶上，那里长着几棵树，站在山顶，用望远镜可以清楚地看到沟底那条公路。我拿起望远镜向远处望去，但见群山之上，蜿蜒着古老雄伟的内长城，平型关坐落在群山之间。这一带山势不高，但是山连山，峰接峰，利于部队隐蔽。从平型关山口至灵丘县东河南镇，有一条由东北向西南伸展的狭窄沟道，沟道两侧，是刀削似的危岩绝壁，再上面是比较平缓的沟岸。

在十里长沟的东南山上，左面埋伏的是杨得志、陈正湘率领的 685 团，右面埋伏的是李天佑、杨勇率领的 686 团。徐海东的 344 旅 687 团奉命隐蔽地穿过沟道通路，占领了东河南镇以北的高地，以便切断敌人后路。688 团作为师预备队暂未进入战地。杨成武的独立团和刘云彪的骑兵营已分别向平型关东北和以东开进，配合主力作战。

战前的十几分钟，林彪和聂荣臻对前来受领任务的 685 团团长杨得志和 686 团团长李天佑讲明敌情和战场注意事项，两个团的指挥员便疾速地返回阵地。

上午 7 时前，日军来了。这是日军板垣师团第二十一旅团的辎重和后卫部队。为首的高举着一面“太阳旗”，接着是三路纵队的日军，往后是载着日本兵和军用物资的一百多辆汽车，两百多辆骡马大车拉着九二式步兵炮、炮弹和给养跟随其后，压阵的是骑着大洋马的骑兵。

伏击部队的报告同时汇集到师指挥所：敌军已经全部进入伏击圈。这时林彪喊："发信号弹！"

“砰，砰，砰！”3 颗红色信号弹升上天空。

顿时，沉默的群山怒吼了。满贮着深仇大恨的枪弹和迫击炮弹带着啸音飞向敌群，手榴弹雨点般地飞进沟道，日军汽车撞汽车，人挤人，马狂奔，指挥系统一下子就被打乱了。

当聂荣臻发现日军正利用汽车作掩护，进行顽抗，并组织兵力抢占有利地形时，连忙跟林彪研究，决定把敌军切成几段，分段吃掉它。随即命令部队出击，杀入敌阵地，并指令686团团长李天佑派出一个营，冲过公路，抢占在设伏前因怕暴露目标而来不及占领的老爷庙制高点，以便两面夹击敌人。

山谷间骤然响起激昂的冲锋号声和惊雷般的冲杀声。八路军勇士呐喊着向敌人扑去，同敌人展开了肉搏战。战斗进行得异常惨烈。我透过望远镜看见，那群经过武士道训练的日军虽然失去指挥，被分隔开来，仍然利用汽车和沟坎，进行顽抗。

八路军官兵前仆后继，以更加猛烈的攻势对付顽固到极点的敌人，只见枪托飞舞，马刀闪光，连伤员也与敌军官兵扭打在一起，互相用牙齿咬，用拳头打。686团副团长杨勇在激战中负了伤，仍继续指挥部队作战。685团1连连长曾贤生，带领战士们冲入敌群，在肉搏中壮烈牺牲。

战斗进行到大约8点多钟，林彪对聂荣臻说："老聂，你亲自出马好不好？"

聂荣臻回答："好啊！"

林彪说："你到685团去，督促他们把这一仗打好。"

聂荣臻站起来说："好吧，我现在就去。"说完，他拄了一根棍子，带了一个参谋、一个警卫员和一个通信员，大步朝山下685团阵地走去。

聂荣臻走后不久，为了安全，林彪立即转移到附近山沟隐蔽指挥。在隐蔽部里，就我和林彪两个人。他守着电话，随时询问部队情况。

日军拼命地争夺老爷庙制高点。几架敌机在上空盘旋。由于敌我双方距离很近，敌机不敢扔炸弹。经过一番激战，老爷庙制高点等有利地形全被我军占领。

中午时分，被堵截在辛庄、老爷庙、小寨村一线山谷中的一千多名日军全部被歼灭。缴获敌人步枪一千余支、机枪二十多挺，击毁汽车一百多辆、马车二百多辆。板垣组织的增援部队被我独立团和骑兵营阻击在灵丘以北、以东地区。独立团还在灵丘与涞源之间的腰站，击毙了增援的日军三百多名。林彪和聂荣臻遂令部分部队打扫战场，其余部队乘胜向东跑池之敌发起攻击。由于国民党军未按预定作战计划出击，致使东跑池的日军由团城口突围。

三

下午 2 点许，林彪说："孙毅，辛苦你一趟，到山下的电台去，给八路军总部并延安的毛主席发个电报，除报告目前战果外，告知我部队仍在积极围歼中。"

我说："好，我马上去！"

我走出隐蔽部，随后拿起一根棍子准备出发。林彪说："你同聂荣臻一样，也爱拿根棍子。"

我说："我是从长征开始拿的。"

林彪好奇地问："长征到现在拿几根了？"

我说："至少有七八根了，有根棍，上山下山，等于增加了一条腿。"

我沿着下山的羊肠小道，一路小跑，心里打着腹稿，大约半个小时就到了隐蔽在山下土地庙里的电台，我将心中拟好的电稿很快写在纸上，大约有一百五十多个字，交给译电员，叫他立即发给八路军总部并报延安的毛主席。我坐下等着，直到对方回电已收到电报时，我才往回返。

回到师指挥所，已是下午 5 点多钟了，沟中的战斗早已结束，只有远处还不时地传来枪声。尽管这时我已经很累，但急于想了解一下战场情况，便拄着一根棍子，带了两名参谋下到沟底。只见战斗后的十里长沟，日军人仰马翻，尸体狼藉。燃烧的汽车、遗弃的武器、散落的文件、作战地图、写有"武运长久"的日本军旗及各种罐头食品，满地皆是。我军也付出了不小的代价，牺牲了几百个同志。当我看到有不少是经过长征过来的老同志牺牲在战场上时，心中十分难过。

当天晚上，我和林彪、聂荣臻住在距平型关几里路的一个小山村，这个村子只有三四户人家，我们进房时已是晚上9点多钟了。因房子少，我和林彪、聂荣臻睡在一个土炕上。林彪说:“今天打了胜仗，精神好，睡不着觉。”

聂荣臻说:“是啊，我也睡不着。”还说，“日本鬼子搞武士道精神，死不投降，我们要研究如何对付他。”

林彪说:“我原来还想多抓些俘虏拉到太原街上示众，结果一个也没有抓到。”

我说:“敌人不了解我们的俘虏政策，而我们的战士却还像国内革命战争时期对待白军一样对待鬼子，结果吃了不少亏。”

就这样，我们聊着，不知不觉鸡就叫了，谁也没有睡好，只是在天亮前迷糊了一会儿。

平型关大捷，是八路军出师华北前线的第一仗，也是中国人民抗战以来的第一个胜仗，这一仗粉碎了日军不可战胜的神话，大大增强了全国人民的抗战决心和信心。

在平型关与八路军配合作战

孟宪吉*

抗日战争开始时，我任晋绥军独立第八旅旅长。阎锡山最初命令我旅防守雁门关，后来又将我旅调往平型关。

1937年9月21日，我旅前哨阵地已发现小股日本侵略军的步兵和骑兵。22日，敌我双方开始接火，由于敌人火力过猛，我就把前哨一个营的兵力，调到我部主力阵地。这时日军十分嚣张，认为平型关会不攻自破，却没有想到中国人还会抵抗。他们的机械化部队，肆无忌惮地集中在平型关公路上，打算以优势兵力，一举踏破平型关。我用望远镜凭高四瞩，但见公路两旁山势起伏，把日军全部包围在山谷之中；公路北高坡上的老爷庙和辛庄，巍然屹立。我心里想，如果有一支劲旅占领那里的山头，岂不是瓮中捉鳖。就在这时，八路军星夜北上迎敌了！

9月23日，八路军第115师师长林彪派联络高参（名字失记）同我联系，说日军已被八路军包围在平型关山谷之内，你部所守的阵地是包围圈的一个口袋，八路军将给敌人一个歼灭性的打击，你部可否配合战斗。我听了喜出望外，便脱口答道："能，无论如何我是要与阵地共存亡的！"高参不放心地

* 作者时任晋绥军独立第八旅旅长。

说:“山西军队可是不能打仗呀!”我说:“军队与军队不一样,打着看吧!”当时我心里想:八路军论人数,论装备,不如蒋介石的嫡系军队,就连晋绥军也比不上,为什么他们就不怕敌人呢?经八路军联络参谋的联系、鼓舞,使我增强了坚守阵地与敌人决一死战的信心。

9月25日,位居敌人侧后两面的八路军开始与敌人交锋了。夜晚,战事进入最激烈的阶段。天上看不见星辰,大地一片漆黑,雨越下越大。虽然是秋末天气,高山上的气候却像深冬,冷得使人们直发抖。就在这时,八路军开始全面围歼敌人了。一时杀声震天,敌人乱成了一团,探照灯、汽车火车灯,把周围照耀得如同白昼。我清楚地看到八路军居高临下,两面夹击。敌人措手不及,只好借助车辆、路沟隐蔽,进行顽抗。英勇的八路军,从山坡上挺身冲下山谷,敌人成了瓮中之鳖。此时,日军企图冲破我部防守的口袋底逃窜,因而对我部射击更加猛烈。我部在八路军的配合下,立即投入战斗。通宵激战,彻夜未停。天刚蒙蒙亮,日军便以飞机、大炮助战,八路军化整为零,白天暂时隐蔽起来。我用望远镜向山谷公路一带看去,但见敌人尸横遍野,友我两军伤亡亦重,可见战事的激烈。敌人为了摆脱被包围的处境,我部阵地就成了敌人进攻的主要目标。为了加强防守力量,与敌人周旋,我部就把一线配备改为纵深配备,以便集中兵力,四面防守。敌人自恃装备优良,火力强大,虽然晚间挨了打,到了白天却更加疯狂。9月26日拂晓,又以一个大队(相当营)的兵力,向我阵地冲锋。我也抽出一营兵力刺杀队,出击迎敌,在山坡上展开了白刃战。敌人由于八路军在两侧袭击,很快地被刺杀队击退,伤亡惨重。此役我部还击毙敌军官一名,在其尸体上搜出图囊一个,内装军用地图及作战计划。这时,我们才知道敌人的番号是板垣师团,进攻的路线是取平型关,经石岭关夺取太原。后将图囊送阎锡山总部,并转告八路军第115师。敌人由于冲锋未得逞,便增强火力,以排炮向我轰击,又出动飞机约百架左右,每三十架为一组,轮番轰炸,还出动了坦克。我部奋力抵抗,伤亡很大,三个团和一个补充营的五千我兵力,已损失了一个团。

八路军第115师为了鼓舞我部,由联络高参用电话转嘱我竭力死守,并说已与晋绥军总部商妥，阎锡山已经答应全面出击，只要我部白天守住阵地，八路军夜晚一定再予敌人沉重打击。大半天熬过去了，我所盼望的后部主力出击，仍是毫无动静。当晚，八路军再度围歼敌人，战斗大致与二十五日夜相同。敌人伤亡惨重，无力进攻，因而我部得以与敌在山头上对峙了一夜。

9 月 27 日白天，敌人又集中火力向我部阵地猛攻，但由于连日被八路军围歼殆尽，已成强弩之末。我部又增强了工事，因而伤亡很小。25 日至 27 日这三天，是战事激烈紧张的高潮。以后，形势发生了变化。后来，敌人绕过我部左后侧，攻破小石口、茹越口，占领了繁峙城，抄了我们的后路。平型关已经不能再守，我终于奉命随晋绥军主力于 10 月 2 日率部撤离阵地，转移五台山。

新编独立第四旅平型关抗战经过

于镇河*

1937年，我担任新编独立第四旅旅长。该旅下辖第二团（团长梁鸿勋）和第十二团（团长赵鸿儒）两个团，旅部直属一个通信排、一个特务排和一个卫生队。9月中旬我奉令率旅部和第二团从太原出发，经雁门关，行军7天到达应县，编入陈长捷预备第一军，准备开赴大同与傅作义的第三十五军、李服膺的第六十一军和王靖国的第十九军共同对日军作战。不久，阎锡山得知日军从察哈尔经蔚县向平型关前进，急电陈长捷率全军星夜开回代县附近待命。天镇失守后，李服膺被阎锡山扣押，第六十一军番号给了陈长捷部。预备第一军遂改为第六十一军。这时我旅驻虞乡的第十二团赵鸿儒部也赶到代县附近，归还建制。未几，阎锡山命令陈长捷率第六十一军附属一个山炮营兼程开赴平型关，归傅作义指挥。

原来，平型关战役是由第六集团军总司令杨爱源和副总司令孙楚指挥的，后因友军高桂滋对孙楚有意见，为泄私愤，不顾大局，擅行放弃团城口阵地。阎锡山鉴于杨、孙缺乏统驭能力，遂令第七集团军总司令傅作义接替，负平型关战役指挥的全责。高桂滋和刘茂恩两军均置于第七集团军

* 作者时任第六十一军新编独立第四旅旅长。

序列。

傅作义接任后，设法与高桂滋取得联系，盼望他能挽回团城口，但高借词推诿，并不行动，弄得傅一筹莫展。在此情况下，傅不得不电令陈长捷军飞速来援，以应危急。

9 月 25 日，陈长捷率第六十一军经繁峙县向大营兼程前进，急赴平型关增援。因敌情紧急，部队克服行进困难连夜冒雨急速东进。梁春溥第二一七旅附属山炮连为左纵队，经砂河镇以南向平型关前进，陈率主力吕瑞英第二〇八旅和我旅附属山炮营（欠一连）为右纵队，经砂河、代堡、大营以北地区向齐城急进。全军一夜冒雨急行军七八十里，黎明时各自到达指定地点。陈长捷令我旅迅速集结（我第十二团附属吕瑞英旅），开赴平型关。

我旅赶到平型关后，傅总司令命我旅为总预备队。嗣因傅部董其武旅到来，傅便令我旅回到齐城西南，归还建制。

某日，陈长捷令我旅向涧头推进，攻击西泡池之敌。进攻发起后，炮兵集中射击，梁春溥旅从涧头东北，一直冲上迷回北山。敌人反扑几次，均被击退。我旅归吕瑞英指挥的第十二团，攻占了西泡池日军阵地，救出困守一个据点的郭宗汾师续儒林团。是役，我旅第十二团伤亡官兵二百多名，两位连长阵亡（名字失记）。之后，陈令我率我旅第二团两个营及炮兵一个连赴东泡池支援吕旅，增防到我旅附属吕旅的第十二团右翼，仍由吕旅长指挥。部队展开后，官兵奋勇战斗，将敌一个大队的兵力击溃于东泡池山下，保卫了平型关正面的安全。是役，我部伤亡士兵二十多名，排长两名。东泡池战斗刚一结束，陈立刻命令我把留在西泡池军里的一个步兵营和机炮连抽回归梁团建制，由我率领从涧头北上仰攻 1635.9 高地上的敌人。部队从涧头西面展开后，以小部队分段前进到投手榴弹有效距离时，就集中投掷手榴弹，紧接着大部队分批猛冲，同时我带机炮连和一个步兵连在 1635.9 高地的对面高地上，向敌猛烈射击，压制敌人火力，支援部队攻击。与此同时，郭宗汾师长也令陈光斗旅向该高地东侧反攻，但陈旅士气不振，观望不前，以致我旅梁团的仰攻被敌炮火阻于半山，再难进展。这时，敌机对涧头陈军炮兵及军指军所疯狂轰炸不止。我旅鏖战经日，未能夺回该高地，梁团伤亡官兵三百多名。

9 月 30 日阎锡山下达了“平型关总撤退”的命令。10 月 1 日，各友军部队先行撤离。2 日，陈长捷军从团城口方面撤出前线。在撤退过程中，敌机不断飞临我撤退大军上空侦察，除了投弹轰炸和扫射外，敌板垣师团并没有派兵追击，表明敌人经平型关我军猛烈抗击后，已处于疲惫状态了。

我旅撤出前线，向定襄县南兰台村西进，8 日进驻南兰台村。9 日午后，陈长捷令我旅增援忻口守军。在此之前，据通报称：9 月下旬八路军 115 师主力在平型关前某高地伏击敌板垣师团后续部队毙敌千余，粉碎了“皇军不可战胜”的神话，挫败了日军急进的锐气。这也许是敌人没有派兵追击我撤退大军的原因。但是由于蒋、阎军战略战术失算，茹越口失守，敌断我后路，遂使平型关我军很快撤守。

在忻口浴血抗战的第九军

李文沼*

一、接到动员命令前后

1937年七七事变后，中国共产党通电全国，要求国共合作，团结抗日，救亡图存。蒋介石迫于全国人民大众要求抗日声势，亦通电全国“人不论老幼、地不分南北”，共同对日作战。当时，陆军第九军军长郝梦龄除直辖4个独立营外，还辖第四十七师（师长裴昌会）和第五十四师（师长刘家麒）。每师辖两个旅，每旅辖两个团。第五十四师原来还辖第一六〇旅，旅辖第三九一团和第三二〇团，俗称一团和二团，后来拨归第四十七师。这时只辖第一六一旅和第一六二旅。第一六一旅辖第三二一团和三二二团，俗称三团和四团；第一六二旅辖第三二三团和第三二四团，俗称五团和六团。全师共约1万人左右。战前，第五十四师驻贵州省贵阳、遵义、独山一带，第四十七师驻皖北蚌埠一带。我是第九军的军官军士训练班主任，当第九军接到动员令后，我就把军官军士训练班结束了。适军参谋处长到陆大参谋训练班受训，军长就叫我代理了军和师的参谋处长。接着，军长、军参谋长、师

* 作者时任第九军军官军士训练班主任，后代理该军及第五十四师参谋处长。

长奉令去汉口开会，即令我集中部队（缺第四十七师）整顿、补充，听候编成战斗序列。

9月初，郝军长由汉口电告部队："即刻出发，徒步到长沙乘火车经汉口到石家庄下车待命，沿途严防空袭。"

9月14日，我带军、师部及4个直属营先后到达汉口。军长见到我便说：我军入晋作战，部队到石家庄后，即去太原。又问：出发前和旅、团长见面情况如何？部队士气怎样？我说：全师士气旺盛。在训练班时，曾根据军长的指示，对官兵进行民族主义、爱国主义教育，并时常指出：甲午之战，中国失败，赔款割地，已是奇耻大辱，现在日军占东北、侵华北，一心灭亡中国，使我四万万中国人当亡国奴，更是忍无可忍。作为军人，应该保卫祖国，捍卫民族，不怕流血牺牲。军长说："咱们在河南同西北军大战两年，他们的武器虽很差，但攻防工事却很好，深沟高垒。我常说要学习，现在对日作战，一定做好攻防工事。你们不但要传达，还要多派参谋驻营监督，我们更要亲督亲看。"

10月1日，军部及部分部队到石家庄下车，2日夜乘正太路窄轨火车到太原。当时窄轨火车一个车厢只装一个步兵连。白天防空袭，只得在黄昏和拂晓前行车。据此，重编了列车行军计划表，留交交通参谋驻站指挥。同时，汽车极少，更缺汽油，从调动到作战，军用运输极感困难。

到太原后，始知编入卫立煌的战斗序列。命令迅速开赴忻口占领阵地，掩护集团军的展开，以阻止日军板垣征四郎师团入侵太原。

二、在忻口部署迎敌

忻口战役初期，第九军仅第五十四师参战，忻口战役结束后，第四十七师始赶到洪洞。战前，全军兵员基本满员，轻重武器齐备，在汉口又配属德造卜福斯山炮及战防炮各一连。高级指挥官有军长、师长、军参谋长及两位旅长。

第九军到太原时，日军板垣师团已突破雁门关南进。军长郝梦龄同师长刘家麒于 10 月 4 日夜由太原率军师部和各独立营分乘两列火车到忻口。5 日天微明，即按图上研究的防御部署亲自到现地视察。下午乘马到忻口北 4 华里之下王庄，定此处为师前进阵地，在这以北 4 华里的唐林岗为师炮兵阻敌第一火力地带。至 8 日，全师阵地占领完毕。

忻口在忻县北 50 华里，铁路公路贯通南北。忻口通道南北口各有大砖门楼，北口门楼改为工事，作了山炮阵地。忻口南半是居民村落，北半为红土山梁。梁北的云中河流经忻口东北约 2 里的界河铺，汇入滹沱河。土梁东侧有一沟，名红沟。沟宽可通汽车，沟长约半里，西南东北向，沟两侧已预先挖了三十多孔国防窑洞，第九军军部就驻在这里。忻口汽车站在村南端，火车站在村北端靠河边。铁路、公路平行通过忻口村东，一经小铁桥、一经小砖桥渡水北行。忻口东，过河为灵山，山下一村预定为刘茂恩第十五军防线。过云中河西行 11 里为大白水，即预定为卫集团军第十师、第八十三师展开线。

我第九军阵地编成和兵力部署是：第一六一旅旅长孔蒙瀛带第三团（第三二一团）一营配合第一六二旅第六团（第三二四团）防守师前进阵地下王庄，无命令不准脱离半步。第一六二旅第五团（第三二三团）配属战防炮一连，占领忻口东北侧，右接滹沱河东岸灵山之第十五军阵地，并与之联系；左接公路桥约 400 米处的第三团阵地，为右地区队，火力严密封锁两个桥梁。第一六一旅第三团（欠一营）右接第五团，左沿河岸到南怀化东约 600 米处为中央地区队。第一六一旅第四团（第三二二团）右接第三团经河南岸南怀化及河北岸东西长约 200 米的高地固守起来，作师的依托，为左地区队；左与即将展开的第八十三师以火力联系，配属山炮一排，由刘师长直接指挥（刘家麒师长当过炮兵旅长）。这样，便形成阵地宽广、兵力薄弱的态势。

第九军到忻口的第二天，已知日军先头部队过朔县、繁峙。忻口北 30 里的原平守军已与敌战。原平镇驻有晋军一旅，旅长姜玉贞，山东人。经联络人员联系，知其兵力武器差，唯姜旅长慷慨气壮，声言“誓死抗战，没令不离斯土”。郝军长振奋之余，叫再给该旅长写信慰问，信中除慰问外其大意是：因运输困难，影响大兵团运动和集结，以至后方部署未妥。兄我两部有迟滞敌人掩护主力开进之责，望共同协力。如有所需，龄当尽可能帮助贵部等语。同时，将收容到的许多由晋北退回的伤病士兵，用火车送回太原。

这时，原平被围激战已数日。郝军长开会研究决定：入暮后派一加强营支援原平镇，要求接出姜旅长。派出的加强营未到原平镇，就在平地泉与敌遭遇，被击回。该旅伤兵、散兵说：姜旅长在南关突围口受重伤，恐无生望。10 月 11 日，原平镇陷落。当天下午，我军下王庄前进阵地前就发现了敌情。我军右翼灵山一带第十五军已开始占领阵地。接卫立煌命令：任郝梦龄为前敌总指挥。

这天，除敌机窜扰轰炸外，地面敌情异常沉寂，我军加紧构筑工事。偶尔，也见我方飞机向北飞。由下王庄前进防御阵地俘获的敌人供称其番号为九留米师团，大部是福冈人。

三、郝梦龄军长与刘家麒师长阵亡经过

10月12日拂晓，日军炮兵群开始猛烈射击，敌机接着轮番轰炸。13日，下王庄前进阵地电话中断，10时后接通，知两营长负伤，中央地区队主阵地第三团团长负伤。下午2时，敌进攻受挫溃退。入夜，属于集团军的独立第五旅（两团）增援，该旅配备在中央地区，为我刘家麒师长指挥。14日晨，敌又进攻，下午3时，全线将敌击退。独立第五旅旅长郑廷珍阵亡。团长高增级代为旅长。

军长请示撤回前进阵地，卫立煌电不允，并言马上派一师增援忻口正面。在这以前，11 日下午 3 时，李仙洲率第二十一师（3 个团）到达忻口。该师是刚在开封补编的河南保安团，还没有副师长、参谋长，师部仅一聂参谋主任随李。经研究由李仙洲率两个团为左地区队，一个团为预备队。请其指挥中、左两地区。14 日拂晓，李负重伤。我第五团团长亦负伤。当晚，接令着李仙洲师撤走。

15 日拂晓，左地区队第四团的南怀化阵地被突破，团长戴慕真仅手指受轻伤便退出火线。发怒的军长即命副团长史松泉代团长，组织机炮火力，掩

护步兵几个连坚决夺回南怀化并迅速巩固南怀化东北高地的二线阵地。令中央地区队的第三团以侧射火力支援。两次肉搏反攻，均未得手。入夜，卫立煌电话：南怀化是第九军主阵地上的锁钥部和友军的接合部，敌绕过前进阵地突破主阵地前沿，影响甚大，必须恢复；挖去“毒疮”的有功官兵各奖一枚银质奖章。郝军长看了电话记录说：“今晚必须夺回南怀化，我去四团阵地亲自指挥，李处长马上部署组织反攻兵力。”我说：“军长不能离开，用电话指挥就可以，不能去阵地。南怀化仅是左翼阵地前沿，好恢复。”军长说：“王参谋看电话，定好攻击时间，你们随我在冲锋前到达四团阵地。”刘家麒师长接着说：“我也去！”我说：“四团现阵地在南怀化村东 300 米处东北西南走向的土梁上，右接三团的二、三营和工兵营皆作今晚进攻南怀化村的主攻力量，其三团阵地已由独立五旅两个营接替。攻击发起后，四团先从正面火力佯攻，尔后突入南怀化。右侧由三团陈代团长指挥其主力突击，得手后立即插入南怀化。我到四团与史代团长一同指挥战斗。”

这时，郝军长稍感疲劳地说：“我到前线督战是自己任务，是自己本分，不必告知史、陈。”我说：“电话怕窃听，行前可派参谋。”就这样，决定参谋长王冠守电话，我带两位参谋和特务连两个班跟随军、师长。16 日凌晨 4 时许到达第四团指挥所——高地下的土洞工事里。左右高地就是火线，上层是散兵壕沟，下层是地洞。我进洞给参谋长和三团陈代团长打电话，并问工兵营的准备情况。接着军长、师长亦到。我与史代团长走出土洞请军长先进去休息。军长说：“我们是来休息的吗？”这时敌已发现我方动向，机枪小炮马上一齐射来。我说：“参谋长有电话，请军长进洞接。”同时我拉他，他站着不动说：“你去接。”我说：“史代团长接去。”军长又问工兵营，我说：“在右边陈团长已带着前进了。”军长听后向北走了几步就上了坡，师长也跟着。我又拉着军长小声说：“进洞听电话。”他竟说：“咱们都得不怕炮弹！”这时，敌机步枪激烈地向我方射击，我们都伏下了。不一会儿军长站起来仍往前走，没两分钟，军长腰部中两弹倒地！师长喉、胸部中三弹倒下又坐起。我和卫士们马上伏地把军长、师长抬到团部，到团部洞口时，军长已气绝，师长气微不能言语。我命士兵把他们急速抬往军部，未到军部，师长也气绝了！

四、忻口转进

郝梦龄军长、刘家麒师长于10月16日抗日殉国后，忻口前线总指挥卫立煌大为震惊哀痛。经请示南京，灵柩妥运武汉开追悼会，英骨安葬武昌洪山卓刀泉。旋接命第九军军长暂缺，第五十四师师长由该师第一六一旅长孔繁瀛升任，第一六二旅旅长王晋兼任副师长。

军长和师长殉国的当天下午，军参谋长王冠护灵柩离开忻口，到汉口后就脱离了第九军。那天下午2时许，有晋军步兵一旅（4个营）到忻口增援，接防第二十一师所遗部分阵地。下午5时前，下王庄前进阵地4个营由新师长孔繁瀛率领撤回主阵地。

晚7时半，第三十五军军长傅作义乘小汽车到军部。这时，由下王庄回军部的师长孔繁瀛，相当疲劳，与傅匆匆见面后，傅首先默哀郝、刘两将军，并代表卫慰问我们和详问郝、刘两将军的殉国经过。然后说："忻口战役短期不会结束，郝军长殉国后，卫司令拟请阎先生叫我代郝，我已推荐陈长捷（陈、傅同是保定军校五期）明天来。阎先生又加派了晋军步炮兵力，明天赶到。"

10月17日下午，晋军开到忻口一个步兵旅（两团，不满员），另有山炮两团，约50门晋造山炮也到忻口。晚上陈长捷乘小汽车到第九军军部，经研究第九军军部人员半数不动，我随第五十四师师长孔繁瀛及师部人员移驻忻口村里，专指挥第五十四师，并听陈指挥。

十几天来，敌伤亡重大，进攻受挫，战况稍趋沉静，入夜枪声已稀。大约是24日得报：八路军夜袭阳明堡，烧毁敌机二十多架。消息传至营连，官兵闻讯高声欢呼：中华民族万岁！此后，侵扰忻口的敌机就不见了。

后来听说，日军于10月26日突破娘子关，向阳泉进犯，窥视太原。

11月2日，接到退出战斗转进命令。各部队分次撤退。第2日，第十师在忻县占领掩护阵地。第3日，第五十四师在青龙镇占领掩护阵地。以后，第五十四师经清源、徐沟、交城、文水、兑九峪、大麦郊、隰县、乡宁到河津休整待命。第四十七师已到洪洞，归总部直接指挥。战前，第九军军部和第五十四师官兵约 1 万人。当到青龙镇占领掩护转进阵地后的粗略统计：尚有官兵约四千零几十人。

忻口战役近一个月，敌人几次进攻受挫，遭到重大伤亡。每夜都能望到日军在其阵地稍后处火烧其战死官兵尸体的烟火，还有很多尸体暴露在敌我拉锯战的山地上。

五、悼念殉国将军

11 月中旬，我第九军第五十四师转进到河津、稷山休整，驻防黄河岸的禹门（即龙门）渡口，守卫通往西安的补给要道。不久，八路军来一联络组 5 人同驻河津。12 月中旬，我部与该联络组及河津各界给郝军长、刘师长开了隆重的追悼会。

1938 年 2 月初，由军委在武昌召开全国参谋长第一次会议。卫立煌指定第九军由我参加，并指明在忻口战役的军师战斗详报中，把郝军长殉国经过另纸写明，并准备口头汇报。

旧历除夕早上，我从汉口过江到武昌报到。翌日开会时，何应钦首先说：韩复榘畏敌擅退，违抗军令国法，今已伏法枪决。

这次会议，八路军方面只有总参谋长叶剑英参加。

由于各种原因，我未做口头汇报。

忻口战役中的第二十一师

李仙洲*

这份材料，是为纪念抗日战争胜利40周年而写的，因事隔近50年，又加上我已90高龄，记忆力衰退，因此，缺点和错误在所难免。希阅者指正和补充。

1937年七七事变后，我奉命率部队增援宋哲元的第二十九军。当时我任国民革命军独立第二十一师师长，师辖两个旅，第六十二旅旅长吕祥云，第六十三旅旅长赵林。旅各辖两个团，全师约1万人。

当我先头部队行至南口八达岭时，即与日本侵略军遭遇，展开争夺八达岭的激烈战斗。敌人以飞机数十架轮番向我阵地轰炸扫射，重炮不断轰击，步兵发起多次冲锋。我师官兵与敌展开肉搏战，敌人伤亡甚众，我师也付出很大代价，第六十二团团长刘劳贵阵亡，营、连、排长伤亡二十余人。我师与敌苦战三昼夜，奉命转移山西，参加忻口战役。在全师到达忻口后，临时归第九军军长郝梦龄指挥。我师官兵佩带有“忻口部队”字样的臂章。

10月，日军板垣师团的一个旅团进犯忻口。不愿当亡国奴的官兵，决心予敌以迎头痛击。全体官兵士气高涨，积极备战。

---

* 作者时任独立第二十一师师长。

敌人依仗飞机，大炮，以一个联队的兵力，首先抢占了忻口西北高地侧翼的一个山梁，对我威胁很大。

军部命令："尽一切力量夺回山梁，全歼敌人。"我亲率第六十三团（团长苗瑞体），向敌人发起了猛烈进攻。由于敌人装备好，敌我力量悬殊较大，给部队攻击造成很大困难。当时我在前沿阵地督战，看到我方伤亡很大，非常着急，就亲自下到战壕中和士兵们一同作战。士兵们怕我出危险，担心地说；"师长，这儿危险，赶快离开！"我说："你们是干什么来了？"士兵们说："打日本鬼子！"我说："你们打鬼子不怕危险，我就怕危险吗？"这样一来，士气更高了，战斗进行得更加激烈起来，敌人死伤也很严重。这时敌机飞来增援，飞得很低，俯冲下来扫射时，低得几乎挨着地里的高粱秆。我方官兵伤亡很重，有时一上午就替换几个连排长。最后连伙夫也上阵地支援，帮助往上运子弹，往下送伤兵。经过三天三夜的几个回合激战后，敌人增兵不上，我方终于收复了山头。当攻上制高点时，敌人只剩下一名军官和一名士兵。那士兵见我军冲上去了，就往山下跑，被那个军官打死了，然后军官自己也剖腹自杀了。这次战斗以全歼日军一个联队的战果取得胜利。

占领阵地后，郝梦龄军长忙于视察阵地，检查部队伤亡情况，调整部署，准备反击敌人的反扑。上午没有什么情况，下午，我正与郝军长及一些随从人员在阵地上部署防务，忽然，有一架敌机由南向北飞来，在我们上空偏右一点的地方，扔下一条白带子。这是敌机指示目标的信号。我们很快隐蔽起来，接着就听到轰轰轰，连续打来三四十发炮弹，把我们刚才呆的地方炸得泥土腾空，烟尘滚滚。除了我的一个勤务兵受伤外，其他人员都平安无事。为了避免敌机轰炸，部队换防都安排在夜间。第六十二团伤亡比较大，需要换下来休整，我命令第六十四团（团长庄村夫）去接防。换防后，我和团长一同查看了阵地，并命侦察兵去前沿阵地侦察敌情，发现山下敌人不多。这一夜双方没有什么接触。

第二天，天刚亮，敌人就发动了猖狂的反扑，山炮，迫击炮一齐猛轰，飞机配合地面部队，向我阵地猛烈攻击。我方官兵勇猛反击，连续打退敌人数次进攻。阵地仍在我们手中。时至中午，我与郝军长、庄团长在半山腰观察敌情，我正与团长讲话时，突然感觉有个东西碰了我左胸部一下，当时也没在意，就和他们往山顶爬。郝军长发现我背后有血，大声说：“李师长，你受伤了！”我说：“没事，好像是什么碰了我一下。”“还说没事，子弹都从你背后穿过来了！”郝军长说着给我吃了点白药。这时我还清醒。当包扎时，我就昏迷过去不省人事了。在往担架上抬时，记得我又醒了，喘了口气，还说了句笑话：“刚才我不是死了吗？”弄得大家哭笑不得。送下抢救时，军医说：“刚才师长受伤，血没流出来，抬师长下山时，最好头朝下，这样可以把淤血空出点来。”担架兵不同意，说：“坡很陡，师长受伤严重，再让他头朝下，我们不忍心。”结果，还是头朝上抬到了后山师部。

我虽受伤，但是脑子还清醒，为了不贻误战机，我把旅长赵林、吕祥云，团长苗瑞体、庄村夫、刘洪慈等召集来，叮咛道：“我受伤了，不能与大家共同战斗。你们一定要守好自己的阵地，按照刚才的部署，与友军协同作战，一切由副师长黄祖埙、参谋长蔡琪指挥。”后来我被送到了汾阳的一个美国教会医院。

这家美国医院的院长我认识，叫周以德，此人医术高超，我的手术由他本人亲自来做。他说：“李师长，你的伤势很危险，性命就在呼吸之间。敌人的子弹是从你的左胸部前面进去，从背后出来的。一般情况下，当时就没命了。看来子弹打中你时，正是你呼气之瞬间，此时心脏向回收缩，子弹在肺叶中间穿过去了。若是在吸气的瞬间，子弹就会打穿肺脏，当时就完了。这大概是上帝保佑你吧！”周院长治疗非常认真，发现淤血还未流出，当即强行外排，我只觉得伤口周围打了几针麻药，一根长针插入胸部，抽出来570cc 黑血。周院长说：“淤血还没有全都抽完，怕你身体吃不消，留下一点让身体慢慢吸收好了。”

夜袭阳明堡飞机场

陈锡联*

日军在平型关吃了苦头之后，变更了作战部署，从平型关与雁门关之间的茹越口突破了晋北防线，接着，又气势汹汹地沿同蒲路直下太原。

在日军的进攻面前，国民党军队中，有的在共产党及其领导的军民抗日救国运动的影响下奋起抵抗；有的一战即溃，节节败退；有的闻风丧胆，不战而逃。在城市，在乡村，到处可以看到那些穿灰色军装的士兵，三五成群，倒背着枪，拖着疲惫的双腿南逃。

就在这时，我129师769团奉命由东冶向原平县东北山地挺进，侧击从雁门关向忻口进犯的日军。10月中旬的一天，部队来到山西省代县以南的苏郎口村一带。

苏郎口是滹沱河东岸一个不小的村庄。顺河南下便是忻口。战事正在那里进行，隆隆的炮声不断由南方传来。敌机一会儿两架，一会儿三架，不断从我们头顶掠过。战士们气得跺脚大骂：“别光在天上逞凶，有种下来和老子较量较量。

从敌机活动的规律来看，机场可能离这儿不远。问老乡，才知道隔河

* 作者时任八路军第129师第385旅第769团团长。

10 里外的阳明堡镇附近果然有个机场。各营的干部纷纷要求："下命令吧，干掉它！"

打，还是不打？在北上途中，刘伯承师长曾专门向我们传达了平型关战斗的经验。他再三嘱咐，到晋北后，每战都应加倍谨慎。这些话使我立刻感到，必须很好了解敌情，然后才能下定决心。

最初，我们打听到附近驻着一个晋绥军的团长，据说他和日军打过仗，是前两天才带着少数部队从大同方面退下来的。我决定去访问访问他，一来听一听与日军作战的经验，二来了解一下周围的敌情。

寻遍了附近的大小山沟，好不容易才在一个偏僻的山脚下找到这位团长。不料我刚说明来意，他便谈虎色变地说："日军实在厉害呀！天上有飞机，地下有大炮，他们的炸弹、炮弹都像长了眼睛一样，我们的电台刚一架上，就遭轰炸了！"

我强制住心头的厌恶，问他："那你们是用什么方法打敌人的呢？"这位堂堂的晋绥军团长竟毫不知耻地说："我们还没有看见日军，队伍就垮了下来，现在敝部只剩下一个连了。"

没有必要再问下去了。这家伙除了能散布一些恐日情绪以外，是不会再谈出什么有用的东西的。于是，我便起身告辞。刚转身要走，他又嬉皮笑脸地轻声对我说："抗什么战，抗来抗去只不过抗掉了我们的小锅饭而已……老弟，放明白点吧，看你们那副装备，和日军真干起来，还不是'白送礼'？"

真是十足的怕死鬼，亡国奴！无怪乎他们一触即溃。

为了设法弄清敌人机场的情况，第二天我们决定到现场侦察一下。一路上，几个营长听我谈起昨天访问那位团长的事，心里直冒火。三营长赵崇德骂道："孬种，简直不是中国人！""抗战是全国人民的要求。不管他们怎么样，我们绝不能辜负人民的期望。"二营长不胜感慨地插上一句。

是的，抗战决不能指望那些政治上腐败军事上无能的军队，挽救民族危亡的重担只有靠我们共产党领导的军队及其他爱国志士来挑起。我想到这里，顿时感到自己的责任更加重大。

我们顺着一条山沟边走边谈，很快来到了滹沱河边。登上山峰，大家立时为眼前的景色所吸引：东面是峰峦重叠的五台山，西边的管涔山在雾气笼罩中忽隐忽现；滹沱河两岸，土地肥沃，山河壮丽；只可惜，如今正遭受着日本帝国主义侵略者的浩劫……

突然，二营长叫道："飞机！"

我们不约而同地举起望远镜，顺着他手指的方向看去，果然发现对岸阳明堡镇的东南方有一群灰白色的敌机整整齐齐地排列在空地上，机体在阳光映照下，发出闪闪刺眼的光芒。

正当我们仔细观察机场的时候，忽然发现有个人从河边走来。从望远镜里看到：这人蓬头垢面，衣衫褴褛，打着赤脚，看样子是个农民。但神情很紧张。

等他走近一些，我们忙迎上去喊："老乡，从哪里来？"

那人听到喊声，身子一怔，马上停住了脚步，两眼不住地四下观望。及至见到我们这几个陌生的军人时，更是惊慌不安，两眼狐疑地上下打量着我们，好半天才哆哆嗦嗦地吐出了两个字："老总！"

"老乡，不要怕，我们是八路军，来打鬼子的。"

他听到"八路军"三个字，马上"啊"了一声，一下扑上来抓住我们的手，激愤地向我们诉说起他的遭遇。

原来他就住在飞机场附近的一个小村庄里，自从日军侵入山西以后，国民党军队的抢劫，日本兵的烧杀，弄得他家破人亡，一家三口，只剩下他孤苦伶仃一人。后来，日本兵又把他抓去做苦工，逼着他整天往飞机场搬汽油、运炸弹。每天从早到晚，常常是饿着肚子干活，还得挨打受气。他受不了敌人的折磨，才由机场偷偷跑了出来。最后，他指着敌人的机场狠狠地说：

"去收拾他们吧，我给你们带路！"

听了这位老乡的控诉，大家更加气愤。赵崇德握着老乡的手，恳切地说：

"老乡，我们一定给你报仇，给所有受难的老乡报仇！"

接着，这位老乡又向我们详细介绍了敌人机场内外的情况。

经过观察，我们了解到的和老乡介绍的大体一致。平时，机场上飞机分3列停放，每列8架，计24架。白天轮番去轰炸太原、忻口，晚上都停在这里。日军的一个联队大部驻在阳明堡街里，机场里只有一小股守卫部队。看来，敌人正忙于夺取太原，根本想不到我们会绕到背后来揍它。这正是歼敌的好时机。如果我们出其不意，给它以突然袭击，胜利是有把握的。我们决定马上下手。袭击机场的任务交给了3营，并以1、2营各一部破坏崞县（今原平——编者注）至阳习修之间的公路和桥梁，阻击代县、阳明堡镇可能来援之敌，团迫击炮连和机枪连则在滹沱河东岸占领阵地，准备随时支援3营。

19日下午，整个苏郎口村都沸腾起来了。各营、连纷纷召开支部大会、军人大会进行动员，干部、战士个个斗志高昂，决心如钢。老乡们听说八路军要去打日军，几个钟头之内就扎起了几十副担架。

傍晚，我和几个团的干部一起来到了3营11连，战士们见到我们都围了上来，争着表示决心。

“准备得怎么样啦？”我问大家。

“没问题，团长，只要摸进机场，保证把龟儿子的飞机敲个稀巴烂！”战士们纷纷回答。

我指着面前的一个小战士又问：“飞机全身包着铝皮，子弹穿不透怎么办？”这个小战士毫不犹豫，举起右拳在空中摇几摇，干脆而响亮地回答：“我们研究好了，用手榴弹捶它！”

这时，赵崇德营长向战士们说：“同志们，有人说我们拿着这些武器去打敌人是白送礼，这次我们一定打个漂亮仗给他们看看！”

人群中走出来一个粗壮的小伙子，手里提着机枪，气呼呼地用大嗓门说：“他们自己长了兔子腿，听见炮响就跑，还有脸耻笑人！我定要缴架飞机回来给他们瞧瞧！”我一看，正是全团有名的机枪班长老李。

有人笑着问：“那样大的家伙，你能扛得动吗？”

他辩解道：“扛不回整的，砸个尾巴也行！”

战士们被他逗得哄然大笑。这真是初生的牛犊不怕虎，虽然是第一次与侵华日军作战，而且又是去打从来也没打过的飞机，但谁也不把这些困难放在眼里。

夜里，部队悄悄地出发了。

3 营在第二次国内革命战争中，能攻善守，以夜战见长，曾得过“以一胜百”的奖旗。今天他们继承红军时期的优良传统投入了新的战斗。战士们一律轻装，棉衣、背包都放下了，刺刀、铁锹、手榴弹，凡是容易发出响声的装具，也都绑得紧紧的。长长的队伍，顺着漆黑的山谷行进，神速而又肃静。

向导就是先前我们遇到的那位老乡。他对这一带的道路了如指掌。在他的引导下，部队很快涉过了滹沱河，来到了机场外边。

机场一片沉寂。大概这时敌人睡得正酣吧？部队爬过了铁丝网，神不知鬼不觉地摸进了机场。赵崇德带着 10 连向机场西北角运动，准备袭击敌守卫队的掩蔽部。11 连直向机场中央的机群扑去。

11 连 2 排的战士们最先看到了飞机，它们果然整整齐齐地分 3 排停在那里。多少天来大家日夜盼望着打日军，现在猛然看到飞机就摆在眼前，真是又惊喜又愤恨。不知谁悄声骂道：“龟儿子，在天上你耍威风，现在该我们来收拾你啦！”说着就要接近飞机。突然，西北方有个敌兵哇啦哇啦地呼叫起来，紧接着响起一连串清脆的枪声。原来 10 连与敌哨兵遭遇了。就在这一瞬间，10 连和 11 连在两个方向，同时发起了攻击。战士们高喊着冲杀声，勇猛地扑了上去。机枪子弹、手榴弹一齐倾泻，一团团的火光照亮了夜空。正在机群周围巡逻的敌哨兵慌忙赶来，和冲在前面的战士绕着飞机互相角逐。机舱里值勤的驾驶员被惊醒了，他们惊慌之中盲目开火，后边飞机上的机枪子弹接连打进了前面的机身。

战士们越打劲头越大，有的边打边喊：“这一架算我的了！”也有人七手八脚地往机身上爬。机枪班长老李早爬上了一架飞机的尾部，端起机枪向机身猛扫。正打得热闹，敌人的守卫队嚎叫着向我扑来。在二十多架飞机中间，敌我混在一起，展开了白刃战。

赵崇德跑前跑后地指挥部队。突然，他看见一个敌人打开机舱，跳下来抱住了一个战士。那个战士回身就是一刺刀，结果了敌人的性命。赵崇德大声喊道：“快！手榴弹，往飞机肚子里扔！”只听“轰！轰！”几声，两三架飞机燃起大火。火乘风势，风助火威，片刻，滚滚浓烟卷着熊熊的烈火，弥漫了整个机场。正在这时，老李的那挺机枪不响了。原来他正举着铁锨猛砸，嗬！他倒真想砸块飞机尾巴拿回去哩！赵崇德忙跑过去喊道：“快打！砸什么砸！”他又抱起机枪扫了起来。

敌人守卫队的反扑被杀退了。赵崇德正指挥战士们炸敌机，突然一颗子弹把他打倒了。几个战士跑上去把他扶起，他用尽所有力气喊道：“不要管我，去炸，去……”话没说完，这位“打仗如虎，爱兵如母”的优秀指挥员就合上了眼睛。他的牺牲使同志们感到万分悲痛，战士们高喊着“为营长报仇”的口号，有的端起枪朝飞机猛烈射击，有的把一颗颗手榴弹投向敌机，还有的把集束手榴弹绑在自己身上，冒着密集的枪弹，爬上飞机，拉响手榴弹，与敌机同归于尽。几十分钟后，守卫队大部就歼。大部分敌机燃烧在熊熊的烈火之中。当住在阳明堡镇里的日军装甲车急急赶来增援时，我们已经撤出了战斗。但是机场里的残敌却把增援他们的部队误认为是我军又发起了攻击。于是，日军双方对打起来。他们自相残杀好一阵才发现是误会。

夜袭阳明堡飞机场的胜利消息，通过无线电迅速传遍了全国。那些国民党官员们，开始根本不相信。他们仍说：“就凭八路军那破武器还能打飞机？不可能！”可是自从 10 月 20 日起，一连几天忻口、太原都没有遭到敌机的轰炸，那些畏敌如虎、胆小如鼠的官员们方才张口结舌了。

夜袭阳明堡机场是我团出征抗日的第一仗。这次战斗，毁伤敌机二十余架，毙伤日军一百多名，使其在晋北战场上一时失去了空中优势，有力地支援了国民党军队在忻口的防御作战，并以事实驳斥了“唯武器论”和“亡国论”，扩大了我党我军的政治影响，增强了全国军民抗战的信心。

娘子关战役前后

黄绍竑*

一、我去山西的经过

七七事变发生时，我任湖北省政府主席。8月，蒋介石在南京召开会议，决定在军事委员会之下添设6个部，为保密起见称为第一、第二……第六部。最先成立的为第一部，主管作战，任我为部长，其余各部以后陆续成立，但名称不保密了。我被任命为作战部部长，并非因为我有什么指挥作战的才能，而是因为那时李宗仁、白崇禧尚未到南京来，蒋介石对各方面的联络还需要我戴着这个头衔去奔走，我不过是出场的傀儡而已。9月，敌先后侵占大同等地．蒋介石要我到山西去看看，同阎锡山商量以后的作战计划。

大约是9月20日前后，我到达太原。那时八路军已渡过黄河开入山西增援，我在山西饭店碰见不少八路军的高级将领。阎锡山在雁门关的岭口设立行营，亲自到前线坐镇去了。我到岭口找阎，跟阎锡山在一起的有山西省政府主席赵戴文，绥靖公署参谋长朱绶光，还有第二战区军法监张培梅。我把蒋介石的话转告他们，并说：“蒋委员长认为山西是多山地区，易于防守，

---

* 作者时任第二战区副司令长官，娘子关战役总指挥。

而且晋绥军对防守也有很好的经验，务要将山西守住，控制平汉铁路的西侧面，不让敌军沿平汉铁路南下渡过黄河，进而威胁武汉。”阎说：“中央的指示，我很清楚，也很同意。我在抗战前，在山西境内各要隘及太原城北郊，都作了一些国防工事，也就是为了保卫山西。”他又说：“大同的撤守，是战略上的自动放弃。我同委员长的指示一样，要死守住东起平型关，中经雁门关，西至阳方口之线。”阎锡山还说：“非大赏不能奖有功，非大罚不能惩有罪。”所以对放弃天镇、阳高作战不力的军长李服膺必须枪决。其实李服膺是阎的亲信，当初阎是想袒护李服膺的，但在群众愤怒要求之下，加之军法监张培梅且以去就力争，阎不得已才枪决的。

阎锡山还说，照他的判断，敌人必先取得山西，然后沿平汉路南下。如果平汉路方面，能在保定以北（当时保定附近我军尚未南移，但前方的卫立煌、孙连仲已后撤了）挡住敌人，敌人光从大同方面进攻雁门关，尚可抵御。如果保定、石家庄不守，敌人必然进攻娘子关，从东北两方面包围山西。判断日军对晋北方面是主力的进攻，平汉路方面是助攻。晋北方面现在只有晋绥军和八路军，兵力尚嫌不足，不能兼顾娘子关方面。为确保山西起见，尚须加调中央军来山西协同作战。

我同意阎的说法，答应回南京后向蒋介石去说。当然，在我回京途中，他也立刻打电报向蒋介石请求。

临走时，阎还对我说：“我坐镇雁门关，决不后退。你报告蒋委员长，放心好了。”我见在那里没有什么事，也就回太原转返南京。在石家庄见到平汉路方面在前方指挥作战的刘峙、徐永昌（他任什么职务已忘了）、林蔚（军委会高参），知道卫立煌部和孙连仲部都已沿平汉路西侧地区后撤，战事正在保定附近进行，石家庄是准备于保定失守后的又一防线。这就是战略上节节抵抗的部署吧！

在石家庄，忽然传来了八路军在平型关大捷的好消息。这是抗战以来第一次打了胜仗！当时石家庄的人民群众，以无比兴奋的情绪庆祝这个胜利，竟然在那种时候放起鞭炮来，几乎把敌机的空袭都忘记了。

那时我仍兼着湖北省政府主席，就从石家庄直回汉口，把省政府的职务交给秘书长卢铸代理，然后乘船去南京。我把山西的情况向蒋介石报告后说：“阎百川虽决心很大，但他自己同一些老人坐镇雁门关也不是办法，应该有个长久计划，山西才能确保。”我还说：“平型关虽然打了一个胜仗，但日军还在继续不断增兵，山西以后的困难必然是很多的。”蒋介石忽然问我说：“你到山西当第二战区副司令长官，帮帮阎百川的忙好吗？”当时我想：这个问题很不简单，蒋固然是想我去山西帮帮阎锡山，其实也就是他想在山西插一手。我和阎锡山以往就打了不少交道，在这时候他不会拒绝我的。同时我也想起，作战部在蒋介石作风之下，不过是承转命令的机关而已，而且陈诚一起首就有电报反对我，说我“内战内行、外战外行”，这样做下去也没有什么意思。于是我说：“委员长考虑得是。我也愿到那里帮百川的忙，但要求委员长先征得百川的同意。”后来阎锡山回电虽同意了，但是有条件的，他推荐与他有历史关系的徐永昌继任作战部长，蒋介石也只好同意。

二、娘子关战役

我大约是 1937 年 10 月 1 日前后离开南京到山西任第二战区副司令长官的。我到石家庄时，已不是前些时听到平型关大捷喜气洋洋的样子了。敌机连续轰炸车站和市区，破坏得很厉害。国民党军队由保定之线稍事抵抗即行撤退，想在石家庄以北沿着滹沱河平山、正定、藁城之线布防（右翼至何处记不很清楚）。那条线上，据说曾做了一些国防永久工事，但因时间的关系并未完成，有些水泥尚未干燥凝固，模子板都还未拆呢。

孙连仲部在藁城以西布防，他的右翼似是商震部宋肯堂军，孙的指挥部就在石家庄以西十多里的铁路边小村子里。我到那里去看他并在那里吃了一顿午饭。我问他情况怎么样，能支持多久？他说他的正面现在还平静，日军攻击的重点似在右翼，已开始炮击了。炮声隆隆，隐隐可以听见。他说右翼能经得住这轮炮击就很好了。那时孙部尚未奉令调入山西，我到入夜才乘车去太原。

我到太原时，阎锡山已把设在雁门关岭口的行营撤回来了。他把撤退的原因告诉了我，说："八路军在平型关打了一个胜仗，迟滞了敌人的前进。后来，敌人的援兵到来，仍然从平型关方面突进。此外，敌军又由阳方口方面突破，虽未大力攻击雁门关正面，但已处在左右包抄的形势，我军遂不得不全线后撤，打算在忻县以北数十里的忻口镇布置战场进行决战。"他又说："中央调来刘茂恩、高桂滋部已到平型关前线作战，现在又调卫立煌全部和孙连仲部、裴昌会部来晋北参加忻口会战。忻口正面狭小，左右两翼都不易为敌人包抄，以晋绥军全力及中央各军当正面，八路军在敌人侧后活动，晋军的炮兵有 8 个团（周玳是炮兵司令）都集中在那方面使用。"照他的部署和听他的口气，必定能在忻口战场把日军予以歼灭。

我问到娘子关方面的情况。他说，平汉路方面如能在石家庄之线守得住，敌人自然不能进攻娘子关。即使石家庄之线守不住，而平汉路正面我军能与敌人保持紧密的接触，敌人如西攻娘子关，平汉路我军就侧击敌人的后方，也是有利的。他又说，娘子关以北至龙泉关之线，已调陕军冯钦哉两个师和赵寿山一个师（是杨虎城的直属师），又调中央第三军曾万钟守娘子关以南九龙关、马岭关之线（不包括娘子关）。他所说这些部队的调动，都是在我上次来太原之后和我再来太原之前的时间里，由蒋介石与他直接商量决定的，所以我不很清楚。

在忻口和娘子关战事来发生之前，我每日必同阎锡山及少数高级人员在太原的一个比较坚固的小防空洞里躲空袭。那时敌机每日必有一次或两次轰炸太原。每次在防空洞里，必见到一对年纪较轻的夫妇。当初我不知道是什么人，后来才知道是托派的张慕陶，改姓马，是阎的参谋。我心里很奇怪，阎锡山为什么与张慕陶这样亲密呢？张慕陶为什么要改姓马？我当时一直不明白，大约是 10 月 5 日左右，石家庄的电话不通了，而忻口大战正在部署，尚未开始。我对阎锡山说，要到娘子关方面去看看情形怎样，好作处理，他很赞成。

我同从南京带来的高级参谋陶钧、裘时杰、徐佛观等到了娘子关外井陉车站，由车站电话叫石家庄，叫不通；叫获鹿站，也不通，显然获鹿也可能被敌人占领了。我登上车站南方的高地展望，拥挤在车站附近的，有正待上车的孙连仲部队（一部已转到太原附近）和好些由石家庄、获鹿拥来避难的群众。当时群众对敌人是敌忾同仇的。有人捉获一个据说是敌人的便衣侦探，扭送到我面前来。老乡们说这人说话既不是本地口音，装束也不像本地人，而是初学说的东北话。我叫徐佛观用日语审讯。原来是一个日本人化装的侦探，就在高地上把他枪决了。敌人便衣侦探既到了那里，敌人的队伍也就离那里不远了。

当晚我回太原把情况告诉了阎锡山。我说：娘子关方面情况相当危险。第一是正面布置得太宽，北起龙泉关，南至马岭关，地图上直线就有约 150 公里，只有 6 个师（陕西军 3 个师，第三军 3 个师），都是一线配备，没有重点，也没有机动部队。敌人如突破一点，则全线都要动摇，尤其是尚未指定统一指挥的人。我料石家庄我军南撤后，敌人必以主力向娘子关进攻，策应忻口的会战，以少数兵力压迫南撤的我军。我军在平汉线上屡次溃退，即使是少数敌人也很难对它进行反攻，以牵制敌人主力向娘子关进攻。我建议把孙连仲部调回娘子关方面，作为预备队伍。阎同意我这意见，遂把孙部调回娘子关作为机动部队。

阎问我这方面归谁统一指挥，我说就由孙连仲负责。阎说："冯钦哉、曾万钟两个都是老军务老资格，孙连仲虽然资格也很老，但对冯、曾两人平时没有很多的关系，指挥一定有困难。"他想了想，问我可否担任娘子关方面的指挥？我当时虽然知道有许多困难，也只好答应了。

阎锡山在山西境内的重要地区已筑有国防工事：一是以太原为中心向北以至雁门关一带各隘口；一是以大同为中心东至阳高、天镇。这些国防工事是孙楚主持设计的。1936 年我因西安事变，南京要我到山西去找阎锡山出来调停时，孙楚曾陪同我去参观过太原北方三十余里阳曲湾一带的工事。照我看，他们为了节省经费和材料（主要是钢筋和水泥），有些掩体都比较单薄，而且纵深也不够。正面有多宽，我不清楚，通信设备更未完成。娘子关方面的工事，在他们看来是次要的。何以见得呢？因为当雁北战局已很紧张时，而晋军新编第十团尚在那里赶筑工事。

10 月中旬，我乘车去娘子关方面指挥。除了我由南京带来的高参陶钧、裘时杰、徐佛观和两三个副官之外，则是阎锡山拨给我的无线电台和电务人员，此外由广西拨给的卫队二百多人。这个卫队的武器，步枪是军政部发的，机枪是再三问阎锡山要才给我的。我最初向他要时，他说兵工厂已停工，太原已无库存，后来给我的那 9 挺轻机枪据说是由临汾调回来的。

我当晚到了娘子关，找到师长赵寿山了解情况。他说正面尚未有敌情，他这师有 6 个团（应为 5 个团——编者注），光守娘子关正面，问题不大。可虑的是左右两翼，尤其是左翼冯总指挥（第二十七路军）尚未取得联络；右翼友军既不知是哪个部队，更未取得联络。我告诉他，右翼是中央第三军曾万钟部，已经把孙连仲部调了回来作总预备队。他说，这样就很好了。他把布防情形报告了我，以主力扼守关口外的雪花山，其余则布置在铁路两侧高地。雪花山守得住，娘子关也就守住了。万一雪花山守不住，关正面仍可扼守的。

我转回关后三十余里下盘石车站附近的指挥部。这个指挥部依山靠河（小河通出关外），军用地图上叫做磨河滩，是一个双口窑洞，是国防工事构筑的拟定的指挥地点。在那里，除了一个双口窑洞之外，一无所有，更谈不上什么通讯设备了。在整个娘子关战役中，通信就赖正太铁路的电话线和一些乡村电话线以及无线电台。

我把那位晋绥军新编第十团的白长胜团长找来，问他这方面的工事情形。他说，这方面工事构筑的时间比太原以北晚得多，材料也欠缺，而构筑力只有他这一团，兵员名额也不足，虽然尽了全团的力量，只能做到这个地步，请副长官原谅。我听了，也无可奈何。在娘子关方面虽然筑了一些炮位，但大炮一门也没有。

我要无线电台向冯钦哉取联络，但一直到娘子关失败，都未联络上，原来他没有将电台架起来，所以他那方面的情形如何，无从知道。我想冯钦哉所以如此，就是要避开上级赋予他的作战任务。据我当时及事后知道，娘子关左翼是没有什么敌情的，如果敌人知道这个情形，由平山向六岭关进攻，一定不费什么气力就把太原和忻口之间截断了，比之进攻娘子关省力很多。

大约是 10 月 21 日的上午，娘子关正面发现敌情了。敌人是川岸兵团，由井陉方面进攻，自然是赵寿山师首当其冲。

我屡次打电话问赵，他都回复我“守得住”。赵师所以守得住，是由于赵部官兵的努力勇敢，而日军进攻娘子关正面不是主力也是原因之一。所以娘子关正面，直到右翼溃退，赵寿山师才不得不撤退了。这是以后证明的事实。

日军川岸兵团（由第二十师团和一些特种部队组成），以一部攻击娘子关正面，而以主力向娘子关右侧循微水、南漳城前进，进攻旧关（也叫故关）。旧关方面发现敌情比娘子关正面迟了一些。那里是赵寿山师与第三军防线的接合点，在战线上是薄弱的环节，所以日军先头一举占领旧关。第三军也曾增加兵力反攻，以图恢复，军长曾万钟也亲到前线督战，却无能为力。那里距我的指挥部只有三四十华里，我写了一封亲笔信派高参裘时杰、徐佛观带给曾万钟，并视察战况。这封信的大意是要他鼓励官兵不惜牺牲、奋勇杀敌、恢复旧关。曾万钟虽然亲到前方指挥，屡次反攻，日军兵力虽不大，却扼险死守，终未能把它夺回来，成了暂时相持的局面。

日军得到后续部队的增援，即再行攻击，把第三军那里的战线冲破一个缺口。敌人以一部向南压迫第三军，以主力向北，企图占领下盘石车站，截断娘子关的后路。次晨敌军已迫近我的指挥所的后山。我当时手里除了 200 多名卫士之外，没有掌握什么部队。适孙连仲部尚有第三十师的一个旅，在附近车站候车运太原，而尚未知道孙部要东调的计划。我找到旅长侯镜如，要他增加上去阻止敌人。侯虽没有奉到直属长官的命令，对越级指挥的命令却接受了。侯镜如旅上去后总算把敌人顶住了。同时我命令娘子关正面的赵寿山师向井陉出击，以阻止敌人后续部队向旧关前进，扩大缺口。但赵师出击的结果不好，反而把关外的要点雪花山丢了。赵寿山向我报告，说他的部队损失很大，但决心死守娘子关和正面铁路线上的要隘。这样，敌人遂将攻势转移到旧关方面，扩大缺口，侯旅伤亡很大，亦被冲破。恰好陕军原杨虎城的教导团，由团长李振西率领到来。这个团的官兵约有二千余人，士兵有许多是青年学生，是杨虎城当时想扩充军队作为下级军官之用的。西安事变前，有些共产党员曾在这个团里当教官，所以士气昂扬，团长李振西也很勇敌。我即命令该团由下盘石后山向前进的敌军迎击，由上午八九时接触，战斗至下午4时，总算把敌人顶住了。该团伤亡很大，收容下来仅剩五六百人，团长李振西也负了伤。

孙连仲率领第二十七师（他的主力部队）和其他部队白天乘车东运，沿途被敌机轰炸，伤亡不少，午后才到下盘石车站，当即增加上去，把这条战线稳定下来。这时我将战线予以调整，娘子关以北仍由冯钦哉负责，虽然他一直不架设电台与我取得联络，但那方面尚无敌情，也只好如此。娘子关正面，要赵寿山师缩小防线，沿铁路扼守。那时正面的敌人已转到旧关方面了，顾虑不大。孙连仲部担任旧关方面的防务，这是敌人进攻的重点，并希望孙能夺回旧关。曾万钟第三军布置于旧关之右九龙关、昔阳方面，而该方面自旧关战后就失去了联络，情况一直不很清楚。

孙连仲部增加上去之后，首先将敌人压迫回到旧关附近，但旧关仍在敌手。那次战斗虽在某些地方把敌人压迫包围在山沟里或村庄里，但敌人不肯投降。我出了大赏，俘虏一个日本兵就赏大洋200元，而孙部解上来的俘虏仅有两个。据说俘虏日本兵固然不容易，即使俘虏到了，稍不注意，他们就自杀，这是他们武士道教育的结果。记得有一天，一个被打散了的日本兵，乱窜到我的指挥所附近来，四周都被我军包围，他仍不投降，一面放枪一面乱跑，只好将他打死。有一次我悬赏5万元要孙连仲派一营人夺取敌占的旧关某要点，他指定第二十七师的某营担任这个任务，并宣布我的悬赏。那营长慷慨地说:“赏什么罗！军人以卫国为天职，即令牺牲了，只希望抗战胜利后能在那儿立一块碑，来纪念我们这群为国牺牲的人就满足了。”后来那个要点仍未夺回来，那营长和大部分官兵都牺牲了，剩下的不到百人。可惜那位营长的姓名，我现在记不起来。

这时冯钦哉部队仍不知消息，曾万钟方面也失去了联络，战况不明。由于孙部的增援，旧关方面的战局得以稳定了一些日子，但是要持久仍是困难的，因此我要回太原同阎锡山商量下一步的办法，并把指挥所撤至阳泉。

我把娘子关方面的战况报告了阎锡山。我说:“娘子关方面冯钦哉部显然是有意规避作战，曾万钟部情况也不明了，铁路正面虽不是敌人攻击要点，赵寿山师也已打得很残破了。攻占旧关的敌人，虽有孙连仲部暂时顶住了，但敌人必定会陆续增加。他们攻击的目标，必是孙连仲与曾万钟两部的接界点，向昔阳、平定方面突进，企图占领阳泉，截断正太路，包围娘子关和旧关的我军，威胁太原。我要求从忻口方面抽调一些部队增加娘子关方面，以免影响忻口方面的会战。”

阎锡山把他的注意力都放在忻口战场，而对于娘子关方面起初是不很注意的。他总以为平汉路上的石家庄可以维持若干时间，娘子关方面就没有被攻击的顾虑；即使石家庄之线撤退，平汉线上的我军仍可牵制敌人向娘子关攻击。他料不到石家庄丢得那样快，更料不到敌人不顾平汉路我军的牵制，而以主力进攻娘子关。其实平汉线上的守军自石家庄一退，就退到安阳，仅在漳河南岸防守，完全不起牵制敌军的作用，所以娘子关战役自始即处于疏忽被动状态。

阎锡山考虑了一会说：“川军邓锡侯集团军已奉令调来山西，先头部队已到达风陵渡，渡河后即可由同蒲路乘车北开，预定是增加娘子关方面的。”我说：“时间来得及吗？”他又考虑一下说：“忻口方面担任正面作战的部队，是不好抽调的。”

我次日即赶回阳泉，驻在阳泉煤矿局。一两日后，昔阳县打来长途电话，报告敌人已迫近昔阳，要我派军队堵击。这显然是敌人已由我们右翼突破，平定阳泉（阳泉属于平定县）就是敌人进攻的下一个目标。这时（大约是 10 月 23 日）恰好川军先头某师曾苏元旅到了阳泉，我就要他向平定、昔阳方面阻止敌人。四川军队的枪械很差，不但缺乏轻重机枪，连步枪也都是川造的，打了几十发子弹就要发生毛病。曾苏元率领所部连夜向平定、昔阳方向出发，次日就遇到敌人，战况怎么样，以后一直不清楚。

这时我手里除了一个卫士队之外，别无其他部队可以指挥。敌人如果攻占阳泉，不但威胁太原，也就将我正面的孙连仲部与赵寿山部的后路切断了。我当时决心把正面的孙、赵两部撤回阳泉。其实孙连仲在没有我的命令之前，已自行撤退到阳泉。次日，孙连仲到了阳泉，说敌人由他右翼突破，一定向昔阳方面压迫，大部转而向他的右翼包围。他部各师伤亡都很大，不能不撤下来。我问赵寿山部的情况，孙说不清楚。

我这时候能指挥的也就只有孙连仲这部分军队，我要他在阳泉收容整理，再从事抵抗，阻止敌人进攻太原。我的指挥所就在这时转移至寿阳县城铁路南侧的半月村。在那里驻了几日。这时遇到八路军刘伯承师的队伍，经此地向昔阳前进。他们都在夜间运动，迅速而秘密，向敌后挺进。

孙连仲在稍后的时候也退到寿阳城里来。有一晚上，我到他指挥部里问他的情形。他说他的 3 个师，只有冯安邦的第二十七师尚好一些，其他如池峰城的第三十一师和张金照的第三十师，都损失很大，没有什么战斗力了。我向孙说，正太路上如不在阳泉作有效的抵抗，敌人一下就能冲到太原。我们的责任是很大的，无论如何要令第二十七师师长冯安邦在阳泉抵抗，不得后撤。适在这个时候，冯安邦来电话报告，说敌人已接近阳泉，阳泉地形不好，要撤到阳泉以西地区收容整顿才能抵抗。孙连仲要冯安邦接受固守阳泉的任务，并且对冯安邦说："再后撤，就枪毙你！"冯安邦说："报告总司令，我手上只剩了一连人，如果收容好了，我总尽我的最大努力就是了。"孙连仲与冯安邦是亲家，据说孙对冯一向是有些袒护的。孙当着我面说要枪毙冯，也许是做给我看的，说明他已对部下下了最严厉的命令。

就在那天夜里，又有两列车的川军由晋南经榆次开到寿阳车站，是王铭章率领的后续部队。在那紧急的情况下，我只好令其东开，占领寿阳、阳泉之间铁路以南的山地，掩护前方部队的收容整顿，并归孙连仲指挥。

三、太原会议及太原失守后的情况

这时忻口战场经过相当激烈的战斗，对当面的敌人既无法歼灭也没击退，而敌人又陆续增加，不断进攻，我军很难维持。阎锡山打电报给我，同时也直接打电报给各总司令，要我同孙连仲即刻到太原去开会，讨论防守太原的部署。就在那日下午四五点钟，我带同一班卫士到达太原。我的指挥部人员则停留在榆次附近的鸣李村，我关照他们必要时向榆次以南撤退。孙连仲也同他的参谋长金典戎到达太原。

会议是在太原绥靖公署会议厅举行的，由阎锡山主持。到会的除我和孙连仲之外，有忻口方面作战的卫立煌和晋绥军的高级将领，山西省政府主席赵戴文、参谋长朱绶光、参谋处长楚溪春都在座。阎锡山把必须保卫太原的理由向大家说了。他的计划是：以忻口方面退下来的部队据守太原北郊的既设工事，并派一部守汾河西岸高山的工事；以娘子关撤退的孙连仲部据守太原以东的高山既设工事；以傅作义部死守太原城。

在会上，我提出意见，不很赞同这个计划。我并非认为太原附近的既设国防工事不应固守，而是认为忻口和娘子关两方面的部队正在败退，恐怕在还没有占领阵地的时候就被敌人压迫到太原城边来。同时，那些所谓国防工事的可靠性，亦是一个谜。这是我在娘子关方面得到的坏印象。万一那些部队站不住脚，被敌人压迫下来，这许多人马，前方后方都混杂在太原城区的锅底里，其危险的后果就不堪设想了。

太原是阎锡山统治山西二十多年的首府，是他毕生所经营的兵工业（太原兵工厂）和其他某些工业的所在地，也是山西集团官僚们多年积聚财富的集中地点，阎是不肯轻易放弃的。

我认为太原城固然不宜轻易放弃，因为那时候失守一个省城，全国都会震动的。但我不主张以野战来支持守城，而应以守城来支持野战部队的休息整顿。也就是说，即使守城部队都作了牺牲来换取大多数野战部队休息整顿的时间，也是值得的。如果照阎锡山的计划，用所有的部队（除守城部队之外）防守北郊既设工事，以支持守城部队，即使都能按照计划占领阵地进行抵抗忻口方面南下的敌人，但我估计娘子关方面的敌人与忻口方面敌人是配合行动的，这样娘子关方面敌人没有一些阻挡就到了太原城的东南门，由南北两方面同时夹击太原城和据守北郊工事的野战军部队，其后果是不堪设想的。

我主张将娘子关方面的部队（那方面能掌握的只有孙连仲部和一些续到的川军）撤至寿阳县铁路线以南，和榆次县以东的山地收容整理，并与八路军联络。日军如直攻太原，则从敌人侧后予以袭击。日军如向南进攻，则沿同蒲路东侧山地逐步撤向太谷、平遥。忻口方面的部队，除派一小部守北郊既设工事作守城的警戒部队外（必要时撤过汾河以西），其余皆撤过汾河占领汾河以西的高山地区，监视敌人，从事整顿，必要时则侧击敌人。这样布置，则由忻口、娘子关撤退下来的部队，既可休整，也可牵制敌人攻击太原城，太原城也可作为城外部队的支援。

我这些意见，孙连仲和卫立煌当初都是赞成的，而阎锡山仍坚持他的原计划。晋绥将领向来对阎的计划不敢表示异议。我更指出，忻口会战是费了很长时间的准备才能进行的，怎能在大撤退之后又再匆匆进行另一场会战呢？时间是决不许可的。

最后会议上就剩了我同阎锡山相持不下，其余的人都是在战场上多少天未睡的，就在会议厅打起呼噜来，不再管什么计划不计划、争论不争论了。会议开到了午夜1点多钟仍无结果，最后阎锡山说："军队已经行动了，要改变也无从改变了。"原来阎锡山打电报要我们来开会的同时，已将他的命令下达给各部队总司令了。

阎锡山说完上面那两句话之后，就对朱绶光、楚溪春、赵戴文轻轻地说："咱们走吧！"他们就离开会议厅了。有些人还睡着不知道呢！楚溪春对阎说："还未宣布散会，会上的将领还不知道呢！"阎说："不用管了。"不久电灯忽然灭了，不仅太原绥署漆黑一团，整个太原城也没有半点灯光了。这种狼狈情况，是我在国内战争和抗日战争中所未见过的。

但我对蒋介石应有一个交代，便摸到长途电话室打电话给侍从室主任钱大钧。巧得很，电话一挂就通了。我把娘子关和忻口战场两方面的溃败情形和太原会议情形告诉了钱大钧，要他转报蒋介石。钱问我太原能守多久？我说很难说，如果照今晚的情形来看，会议无结果姑且不论，而高级将领多半不能回到部队去指挥，这样混乱是很不妙的。我告诉钱大钧我立刻要离开太原了，要他听以后的消息。那是1937年11月4日的深夜两点钟。

我打完南京的电话，走到绥署大门停车的地方，竟然静寂得怕人。指定给我使用的汽车找不见了，更没有其他的汽车，真使我心里着急。我想起傅作义以往和我打过不少交道，有相当的感情，他负守城的责任，当然还在城里，去找他或许还有办法。但当时满城漆黑，也不知道傅的司令部在哪里。

我的随从副官周杰英劝我赶快走，迟了怕被封锁在城里就不好办。我带着十多个卫士摸到南门，幸城门还开着。这大概是因为阎锡山还有许多贵重的东西没有运完，汽车仍在进进出出。

我们出城由公路走向汾河桥（太原汾河桥有两座，一在城南，一在城北），在桥上又遇到了很困难的问题。汾河桥桥面很窄，汽车只能单行。很多由太原满载物品的汽车要向西开，而那些回太原运东西的空车却要向东行，彼此不肯相让，闹成一团。有些司机已在车上呼呼睡着了，一点也不着急。我见这样情形，如果相持到白天（那时已是深夜3点多钟了），敌机一来轰炸，岂不都完了吗！于是我这个战区副司令长官就暂时充当汾河桥的交通司令。我拿出副司令长官的名义向那些空车司机说理，连劝带骂，弄了一个多钟头，要他们向后退让，因回空的车占少数，后退也比较容易，让那些载重的汽车过完，然后过去。我还在桥头派我的卫士执行这个任务。

天快亮了，我同副官、卫士截住一部回空卡车，乘着来到太原西南数十里的开栅村停下来。第二日早晨到乡公所查问，才知道这地方离交城县不远。我们到县城打听，才知道阎锡山也到了那里。阎锡山那晚临走的时候，并未告诉我他将到什么地方去，在这里是无意中遇到他的。我去见他，把昨夜出城的经过概况说了。他问我："你看太原能守多久？"我说："很难说。我很担心城外的部队昨晚和今天是否能进入阵地站得住脚，守城还在其次。"他又说："宜生（傅作义号）守城是有名的。那年他守涿州两个多月，抗住了数倍的奉军和优势炮火。我在城里储备了半年以上的粮食和弹药，太原的命运就寄托在他的身上。"我对傅作义过去的守涿州也是钦佩的，但是当时我想，相隔十年，时代不同了，而敌人又是气势方张的日军，是不是能同守涿州那样守得住，心里很怀疑，只是口里不便说什么。

阎锡山要我住在他那里，好遇事商量。我住了一夜，告诉他娘子关撤退下来的许多部队还得去收容。他不说什么，随叫交通拨给我一辆卡车和一辆小轿车。次日一早我坐汽车由交城经汾阳、孝义向介休进发。在路上两次遇到敌机，幸而发现得早，不待扫射我已躲进路旁的沟里去了。虽然遭到扫射，人车都未受损。汾阳、孝义的老乡们还不知道太原的情形，仍然是熙熙攘攘来赶市集。我们到了介休，情形就不大相同了。那是同蒲铁路的大站，刚被敌机轰炸，车站毁了，正在燃烧着。停在站上的列车也炸得乱七八糟，死亡的士兵尸体不堪触目。车站的人员都逃散了，打听不到以北沿线的消息。在黄昏的时候，我找到了失去联络的卫士队，他们是在榆次将失陷的时候步行退到介休的。他们说，指挥部人员比他们更早些时候已乘火车南下了。这个卫士队就是我当时唯一能掌握的二百多人的部队了。我同他们在介休、灵石之间一个小村里住了一夜，次日出发，傍午到了灵石城稍北公路上靠近长途电话线的小村里。我就在那里进行收容，但是退到那里的都是零星失散的士兵，没有官长率领，集合不起来。

显然可以料到，娘子关方面的部队，多半是由昔阳向和顺方向南进，或者是由榆次向太谷，或者是向沁县南进。铁路是敌机轰炸的目标，他们是要避开的。

我用电话向各方面联络，想找阎锡山说话，报告东面的一切和探问太原城的情形。阎的声音很低，五台话也难听懂，最后只好由参谋处长楚溪春代为答话。楚溪春说太原城于 11 月 8 日丢了。这是我离开太原城的第四日，也就是太原城只守了 4 天。当然这是出乎阎锡山和蒋介石的意外，就我来说，虽意料守得不会太久，但也料不到会丢得这样快。阎锡山本人那时已由交城移到隰县的大麦郊，此后的行动我就不清楚了。

在这里，还得回过笔来补写一些太原会议后和北郊战事以及其他的情况。这些材料是根据曾经亲预其事的人事后告诉我的。

太原会议到深夜无结果，阎锡山同他的幕僚偷偷地溜走了，电灯也黑了，我狼狈逃出太原已如上述。据孙连仲后来告诉我，他摸到城门时，守城部队快要把城门堵塞了，说了许多好话，守城兵才肯把城门的堵塞物弄开了让他走出来。他的部队原指定是占领太原东边一带设有工事的高地，但由于时间急迫，部队收容了多少都不知道，更谈不上占领阵地抵抗敌人了。于是他只好带领在身边的一些人渡过汾河在河西山地上乱跑乱窜。他遇到由忻口退下来的部队，也不占领北郊工事从事抵抗，而是向西北乱窜。又据孙部第三十师八十九旅旅长侯镜如说，第三十军和他的部队也未能占领太原以东指定阵地，就被敌人压迫向南撤退。当时未参加忻口会战的裴昌会师，虽奉命当晚开到阳曲湾据守既设工事作为掩护，也未到达就溃乱南撤了。所以原定据守北郊既设工事保卫太原的计划，由于当晚的混乱，根本不能实施。敌人从北面、东面直迫太原城，太原从而失陷，造成华北战场的最大损失。

我在灵石住了几天，没有什么部队可收容，每日除了打电话给南京报告之外，就没有什么事可做。我在电话中同钱大钧说，山西的战局就是这样，我再在这里已没有什么作用，想要蒋介石把我调回南京。钱大钧还告诉我说，阎锡山对我很有意见，他认为忻口会战是由于娘子关方面的作战不力而致溃败失利的。我当然不同意阎锡山这种推卸责任的说法，但也不想辩什么。钱大钧同情我的处境，答应转报蒋介石，但说也须征求阎锡山的同意。我见在灵石没有什么事可办，遂决定退往临汾。临汾是晋南比较大的地方，山西省政府和绥靖公署的人都退集在那里（但阎尚未到）。在那里，我见卫立煌也退下来了。不久我得到蒋介石的核准和阎锡山的同意，乘专车离开山西回南京。山西以后的情形我就不知道了。

第三十五军太原守城亲历记

韩伯琴[*]

1937 年 10 月 23 日，从绥远撤退出来的袁庆曾在河曲接到傅作义命令驻河曲部队开赴太原的电报。袁接电后，首先对绥远省政府文职人员，作了适当安置：志愿离职的资遣；部分留在后方，随船看守营底（后来分别停于碛口、龙王两处）；其余随军转进太原。然后命令驻河曲的 2 个步兵团，4 个国民兵团，还有 3 个宪兵队，3 个警察保安队，由袁亲自率领，于 10 月 25 日由河曲出发，11 月 1 日到达太原市。

忻口阵地的攻防战，到 10 月底已近尾声。第二战区司令长官部决定的作战计划，是以太原为中心"依城野战"。傅作义指挥直属部队第三十五军与晋绥军另二部第二一三旅、独立第一旅为守城部队，从娘子关和忻口撤退回来的部队，占据太原的东山、西山为野战部队；并决定忻口的防守部队于 11 月 2 日晚 9 时全线退却，转往太原的新位置。退却命令下达后，傅作义指挥的守城部队，于 11 月 4 日以前按照预定计划，全部撤回太原市区，当即按照城防部署进行防守工作。不料其他部队在撤退时，失掉掌握，纷纷向南而去。野战部队一去无踪，只剩下守城部队在孤城固守，"依城野战"的

* 作者时任太原关厢防守指挥部成员。

作战计划，成了一纸空文。

傅作义的守城部队，计有步兵第三十五军的第二一一旅（旅长孙兰峰）、第二一八旅（旅长董其武）共 6 个团；原第六十一军李服膺部的第二一三旅（旅长杨维垣）2 个团；第七十三师（代师长王思田）师部；新编独立第一旅陈庆华部 3 个团。炮兵有第二十一团李柏庆部，炮兵第二十二团刘倚蘅部，炮垒大队（这些炮没有配备驮骡，不能移动）郝庆隆部和高射炮 1 个连。部队番号不少，但实际兵员不过 1 万余人，在周围 40 里的太原城圈布防，着实不敷分配。又兼以上这些部队，大部是新编部队或拨补的新兵，而第三十五军本身，又因连续经过商都、平绥线、平型关、忻口几个战役，损失很大（据第四三六团的统计，4 个战役，仅营连长就伤亡了 100 员），元气已伤，当时每团平均只有约 600 人。将绥远调来的 4 个国民兵团全部补充进去，才算基本满员。同时，傅作义对其他部队在使用上又多所顾虑，不那么得心应手，只好把自己的基本队伍第三十五军，悉数摆在敌人必攻的东城墙和北城墙上，硬着头皮打这一仗。

当时的守城部署是这样：北城从西北城角起，姚骊祥的新编第一团，第二一八旅的第四三五团（团长许书庭），第四二〇团（欠两营，团长李思温），第四三六团（团长李作栋）。东城从东北城角起，第二一一旅的第四一九团（欠一营，团长袁庆荣），第二一一旅的第四二二团（团长王雷震），第四二一团（欠一营，团长刘景新）。南城全面由杨维垣的第二一三旅布防。西城全面由陈庆华新编独立第一旅布防。炮兵分布在全城的各个炮兵阵地。关厢前进阵地、北关兵工厂由第四二〇团团长李思温带两个营防守；东北城外黄国梁坟阵地，由袁庆荣团的张惠源营防守；东南城外郝庄、双塔寺阵地，由刘景新团的韩春富营防守；南城、西城外，由担任城防的杨、陈两旅，分别在太原火车站和汾河东岸派出警戒部队，第三十五军的骑兵连，放在汾河西岸，担任游动巡逻。其余部队，分别编为地区预备队和总预备队。

城内也作了必要布置：先委派曾延毅为太原戒严司令，马秉仁为戒严副司令，指挥绥远宪兵第七、八两队，担任城内的岗哨、巡查，负责维持城内秩序。后又委派袁庆曾为关厢防守指挥官，指挥部由绥远撤退来的绥远省会警察局长张公量、督察长韩伯琴、民政厅科长高赓虞等组成，负指挥督战任务。傅的总部设在原第二战区司令长官部内。总部院内有第三十五军特务连、宪兵第十队、保安警察第三队，负责总部的警戒。

部署既已就绪，准备在4日黄昏即行封闭城门。封城以前，傅作义曾集合部队作动员讲话。他说："今天就要封城，我们守城，就比方人已经死了，躺在棺材里，光差盖盖啦。"这话是表示与城共存亡的决心，但却起了反作用。当天晚上，不只士兵和下级军官有越城潜逃的，就连总部里傅的亲随中校副官尹绍伊、第三十五军上校处长李荣骅等，也都趁黄昏封城的空子，相偕出走。

4日下午，卫立煌由忻口撤退下来，进太原城和傅见面。卫不主张空守孤城，认为现在依城野战，已不可能，只剩太原孤军守城，徒耗兵力，不会有什么好结果，不如改变计划，一同南下。但傅却表示：守土抗战，军人有责。野战军在，太原当然要守，野战军走了，太原还是要守。至于后果，现在考虑不了那么许多。最后傅在封城以前，将卫送出城外。

从月初忻口我军退却开始，日军飞机对后方侦察便日益频繁。11月5日，日军步兵已迫近太原，作攻城准备，空军对太原市也开始了有计划的轰炸。太原城内，在5日以前，每逢敌机空袭，空防系统即发出空袭警报；从5日下午起，警报也变成哑巴了。

11月6日拂晓，日军步兵开始向太原北关兵工厂和东北城外黄国梁坟的前进阵地进攻。敌炮兵在敌机指示目标下，以数十门榴弹炮、野炮，集中火力，向东北城角的城墙猛烈轰击，城墙上部，在硝烟弥漫、地动山摇的震撼中，逐渐被打成缺口，崩落的碎砖土块，在城下坍成斜坡。城防部队也命令炮兵开炮还击，形成整天的炮战。到天晚停战，守城部队连夜将城墙缺口修复。

兵工厂前进阵地的李思温团长以两个营的兵力，依据早已构筑的坚固工事，对优势敌军的进攻，顽强抵抗，曾经击退敌人多次疯狂冲击。黄昏以后，奉令撤入城内。守黄国梁坟阵地的张惠源营，事前准备不够，受敌压迫，提前退回城墙主阵地。至此，北城和东北城角，就赤裸裸地摆在敌人面前了。

11 月 7 日拂晓，北城外的日军利用关厢建筑物，东门外北段的日军利用丘陵地带，分别接近城墙，开始了全面进攻；同时，还分兵绕过东城，向城南的火车站迂回；另一支日军则由汾河上游渡河，进出于城西的汾河西岸，企图对太原合围。其主力以步炮空联合作战，又向我东北城角猛烈进攻。经守军连夜修复的城墙缺口，很快又被敌炮敌机轰炸摧毁。战况极为激烈，城坡上敌尸成堆，大片黄土已经变成殷红色。我守军也伤亡惨重。日军因整天猛攻东北城角，牺牲很大，未得成功，很不甘心，又在黄昏时调集精锐，加大兵力，再次发动强攻。我城墙缺口守军，全力阻击，终于在兵员伤亡殆尽、援军一时调集不来的时候，被日军一股（约 1 个营）突入城内，占领了小教场（东北城角以内地区）的炮兵营盘。这个炮兵营盘，孤立在北城墙下面，东、西、南三面都是平坦开阔的操场，在白天我军不易接近，日军也很难向外扩张，同时双方炮兵都不能发挥作用，因而在 8 日上午形成了对峙局面。日军因后续部队一时不能进城，为了保持这股部队在城内扎下根，曾用飞机空投接济。

太原城内自从戒严司令部成立的那天起，就发现城内潜伏着不少的汉奸敌特，小北门里的天主教堂，就是掩护他们的一个渊薮。在城内大街小巷经常听到枪声，戒严司令部的巡查兵有在执勤期间被敌特黑枪打死的。司令部也常扣捕一些可疑的人，但始终也审问不出一点重要头绪来。主要原因是太原的宪兵早已随着第二战区长官部撤走，太原警察机构已经瘫痪，失掉作用，新组织的戒严司令部及其所指挥的警宪部队，完全来自绥远省会，不了解当地情况，只有黑天暗地瞎摸索。偌大一个太原市，一时之间哪能想出有效办法？ 11 月 5 日以后，敌机滥炸市区，房倒屋塌，交通阻塞，电杆倾斜折断，电灯早已失明，电话线路时常发生障碍，虽随时修理，也修不胜修，显出一片混乱。到了 11 月 7 日，街头巷尾到处是散兵游勇。不少食品商店（大半已逃亡无人）都被打开了门窗，满街都是酒瓶子、罐头筒子。敌人进城的消息一经传播后，未与敌军接火的部队，军心惶惶，大有不可终日之势。

11 月 8 日早晨，傅总司令召戒严司令、第三十五军副军长曾延毅到防空洞谈话。曾由傅的防空洞出来，没有再回戒严司令部（在总部东院），就直向总部大门走去，同时派卫士去叫戒严司令部参谋长郗莘田快来。等到郗由司令部出来，曾已走出总部大门以外，郗紧紧赶上，曾见了郗，也始终一句话没说，便直奔他的马号。这时马已鞴好，曾立即上马，向大南门驰去。戒严司令部的参谋副官及勤杂人等，也都闻风赶来。跑到大南门跟前，发现早经封闭的城门，土囊沙袋层层堆积，原封未动。曾当令跟来的卫士随从们搬移沙袋。守城官兵因知道他是第三十五军副军长，当然不敢拦阻。没想到封城时只怕封不牢固，到现在才发现土囊沙袋累积太多，移动不便了。结果卫士们费了老大力气，城门仅仅打开了一个小缝。好在两扇城门稍稍向后移动了一些，门头上却甩出一个较大的三角空隙。曾延毅心急智出，舍掉了坐骑，爬上沙袋，让力气大的几个卫士把他举上门顶，钻出城去（这时候大约 9 点多钟）。出城以后，狼狈地向南赶路，恰巧遇上第四三五团受了重伤的连长张霁浦（后来当了侦察总队总队附，左臂成了残废），骑着一匹瘦弱的劣马。曾向张连长把马要了过来，骑上这匹劣马往正南方向而去。他的参谋长郗莘田在曾后面跟来，看到城门上不容易出去，便拨转马头，找到旱西门旁早已挖好的交通路，马也没下就走出城去。时间不久，他就和曾会见，接着就一同过了汾河，绕过太原县、清源县，经由交城、汾阳，跑到隰县去了。曾出城打的是第三十五军副军长的旗号，他这一折腾，看见他的人都说:“副（与傅同音）军长出城走了。”这一消息很快就传遍了靠近南城的部队。戒严副司令马秉仁不甘落后，也立时乘着“李牧号”装甲汽车赶到大南门，从炮兵掩体钻出城外，落荒逃命。于是“副司令出城走了”的消息，又不胫而走地传进了守城官兵的耳朵。由此辗转相传，以讹传讹，把“副军长”当成了“傅军长”，“副司令”当成了“傅司令”，因而军心动摇，顿时大乱。有些部队，官不管兵，兵不顾官，撂下武器，越城逃走的颇不乏人。12 时以后，除了北城东城和敌人对峙胶着的部队无暇他顾外，其他城上的守军逐渐稀少，有些地段已看不到部队的踪影了。

总部里边，从 7 日黄昏敌军突入城垣以后，空气异常紧张，有些人惊慌失措，交头接耳，彻夜不敢睡眠。8 日早晨，听说一夜战斗没有把敌赶出城去，越发感到沉重。这时候虽然能听到满街人马奔驰，声音嘈杂，但对于曾、马两司令的逃跑和城防部队发生动摇的情况，还都如在梦里，一点也不知道。约 10 时许，汉奸敌特突然对着总部大门打了几枪，总部院内哗然大乱。副官长黄士相（江苏人，保定军校生）不想办法如何应变，就跑进防空洞，大喊大叫地向傅作义报告："敌人在总部门外打枪，快打进总部来了！"傅作义因为想挽回危局，就地消灭窜入城内的敌人，在整整一夜里，用尽了办法，也没有达到目的，两只眼睛都急红了。这时候，突然听到黄的叫喊，看见黄的神色，勃然大怒，厉声对黄斥骂："谁说的，简直是汉奸造谣，惑乱军心，砍你的脑袋！"黄在那里愣愣地立正站着，参谋长陈炳谦暗中推他一把，悄声告他，还不赶快出去。黄碰了一鼻子灰，退出防空洞外，靠在墙上，愤怒交集地自言自语："人家几千里跑来帮你抗战来了，还骂人家汉奸，要砍人家的头，咱是不能干了。"当敌特在门口放枪、院内发生骚乱的时候，原绥远省政府的秘书林亚萍（福建人，林森的侄子，后来在太原溃退时，被乱军枪杀）等和特务连的 30 多名官兵跑到总部西便门（在封城时已同时封死），慌乱地挪动沙袋，打算开门，逃出城外。经我发觉劝阻后，林亚萍才带头喊着"走，回去保卫总司令去"，又回到总部楼下。我又寻到宪兵队长刘如砺，偕同去找黄副官长，劝他先不要计较碰钉子的事，并建议赶快分头整顿部队，抓住部队，才有办法应付突然事变。于是黄找特务连长集合特务连，刘集合宪兵第十队，我集合保安第三队。集合后，分别安置在防空洞口附近的楼底空房间里，让连队长们站在门口，以防士兵随便离开队伍。这样一来，队伍是掌握住了，院内的不稳风浪也平静下去了。总部里边除过一部分职员乘乱跑离总部混出城外的不计外，秩序又重新安定下来。

11 月 8 日，日军继续向北东两线全面进攻，各团经过连日激战，兵员损失很大，营长以下军官的伤亡都为数不少。东北城角的突破口，守军已无法控制。日军从这里又窜入约两个营，会同昨天突入的敌人，向外扩张战果，但由于地形局限性很大，于敌作战不利，经过整个上午的巷战，虽然攻占了几个院落，发展仍然有限。我守军也已精疲力竭，既不能歼灭入城的敌人，也没有力量将敌人逐出城去。12 时以后，发现敌人以坦克掩护汽车，不断由汾河以西公路上，向南输送部队，判断敌人是要“放长线钓大鱼”，以攻城部队牵制守军不令撤退，一俟包围部署完成后，对守军来个全部歼灭。在这种外援没有指望、反攻没有力量的颓势下，时间拖得越长，对守军越不利。

傅作义在防空洞里，心中焦急，坐立不安，肝气旺盛，已达极点，只是鼓着气说“打”，总不露半个“走”字。这时候没人敢去和他说话，谁去谁碰钉子。但是稍具军事常识的人都明白局势已恶化到如此山穷水尽的地步，守是坐以待毙，走是肯定要走，只不过是时间问题。所以每个人都做好了“走”的准备。参谋处在处长苏开元的暗示下，悄悄地拟好了退却命令，军需处也把大批的现钞都分给总部人员分开携带。好容易挨到下午 5 点多钟，幕僚们暗中怂恿参谋长陈炳谦、防守指挥官袁庆曾，偕同向傅婉转地陈述以下意见：“对敌人一定要打，对窜入的日军一定要消灭，但需要筹划一种有利的打法，现在局势已恶化到对我军极端不利，我们最好先突出敌人的包围圈，转进到西山里，反转来再打击敌人消灭敌人，这是当前万全之策。”傅满面怒容地说：“你俩也说‘退’，好，走！”二话没说，扭身抓起大氅，就向防空洞出口走去。苏开元赶快将早已预备好的退却命令（部队集合地点晋祠以北某山村，佚村名，其实晋祠已被敌侵占）让陈参谋长签了一个字，马上分头发给各守城部队。这时夜幕已渐降临，傅在前面走，总部的各处人员都陆续跟上，接着就是第三十五军特务连，宪兵第十队，保安第三队，拉成了长长的一个行列，走出总部正门，顺着大街直向大南门走去。参谋处退却命令，拟得及时，下达得也不慢，可惜忘记了城门封死及退却路上应有的措施。等到接近了大南门，令人大失所望。只见那门洞里外，城墙上下，都是争着要出城的溃散官兵，你挤我拥，喧嚷之势，震耳欲聋。这时敌人也断断续续地开了炮，向城内盲目射击，更增加了人们的惊惶情绪。城门跟前，有一部分人正在挪移沙袋，预备开门，但是满门洞的人越挤越紧，妨碍着他们的工作。停在门洞外边的，有装甲车、载重车、马匹、驮骡、骆驼；门洞里边，满地是土囊、沙袋、踏烂的自行车、挤死的骆驼、死人等等，一绊就倒。有力的猛勇向前，绊倒的被践踏在地。有人哭喊叫骂，有人开枪瞎打，简直乱成一锅粥。被踏死踏伤的很多，第四三五团少校团附解致信（山西解县人）就是在这里被踏死的。宪兵排长张大个（佚其名，山东人）腹部被踏起碗大的伤痕，几乎丧了性命。经这一乱，总部的行列只有宪兵第十队队长刘如砺紧紧地掌握着自己的部队（刘于出城后带队抢过汾河桥时被敌人机枪射死）。其余都五零四散，自寻出城门路，各奔前程，有从城门缝挤出来的，有从炮兵掩体钻出来的，有从重机枪射击孔爬出来的，还有用绳缒城出来的，五花八门，不一而足。傅作义出城以后，落了个只有特务连排长薛文一人跟随保护。最狼狈的是参谋长陈炳谦，他只身奔波了一夜，过汾河时连鞋子也丢掉一只。袁庆曾同行 24 人，总算还有十几支盒子枪保着驾，但走了一夜，黎明才走到西山麓下一个山村，一打听，离太原市只有十二华里。

守城部队先后接到退却命令（也有少数没有接到的）由于撤退仓皇，形成混乱，又系夜间行动，前后互不相顾，不少带兵官都脱离了部队，因而部队大部溃散。第二一八旅旅长董其武、新编第一团团长姚骊祥只剩两个单人相随出城。天明以后，到处都被敌人阻隔，通不过去，因而越走越偏东南，一直走到沁县，经过一个多月，才在石楼找到自己的部队。守双塔寺的第四二一团营长韩春富，在退却时脱离部队，带着旅部配属的骑兵一排，跑到晋北五台县，被反正伪军金宪章部缴了械。

11 月 9 日晨，傅作义停止在太原西山一个小村（佚村名），总部的重要人员也都陆续赶来。接着第二一一旅旅长孙兰峰带着旅特务连，相随有第七十三师代师长王思田带的一个特务排，也找到这里。见傅后，即令布置人员，分头收容部队，并于当日下午从这里出发，先奔中阳，后转石楼县。以后即转入整军阶段。太原退却，夜渡汾河，河水虽不宽不深，但泥淖很多，由于官兵不了解河道的情况，陷入泥淖死在汾河里的人很多。总部中校参谋许挹和（浙江人，保定军校生）就是这样死的。还有些部队，由于敌情不明，乱扑到太原县、清源县、晋祠、小店镇等处敌人窝里，被解决的也为数不少。

挺进敌后

晋察冀抗日根据地的创建

聂荣臻*

1937 年 7 月 7 日卢沟桥事变爆发后，中共中央于 8 月在洛川召开了政治局扩大会议。这次会议，分析了由于抗日战争爆发，国内外出现了新形势，通过了《抗日救国十大纲领》，指出了抗日战争的持久性，明确提出我军的作战方针：基本是独立自主的山地游击战，但不放松有利条件下的运动战。同时，中央军委命令红军改编为国民革命军第八路军，开赴华北前线对日作战。

红一方面军编为第 115 师，林彪任师长，我任副师长（对内仍为政治委员）。我军挺进华北时，华北战场的国民党军队正节节败退，日军沿交通要道长驱直入，张家口、大同等重要城市相继沦陷，进攻晋北的日军继续南进。9 月 25 日，我军首战平型关，一举歼灭日军一千多人。这是我国抗日战争开始以后的第一个大胜仗，大大激励了全国人民抗日的决心和勇气。

平型关大捷后，毛泽东指出，目前应以全力布置恒山、五台、管涔三大山脉的游击战争，而重点在五台山脉。整个华北工作，应以游击战争为唯一方向。不久，就接到党中央决定我留在五台山区创建抗日根据地的命令。

---

* 作者时任八路军晋察冀军区司令员兼政治委员。

五台山地处山西、察哈尔、河北三省边界地区，大山连绵，地形险峻，地理位置十分重要。1937 年 11 月 8 日太原失守，标志着华北以国民党军队为主体的正规战争已告结束，以八路军为主体的游击战争转入主导地位。在被隔绝的敌后建立抗日根据地，对于钳制敌人兵力，威胁平津等敌占城市和尔后的对日反攻，都有极其重要的战略意义。

1937 年 11 月 7 日，中央军委任命我为晋察冀军区司令员兼政治委员，不久任命唐延杰为参谋长，舒同为政治部主任，查国祯为供给部长，叶青山为卫生部长，在山西省五台县河东村建立了晋察冀军区领导机关。当时 115 师主力已由林彪带领经吕梁山转往晋东南。留下的部队，只有师独立团、骑兵营、教导队的两个队，还有八路军总部特务团、第 343 旅和第 359 旅工作团的部分同志，总共约 3000 人。这就是日后开辟晋察冀抗日根据地的基本力量，虽然数量不多，但都是红军时期的骨干。

在晋察冀军区成立前后，参加开辟五台地区的部队，趁日军后方空虚，大刀阔斧地在敌后展开了活动。杨成武同志率领的独立团，连续收复了涞源、广灵、灵丘、蔚县、阳原、浑源、易县等县城，开始向平西和平绥路、平汉路北段挺进，在晋察冀边区的北部打开了局面，成立了第 1 军分区，杨成武任司令员，邓华任政治委员。赵尔陆等率领的工作团和少数部队，开辟了以五台山为中心的地区，迅速组织起抗日武装，成立了第 2 军分区，赵尔陆任司令员兼政治委员。王平等领导的工作团和刘云彪率领的骑兵营，以阜平为中心，组织起若干支抗日义勇军和游击队，使晋察冀边区的腹地逐步稳定，成立了第 3 军分区，陈漫远任司令员，王平任政治委员。在正太路以北的山地，周建屏、刘道生等率领的工作团和小部队，组建了平山团，并在井陉、获鹿、正定、平定、盂县、寿阳等地农村，组织起若干支游击队，使晋察冀边区的南部也出现了抗日新局面，成立了第 4 军分区，周建屏任司令员，刘道生任政治委员。

1937 年 11 月 18 日，晋察冀军区领导机关移至河北省阜平县。12 月，以 115 师随营学校为基础，成立了抗日军政干部学校。这个学校在短期内培训了一千五百多名干部，满足了开辟根据地和扩充部队的迫切需要。

晋察冀军区的成立，大大振奋了这一地区军民的抗战精神。饱受国破家亡之苦的人民群众踊跃参军，在很短时间内，各分区都成立了3个相当于团的大队，再加上新建的游击队，使抗日武装力量迅速壮大。

根据地是游击战争的依靠。在中国革命进程中，根据地的问题特别重要。我们既有创建中央革命根据地成功的经验，也有失去根据地的惨痛教训。中国历史上的农民战争，往往因为不理解建立根据地的重要性，开始时轰轰烈烈，最后不得不归于失败。所以，当我受命留在敌后的时候，尽管战局瞬息万变，留下的兵力很少，有千头万绪的事情要做，但我们首先着手的是在晋、察、冀三省边界地区创立一块进可攻、退可守的抗日根据地。

根据地的抗日队伍士气很高，他们主动出击，四处袭扰敌人，断敌交通，收复城镇，使一片片沦陷的国土回到了中国人民手中，使敌人日夜不得安宁。在军区成立半个月后，日本侵略军就调集两万多兵力，从平汉、平绥、正太、同蒲等铁路沿线，分8路围攻这个刚建立的根据地。面对猖獗的日军，抗日武装勇敢地进行了还击。进攻平绥路方面的日军，在广灵、蔚县遭我还击；平汉路方面从保定、易县向涞源进攻之敌，在易县大、小龙华遭我袭击；同蒲路的日军刚一出动，就遭迎头痛击，我军乘机袭占了原平；正太路进攻之敌，一路大败于盂县清城镇，一路中我埋伏惨败而归。这次反围攻不到一个月，接连打了几个胜仗，打死打伤敌军一千多人，缴获了大批武器、弹药和军用品。敌人除占领了根据地边缘地区的几座县城外，别无所获，不得不于12月下旬全线撤退。

1938年1月10日，在阜平隆重召开了晋察冀边区军政民代表大会。出席会议的有共产党和国民党的代表，各抗日军队，抗日阶层和蒙、回、藏等少数民族的代表，共149人。代表们从深山僻壤、冀中平原、游击区、敌占区，跋山涉水远道而来，共商抗日救国大计。大会开了6天。会议通过了统一全区军事、行政、财政经济、文化教育、民运工作等各项决议案，用民主选举的方法产生了边区政府——晋察冀边区临时行政委员会，推举宋劭文、胡仁奎、刘奠基、张苏、吕正操、孙志远、李杰庸、娄凝先和我共9人为委员，宋劭文为主任委员，胡仁奎为副主任委员。

晋察冀边区政府的成立，是我们正确地执行了党的抗日民族统一战线政策所取得的巨大成果。全区政权系统、政策法令得到了统一，实行减租减息，改善人民生活，社会秩序开始稳定下来。有了政府，人民群众就有了靠山，同时，也使我们在华北坚持敌后抗战，有了一个坚强的依靠。

1938年4月，晋察冀省委召开边区第一次党代表大会，中共中央北方局派彭真同志来传达中央精神。会后，将原晋察冀省委改为晋察冀区党委，刘澜涛同志任书记。

当我们在冀西山区和晋东北发动群众，开辟抗日根据地的时候，平汉路以东的冀中平原，抗日游击战争也已经迅速发展起来。

冀中地区是华北比较富饶的地方，平原广阔，河流较多，土地肥沃。七七事变后，党派孟庆山到冀中组织抗日武装，在高阳、安新、任丘、蠡县一带，培养了一批武装斗争的骨干。当年10月，在国民党军队败退的时候，吕正操率东北军第五十三军的六九一团回师北上，在晋县改称人民自卫军，誓师抗日，并在高阳一带解决了一些流窜在这里的杂色武装，进一步壮大了队伍。12月，吕正操、孙志远率人民自卫军二千多人到平汉路西整训，其余部队编为河北游击军，由孟庆山任司令。

人民自卫军经整训回到冀中后，在河北游击军配合下，又解决了十多股汉奸土匪武装，于1938年2月开赴大清河北。在北平、天津、保定三角地带，开展游击战，4月，胜利地粉碎了日军第一次春季“扫荡”，扩展和巩固了冀中根据地。西起平汉路，东至津浦路，北至平津路，南达沧石路，整个冀中平原的广大农村，几乎都为抗日武装所控制。各县建立了抗日政权和各种群众性的抗日组织，广泛地动员群众参军参战。同时，也改造了许多杂色武装。1938年4月，黄敬到冀中主持召开了第一次党代表大会，成立冀中区党委，黄敬任书记。接着统一整编冀中部队为八路军第3纵队，并成立冀中军区。吕正操任第3纵队司令员兼冀中军区司令员，孟庆山任第3纵队副司令员兼冀中军区副司令员，孙志远任政治部主任。5月初，又成立了冀中区政权机构——冀中行政主任公署，吕正操为主任。8月间，我们派王平到冀中任第3纵队政治委员兼冀中军区政治委员。冀中军区又先后成立了5

个军分区。冀中区作为晋察冀根据地的一个重要组成部分，为在平原地区开展游击战争、开辟抗日根据地作出了重要贡献，提供了宝贵经验，是我们在敌人心脏地区建立的又一个抗战堡垒。

与此同时，被日本帝国主义统治近 3 年的冀东地区也到处燃起了抗日烽火。那里平原多，丘陵也多，农业发达，矿藏丰富，是东北与华北之间的咽喉要道，地理位置非常重要。七七事变前后，日军进攻我内地的兵力和军用物资，几乎都是经过冀东运送的。

早在洛川会议上，毛泽东同志就指出了冀东在抗战中的重要地位，他说，红军可以一部于敌后的冀东，以雾灵山为根据地进行游击战争。1938 年 2 月，毛泽东同志来电指出，以雾灵山为中心的区域，有扩大发展的前途。但这是独立作战的区域，派去的部队需较精干，且不宜过少，军政党领导人需有独立应付新环境的能力，出发前要做充分准备。根据毛泽东的指示，我们从红军骨干较多、战斗力较强的第一军分区抽调了部分兵力，组成邓华支队，进军冀东。

按照军区的部署，邓华支队在游击队配合下，逐步开辟了房山、涿县、涞水、良乡（今属房山县）、昌平、宛平（今属北京市丰台区）等地。他们在群众支持下，打击日伪军，消灭地主土匪武装，在一部分县建立了抗日政权和抗日救国会，组织了抗日武装，为挺进冀东，建立了可靠的前进基地。1938 年 5 月，中央和八路军总部将在晋西北活动的宋时轮支队调到平西，与邓华支队合并，组成八路军第 4 纵队，宋时轮任司令员，邓华任政治委员。

根据党中央的统一部署，在我军准备挺进冀东的同时，当地的工农基本群众在中共冀热边特委的领导下，已经开展起小规模的游击活动。唐山的煤矿工人正在进行大规模罢工，抗战热情很高。1938 年 6 月，第 4 纵队向冀东挺进，连战皆捷。冀东人民在家乡沦亡几年之后，看到八路军大部队开来，喜出望外，欢欣若狂。7 月 6 日，在地方党的领导下，爆发了轰轰烈烈的冀东人民武装抗日大起义。那次起义，有丰润、滦县、迁安、蓟县、遵化、昌黎、乐亭等几个县，规模和气势大大超过原来的预料。起义总人数有二十多万人。除去老弱，光编入部队的武装战士就有 10 万人。8 月，第 4 纵队和冀东起义队伍会师遵化。并已攻克 6 座县城，摧毁了农村许多敌伪政权，一度切断了北宁铁路。这次起义，是当时震动全国的大事件，经中外通讯社的传播，风闻于世界。

9 月，传来日本侵略军要大举“围剿”冀东的消息。在那里开辟工作的一些领导同志，把形势估计得过于严重，决定把起义部队撤往平西。结果，部队西撤遭受挫折，10 万之众的起义军到达平西时，只剩下很少的人数，第 4 纵队在敌人的围追堵截中，也受到很大损失。1939 年 2 月，平西组建了冀热察挺进军，萧克任司令员，并由萧克、马辉之、伍晋南、宋时轮、邓华组成冀热察军政委员会。不久，又分别成立了冀东军分区，由李运昌任司令员；冀热察区党委冀东分会，由李楚离任书记。在新的党政军机构领导下，冀东抗日游击战争的火焰，又重新燃烧起来。

平西地区早就有我党的工作基础。抗战初期，北平地下党组织一批爱国学生，在这里进行武装斗争，同时我第 1 军分区的部队也到这一带活动，后来逐步发展成为比较巩固的根据地，成立了平西军分区。平北地区，也长期反复地进行过发动群众的工作，后来单独成立了平北军分区。所辖区域延伸到冀热察三省边界。平西、平北地区游击战争的发展，给北平日军造成直接威胁，敌人虽多次出动重兵“扫荡”，企图拔掉这两个钉子，但始终未能得逞。

这样，冀西、冀中、平西、平北和冀东，就形成了一个能够充分回旋的广阔战场。山岳根据地是依托，是后方；平原根据地是前沿，是粮仓。山岳根据地为平原上的部队提供兵力转移、休整和培训干部的场所；平原根据地为山区提供人力、物力、财力的支援。这种相互依靠、相互支援，有力地形成了对敌人占据的主要交通线和中心城市的战略包围，从而更有力地钳制敌人，使华北游击战争得以长期坚持下去。

晋察冀抗日民主政权建设的回顾

宋劭文*

晋察冀敌后抗日根据地的形成

1937年7月7日卢沟桥事变爆发后，日本侵略军沿平汉、津浦铁路南下，沿平绥、正太铁路西进，攻占铁路沿线的北平、天津、保定、石家庄、张家口、大同等大中城市，由于兵力不足，无力向铁路两侧扩张。8月底至9月中旬，八路军前方总指挥部及115师开抵山西东北部。9月25日，115师旗开得胜，于平型关战斗获得大捷，歼敌1000余人。这是八路军出师华北抗日战场的第一个胜利，也是全国抗战开始时的第一个大胜利。它打击了日军的侵略气焰，振奋了我全国军民，扩大了共产党、八路军的政治影响，尤其在晋东北和察南、冀西人民中产生广泛的影响。这样，在1937年11月8日太原失守后，就为共产党、八路军领导的晋察冀边区敌后抗日根据地的创立提供了有利的条件。

当时的主要情况是：1937年8月、9月间，敌军进逼山西雁北。阎锡山委派的旧县长们在敌人未到之时即一个个弃城逃走。在这种形势下，阎锡山

---

* 作者时任晋察冀边区行政委员会主任委员。

想利用牺盟会的进步青年为他维持地盘，派出一批人当县长。当时我是中共秘密党员、牺盟会的主要负责人之一，也属被派之列。9月22日，我到五台县任县长。9月末，雁门关失守，阎锡山星夜从太和岭口指挥部退回太原。溃兵分两路退到忻口、定襄；一路经五台，一路经代县、崞县。国民党的溃军兵败如山倒，丢掉枪支弹药逃跑，沿途抢掠奸淫，所过村庄十室九空，社会秩序大乱。晋东北只剩下五台、盂县（县长胡仁奎）两个县长，其余都逃了。太原失守的前几天，阎锡山决定把山西划成7个行政区，并委派了各区政治主任，我被委派为山西省第一区（晋东北，包括雁北共18个县）政治主任。11月下旬，阎锡山所部撤退到临汾。这时河北、察哈尔两省政府和各县政府的负责人也都逃跑了。

1937年11月7日，晋察冀军区司令部正式成立，聂荣臻任司令员兼政治委员，布告周知，并号召“坚持华北抗战，誓与华北人民共存亡”。人们看到八路军成立晋察冀军区的布告，纷纷奔走相告。人心也逐渐安定了。

1937年11月初，八路军政治部副主任邓小平同志介绍我同聂司令员认识，并传达了中央关于建立以五台山为中心的晋察冀抗日根据地的指示，确定我接受他的领导。随后，聂司令员向我传达了毛主席关于《上海太原失陷以后抗日战争的形势和任务》的报告，我心里豁然开朗。当时晋察冀虽已连成一片，但三省在政治、经济、交通、文化上各搞一套，对边区的发展很不利。针对这种状况，聂司令员同我讨论了建立边区政府的问题，我完全赞同聂司令员的意见，并提出了一些具体的建议。

在军区和地方党委的领导下，各地积极开展发动群众的工作，为建立边区政权创造条件。在晋东北、冀西各县都组织了“动委会”（全称是“民族革命战争战地总动员委员会”），在冀中各县都建立了“抗日救国会”等半政权性质的组织，解散了维持会（一般是敌伪性质的组织）。随后多数县都由地区党委委派了县长。冀西、察南，由115师杨成武独立团和骑兵营开辟了涞源、灵丘、广灵、蔚县、易县、浑源、阳原、阜平、曲阳和行唐等县的工作。冀中地区，由东北军五十三军六九一团团长吕正操率领的人民自卫军和中共中央派遣到冀中的红军干部孟庆山组建的河北游击军，以及各县党组织建立的抗日武装负责开辟工作。

边区统一政权的建立

1937 年 11 月 18 日，我随聂司令员到了阜平县。当天晚上，聂司令员又同我讨论了成立边区政府的问题。他说，要抗日，要发动群众，要稳定社会秩序，没有一个统一的抗日政府做依靠不行；同时，部队大量扩充，要吃饭，要穿衣，急需解决财政问题，没有一个统一的政府很难办到。并且说，为了巩固和发展统一战线，便于开展工作，建立边区政府一事，要向蒋介石、阎锡山提出，力求取得他们的同意，向全国公开。我立即按聂司令员的指示抓紧进行筹备工作。

1937 年 12 月 5 日，在阜平县城正式成立了晋察冀边区政府筹备处。筹备委员由我和胡仁奎、刘奠基（均为山西人）、张苏（察哈尔人）、王斐然（河北人）5 人组成。筹备处成立后，我和仇友文等人分别到晋东北、冀西、冀中各县接洽联络。各抗日部队、各县抗日政府、“动委会”、“救国会”、各群众团体积极响应，同意选派代表出席晋察冀边区军政民代表大会。事实上，一些没有被联络的地区，如平西、平北也自动派代表参加了大会。

为了力争边区政府得到国民党政府的批准，以利于统一战线的巩固和发展，根据党的指示，由我出面，从 1937 年 11 月起，先后给阎锡山发了 7 封电报。他都没有理睬。到 11 月下旬，胡仁奎从盂县调回主任公署，他问我电报是怎样写的。我告以主要是说明成立边区政府有利于坚持敌后抗战，有利于大局，对保卫晋东北也是不可缺少的。胡仁奎说：“阎锡山不是这样的人，你只说这些话怎么行！”我悟出这是没有摸准阎锡山的特点，于是我又打了一份电报。大意说，成立边区政府不仅对抗战有利，也对山西有利，而且边区政府的人选我能加以左右，并具体建议由我和胡仁奎、刘奠基、娄凝先、李杰庸（以上 5 人均系山西方面代表，除刘奠基为国民党员外，其余 4 人都是牺盟会负责人）、张苏、聂荣臻（代表八路军）、吕正操（东北军）等 8 人为边区行政委员会委员，并由我任主任委员，胡仁奎任副主任委员。

这个电报发出后不久，阎锡山即于12月中旬复电，同意筹建晋察冀边区行政委员会，并声称他还要呈报行政院。

1938年1月10日到15日，在阜平县城举行了隆重的晋察冀边区军政民代表大会。出席大会的代表共计149人。他们分别代表着39个县的抗日政府和一千多万人民，代表着拥有120万会员的114个工人、农民、妇女、青年等群众团体，代表着汉、满、蒙、回各族人民和五台山的和尚喇嘛，代表着边区内的八路军、游击队、自卫队、抗日的旧军队，代表着国共两党。会议具有广泛的代表性，它标志着以农工为基础的抗日民族统一战线政权的诞生。

聂司令员在大会上首先讲话，他说："只要我们能够建立起健全的政府来，能够把政权统一，那么这个区域一定能统一。如果在这个区域内实现了各党各派大联合的民主政权，在华北创建游击战争根据地便能得到最有利的条件。我们应当万众一心，发动民众，配合华北主力部队对日寇作殊死战斗，不屈服，长期坚持到底，最后胜利一定是我们的！"

会上，共产党代表黄敬在讲话中阐明了党的抗日民族统一战线政策和坚持华北抗战的决心。国民党代表刘奠基表示要坚持国共合作，团结奋斗，把日本强盗赶出中国。五台山的喇嘛代表也表示他们"出了家并没有出国"，要"联合五台山蒙藏同乡，团结起来抗战"。大会开了6天，始终洋溢着异常兴奋和真挚的团结精神。全体代表在"抗日高于一切"的前提下，根据中国共产党《抗日救国十大纲领》的精神，认真地讨论了许多议案，对军事、政权、财政、经济、教育、人民武装，成立边区银行和其他各项政策作出了决定，使之成为边区政府施政的依据。最后，大会以无记名投票的方式，选举聂荣臻（晋察冀军区司令员）、宋劭文（山西省第一行政区政治主任）、刘奠基（国民党代表、太原绥署参事）、吕正操（冀中人民自卫军司令员）、胡仁奎（盂县县长）、李杰庸（山西省府秘书）、娄凝先（牺盟会特派员）、张苏（蔚县县长）、孙志远（冀中人民自卫军政治部主任） 9人为晋察冀边区临时行政委员会委员，并由我任主席兼财政厅长，胡仁奎为副主席兼民政厅长，张苏兼实业厅长，刘奠基兼教育厅长，娄凝先兼秘书长。1月15日，以边区军政民代表大会名义向国内外发表了宣言，晋察冀边区临时行政委员会宣告成立。晋察冀边区是共产党领导下创建的第一个敌后抗日根据地，晋察冀边区临时行政委员会是共产党领导下的第一个敌后抗日根据地的统一战线政权。

晋察冀边区临时行政委员会（简称“边委会”，人们习称“边区政府”）成立后，全边区人民欢欣鼓舞、一致拥护，因为它是在敌人后方建立的中国人的抗日政府，是边区人民自己的政府。从此，晋察冀广大地区无政府的局面宣告结束。

1 月下旬，阎锡山转来了国民政府军事委员会和行政院的电报，批准晋察冀边区行政委员会的成立和各项人选，只是将“晋察冀边区临时行政委员会”的名称去掉了“临时”二字，并将主席改称主任委员、厅改成处。晋察冀边区政府经国民党政府批准后，就像陕甘宁边区政府一样成为合法的政府。尽管我们争取到国民党中央政府的承认，知道它不可能真正给予什么支持，还是要依靠发动群众、艰苦奋斗、自力更生，但是有了这个合法地位，就可以团结更多的人共同抗日，有利于扩大抗日根据地在国内外的影响。事实并不像阎锡山所期望的那样，成立边区政府扩大了他的地盘，而只是把晋东北统一到边区，服从边区的统一法令，对山西省的法令不过是“等因奉此”照转，不起什么作用。

1938 年 6 月，国民政府委派鹿钟麟为河北省主席，张荫梧为省府委员兼民政厅长、保安司令，在冀南的冀县金家寨，挂起省政府的招牌，派员到边区政府（当时驻五台县城）要求接河收北地盘，被边区政府以合法的理由拒绝了。其后孔祥熙（国民党政府行政院院长）派员到边区找聂司令员，也谈到接收河北省事宜，聂司令员推到边区政府，边区政府热情接待，婉言谢绝。

1939 年阎锡山派白志沂带 3 个团的兵力到雁北收复晋东北“失地”，并从晋东北专员公署管辖的 18 个县中划出 8 个县另成立第十专区。1939 年 8 月末，边区政府组成察南雁北办事处，派王斐然为主任，与白志沂作针锋相对的斗争，结果白志沂连一个县政府都没有接收到。1939 年 10 月，白志沂与汉奸乔日成合流，于当年秋季的反“扫荡”中被我军民打跑了。在此之前，白志沂曾两次配合日军包围我灵丘、广灵、浑源县政府，浑源二区卢区长等人惨遭杀害。这说明国民党政府虽然承认边区政府为合法政府，但又出尔反尔，自食其言。这样做他们就输了理，暴露出假抗日、真反共的真面目。

“边委会”成立之初，将所辖地区划分为3个行政区，设3个政治主任公署；晋东北政治主任公署（1938年2月初改称第一专员公署，由边区政府直接领导）、冀西政治主任公署（1938年4月成立，同年年末冀西成立了第二、三、四等3个专员公署，归边区政府直接领导，主任公署即撤销）、冀中政治主任公署（1938年4月成立,1940年改称行署，行署下设专员公署）。以后根据形势的发展，增设了冀东办事处（1942年改为第十三专署）、冀北办事处（领导平西、平北地区）。到1940年，边委会共辖13个专署、九十余个县，共约1200万人口，行政系统日臻完备。

我们在太行山上

刘伯承*

太行山位于晋冀豫三省边界，高山连绵，地势险要，西有吕梁山，北有五台山，南临黄河，东接冀鲁平原，是华北的战略要地之一。

抗日战争一开始，党中央毛主席就已估计到华北抗战形势必将日趋恶化，并预定在日寇深入山西时，以八路军的 3 个师，分别控制吕梁、五台、太行诸山脉，作为开展华北游击战争，建立敌后抗日根据地，积蓄力量，坚持长期斗争的战略基地。

1937 年 9 月底，八路军 129 师继 115 师、120 师之后出师抗日，到达了山西前线。

这时，华北的日寇在占领北平、天津以后，以 20 万兵力沿平汉、津浦、正太、平绥诸铁路大举进犯，连陷保定、石家庄、邯郸、沧州、德州、大同等重要城市，并图一鼓而下太原。国民党在华北的军队和政府人员，弃城失地，狼狈溃逃。华北地区陷入一片混乱。

115 师、120 师出师之后，即在平型关、雁门关、井坪镇等地有力地打击了日寇，取得了巨大胜利。129 师在 10 月 19 日，夜袭阳明堡敌飞机场，

* 作者时任八路军 129 师师长。

烧毁敌机24架，继而在正太路南侧，协同115师的部队，连续在马山村、七亘村、黄崖底、广阳等地给了正向太原急进的敌人以沉重打击，前后又歼敌一千余人。

国民党百万大军，由于执行不要人民群众参加的、单纯政府的片面抗战的路线，在敌人面前或则一触即溃，或则闻风而逃，并到处散布恐日情绪，为害人民，造成抗战危局。八路军在我共产党提出的全国人民总动员的全面抗战的路线下，以三师之众，向北挺进，连战连捷，团结人民，挽救抗战危局。两幅不同的图画，形成非常鲜明的对比。“民族救星共产党，国家干城八路军”，只有在共产党领导下实行全面抗战的路线才能胜利。这在抗战一开始就已经十分明显了。

1937年11月初，上海、太原相继失守。毛主席指出，抗战正处在片面抗战到全面抗战的过渡期中，“在华北，以国民党为主体的正规战争已经结束，以共产党为主体的游击战争进入主要地位”。在党内、在全国都要反对投降主义，既要坚持、扩大和巩固抗日民族统一战线，又要在统一战线中坚持独立自主的原则，放手发动敌后游击战争，建立敌后抗日根据地。稍后，毛主席又发表了《抗日游击战争的战略问题》和《论持久战》，有力地驳斥了亡国论和速胜论，阐明了持久战的道理和游击战争的重大的战略作用，并且英明地指出了中国取得抗战最后胜利的道路。毛主席的这些指示，以无比的光辉，照耀着中国人民前进的方向。

129师根据毛主席创建以太行山为依托的晋冀豫抗日根据地的指示，在中共中央北方局和十八集团军总部直接领导下，立即大刀阔斧地展开了开创根据地的工作。一面命令各团以营或连为单位，进到平汉路、正太路沿线，发动群众，开展游击战争，打击继续南犯的敌人；一面抽调大批干部和一些连队，组织了许多工作团和游击支队，分散到太行山区的各地发动群众。原来地区的党组织，虽在国民党多次摧残之后，力量不大，但也积极地执行着毛主席的指示，大力发动群众，组织抗日武装。这时，地下党的同志运用统一战线政策组成的山西牺牲救国同盟会、山西青年抗敌决死队等进步的群众组织和抗日武装，也在晋东南地区积极地开展工作。冀西地区成立了冀西游击队。这几支力量结合起来，展开了轰轰烈烈的创建抗日根据地的斗争。晋东南和冀西的几百万人民起来了。工会、农会、青救会、妇救会和抗日自卫队到处组织起来了，新的抗日民主政权建立起来了。工人、农民和青年知识分子争先恐后地参加抗日武装，每一个城镇和乡村都出现了“母亲叫儿打东洋，妻子送郎上战场”的动人事迹。游击队在各地如雨后春笋般的生长起来。太行和太岳两块抗日根据地开始创建起来了。

“分兵以发动群众，集中以应付敌人。”这是毛主席在第二次国内革命战争时期就总结出来的创建和扩大革命根据地的经验。我们遵循着毛主席的这个指示，在分兵发动群众的同时，也抓住有利的时机，集中兵力消灭敌人。1938 年 2 月，日寇集中了 3 万余人，向晋南发动进攻。国民党军队仍然是望风披靡，不战而溃。至 3 月上旬，日寇便又侵占了临汾、长治、风陵渡等数十座城镇，控制了邯郸经长治到临汾的大道和同蒲路南段，并继续向晋西南黄河各渡口猛犯。为了打击侵入晋东南的敌人，钳制日寇的进攻，我们将分散活动的部队适当集中，寻机歼敌。2 月 22 日，在正太路东段，包围旧关村，设伏长生口，消灭了由井陉出援旧关之敌一个加强中队。随即转师南下，寻歼占领邯（郸）长（治）大道之敌。3 月 16 日，袭击黎城，设伏神头，迅速、干脆地歼灭了由潞城出援之敌一千五百余人。半个月后，又在黎城、涉县间的响堂铺地区布下伏兵，将由黎城东开的敌汽车 180 辆全部烧毁，全部歼灭其掩护部队。

太行山上的抗日运动风起云涌，我们的主力又三战三捷，歼敌数千。敌人感到这块抗日根据地对它的威胁太大，于是在 4 月初，集中了 3 万多人，举行九路围攻，企图合击歼灭我军。但是我军在广大人民的支援下，机动灵活地转出了敌人的合击圈，并且于 4 月 16 日，在武乡长乐村地区抓住了敌人的一路，以极为勇猛的动作，将敌压在狭窄的河谷里，截为数段，然后经过一整天的激战，歼敌二千余人。这一战，给了敌人九路中的主力一〇八师团以严重打击，其他各路敌人即纷纷回窜。我各部乘胜追击，连克长治、沁县等 18 座县城，将敌人赶出晋东南。

粉碎敌九路围攻的胜利，使我们的脚跟在太行山上站得更稳了，使我党我军的威信更为提高，广大人民的胜利信心更为高涨。我们根据毛主席抓住大好时机，以太行山为支点迅速分兵，由山地向平原发展的指示，乃留一部兵力继续在晋东南和冀西发展游击战争，建设根据地，而以 129 师的主力和 115 师的 689 团，向冀南进发。

冀南地区，自国民党军队南逃后，土匪和一些旧军官即招兵买马，各霸一方；豪绅地主亦纷纷成立反动道、会门和民团。日寇为达到其统治冀南的目的，一面笼络豪绅地主成立“治安维持会”，并大量收编土匪，组织伪军；一面挑拨各色武装互相火并，从中操纵，使他们都为其控制和利用。冀南的我党组织，在抗战开始后，立即发动群众，组织抗日武装。129 师也曾在 1937 年底、1938 年初，先后派挺进支队、东进纵队、骑兵团等挺进冀南，结合地方党所组织的抗日武装，展开创建抗日根据地的工作。5 月初，129 师的主力和115师的689团到达冀南后，首战威县，打跑了盘踞该县的日军，接着乘胜分兵向漳河南北和卫河两岸发展。至9月底，消灭了伪军1万多人，解放了临清、高唐、临漳、滑县等二十余县。同时，收纳和整编了大小数十股游杂武装和二十余县的民团、保安队，加强教育，进行改造，逐渐提高其政治质量。1939 年 1 月，日寇集中 3 万余人，对冀南进行大规模的“扫荡”。我军依靠广大群众，积极展开斗争，粉碎了敌人的“扫荡”。2 月 10 日，在威县香城固全歼日军一个加强中队，击毙敌大队长以下二百余人。

位于河北、山东、河南三省结合部的冀鲁豫地区的党组织，在抗战开始后，也积极地发动群众，组织抗日武装，并团结了一部分愿意抗日进步的国民党人员如山东第六区专员范筑先等与我合作，创建了鲁西北、泰西（泰山以西）、湖西（微山湖以西）、冀南（河北省南部）、鲁西南等抗日根据地。1938 年 12 月以后，115 师东进，在冀鲁豫地区有力地打击了敌人。在 1939 年 5 月的陆房战斗中，毙伤日寇一千三百余人。冀鲁豫抗日根据地也迅速发展起来。

1940 年初，日寇实施“囚笼政策”，以铁路为柱、公路为链、碉堡为锁，企图分割和封锁各抗日根据地。我们结合广大人民，对敌展开了全面的交通斗争。1940 年底，在以正太战役，榆辽战役为中心的大破击中，我们参加战役的部队，作战极为英勇，共毙伤日伪军五千余人。

从 1937 年冬到 1940 年，以太行山为中心的太行、太岳、冀南、冀鲁豫几块抗日根据地都迅速地创建和发展起来。东至津浦路，西至同蒲路，北至沧石路、正太路，南至黄河、陇海路的广大地区，成为敌后重要的抗战基地之一。这是坚决执行了党中央、毛主席放手发展敌后游击战争，建立敌后抗日根据地的指示的结果。

抗战初期冀中党组织的活动与抗日武装的创建

张　君*

河北省保定一带，是具有光荣革命传统的地方，中国共产党很早就在这里开辟了工作，建立了组织。在10年内战期间，在国民党的白色恐怖下，共产党在这里一直领导着广大工农群众进行革命斗争。全国闻名的保定二师学潮、高蠡暴动都发生在这一带。虽然这些革命行动失败了，却播下了革命火种。为后来冀中抗日根据地的创建、巩固与发展打下了基础。

一、中共保属党组织的活动情况

1930年6月，中共顺直省委在保定建立了保属特委。1935年9月，中共河北省委派李菁玉恢复保属特委，李任特委书记。特委军委负责人，开始是牛文昌、牛文良、牛文常。牛氏三兄弟牺牲后，由侯玉田同志担任。特委曾领导着一支武装游击队，有百来名骨干队员，二十来条枪。

1936年下半年，河北省委派刘秀峰同志到保属特委任宣传部长（特委

---

* 作者时任中共保属省委书记。

成员），特委决定他在家乡完县一带开辟工作。不久，省委又派罗玉川同志（特委成员，当时叫宋席珍）来到保属特委，到他的家乡满城县开辟工作。在保属特委领导下有 4 个部分，一是保东中心县，二是保南中心县，三是刘秀峰、肖悌同志在保定市开辟工作，四是刘秀峰、罗玉川、陆治国在平汉铁路西一带开辟工作（陆治国在路西以药铺坐堂先生为掩护）。我是保东中心县的县委书记。我以革命为职业，以卖文具为掩护，跑党的关系。我在新安镇乡村师范学校当过校役，与先后两班毕业生的六七十人都熟悉，他们毕业后多分配在新安镇的几个区当小学教员。所以，我当时联系党的关系和进行革命工作比较方便。

当时，党的工作内容，随着日本帝国主义侵略的逐步深入，重点是宣传抗日救亡，组织抗日救国会，发展抗日救国会员；还派代表参加了“七君子”在上海召开的救亡会议。

卢沟桥事变后，国民党军队南撤，日本侵略军长驱直入，继北平、天津失守后，保定也很快失陷。保定失守前，保属特委改组为中共平汉线省委。省委成员有：书记李菁玉，委员刘秀峰、肖悌等。原保属特委领导下的保东中心县委，保南中心县委，分别改组为两个特委，由平汉省委领导。我任保东特委书记，王杰任宣传部长兼秘书长，侯玉田任军委负责人。保南特委书记是吴健民。1937 年 9 月间，党中央派孟庆山同志到冀中，在当地党委的领导下，发展抗日武装，开展敌后游击战争。

二、在党的领导下，抗日武装的创建与发展

1937 年 9 月底或 10 月初，平汉线省委在石家庄召开紧急会议。会后，肖悌同志来到保东特委传达石家庄会议精神。主要内容是：（一）所有党员干部坚持岗位，一律不撤退。（二）领导全党，动员一切力量，组织发展抗日武装，开展敌后游击战争。（三）如果不能存在时，可拉进太行山活动。根据当时形势发展的需要，由肖悌同志提议，将保东、保南两个特委合并改组为中共保属省委，统一领导、组织发展抗日武装，开展敌后游击战争。这

时，保属省委领导的党员约千人左右。省委成员是：书记张君、委员有吴健民、王志、孟庆山、侯玉田、孟继光、陈鹏、孙志远。省委军委主席是孟庆山，副主席是侯玉田，军委委员有王凤斋、牛宗民、马又民、段士曾等。当时，我对肖悌同志说："让我当保属省委书记不行。干不了。"肖悌说："你干吧，我帮助你，我还要到直南特委去传达决议精神。"就这样，保属省委建立起来了。省委针对当时的形势，开会讨论研究了贯彻石家庄决议的具体措施。这些措施是：(一) 由侯玉田带领孟庆山到我党基础较好的、党员较多的高阳、蠡县、安新、清苑等地，开办游击战争训练班。孟庆山把从红军带来的一些游击战争的小册子作为教材进行讲课，共培训了百名党员骨干。(二) 与安新县城内伪保卫团残部进行联系，争取他们共同抗日，公开打出抗日旗号。(三) 与高阳县城内开明士绅及冀东伪保安队残部头头尹松山进行谈判，争取他们抗日。

正当这个时候，国民党五十三军六九一团政训处长李晓初 (地下党员) 来任丘、保定一带找当地党组织，找到省委军委孟庆山、侯玉田，后遇到肖悌同志。李说明来意，介绍了吕正操同志率领东北军五十三军六九一团南撤到石家庄，并在梅花镇一带与日寇作战的情况，他们不打算随国民党军继续南撤，决定留在敌后抗日。因为六九一团内有共产党的地下组织，同时留在敌后抗日，必须依靠当地党和群众才行。因此，派李晓初来联系。省委表示欢迎六九一团留在敌后共同抗日。

1937 年 10 月 14 日，在晋县小樵镇，六九一团改编为人民自卫军，吕正操任司令员。遂后即北上，沿途受到当地党组织的协助和群众的欢迎，很快经过深泽、安国到达高阳城郊与省委军委汇合，准备进驻高阳城。原省委军委负责同志曾与高阳城内伪冀东保安队尹松山进行过谈判，他们曾同意同共产党红军共同抗日。但当人民自卫军来到高阳附近时，尹又变卦了，怕自卫军进了城，他的部队保不住，于是拒不开城门，不让自卫军进城，形成相持局面。在这种情况下，人民自卫军被迫用炮打开了高阳城门，解决了伪冀东保安队。保属省委、人民自卫军司令部，都进驻了高阳城。

当时的形势是：国民党大溃退，地方政府垮台，有钱的地主、士绅携财南逃，日寇步步深入，一时处于无政府状态，广大人民陷入水深火热之中，惶惶不安。在进驻高阳城的第二天，枪毙了尹松山，群众情绪顿时大振。人们纷纷传说，共产党红军来了，领导抗日，穷人有希望了。我们在高阳树起了抗日大旗，在冀中一带影响很大，初步打开了发展抗日武装的局面。在高阳建立了新兵营，各县党组织动员发展的新战士很快来高阳集中，广大农民和爱国青年像赶庙会似的纷纷而来，还有不少人带着自家或亲戚家的枪支参军，抗日形成高潮。此时，孙志远同志到高阳省委机关，说明是找吕正操接洽的。这时由肖悌同志提议，孙志远同志为保属省委成员并参加了省委会议。后由省委陪同孙志远去与吕接洽。

孙志远被委任为人民自卫军政治部主任，李晓初为副主任①。1937 年 12 月初，根据晋察冀军区聂荣臻司令员的命令，人民自卫军去平汉路西五台山一带进行整训。这时，为统一领导冀中抗日武装，决定成立了以孟庆山同志为司令员、侯平为政治部主任的游击军司令部。

人民自卫军走后，日寇侵占了高阳、安新两县城，保属省委及河北游击军司令部移驻肃宁县城。肖悌同志跟游击军第八路刘福臣部队去围攻安新县城，被坏人杀害在白洋淀内。

1937 年 10 月以后，保属省委的中心工作，是动员一切力量，组织发展抗日武装，开展敌后游击战争。在 10 月至 12 月底这一段时间里，由于冀中地区有党的长期工作基础。广大人民群众有很高的爱国热情，对党的抗日主张都很拥护。这时，在孟庆山主办的干部训练班学习过的骨干力量，都先后下到一些县里，宣传抗日，动员组织人力，征集枪支，组建县人民自卫团。原在高阳、新安、安新、蠡县、博野、定县、安国、任丘、安平、新乐、无极、深泽、藁城、正定等县的中共地下党员，也都逐渐积极起来联络关系，恢复党组织，动员组织力量，准备起事。原在平、津、保上学，因七七事变而失学的爱国青年学生和知识分子，也积极响应党的号召，参加到抗日行列中来。同时，各地群众在日军残暴蹂躏之下，亦不断自发地组织起来与敌人

① 有说孙志远任党代表，李晓初任政治部主任。

斗争。总之，这时冀中抗日武装大发展的客观形势已经形成，真可谓抗日武装风起云涌之时。各地各界有威望、有军事知识、有号召力的人，都纷纷起来组建抗日武装。

各地广大人民群众都积极参加河北游击军、县人民自卫团。河北游击军司令部首先以一些县人民自卫团为基础，陆续扩编成立了 3 个师，成为河北游击军的骨干力量。师的领导干部，多为我党高蠡暴动时的老党员或分散在县的党的骨干，他们大多数都在孟庆山办的集训班受过训，部队成分较好，绝大多数是农民、学生和知识分子，其中中共党员很多。

第一师师长孟庆山兼，该师之基础是共产党员董庆云在饶阳发展起来的一支抗日武装，后加入项修文部，合并改编为第一师，下辖 3 个团，约 3000 多人。

第二师是蠡县人民自卫团扩编的。师长段石曾，党代表王凤斋，参谋长杨万林，政治部主任王深贵，皆为共产党员。下辖 3 个团，约 3000 人。

第三师是安平县人民自卫团发展壮大起来的。师长马又民，政治部主任安贵善，皆为中共党员。下辖 3 个团，约 3000 多人。

同时，有一些旧军人、地方士绅、联庄首领等，都纷纷来找河北游击军司令部，请求下委任状，组织发展抗日武装部队。开始有的领导对下委任状有顾虑，认为一下子都搞起来，怕管不了，怕他们破坏纪律，损害红军声誉。后来，经过研究，认为当时人人都有组织武装抗日的权利，如果我们不给予委任状，人家发展起来是友军，由我们委任则为我军，我们随时可以整编，加强教育和改造。他们中一些人有军事知识和组织号召能力，为了团结一切抗日力量，不放松一切机会扩大抗日武装，因而，即决定给他们加了委，授予番号。这些部队也都隶属河北游击军建制之内。

同时，用加委或扩编的方法，成立了以下 12 路。

第一路，总指挥徐佩坚，政治部主任董庆学（中共党员），参谋长田同春（中共党员），在饶阳一带起义后，徐亲去肃宁请求加委，被委为河北游击军第一路，下设 4 个团，约四千余人。

第二路，总指挥王贲，旧军人出身，曾两次见孟庆山请求加委，后被委为第二路，在肃宁一带组织七百余人的武装部队。

第三路，总指挥陈沐新，旧军人出身，政治部主任韩印堂（中共党员），被委为第三路，在安国一带发展到两千余人。

第四路，是地下党员吕书元在安新老河头一带发展起来的一支武装，与王烈军（原任丘保安队长）在安新一带发展起来的武装合编而成，总指挥王烈军，政治部主任张正亭、副主任刘光裕，皆是中共党员。后来部队扩大到三千多人。

第五路，是由任丘县的大地主、48 村联庄会的总首领、爱国士绅高士一的联庄武装改编的。经侯玉田和杨琪良同志的争取，高接受党的领导，共同抗日，遂委任高士一为总指挥，杨琪良为政治部主任，高万德（高士一之子，共产党员）为副主任。部队发展到约 5000 人。

第六路，总指挥郭（墨）村（中共党员），在高阳起义，共五百多人。

第七路，是孟阁臣部。系旧军人，在保定西北部组织起武装，两次请求加委，被委第七路，部队共六千多人，成分复杂。因活动地区不在冀中，后由晋察冀军区改编。

第八路，总指挥刘克忠，旧军人出身。副总指挥刘亦珂，政治部主任阎钧，皆为中共党员。在安新、雄县一带组织部队，发展到 4000 人。

第九路，总指挥李庆锁，土匪出身。政治部主任边伴山（中共党员），加委后在深泽一带活动。部队发展到千余人。

第十路，总指挥赵玉昆，政治部主任刘建业，参谋长宋学飞。开始为地主武装，加委后在易县组织部队，发展到五千多人，后由晋察冀军区改编。

第十一路，总指挥马玉祥，土匪出身，加委后部队发展到 800 人，因纪律不好，在 1938 年 1 月即被改编。

第十二路，总指挥柴恩波，新镇旧保安团长，由百余人迅速扩大起来，被加委之后，我派徐恩荣（中共党员）为政治部主任，部队发展到 3000 人。1939 年柴率一部叛变投敌。

此外，还有保属特委委员陈鹏同志，在同口一带组织了一支部队，编为河北游击军独立团，团长王仰军，政治部主任杨玉良，陈鹏同志为党代表。

1937 年 12 月底，河北游击军又争取收编了河间、大城部分联庄武装，将他们编成十二、十三、十四 3 个团，共近万人，直属游击军司令部领导。

河北游击军在短短时间里，发展了数万人的抗日武装，这充分体现了共产党团结全民抗战，大力开展敌后游击战争政策的英明正确。

根据中共中央发展的抗日救国十大纲领，当时动员口号是：有人出人，有钱出钱，有枪出枪；没收汉奸财产，充作抗日经费，实行合理负担；组织建立抗战动员委员会（半政权、半群众团体性质的，也是统一战线的组织），一直建到村。后来抗战动员委员会逐步变成了政权机关。我们牢牢抓住了政权建设这个问题。

1938 年 1 月初，人民自卫军重返冀中，这时中共中央北方局派鲁贲同志随军来到冀中工作，由于他有建设根据地工作的经验，我在省委会议上提出由鲁贲同志担任书记，省委一致同意。后来北方分局批准了鲁贲同志为书记，我是副书记，吴健民是组织部长，孟继光是宣传部长，王志是秘书长。委员是吴健民、孟庆山、侯玉田、王志、陈鹏、孟继光、孙志远。当时，鲁贲同志传达了北方分局的指示：一是人民自卫军与河北游击军统一改编，以吕正操为主；二是争取团结改造其他武装共同抗日，如联庄会、大刀会等；三是游击军的一两个路由晋察冀军区改编。省委对这个指示进行了讨论，大家一致认为这一决定是正确的，必须坚决贯彻执行。1938 年 1 月 5 日，省委机关迁入安平县城。

总之，随着抗日武装的建立、发展，冀中根据地从无到有，从小到大，不断发展和巩固。

三、统一思想、建立秩序、建立健全各级领导机关

1938 年 1 月，经北方局批准，保属省委改建为中共冀中省委。书记鲁贲，副书记张君，组织部长吴健民。当时，冀中省委领导着 30 来个县的党组织。1938 年 3 月，中共晋察冀省委召开党代会，冀中省委派了二十多人列席会议。为了统一思想，进一步建立健全党政军民的领导机构，建立革命

秩序，发展抗日根据地。1938 年 4 月，在安平县城内召开了冀中第一次代表会议，地方区以上各级党组织派了代表，部队团以上各级党组织派了代表，省直属机关也派了代表，大会代表约五六百人，代表了冀中的 一万两千多名党员。

冀中党代会结束后，冀中党、政、军、民各级组织相继成立，建立了各自的系统。1938 年 8 月，冀中省委改建为中共冀中区党委，黄敬任书记，鲁贲任副书记，张君任组织部长，周小舟任宣传部长，其他成员有吕正操、孙志远、孟庆山等。一地委① 书记孟继光，二地委书记张雪峰，三地委书记翟晋阶②，四地委书记罗玉川，五地委书记马载。党的各级书记相继建立，大量发展了共产党员。这时，冀中共产党员有两万多名。冀中军区及八路军第三纵队司令员由吕正操担任，副司令员由孟庆山担任。王平、程子华先后任政治委员。军区下设 5 个军分区：一军分区司令员赵承金；二军分区司令员于权伸；三军分区司令员沙克；四军分区司令员孟庆山兼；五军分区是后来建起来的，司令员朱占魁。冀中行署主任是李耕涛，后改为吕正操兼。当时省委决定大量发展新党员，先后开办了农民训练班（省委办的），军政干校（军区办的），民运干部学校等，为各级组织培养了骨干。冀中党政军群各级组织的建立，使抗日斗争进一步掀起了新的高潮。

---

① 此时应为特委，1936 年 1 月始改称地委，下同。

② 1938 年 8 月以前为马载。

抗战初期的人民自卫军

沙　克　　郑　扶*

抗战初期，在冀中平原有一支中国共产党领导的抗日武装，这就是吕正操同志率领的人民自卫军。它原是国民党五十三军六九一团，在石家庄东南的梅花镇、四德村一带，给南进的日军以迎头击之后，毅然摆脱国民党的领导，改编成人民自卫军，挺进敌后，在不到一个月的时间里，以迅猛之势，收复高阳等十几座县城和大片国土。在地方党的领导和人民群众的支援下，它迅速发展壮大，成为首创冀中，平原抗日根据地的骨干力量。

决定北上抗日

卢沟桥事变后不久，日本侵略军突破了国民党军队的华北防线，沿平汉、津浦等主要交通线及子牙河、滏阳河长驱直下。当时的原东北军五十三军六九一团担负掩护全军撤退任务，在石家庄东南的梅花镇、四德村一线，阻击南侵的日军。根据我党北方局军委的指示精神，该团在国民党军队南撤之时，留在敌后，找地方党，开展游击战争。因此，担任掩护恰成了这支部

* 沙克时任人民自卫军三总队长，郑扶曾任人民自卫军中队长、副营长、副团长、大队参谋长。

队选择北上抗日的有利条件。

1937 年 10 月 10 日 17 时，部队刚刚进入指定的阵地，敌“华北方面军第一军”的先头部队约千余人赶到了梅花镇。激烈的战斗持续到第二天 16 时，给敌人以重大杀伤，我军以驻四德村的一部，在重迫击炮火的有力支援下，把包围梅花镇的敌人战斗队形打开个口子，接出了我被围的部队，转进到梅花镇东南 5 公里的大马村集结，遵照党的指示，决心从此北上。

原来这支部队的前身之一六四七团，早在 1934 年到 1935 年担任北平城防期间，我党北方局、东北军工委就先后派东北大学进步学生和党员来部队工作。“西安事变”之前部队就建立有党的外围组织——“东北武装同志抗日救亡先锋队”，简称“东抗”。1937 年初党派李晓初来团，以上尉书记长身份为掩护，担任党的书记工作，党员胡乃超、杨经国、戈亚明等同志积极进行党的宣传、组织工作，对团结教育广大官兵起到非常重要的作用，党组织实际上成为这个部队的领导和核心力量。1937 年 4 月，国民党出于对这个团的不信任，在改编东北军之际，决定拆散。经请示北方局，指示是“接受改编”，5 月和原黄显声师的六五四团合编为六九一团。事也凑巧，六四五团官兵中也有共产党员，人称“红团”。七七卢沟桥开战后，再由李晓初向北方局请示如何行动，指示是：在撤退时，留在敌后，找地方党，开展游击战争。北上抗日的决定，就是遵照党的这一指示果断作出的。

小樵镇誓师

10 月 11 日晚 21 时，部队从大马村出发，经过两夜的行军，从南进敌人的空隙中穿过，于 13 日拂晓前到达晋县东北约 10 公里处的小樵镇。

小樵镇是个有近 2000 户的集镇，有不少店铺，比较富裕，因为兵荒马乱，景象萧条。这个镇地处敌人翼侧，虽然随时都能听到枪炮声，但由于敌人的作战意图是沿平汉线两侧南犯，所以我军除了担任侦察、警戒的分队以外，部队还是可能驻上几天稍事休息的。

经过党内紧张的工作，14 日晚，由吕正操同志在镇上一所小学校内，召开官兵代表会议。他讲了敌我形势，宣布了北上抗日的决定和改变部队名称的原因，让大家就此重大决策发表意见。会议进行得十分热烈，虽然有怀疑和反对的意见，但在进步力量占绝对优势的情况下，他们也只好服从命令。经过争辩，最后一致通过北上抗日的决定。接着吕正操同志宣布了纪律，正式将六九一团改名为人民自卫军。

人民自卫军下辖两个总队和几个特种兵大队，还有1个担任警卫、侦察、联络任务的分队。全军官兵约一千六百余人，有重迫击炮4门，八二迫击炮8门，平射炮4门，重机关枪15挺，步马枪一千二百余支，短枪百余支。部队改编后，官兵精神振奋，怀着喜悦的心情，趁着月色，昂首阔步，向敌后挺进。在深泽县乘马村渡口，受到船工们热情支持，顺利渡过滹沱河。奔腾的河水，滔滔东去，它像是倾泻对日本帝国主义的愤怒，又像在祝愿人民的抗日铁流勇往直前。

和地方党会师

10月16日拂晓，人民自卫军进驻深泽县城。战士开始佩戴红五星臂章，党的领导在军内外也开始公开。党组织和部队领导先后会见了当地地下党的同志，会商建立党的县委会和抗日民主政权，建立武装和抗日救国群众团体等，提出铲除汉奸、剿灭土匪、实行民主，发动群众抗日、减租减息、硝盐公卖等口号，受到人民的拥护。同时，分兵一路由赵承金同志率领，进驻安平县城。部队在深泽驻扎约1个星期后，继续北上，23日进驻安国县城。

安国古称祁州，是著名的中药材集散地。大药材商卜文朴正在组织维持会，已筹款3万元准备欢迎日军。群众告发后，我军将其扣押，责令其交款，解散维持会，并责令其给部队筹措给养，部队生活稍有改善，伤病员也可以吃到细粮。这里有座天主教堂，神甫雷明远是比利时人，对我军比较友好，我军将伤病员送进教堂医院治疗，中国的医生和护士更是表示出极大的热情。这些使我们深深感到，我们北上抗日受到广大人民和国际友人的支持，这就是我们必然胜利的条件。

在安国县，部队会同地方党的同志建立了党的县委会、地方武装和抗日救国会（简称救国会）及各界群众抗日救国团体。中共保属特委负责人侯玉田、孟庆山、刘亦珺等同志代表党组织专程来安国迎接，终于和地方党会合了。经过共同商议，确定我军经博野、蠡县，然后进驻高阳县城。部队在博野，遇到张仲翰部，相约共同抗战。30日到达蠡县，这里已经恢复了党的组织，成立了抗日救国会，并建立了第三、第五两个支队的抗日武装。我军在这里参加了各界联合召开的欢迎大会，群众热情慰问。时已深秋，霜寒露重，寒气袭人。战士们虽还穿着单衣，心里却是暖烘烘的。

攻克高阳，声威远振

高阳是中共保属特委活动的中心地区，比较富裕，织布业尤为发达，城内有不少富商大户。这里的党组织，在抗战开始后，组织游击组、武术会和一支有五六十人、二十余支枪的队伍。他们还成功地办了一些训练班，为发展抗日武装准备了骨干力量。盘踞在这里的原伪冀东保安队尹松山部，经过我党的争取，尹松山曾表示“愿意抗日”。人民自卫军于11月1日下午抵达高阳。岂知尹松山竟拒不开城，经我地方党再次争取和我军的严重警告，尹松山依然拒绝，我军迫不得已，决定武力攻取高阳。经1小时战斗，全歼守敌，活捉伪首尹松山，经公审后处决。人民自卫军进城后，严整军纪，照价赔偿了商民损失，受到人民的称赞。高阳的胜利，使我军声威大振，为地方党组织公开活动，造成了极为有利的形势。许多家在冀中的平、津、保等地的进步学生，纷纷参军参战。在“有人出人，有粮出粮，有枪出枪”的口号下，高阳县各阶层群众积极支援抗战。战士很快穿上了棉衣，每人还得到三五元的津贴费。

部队在高阳进行了整编。由晋察冀军区派来的孙志远同志领导政治部工作。人民自卫军编成一、二、三团，特种兵团和直属特务营、模范营等等。各地前来请求加委的武装，给以委任的计有张仲翰领导的人民自卫军游击第二师；柴恩波领导的暂编游击第二团；朱占奎领导的人民自卫军独立第一支队，高顺成领导的人民自卫军游击第一师等。我军当时的政策是：抗日的我们欢迎支持，中间的我们尽力争取，反动的则予以打击。因而稳定了当时的局势。

我军整编刚完，即分赴各地，协助地方党组织，发动群众开展抗日工作。第一团主力进驻安新。该团第一营进驻新安，尔后再北出白沟河镇（属新城县）一带游击。这里在北平城南约 90 公里，是敌人的后方。当地群众看到中国共产党领导的军队到来，惊喜交集，抗日救国的信心增强，汉奸、特务闻风逃跑。这个营还奉命开赴安平县角邱镇一带活动，所到之处，青年争相参军参战，抗日武装、抗日政权和群众团体相继筹建。人民自卫军的活动，宣传、组织和教育了群众，所到之处纪律严明，因而受到群众的热烈拥护。我军到达冀中中心地区之际，就广大地区来说，正是人民群众处于惶恐不安之时，局势混乱，汉奸土匪趁火打劫。我地方党组织正在积极大力组织抗日武装，因为有的刚刚建立，有的还在筹划之中，一时还不能有利地控制当时异常混乱的局面。人民翘首盼望人民军队到来，如渴思饮。人民自卫军这支我党领导的在当时还堪称强有力的抗日武装及时赶到，在地方党组织和人民群众大力支援和鼓舞下，先后收复高阳等城和大片国土，宣传我党抗日救国主张，帮助人民建立抗日民主政权、武装和各界群众抗日救国团体，使饱经忧患、怒火满腔的人民增强了抗日救国、救亡图存的信心和力量，使已经和正在燃起的烽火越烧越旺。1937 年 12 月初，高阳、安新、新安、任丘、蠡县、安国、定县、安平、深泽等县，相继建立了抗日民主政权和各界群众抗日救国团体，抗日武装也发展到约五千余人。聂荣臻同志在接见吕正操司令员时说："你在很短时间里就和地方党的同志在冀中搞起了一个新局面，搞得很好嘛！特别是冀中那个地方是个平原地区，这个意义就更大了。你们挥戈北上和在冀中的工作，我已经向中央和总部作了报告，毛泽东同志已经知道了，他很高兴。"

路西整训

1937 年 12 月上旬，人民自卫军根据晋察冀军区的命令，到曲阳西北地区短期整训。部队分三路以袭击定县城和火车站、寨西店火车站、新乐火车站等处敌人的方式，越过平汉铁路。对于定县城因熟悉地形，加上敌人警戒疏忽，我军很快打进了伪县政府和火车站。而对新乐之敌，因情况不明，攻击受阻，伤亡五十余人。寨西店火车站，因无敌人，故无战斗。12 月 13 日，敌机反复侦察，因未发现我军行踪，只在曲阳城关投了一些炸弹。

部队在党城、王快镇和广安等地进行整训。人民自卫军的领导同志参加了军区的政工会议。营以上干部听了聂司令员兼政治委员、舒同政治部主任的讲话，参观学习了红军老部队的工作和生活，整顿了党组织，加强了政治机关、派来了部分红军干部，学习了游击战争理论和战术。短短的 1 个月时间，学到了许多新东西，为建设人民军队，消除旧军队的影响，创建根据地，发展游击战争，打下了良好的思想基础。1938 年 1 月，这支部队以新的面貌返回冀中平原。

改编各色武装，发展壮大抗日力量

在我党发展武装的同时，各色武装也趁机蜂起。他们有的接受我之委任，又想不听调动；有的借抗日之名，敲诈勒索，割据称雄；还有土匪武装、地主联庄会以及会道门武装等。其中有的已投降日本侵略军编成伪治安队，有的正在和敌伪勾结。敌人此时又占领我高阳、安新两县，加重了局势的混乱和不安。因此，人民自卫军主力东归后，根据晋察冀军区的指示，冀中省委的决定，和河北游击军同心协力，收编各色武装。首先对抗日危害最大、群众迫切要求消灭的汉奸土匪武装，坚决进行打击。人民自卫军第一团等部在深县消灭了伪治安队徐二黑部 3000 人。接着，又先后消灭了深泽的张八部 500 人，束鹿一带的伪“十县保安司令”张安邦部 1000 人，消灭了盘踞在安国一带的高建勋部 3000 人和在深泽一带抢掠的张大货部 300 人，在献县、河间一带活动的白七部 500 人，还有武强的刘代峰部 300 人，晋县的王作霖部 300 人。到 1938 年 4 月，在冀中腹地活动的汉奸土匪武装基本为我肃清。对于地主联庄会和会道门的武装，虽然是由地主豪绅把持，但其成员多数是基本群众和少数知识分子，按照党的政策，则采取争取改造的方针，使其逐步站到抗日方面。这种武装各县都有，少则数百，多则数千，实际脱产的约有 3 万人左右。他们不许我军通过，不给给养，有的还反对我宣传抗日。1938 年 2 月 13 日，我第二团一部袭击保定南关后，返回时途经北大冉村，遭到联庄会的枪击，为我抓获的 3 名联庄会员经教育后释放。又一次部队行经东固村，又遭联庄会枪击，打伤我连长。我 3 次派人联系，均被扣留。我即以轻重机枪，迫击炮对空射击警告，联庄头目自知理亏，才派人与我联系。我们以“保家必须卫国，卫国必须抗日”的主张，从政治上争取改造，经过艰苦的工作，终于改编了地主联庄会武装约两万余人，改编会道门武装约四万余人。人民自卫军发展到十几个团和各游击支队共约三万余人的队伍。

积极打击敌人，开创抗日根据地

人民自卫军主力东归后不久，我第二团的两个营在于权伸团长指挥下，袭击了保定东南的日军据点石桥镇。部队返回时宿营于南于八和北于八两村。战士刚刚入睡，驻高阳日军坂垣师团第四十二联队的 1 个加强中队包围了南于八。指战员立即投入战斗，把重机关枪架在房顶上猛烈射击，把敌人压在南于八西南的坟地里。驻在北于八的三营从敌人左侧包围过去，迫使敌人不能进村。村内一老人带引着战士把村东一条道沟里的敌人全部消灭。冲进村内的敌人被我军战士逐出村外，来不及逃跑的敌人，被我一一击毙。蠡县游击第五支队的健儿和附近群众举着大刀、长矛赶来参战。一场人民战争把敌人陷于重重包围之中。激战竟日，除少数敌人利用夜暗逃窜外，全歼早川丹治大尉以下敌人 1 个加强中队，生俘日军中川颜映等 7 人。这是人民自卫军成立以来较大的一个胜仗。它打破了敌人不可战胜的神话，大长了人民的志气。

2 月 11 日，人民自卫军以独立第一团为主组成北上先锋队，开辟大清河北、北宁铁路南侧地区。部队旗开得胜，首战大清河南岸的新镇县城，俘伪军七十余人，缴枪四十余支。霸县伪军在我兵临城下时，被迫投降，缴获迫击炮 2 门，枪百余支。伪自卫团百余人起义。我乘胜北进，连克牛坨、李家口、永清县城。日军见我军打到平、津门下，急忙派兵去夺霸县、新镇两座县城，由于慑于我军威力，侵占后即退走，我又进驻两城。日本侵略军一进一出，使我军声威大振，伪军纷纷向我投降。此后还有配合军区主力部队，参加了破袭平汉铁路战役，反敌春季围攻战役、反复破袭敌人交通战役，配合鲁南会战等战役，战斗频繁。从人民自卫军成立到改编成八路军第三纵队为止，据不完全统计，共作战 321 次，毙伤俘虏敌人 3376 名，迫使伪军反正 1100 名。我指战员伤 1809 名，亡 1303 名。这些为了民族的解放，献出了自己的鲜血和生命的志士，永远是我们学习的楷模，他们的革命精神永远放射着灿烂的光辉。

奉命改编为八路军第三纵队

1938 年 4 月 21 日，中共冀中省委在安平县城召开冀中区第一次党代表大会。根据中共中央的指示和党代表大会的决定，人民自卫军和河北游击军、冀中部分抗日部队统一编成八路军第 3 纵队兼冀中军区。所属第 7 支队兼第 1 军分区，辖第 19、20、21 大队和独立第 2 团，司令部驻河间，下属河间、武强、献县、交河、沧县、青县等县，面对沧县、泊头及津浦线上之敌；第 8 支队兼第 2 军分区，辖第 22、23、24 大队，司令部驻博野，下属博野、蠡县、安国、定县、深泽、安平等县，面对保定及其以南平汉线上和石家庄之敌；第 9 支队兼第 3 军分区，辖第 25、26、27 大队和特务大队，司令部驻苏桥镇，下属新镇、文安、大城等县，面对天津及津浦线上之敌；第 10 支队兼第 4 军分区，以河北游击军为主编成，辖第 28、29、30 大队和 1 个特务团及 9 个独立团，司令部驻雄县，下属雄县、新城、容城、徐水等县，面对保定及其以北平汉线上的敌人。以后又成立了第 5 军分区，由独立第 1 支队兼，辖第 1、2、3、4 大队、特务大队和 3 个独立团，司令部驻霸县，下属霸县、武清、永清、固安、安次等县。面对北平、天津及北宁线上之敌。至此，在整个冀中地区东至津浦铁路，西接平汉铁路，南跨沧石公路，北迄北宁铁路的广大平原上，除北平、天津、石家庄、保定等城市及其外围有少数敌人据点外，全区都掌握在人民手中。在冀中区党委领导下，建立了44个县级抗日民主政权，包括24个完整的县。生产得到恢复，人民生活有所改善。人民自卫军完成了自己的使命，以新的姿态驰骋在冀中平原，迎接新的战斗任务。

先遣支队下太行

张贤约*

1937 年 8 月洛川会议结束时，中共中央军委发布命令，将红军改编为国民革命军第八路军。红四方面军的第 4 军、31 军和陕北红军 29 军、30 军合编为 129 师。刘伯承为师长，徐向前为副师长，张浩为政训处主任（后称政委）。

8 月底至 10 月初，八路军主力陆续东渡黄河，向山西前线挺进。当时，我在 129 师教导团任团长。教导团原是援西军的随营学校，学员主要是改编后的编余干部，其中多数是红军的营连干部，有些是从西路军回来的。教导团随主力部队前进，从韩城芝川镇渡黄河到侯马，经榆次、阳泉、平定、昔阳抵达和顺。在榆次等地都留下一些学员连队，扩展部队。

此时，华北的国民党 70 万部队在日寇进攻面前惊慌失措。10 月 26 日娘子关陷落，接着在 11 月初太原失守，国民党军全线崩溃，弃地西逃，从此，在华北以共产党为主体的游击战争进入主要地位。129 师根据党中央的指示，由晋中地区转入晋东南，依托太行山，开辟抗日根据地。同时，派兵向东南下冀鲁豫大平原，发展游击战争。

---

* 作者时任八路军 129 师教导团团长。

11月6日，刘师长和张政委命我为八路军先遣支队支队长，率教导团的一个学员连队，共一百余个连排以上干部下太行。先行到冀西进行侦察，并为后续部队筹粮筹款，扩兵发展根据地。和我同时从和顺县的松烟镇出发的有冀西游击司令杨秀峰同志。我们同行到邢台以西和内邱交界的宋家庄川分手。杨秀峰同志向北，在内邱至石家庄以南地区开展工作；我向南，在邢台至磁县漳河以北地区开展工作，杨秀峰派了一个工作团随我们一路走，以便联络。工作团的负责人是杨克冰同志。

先遣支队从宋家庄川下山，来到西黄村，那是个大镇，有上千户人家。起初，老百姓以为我们是国民党败兵，不愿和我们接触。后来，看到我们态度和蔼、纪律严明，每人都自带米袋，背个斗篷，打赤脚穿草鞋，吃苦耐劳，还替老百姓挑水扫地，和他们以往看到的国民党军队大不一样，群众就都来听我们的宣传。当他们知道我们就是西山上的红军，是真正打日本鬼子的队伍后，都非常振奋，奔走相告。

我们在和群众交谈中了解到，日寇还没有到达冀西地区，而国民党县党部和政府负责人都已闻风而逃。国民党五十三军万福麟的部队不战自溃，溃兵到处抢劫，奸淫烧杀，什么坏事都干。群众异常悲愤，纷纷自动起来组织红枪会收溃兵的枪，搞自卫抗日武装。一些会道门、土匪头子也趁机扩展队伍。一时间，遍地是“司令”“队长”，大鱼吃小鱼，捞钱捞枪。驻西黄村就有两支队伍，一是本地士绅李本卿，外号李老本，有一百多人和枪；一是胡震（又名胡冠亚），也有一百多人、几十条枪。胡震过去当过国民党军队的连长，是我党党员，入党后参加过渭华暴动。立三路线失败以后，他和党组织失去联系，回到邢台老家当了国民党的区长。国民党军队溃逃以后，他把县里各区的区丁收集了一部分，拉起一支抗日队伍。先遣支队到西黄村以后，胡震就来接头，主动介绍情况。他对邢台平汉线路东路西的人头都熟悉，活动方便，我们把他编为一个大队。李老本则不愿跟我们干，只能保持一种友邻关系。

抗战前，河北的共产党组织虽然被国民党反动派破坏了，但还在各区县散存一些支部和小组，各自进行地下活动。因为他们不了解当时党中央的政策路线，还用土地革命时期的口号，发动群众打土豪，分粮吃大户。我们到了西黄村和皇寺镇不久，邢台沙河一带的地下党就有人来接头，我们向这些同志介绍了抗日的政治形势和党的抗日方针政策。

先遣支队从西黄村、皇寺镇南下沙河的朱庄，又进山到营头、龙泉寺从渡口过蝉房、石盆等地。每到一地，我们就请当地的爱国人士、各界头面人物主持召开群众大会。会上反复宣传：要想保卫地方，必须团结起来一致抗日；动员群众有枪出枪，有钱出钱，有粮出粮；号召各方人士疏通关系，停止互相倾轧，实现“中国人不打中国人”。每次会后都有不少当地青壮年踊跃要求参加八路军，一些“队长”“司令”也纷纷前来要求“授委”。没几天工夫，邢台一带就出现一片要求团结抗日的大好局面。

我们刚到西黄村时还派出冷赤哉、王金林、熊德如三位同志过铁路东，到任县邢家湾、尧山县等地了解冀南群众的游击队情况，他们很快就回来作了详细报告。11 月下旬，129 师师部抵达辽县（今之左权县），我赶去向师首长汇报了邢台、沙河、磁县和任县、尧山一带的情况，刘师长和张政委听了很高兴，认为群众抗战的情绪如此高涨，应该不失时机，派人越平汉线到冀南开展工作。师首长指示，从先遣支队抽出 31 人组成挺进支队，由孙继先、胥光义率领，立即开赴冀南。刘师长还指示应该着手组织抗日民主政府，民主选举县长。他说，外路人当县长，人地不熟，从军队派人也不好，应在当地选人。听了我汇报胡震的情况后，刘师长说，就让他当县长，能不能当好待后民主选举。我说县长要委任，军队不好下县长的委任状，该怎么办呢？刘师长想了想说，可以和冀西杨秀峰商量，用他的民训处名义来委任。

12 月初，386 旅副旅长陈再道同志和区党委李菁玉同志率 3 个步兵连和 1 个骑兵连组成东进纵队，过平汉线向东发展，开辟冀南根据地。这时，先遣支队经过对群众广泛的宣传教育，已经组织起各级抗日动员委员会，在主力部队到达以后，筹粮筹款供给部队。在邢台营头进行了一段时间的协商酝酿，12 月 12 日正式成立邢台县抗日民主政府。胡震当选县长。成立时开了宣誓大会。由冀西民训处发委，用民训处的关防出布告，部队带着布告到处张贴，宣传抗日民主政府的主张。

1938年成立太行军区，先遣支队活动范围的几个县划为2分区。经过多方联络疏通，我们抢在日寇和汉奸前面，收编地方各类武装，以八路军先遣支队的番号委任各县大队、区大队、独立队。主力游击大队是地方游击队升级合编的，支队只派进少数干部当领导。到1938年初，先遣支队直属的相当于团的游击大队编了5个。1大队队长是周明国，教导团的学员、老红军；2大队队长胡震（兼）；3大队队长是王维纲，磁县的老党员，曾被国民党特务逮捕，在北京越狱经上海到延安学习，从延安派回来；还有用冀西民兵番号的张锡珩和田峪民的磁县大队，他们都是当地的老党员，过去的公开身份是中小学教师。其他相当于营的独立游击队各县都有。1939年冬，129师进行整编地方武装，先遣支队的几个主力大队分编到新10旅和新11旅。新10旅旅长范子侠，新11旅旅长尹先炳、政委黄振堂、副旅长秦基伟。

当时，我们除了依靠工人、贫下中农等基本群众外，还必须贯彻党的抗日民族统一战线的方针，团结一切可以团结的力量，特别是要搞好跟一些社会“头面人物”的关系。刘伯承师长比喻说，这是一些“社会浮油”，我们还必须团结利用他们来广泛地做宣传工作，才能动员一切力量。他们中间愿意搞武装的就让他扩兵，一些怕吃苦不愿干武装的，就让他们和鬼子伪军内部拉关系，摸敌人据点的情况，开展敌军工作。

冀西党的工作是随着主力部队的开进而逐步恢复的。河北党被破坏以后，只有李雪峰和李菁玉的一个区党委从石家庄撤到山西。教导团到山西以后，他们随着教导团活动，收容了不少东北和平津的流亡学生，安排到教导团做文化教员。129师师部到达和顺，区党委也到了和顺。此后，从延安抗大和青训班陆续派来不少人，到华北敌后开辟工作。因为当时党组织没有公开，派到冀西邢台地区来工作的县委、区委都用先遣支队工作团的名义。高扬、彭涛、张玺、王进、马导、关山复等同志都先后在这一带当过工作团长。他们用军队的牌子、服装、粮食由我们帮助解决，工作却是独立系统。那时，党政军民的关系非常亲密，互相依靠。发生了矛盾，开个会各自多做自我批评，问题就解决了。

到 1938 年 7 月、8 月间，发轫于太行山上的游击战争，已经西至同蒲、汾水，东达渤海，南抵黄河，北逼正太、沧石路。晋冀鲁豫边区抗日根据地成了插在敌寇心腹的一把尖刀，使得日寇在攻陷武汉之后，不得不回援华北，把作战重点放在后方。敌人以铁路为支柱，筑碉堡，挖封锁沟，对我根据地实行压缩包围。先遣支队此时的主要活动是发动广大民众，配合主力部队破击敌人的交通线，粉碎敌人的“清乡”“扫荡”，以及维持冀南至山东解放区的交通。

1938 年秋后，国民党派鹿钟麟回华北搞省政府，调朱怀冰、石友三部队到我根据地搞摩擦，破坏抗日民主政权。像李老本之流就纷纷投靠鹿钟麟，配合敌寇，趁火打劫。对这些破坏抗日的反共顽固派，我们进行了坚决打击，巩固了抗日根据地。

先遣支队分区所在的几个县，沿平汉线的平原地区工农业较发达，靠山区的经济情况就差些。起初筹的粮款都归军队用了，县政府也各自征些粮税，自食自用，各县贫富不均。后来部队扩大了，单靠当地解决粮款就困难了，加上日寇的扫荡破坏，国民党顽固派搞摩擦，不给八路军发饷。我们只有自力更生，一面建军，一面搞经济建设来克服困难。

支队先是依靠地方原有工业搞军办工厂，解决被服鞋袜和皮革加工。1938 年我们打开磁县的峰峰煤矿，工人们纷纷要求参加八路军，工人们还建议把一些车床设备运走，用来修理枪械、生产弹药。我们就组织群众搬走一部分机器，到一百多里外武安梁沟的一个山村里，办了一个先遣支队兵工厂。工厂有一百多工人，机械安装在民房里，利用河水发电，制造了大量刺刀、手榴弹和地雷供给部队。后来，这个厂移交给八路军军工部，搬到辽县、武乡去了。

太行根据地设立冀西行署以后，财政经济由行署统一管理，搞供销合作社，建立税收，从敌战区搞些收入。1939 年的一天，胡震来找我，说他找到一些工人，会印假钞票，想印一批敌战区流通的满洲票，用它到敌战区买布匹、煤油、皮革等紧缺物资，同时扰乱敌人的金融。我说出钞票可是件大事，得请示领导。我到辽县师部开会时，向邓小平政委汇报了印钞票的想法。邓政委说:“你们先尽可能地收集工人,筹集机器、纸张、油墨和版,我们正想发行自己边区的票子,就是缺乏这些条件。不过,筹备工作现在还要保密。”我回去就让胡震放开手来干。过了一段时间,师部派供给部长徐林同志前来接洽,他负责筹建冀南人民银行,印行冀南银行币。据说票子的基金是根据晋冀鲁豫边区的田赋税收总值核算的。他从胡震那里把人员设备接到太行山区去了。从此,根据地财经工作初具规模,统一了税收币制,冀南币通用晋冀鲁豫全区,大大加强了对敌斗争,保证了军需民用,冀南币在这一地区沿用到新中国成立初期。

我在 1939 年 9 月离开先遣支队到北方局党校学习了两个月,回部队后任 129 师干部轮训队队长。1940 年 7 月、8 月,百团大战后期我军转入守势,敌人对华北各根据地进行扫荡。邓小平政委叫我去,交代轮训队在敌人扫荡期间,负责保护冀南人民银行和印币厂转移。他说,你们要保证银行的安全,绝对不能让敌人搞掉了,你们掉脑袋不要紧,这可是关系到根据地部队穿衣吃饭的问题。我回答说,冀南银行由我负完全责任,只是轮训队的学员只有几支驳壳枪,大部分人没带武器,需要补充枪支弹药。邓政委就指示供给部给轮训队配发武器弹药和手榴弹。轮训队除了政治、军事文化教员和文印员以外,有 4 个学员队,共有四五百人;银行和印币厂的干部、工人有五十多人。我们用几十头骡马将票子、机器、版和纸张分开驮着,十几头骡子编一个小队,分给各学员队负责保管。轮训队在太行山区河北的邢台、沙河、涉县、武安,山西的黎城、辽县、和顺一带和敌寇周旋。随时侦察敌情。敌人从平汉线方向来,我们就进山西,从长治来就下平原,两面一起来,我们就分散钻山沟。到 10 月底,百团大战结束,我们在辽县的桐峪完整地把银行的人员、设备交回供给部。在那里轮训队学员也毕业了,回到原来部队去了。

1940 年 12 月 5 日,我离开战斗了三年多的冀西,奉命去延安学习。

收复晋西北七城之战

张宗逊*

临汾失陷以后，阎锡山对抗战的前途悲观失望，带着部队撤到黄河以西，躲到陕西宜川县秋林镇一带去了。

1938 年 2 月下旬，正当八路军在同蒲路北段进行破击时，日军为了打通同蒲铁路，首先对晋西北抗日根据地发动全面围攻。日军第二十六师团黑田旅团的千田联队和竹内联队八千余人，会同伪蒙军李守信部三千余人，分三路由朔县、井坪镇、偏关南犯。驻守这一地区的国民党骑兵军不战而逃过黄河西，使日军很快占领了岢岚、保德、五寨、河曲、偏关、神池、宁武等 7 个县城。南边太原方向的敌人也配合着向西进犯，占领离石，进到黄河东岸的军渡、碛口，隔河炮击我陕甘宁边区八路军留守兵团的河防阵地。南北两个方向的敌人都指向黄河，像是要进犯陕甘宁边区。贺龙得到日军围攻晋西北根据地的消息后，为了打击可能西渡黄河进犯陕甘宁边区的敌人，立即命令 358 旅由同蒲路的忻县地域赶回离石地区，359 旅由平社地区赶回岢岚。

我们一接到命令，就立即出发，冒着严寒风雪，日夜急行军，于 3 月初回到预定地区。这时，敌情开始发生变化，南面敌人撤离黄河渡口，准备由

* 作者时任八路军第 120 师第 358 旅旅长。

离石北犯；北边敌人也将兵力转向五寨方向集中，并已占领岢岚县城。贺龙师长判断：日军是对陕甘宁边区实行佯攻，其主攻目标仍是企图攻占我晋西北根据地；南面的敌人只起配合作用，北边的三路敌人才是主力。同时毛主席也在 3 月 6 日来电指示：应集中兵力打击敌人一路，以打破敌人的进攻计划，巩固晋西北根据地。师部当即改变原来的决心，集中 358 旅、359 旅的主要兵力，首先打击进占五寨、岢岚的一路敌人。这一路敌人深入我根据地，最孤立，危害也最大。当时，有的同志主张采取攻坚战，直接攻取五寨、岢岚县城。贺师长根据当时战场的形势，决定还是坚持游击战，采取围点打援的办法，一个一个地击破敌人。于是命令 359 旅和当地“第二战区民族革命战争战地总动员委员会”（简称“动委会”）领导的游击队围困岢岚县城。命令 358 旅从离石迅速赶回岢岚、五寨之间。

占领岢岚的敌人是日军千田联队的一个大队及骑兵、炮兵、工兵若干，共一千余人。3 月 7 日 359 旅开始围困岢岚，该城里没有水源，过去都是到城外岢岚河中挑水。自从被我军民围困后，水源断绝了，粮弹也无法补给，日军被迫于 3 月 10 日黄昏弃城逃跑。当晚这股敌人逃到岢岚和五寨之间的三井镇，想固守待援。359 旅追到三井，趁敌人立足未稳，连夜发起猛攻。敌人的炮兵垂死挣扎，疯狂地乱打炮。717 团一个排冲进敌炮兵阵地，歼敌一部还缴获山炮一门。次日，敌人眼看待援没有希望，便狼狈逃往五寨。这次战斗歼敌 300 多人。

359 旅和游击队紧跟着追到五寨城下，五寨城内原有日军数百人，连同岢岚逃敌共一千多人。五寨地处晋西北根据地的中心，这个钉子是一定要拔掉的。这时，有人又主张造梯爬城，实行强攻，贺龙坚持说明五寨城墙坚固，我们炮火不强，不具备强攻条件，而且敌人作困兽斗，所以仍然采取围点打援。贺龙命令 359 旅一部和游击队围困五寨，另一部集结于五寨以北三岔堡之间；358 旅赶到五寨东北神池与义井镇之间；这样就可截断五寨周围交通，迫使五寨敌人撤退，以便在运动中歼灭它。

3 月 17 日午后，358 旅赶到神池以南的虎北村、山口村地区，与由神池出动增援五寨的一千余敌人遭遇。358 旅不顾长途行军的疲劳，立即向敌人发起冲击，很多指战员鞋子走坏了，赤着脚在雪地里和敌人进行白刃格斗。经过几小时激战，歼敌三百余人，俘敌军官 1 人，缴获轻机枪 3 挺，马步枪二十余支，残敌窜入义井镇。次日，残敌在 6 架敌机的掩护下，仓皇逃回神池。这次战斗还解除了日军对驻虎北村、山口村的国民党骑一军孙长胜师的威胁。

3 月 20 日，河曲、偏关、保德的敌军弃城东撤。3 月 21 日，五寨的敌人也撤出向神池逃去。这 4 座县城遂被八路军收复。

3 月 22 日，358 旅在神池西南的凤凰山及其以东地区待机，国民党骑一军拨给一个山炮连配合作战。五寨的敌人逃经凤凰山，进入 716 团的伏击区，716 团指战员立即发起冲击，同敌人展开白刃战，烧毁汽车 10 辆，毙敌三百余人，残敌不敢恋战，连夜逃进神池城。716 团跟踪追到神池城下，敌人不敢久留，3 月 24 日又逃往朔县。凤凰山战斗中，716 团第 2 营营长黄子德牺牲。

我们收复神池以后，根据地里只剩宁武有日军一千余人。宁武是同蒲路北段的重要车站，占领宁武的敌人妄图长期固守，以修复同蒲路北段，恢复太原到大同的交通。师首长决心乘胜收复宁武县城，指挥 358 旅 716 团、359 旅 718 团（由平山独立团改称）围困宁武城，其余部队集结在宁武西北的斗沟地区待机。3 月 31 日，朔县的敌人步骑兵六百余人，在 5 架飞机掩护下增援宁武。当敌人进到石湖村时，遭到我东西两面夹击，毙敌百余人，敌人就地固守，前进不得。是夜 716 团一部夜袭宁武城，敌人趁黑弃城向北撤退。4 月 1 日宁武的敌人和石湖村的敌人会合，在 5 架飞机的掩护下逃回朔县。至此侵入晋西北的日军和伪蒙军全部被击退，7 座县城全部被光复。

这次战役正值寒冬季节，塞北朔风刺骨，冰天雪地。358 旅全体指战员发扬了艰苦奋斗、英勇作战的精神，从同蒲路北段破击战之后，未曾休整又连续作战四十余天，取得了较好战绩，部队也得到锻炼。在战斗中，贺龙师长正确执行了敌后抗日游击战的方针，证明在部队装备火力不足的条件下，围点打援，争取歼灭运动之敌的战术是成功的。同时，丰富了部队对日军作战的经验，也锻炼了人民，为巩固晋西北根据地奠定了基础。

收复晋西北七城之战，国民党军队主力跑过黄河，留在该地区的大都在观战。各县的县政府也都跑了，只有五寨的县长，他撤出县城就找八路军来了，所以五寨光复以后仍然让他当县长，其他各县就由“动委会”和“牺盟会”派干部组织抗日县政府。战役之后，358旅主力（715团和716团，缺714团）奉命开到五寨训练。4月1日由宁武地区出发，2日到达五寨地区。五寨是当时晋西北林业木材集散地，交通比较方便，市面比较繁华，敌人占领之后，未来得及作较大的破坏。旅部和716团驻在五寨东关，715团驻右所。

4月4日部队就开始训练。

训练内容第一项是根据进入晋西北以来历次战斗的经验教训，研究如何进行敌后游击战争。着重研究如何打好伏击战，我们认识到在游击战争中，伏击战术应成为我们主要的战斗方式。这样可以利用敌人和群众对立，不能实施准确周到的侦察警戒的弱点，给敌人以迅雷不及掩耳的袭击，使敌人优势的装备技术来不及发挥，就能以较小的代价取得大的胜利，因而要求部队学会侦察、隐蔽利用青纱帐、村落、高地、公路的有利地形，达到秘密、突然、迅速、坚决、速战速决。

在技术训练方面，主要是射击、投弹、刺杀，利用地形地物，夜间动作；以及在当时装备条件下如何破坏火车、汽车，对付敌人的坦克、装甲车等等。

政治教育，主要是进行抗日救国的民族斗争与阶级斗争教育，使新参加八路军的工人、农民和国民党散兵的政治思想觉悟有一定提高。干部教育主要是学习毛主席自洛川会议以来关于抗日游击战争战略和战术的论述。干部战士们对毛主席关于“建立根据地”、“达到保存和发展自己、消灭和驱逐敌之目的”和“基本游击战，但不放松有利条件下的运动战”作战方针的认识，有了较普遍的提高。

这次训练自4月4日开始到5月4日结束，整整训练了一个月。在以后的作战实践中证明，五寨训练的成绩是较大的。

在五寨期间，部队得到休整，进行筹粮筹款、补充物资，这都得到五寨县长的大力协助。这一个月中敌机曾轰炸五寨县城，炸毁了许多民房。那时，原晋西北的国民党军队也从河西等地陆续返回，旧县政府一些人员也回来了，这样在晋西北形成两种军队、两种政权并存的复杂局面。贺龙、关向应指示我们本着统一战线中的独立自主原则和有斗争、有团结、以斗争求团结的方针，对阎锡山的部属进行了大量的工作，巩固扩大了晋西北抗日民族统一战线。

新四军成立

南方八省红军游击队改编成新四军始末

陈　洋*

七七事变后，平津相继失陷，祖国半壁河山遭日军铁蹄践踏。在国难当头、民族危亡之际，中国共产党高举全民族抗战的神圣旗帜，与国民党摒弃前嫌再度握手，实现了第二次国共合作。继红军主力改编为八路军奔赴华北抗日战场之后，南方八省14个地区的红军游击队走出深山老林，改编为新四军开赴华中抗日前线。此后，这支抗日劲旅驰骋大江南北，纵横华中敌后，为打败日本侵略者，争取中华民族的独立和解放立下了不朽的功勋。

战略转变

1934年10月，主力红军长征后，留下部分红军和游击队在南方八省十几个地区建立了游击区。赣粤边游击区，是项英为书记的中共苏区中央分局和陈毅为主任的中华苏维埃临时中央政府办事处的所在地，是南方游击战争的中心区域。

在艰苦卓绝的三年游击战争中，南方红军游击队在与党中央失去联系的

* 本文为作者根据有关资料整理而成。

情况下，孤悬于蒋管区、藏身深山密林。在敌人无数次枪抄刀篦的“清剿”中，在极端艰苦的条件下，凭着坚定的理想信念和钢铁般的意志，坚持革命，坚持斗争，保留了革命火种和战略支点。

1937 年 7 月底 8 月初，在赣粤边区油山一带领导革命军民进行游击战争的项英、陈毅等从香港出版的报刊上和通过其他途径，先后得知西安事变及和平解决的消息，看到了毛泽东于当年 5 月 7 日写的《为争取千百万群众进入抗日民族统一战线而斗争》的文章。政治上有着十分敏锐洞察力的项英以个人名义写了一篇题为《中国新的革命阶段与党的路线》的文章，解释党的路线的转变。文章指出：中国革命已发展到抗日民族统一战线与国民党重新合作的新阶段，各级党组织和红军游击队必须遵照中央路线来进行合作抗日，要彻底转变我们的工作。8 月 8 日，项英、陈毅在大余县池江西北部的一座大山上召开赣粤边区党的干部会议，宣传党的抗日民族统一战线的方针政策。经过反复讨论，大家对由“反蒋”转变为“联蒋”，由“内战”转变为抗日，在思想上取得了比较一致的认识。

会后以中共赣粤边特委和赣南人民抗日义勇军的名义发表了《停止内战，联合抗日宣言》。《宣言》要求国民党当局立即停止对游击区“进剿”，准许抗日自由，实现国共合作、一致抗日。与此同时，项英把《宣言》寄给了国民党江西省政府及有关上层人士。8 月 20 日，中共赣粤边特委分别向国民党江西省政府主席、赣州专员和大余、信丰、南康、南雄等县政府以及国民党驻军和当地知名人士致函，敦促洽谈合作抗日事宜。为了表示抗日诚意，中共赣粤边特委向所辖党组织和红军游击队发出指令，停止游击活动。同一天，中共湘鄂赣省委发表了《为和平合作宣言》，提出了和平合作、一致抗日的政纲，表示凡同意抗日救国者，都愿与之合作，共赴国难。

在浙南，粟裕、刘英等从邹韬奋主办的《大众生活》中得知新的时局和党的方针、政策后马上组织学习和宣传，对内给指战员上形势课，进行思想教育，对外发表宣言和公开信，说明斗争形势，宣传我党关于建立广泛的抗日民族统一战线的主张，鲜明而又及时地表明立场和态度。在闽西南游击区，张鼎丞、邓子恢、谭震林等从香港、汕头的报纸中得知西安事变和平解决的消息后，立即决定在闽西积极活动，以推动国民党抗战，推动全国的抗日高潮，并印刷了大批标语、口号以及《告粤军书》《告群众书》等文件，广为散发。

黄道是实行战略转变较早的。1937 年初，担任中共闽赣省委书记的他在崇安偶然看到一张从广丰包盐回来的旧报纸上刊有西安事变的消息，接着又在截获的福建省银行的汽车上发现一本生活书店出版的《生活日记》，上面记有一二·九运动。黄道察觉到国内政治形势正在发生急剧的变化，经过开会研究讨论，中共闽赣省委作出《关于开展抗日反帝斗争的决议》，开始实行战略转变。同年春，汀瑞边游击队从报刊上获悉中共中央实行联蒋抗日的方针后，提出了“停止内战，团结抗日”“中国人不打中国人”的口号。同年 10 月，中共皖赣特委获悉项英、陈毅发表的《告南方游击队的公开信》后，发出《告皖赣同胞书》，重申“停止内战、一致抗日”的主张。南方 8 省游击区的红军游击健儿，开始了由国共对立的国内革命战争向国共合作的抗日民族战争的历史性战略转变。这一战略转变，为后来同国民党地方当局谈判扫除了思想障碍，统一了步调。

艰苦谈判

南方游击队虽然先后行动起来，但都以 8 月 1 日中共中央《关于南方各游击区域工作的指示》与国民党谈判。中央指示：在保存与巩固革命武装、保障党的绝对领导的原则之下，可以与国民党的附近驻军或地方政权进行谈判；未确实谈判好以前，部队可以自动改变番号，用抗日义勇军或抗日游击队名义进行独立的活动，开展统一战线工作；谈判好以后，即“改变番号与编制以取得合法地位”。这为南方各游击区的谈判指明了方向。

1937 年 9 月 8 日，中共赣粤边特委和红军游击队代表陈毅，同国民党大余县政府代表鲁炯雯，在大余县池江圩举行谈判。双方就停止武力进剿、释放在押共产党人和政治犯、游击队改编成抗日义勇军、听候调遣抗日等问题，达成七项协议，并呈报国民党地方当局核准。11 日，陈毅由大余县县长彭育英陪同到达赣州，同国民党江西省政府保安处参谋长熊滨，第四行政区专员公署专员兼保安副司令马葆珩，第四十六师政治部主任及赣南七八个县的县长，在赣州举行谈判。在谈判过程中，国民党报纸却诬蔑谈判为“油山共匪投诚”，陈毅义正词严提出抗议，迫使当局转变态度。赣州谈判终见成果，双方就停止进剿，集中点编、经费给养、干部委用、部队整训等问题，达成九项协议。

为了解决南方其他游击区的国共合作、共同抗日问题，9月24日，南方八省游击区最高领导人项英，应国民党江西当局之邀，从油山经大余、赣州同地方当局头面人物会晤后到达南昌，下榻月宫饭店。项英到南昌后，经过力争，给中共中央驻南京的代表发去电报，汇报并请示有关问题。博古接电后，一方面转报延安，一方面回电项英。坚持南方三年游击战的中央分局由此恢复了与中共中央的联系。

在南昌，项英同国民党江西省政府秘书长刘体乾、保安处长廖士翘、参谋处长熊滨等人举行会谈。双方就南方红军游击队的改编问题共同商定：一、在南昌期间，项、陈以中共苏区中央分局的名义发表致南方各游击队的公开信，信由各该地驻军转递，俾得迅速集中；二、项英返余后，即派员前往各游击区转达意旨；三、当局政府必须采取措施，防止不良分子对游击区域的报复行为，以免阻碍游击队集中改编等。9月29日，项、陈以中共苏区中央分局的名义发表《告南方游击队的公开信》，要求各地红军游击队迅速集中，听候点编。这时，国民党当局下令撤走了部署在游击区周围的军队，释放了包括方志敏妻子缪敏在内的一批政治犯。随后，项英宣布在南昌月宫饭店设立中共苏区中央分局联络各地红军游击队的总接洽处，由陈毅负责联络、洽谈南方各地红军游击队谈判改编等事宜。

10月初，项英从南昌返回大余池江，即派出干部到各游击区传达中共中央关于国共合作抗日的指示精神，通知红军游击队准备改编。这时，驻南京的中央代表博古、八路军代表叶剑英根据中央的电文指示，给项英、陈毅写信，提出了红军游击队集中改编时保持独立性原则的三点“最低限度”要求，并委派机要交通顾玉良即赴赣南寻找项、陈。顾玉良历尽艰辛，于10

月 8 日在吉安一家旅馆里找到陈毅。10 月 11 日又在大余池江找到项英，递交了中央有关重要文件和博古信函等。10 月 12 日，项英即由顾玉良等陪同，从池江经吉安、南昌、九江，乘船顺流而下，于 10 月 22 日到达南京，会见了博古、叶剑英。10 月 23 日，项英即赴延安，向党中央汇报工作。

在南昌谈判的前后，南方其他游击区领导人也陆续同国民党地方当局和驻军举行了和平谈判。谈判过程中自始至终充满了尖锐、复杂的斗争。

7 月中旬开始，中共湘鄂赣省委派出代表同国民党地方当局在平江、浏阳先后举行了三次谈判，初步达成了一些协议。8 月 20 日中共湘鄂赣省委派黄耀南、刘玉堂、张藩等赴武汉就谈判中遇到的问题，请示中央驻武汉代表董必武，最后由董必武代表中共与国民党武汉行营代表谈判。同月 29 日，湘鄂赣边游击区谈判成功，国民党武汉行营下令停止对湘鄂边的军事围剿，承认湘鄂赣红军游击队改为抗日军第一游击支队，出现了停战抗日新局面。

9 月下旬，中共闽赣省委派曾镜冰、黄知真等下山，与国民党江西省南城保安司令部副司令周中诚、光泽县政府县长高楚衡谈判，提出成立闽赣边人民政府，国民党撤走驻军以便红军游击队集中，闽北红军游击队改称人民抗日军独立旅，实行人民言论、结社和武装抗日自由等条件，并允诺停止进攻国民党军队和打土豪、实行减租减息。谈判成功后，双方停止了军事行动。10 月，陈丕显同汀瑞边游击队负责人彭胜标，一起到瑞金县城与国民党独立三十三旅旅长黄镇中举行正式谈判。在谈判过程中，陈丕显等首先阐述了共产党顾全大局，愿和国民党合作抗日的态度，同时驳斥了顽固派对汀瑞游击队的种种污蔑，一开始就掌握了主动权，使国民党对游击队提出的集结点编、筹划给养等问题不得不给予解决，谈判最终达成了合作抗日的书面协议。

11 月，中共皖赣特委委派江天辉为代表与国民党地方政府谈判，达成以下协议：准许游击队派人联络各地红军人员；撤退驻军，停止向根据地的进攻；解除移民并村的封锁线，恢复群众的生产自由；释放全部政治犯；游击队停止打土豪，部队的供给由国民党负责解决。谈判后，特委又派李步新、江天辉赴南昌，向项英、陈毅汇报请示工作。不巧项英已去南京转赴延安、陈毅去了湘赣边。

国民党江西省保安司令部要皖浙赣边红军游击队到浮梁县集中改编，被李步新、江天辉当场严词拒绝。此后，陈毅抵达中共皖赣特委所在地，并在特委会议上，详尽地阐明抗日民族统一战线方针。会议决定将皖浙赣红军游击队改编为江西抗日义勇军第二支队。

闽西红军游击队代表邓子恢、谢育才等，同地方当局举行过多次谈判，几经尖锐斗争，于 1937 年 7 月 29 日达成协议，双方在龙岩签订了协议书。闽中游击区代表杨彩衡与莆田当局多次谈判，于同年 9 月上旬达成了协议。闽浙赣游击区首席代表刘英同地方当局谈判于同年 9 月 16 日取得成功，双方就一些重大问题签署了协议。浙西游击区领导人粟裕，给国民党地方当局递送了《国共合作抗日建议书》，双方经过谈判达成协议。豫南游击区领导人周骏鸣等同地方当局谈判，于 9 月达成将红军游击队改编为豫南抗日独立团的协议。

南方各游击区同国民党地方当局的艰苦谈判成功，标志着南方国共合作的抗日民族统一战线的形式，艰苦卓绝的三年游击战争结束，红军游击队纷纷出山，改编为抗日武装，为新四军的组建奠定了基础。

军部组建

在国共合作抗日的新形势下，如何改编南方 8 省红军游击队的问题摆在国共两党面前。国民党对中共在南方的革命力量心怀仇恨，仍念念不忘拔去这些革命支点，企图采取北和南剿的方针，剿灭南方红军游击队。在“清剿”未达到目的后，又想以抗日之名收缴瓦解红军游击队。中共中央考虑到南方各游击区是今后南方革命运动的战略支点，不应该轻易地放弃。因此，起初的想法是将各边区红军游击队改编为独立团、民团或保安团等地方武装形式；各地队伍不集中，不要求大地方，不脱离根据地，坚持在原地开展抗日斗争。但随着局势的迅速变化，这一构想很快作了新的调整和改变。

1937 年 7 月中旬，中共代表周恩来、博古、林伯渠在庐山同蒋介石、邵力子、张冲谈判，因蒋介石对共产党提出的宣言态度冷淡，而另外提出一套方案，谈判又陷于僵局。中共代表采取不让步则不再与谈的方针，周恩来等遂离开庐山到南京、上海等地。

在上海，周恩来遇到从海外返沪请缨抗战的北伐名将叶挺。周恩来对叶挺说："希夷，我正在和蒋介石谈判，主要是谈我们陕北红军部队改编的问题。"叶挺听着，十分高兴，看来国共两党真的有机会联合起来一致对付日本帝国主义了。周恩来说："除了陕北的红军问题，还有南方8省的游击队问题，他们也要改编。这也要看蒋的态度。"叶挺说："为了抗日，这恐怕没什么问题吧。"周恩来以商量的口气问道："如果能谈通，希望你能参加这些部队的改编工作。怎样？"叶挺回国本意就是为抗日报国，于是，他对周恩来的这一建议欣然答应，申明完全接受中国共产党的领导，并开始向南京国民政府积极活动。

9月下旬，中共中央和八路军驻宁代表博古、叶剑英等，在南京同国民党代表何应钦、张冲等谈判，初议将南方8省的红军游击队改编为一个新的军，在南方举起抗日旗帜。蒋介石在事先没有征求中共中央意见的情况下，于9月28日单方面抢先任命叶挺为新四军军长。博古、叶剑英考虑到党中央还不太清楚叶挺主动"请缨"这一内情，便于10月8日与董必武联名致电中央："叶挺事，据他说，恩来第一次在沪曾和他提过这个办法，故他才敢活动。现已委任为新四军军长，拨发了5万元活动费。他表示，如我们不赞成，他仍可辞职。"电报正式向中央提出"南方游击队集中编为一个属我党直接领导的军"的建议。

10月12日，国民党江西省主席熊式辉转发蒋介石10月6日电令：赣粤边、湘鄂赣边、闽赣边、湘赣边、皖浙赣边、浙闽边和闽西等地红军游击队，统交国民革命军新编第四军（简称新四军）军长叶挺编遣调用。

10月18日，中共中央致电博古、叶剑英、董必武等，同意南方八省红军游击队集中改编为一个军的建议。10月30日，中共中央作出决定，将南方各地红军游击队集中五分之三改编为一个军，以叶挺为军长，项英为副军长，陈毅或刘英为参谋长，反对国民党插入任何人。以4个月为清理时间，任何游击队、游击区均须党中央派人亲去传达，然后集中。

11 月 3 日，叶挺应邀到达延安。项英奉命也于 11 月 7 日抵达延安。他向党中央详细地汇报了南方三年游击战争和红军游击队谈判改编的情况。在延安时，叶挺同项英见了面，一起研究了南方红军游击队改编和新四军组建事宜。叶挺在延安一共逗留了 6 天，于 11 月 9 日离开延安，先行前往武汉，负责新四军军部的筹建工作。叶挺于 11 月 12 日到达武汉，在汉口太和街 26 号，一边以新四军军部名义招募工作人员，一边等待副军长项英的到来。此时，叶挺在汉口就新四军具体编制，以及部队活动范围等问题与何应钦反复磋商。

12 月 13 日，中共中央政治局作出《对于南方游击区工作的决议》，充分肯定了南方三年游击战争的成绩。14 日，中共中央政治局又专门讨论了南方各游击区的工作。会议决定成立中共中央东南分局，委员：项英、曾山、陈毅、方方（未到职）。项英任书记、曾山任副书记兼组织部长。后增加黄道、袁国平、郭潜、薛尚实为委员。分局机关驻南昌。东南分局主要负责领导东南各省党的工作，受中共中央和中共中央长江局双重领导。同时决定成立中共中央革命军事委员会新四军分委员会，委员有项英、陈毅、张云逸、袁国平、周子昆。由项英任书记，陈毅任副书记。

从 11 月起，中共中央从陕甘宁边区机关、部队中陆续抽调张云逸、袁国平、李一氓、周子昆、赖传珠、陈少敏、李坚真、涂振农、钟平、邓振询、谢华一、郭潜、罗梓铭、何绪荣、危秀英等一百多名干部（其中许多人是江西籍），经过中央党校短期训练后派往南方工作，解决了东南分局和新四军干部不足的问题。

12 月 23 日，项英率赖传珠、李子芳、李志高、汤光恢等一批派往新四军工作的干部抵汉口。经过国共双方的反复协商，最后，中共方面在部队编制、薪饷等问题上作出了一些让步，同意新四军不隶属八路军，由所在战区直辖，军以下不设师、旅、纵队，直辖 4 个支队，在南方各地只设留守处、办事处，部队全部开往抗日前线；在坚持单独成立一个军，国民党不插入一个人，坚持共产党的独立领导权和敌后游击战争等原则问题上，也迫使国民党作出了让步。12 月 25 日下午，项英从延安带来的干部，叶挺动员来参军的医务、后勤人员齐聚一堂，举行新四军干部会议。叶挺军长、项英副军长分别在会上作了关于形势、任务和部队编组的讲话，号召大家团结奋斗，抗战到底。这次会议，标志着新四军军部的组建完成。12 月 28 日，毛泽东复电批准了关于新四军编为 4 个支队和干部配备的具体方案。何应钦亦于 1938 年 1 月初正式核定有关新四军的编制、薪饷及干部配备问题。不久，又批准了项英任副军长、张云逸、周子昆任正副参谋长，袁国平、邓子恢任正副政治部主任。1938 年 1 月 6 日，新四军军部从汉口移抵南昌市三眼井高升巷原张勋公馆内挂牌办公。

改编开拔

中共中央东南分局和新四军军分会，于 1938 年 1 月 6 日在南昌正式成立，军部移驻南昌。随后，主要领导人分赴各游击区传达中央指示，做好部队集中改编工作。把由各红军游击队改名的“抗日义勇军”等抗日武装改编为新四军，组建新四军的 4 个支队。从 1938 年 1 月中旬起，项英、曾山、陈毅、黄道、张云逸、赖传珠等先后到湘赣边、赣粤边、闽浙边向三年游击战争的红军游击队指战员，宣传国际国内形势，并就国共合作、南方红军游击队改编为新四军的问题作了动员。当时，有些游击队干部、战士对改编不理解，认为改编是向国民党“投降”，尤其是对“穿国民党军服”“戴国民党帽徽”意见最大。面对这些思想问题，项英等领导人耐心细致地做说服教育工作，明确指出：国共合作、下山改编是为了国家与民族的生存，不是投降国民党。虽然我们换了名称、军服和帽徽，但我们仍然是中国共产党领导的队伍。项英等领导人还分别与各块游击区党组织负责人商量决定了部队集中编组及开赴前线事宜。

到 1938 年 3 月，南方八省的红军游击队，在高度分散，交通、通信联络非常困难的情况下，胜利完成了下山、集中改编为新四军的任务。

忆陈毅下山谈判

赖志刚*

我当时21岁，是大余县政府秘书室事务员，负责掌管县政府的大印和一部分经济支付，实为县长彭育英的心腹，经常跟随其左右。现将陈毅与彭育英谈判情况回忆如下。

一

1937年七七事变发生，迫于全国人民要求“国共合作”“共同抗日”的强烈呼声，南京国民党当局不得不作出停止“剿共”的决定。国民党江西省政府主席熊式辉，也在南昌成立了“招抚委员会”；赣州、宁都两个专署成立了相应的机构。为了找到赣粤闽边境中共游击队的负责人，下山洽谈整编事宜，国民党赣州专署专员兼保安副司令马葆珩，指令大余县县长彭育英与中共游击队取得联系（彭育英是江西万安县弹子前人，他与我是同乡，又和我父亲有交情）。

彭育英接到要与中共游击队洽谈的命令，立即根据国民党中央发下的材

---

* 作者时为大余县政府秘书室事务员。

料，写了一封信寄往油山。可是许久没有接到回信。接着，赣州又来电催，要彭育英会同南康、信丰等县县长，采用“代电”的形式，写了一封《告中共同志书》寄去，并约定日期，双方派代表前往江西大余与广东南雄的交界处——钟鼓岩（即梅岭脚下）接头。到了约定日期，彭育英派秘书鲁炯雯和民政科长王整纲二人，乘坐在大余钨砂局借来的一辆汽车驰往钟鼓岩。可是鲁、王二人等了许久，仍然落空。后来，彭育英又写了第三封信去。

第三封信去后不久，游击队负责人陈毅派人送回信来了。送信人很年轻，肤色黝黑，身材矮小。有人说是陈毅的警卫员。送信人来时找错了门，把信投到警察局去了（那时的警察局在南康乡祠内，与县政府共一条街）。警察局长萧××见信封面上写的是“彭育英县长亲收”，知道有重大事情，就急忙陪同送信人到县政府见彭育英。彭拆阅回信后，面上立即露出喜悦之色，并叫庶务室好好招待送信人吃饭、住宿。第二天还代买了一张车票，让送信人搭南通公司开往南雄的汽车回去。

这次陈毅回信，同意按约定日期在钟鼓岩接头。并约请大余县长亲自去。还要求带些国民党的报刊和文件去，以便更好地全面了解这次“国共合作，共同抗日”的主要宗旨和目的。彭育英决定亲自前往洽谈，并交代秘书室做好一切准备。其中就连谈判时所需要的糕饼、茶点也都准备好了。

二

大概过了四五天，我们又从大余钨砂局借来一辆小车驰往钟鼓岩。这次同去的有五六个人，除彭育英和我以外，还有秘书鲁炯雯，经征处主任王培恩、一个公务员和一个勤务兵。

到达钟鼓岩后，寺中有个和尚接待我们。这个和尚也是万安人，俗姓曾，名贯桃。他为我们烧好了开水。约莫等了两个小时，只见钟鼓岩左侧（梅岭方向）有个人打着油纸伞下山，附近山顶上也有人影晃动，可能这是游击队布置好的监视哨。打油纸伞的人来到寺前小憩片刻，陈毅等四五人也就来了。见面后，彭育英先作自我介绍说：“我是彭育英。”陈毅也就作答说："我就是游击队老陈。"介绍完毕，就一起步入寺中一间厢房谈判。他们围坐在一张圆桌边，一面喝茶，一面交谈，气氛颇为融洽。当时，我因未直接参与会谈，故具体内容不详。

下午 3 点钟左右，日影已经西斜，屋里显得较为昏暗，第一次接头暂告结束。临别时，陈毅说："希望双方都做好准备。"彭说："我回县后，立即将情况上报。"最后谈到游击队下山后的交通安全及给养问题时，彭育英还拍着胸脯担保说："我负完全责任。"当走到汽车旁边时，他要我们调转车头，然后他们就从容不迫地朝南雄方向走去。

这次，我们见到陈毅穿的是一件灰色学生服，没有戴帽子，脚穿一双布鞋，外加一双草鞋。可能是腿部受过伤的原因，他坐的时候总要把右腿翘起来。听他讲话，谈笑风生，毫不拘束。

我们乘车回到大余县城，太阳快下山了。但彭育英兴致很高，及时打出电报向专署报告接头成功的消息。嗣后，在游击队还未下山之前，彭育英曾多次派人送了许多报刊和其他一些东西去钟鼓岩的石灰窑下，通过那里的交通站转给陈毅。与此同时，游击队也曾派丘、许两人前来洽谈有关给养等问题。

三

1937 年八、九月间，油山、梅山以及帽子峰一带的游击队陆续开往大余县的长江、板棚、弓里、小汾、兰村等地，集中待编，后在池江设立了"新四军驻余办事处"（先设在弓里村）。当时，因陈毅身患疥疮，缪敏也患水肿病，为了便于治疗及上下联络，陈毅、缪敏等四五个领导同志则留住大余平民医院。那时，医院院长张君白（上饶人）还亲自为他们治疗。我当时因在县政府工作，系彭育英的亲信，经常代表县政府送报刊、书籍及香烟、糖果等至医院慰问陈毅等人。医院的药品不足，彭还要我到钨砂局的职工医院或外地去购买。因此，陈毅在大余驻留时，也曾到县政府彭育英的住处作礼节性的回访或商谈。他们之间通过多次接触，彼此较为了解，相处关系甚好。后来，陈毅随新四军北上抗日，在安徽休宁驻留期间，还曾来信赞扬过彭育英。其中有这样几句话："……在蒋政权统治之下，能有你这样的县官，真是难能可贵！"

陈毅在大余驻留时，除治病外，还经常接见当地的群众和乡绅，向他们宣传国共合作、抗日救国的主张；有时还外出察访当时风俗民情和民间疾苦。当时，大余县城有所女子小学，女校长张杰（是个独身主义者），经常同着省立十三中学（大余中学前身）一位方子舒老师前来医院拜访陈毅。这两位知识分子思想较为进步，在陈毅等下山时，组织发动青年张贴欢迎标语，遭到国民党驻大余督察员王凯（系军统特务）的无理干预而中止。与此同时，陈毅还在大余平民医院接见了大余县抗日后援会会长张永言，大余省立十三中学校长张广鸿等社会知名人士。另外，还曾请一名叫郭宗耀的大地主去，但他没有去，可能是害怕打他的土豪。

四

为了谈判队伍整编之事，我们代为购买开往赣州的班车票。记得游击队派去的代表有陈毅和给养部长、秘书、警卫员等八九人；县政府去的有彭育英和我及勤务员 3 人。到达赣州后，原准备住米汁巷的专员公署（后改为专区医院），但陈毅却风趣地说："我们不住道台衙门。"因而，改住大街上的中华旅社（即现在的红旗商店）。中华旅社后面有两进旧楼房，上下两层，陈毅等人住在楼上，我们则住在楼下。

陈毅一到赣州，就带着警卫员忙于上街逛书店。当时，赣州仅有的商务印书馆、中华书局、普育书社、日新书店都被他逛遍了，还让警卫员扛了一捆书刊回来。我们等了他许久才吃中饭。刚放下饭碗，他就跑进房里关起门来看书去了。

当晚，赣州专署在均井巷民志酒楼办了一桌丰盛的酒席宴请他们。宴前，还特地雇用了几辆黄包车到中华旅社来接客。但陈毅却客气地对黄包车夫说："我们自己有腿会走路，用不着麻烦你们了。"接着，他们就步行到宴会地点。这次宴会除陈毅参加以外，还有一人不知是否陈丕显；而专署方面除有专员马葆珩外，还请了保安处参谋长林谷村和彭育英等多人作陪。

陈毅住在中华旅社时，生活甚为简朴，不摆架子，旅社茶房端洗面水上楼，陈毅婉言谢绝说：“不用你们送了，还是我们自己来吧。”吃饭时，他交代不要弄太多菜。并说，他是四川人，有辣椒和泡菜（酸腌菜）就行了。

五

到赣州的第二天，在专署开始谈判。我因不能参与谈判，故具体内容不详。但散会回旅社后，我见陈毅不大高兴，并说了许多气愤的话。这些话的大意是：既然国民党请他们下山来谈判，就要以真诚的态度来谈，抗日救国是中国共产党的神圣职责，用不着用绳子缚着去抗日，照这样谈判，哪有什么商量的余地！当时，彭育英颇为同情陈毅的观点，私下曾对我议论过，说在谈判中有许多言词很不恰当，整编的条件也过于苛刻，这就难怪陈毅会不满意了。

按照议程，下午还要继续谈判，但陈毅不愿去。后经考虑，又对彭育英说：“我看还是明天再谈吧。让他们多多考虑，下午谈也谈不出个啥子名堂来。”因为陈毅估计到马葆珩等是无能之辈，他们全靠听从熊式辉的意旨行事，上午没谈好，肯定要向他的上司请示汇报，与其下午谈不好，还不如等到第二天再谈更好。

第三天再经谈判后，似乎解决了一些问题，陈的情绪显得较为好些，并且还挂了电话去宁都，了解那边游击队谈判的情况。陈挂过电话后，急于返回大余，因下午还有一次班车。彭育英和我还要留在赣州处理一些遗留问题，不能陪他同去，担心陈等在路上会出问题，要求他们改日再走。而陈毅却要我们放心，还是下午乘班车走了。他们到了池江却下了车，并到板棚、弓里一带去看望游击队的指战员，次日才返大余。

六

彭育英和我在赣州办完部队给养支付手续后，于第四天返回大余。本来按照国民党政府的规定，凡给部队办给养，必须先造花名册来，以便照名额发给。当时，陈毅考虑到花名册会泄密，不同意造花名册。我们为了尽力给以方便，虽然没有花名册，还是按照陈毅报的 1000 名游击队员的名额支付给养费。具体办理给养支付的是经征处主任王培恩。我记得先后发过三次钱，每次都是两三千元。

游击队下山将近两个月，气候冷起来了。为了解决御寒问题，陈毅向我们要 1000 套棉军衣和 1000 条军毯。当时彭育英又派我同一位游击队姓丘的给养部长前往赣州领取（军需仓库设在西津路的广东会馆）。但是，国民党当局故意刁难，把新棉衣换给保安团，一些破旧的棉衣则发给游击队。丘部长看到破旧棉衣不敢领，并去电大余请示陈毅。陈听到汇报后，在电话上很生气地说："领不到新棉衣就干脆不领算了，过去我们多少年月在山区打游击盖树皮、穿蓑衣还不是熬过来了！"彭育英得知此事也深为不满，经他再三向上求情，这才发下 800 套棉军衣来，但其中还是新旧各半。

1937 年冬，在大余组建的新四军第一支队将要开赴抗日前线的时候，为了妥善安排好一些复员回家生产的游击队员，陈毅曾向彭育英要一些盖有县府大印的通行证。彭育英由于事忙，忘了办，临到队伍开拔时，陈再向彭索取，彭当时无话可答，他想了一下对我说："你去办理一下吧。"而我则利用掌握县府大印的方便，把盖了近 200 张县府大印的空白公文纸交给陈毅。结果，这些空白公文纸，不但为复员回家生产的游击队员填发了通行证，而且还给留在游击区工作的同志起了很大的作用。新中国成立后，陈毅在上海遇到彭育英时，还当面表扬过他这件事办得好。

参与筹建新四军的回忆

钱江潮*

我是湖北江陵人，曾任台湾《中华杂志》副主编，与胡秋原先生同事。1938年，我满怀抗战热忱，经父亲钱纳水向叶挺将军介绍，参加了新四军筹建工作。在那里工作了一年半，离开时的军衔是少校。新四军的臂章就是我受委托请画家马达设计的。那段生活距今虽有几十年，但我还记忆犹新。

1936年，我在武汉的一家印刷厂当学徒，学习照相制版技术。不久，我父亲钱纳水从香港来信要我去，见信后我立即辞掉工作，赶到了香港。但去后又没有事干，我就专心学习文学创作。1937年初我居然在当时颇有影响的《时代评论半月刊》上发表了一篇短篇小说，题目是《两个死难者》。

1937年7月，卢沟桥事变爆发后，中国军民奋起抗战，抵御日本的侵略。不久，父亲问我："抗战现在已经开始，叶挺将军已在筹组新四军，你愿不愿去？"我说："现在全国各界青年都希望献身抗战，我当然愿意去。"父亲和叶挺将军一向交情笃厚，于是便提笔给他写了一封信，要我拿着这封信到汉口新四军筹备处找叶挺将军，过了几天，我便带着母亲和妹妹匆匆赶到汉口，在日租界里找到了新四军筹备处。可是，这时叶挺将军在澳门还没

* 作者时为汉口新四军筹备处办事员。

有回来，我只好找筹备处的临时负责人陈希周。那时筹备处里只有几个人，陈希周听我说在汉口做过事，情况熟悉，就委派我负责对外联络，筹措给养物资，军衔是中尉。

这年的冬天，叶挺从澳门回来了。他先到南京，后到南昌，筹备成立新四军军部。1938 年 1 月新四军军部正式成立，叶挺任军长，项英任副军长，参谋长是张云逸，副参谋长是周子昆。袁国平任军政治部主任，邓子恢为副主任。军部下设 4 个支队，军直单位设有参谋处、军需处、副官处。参谋处长赖传珠是八路军派来的，军需处长是叶挺的侄儿，副官处长是叶挺率师北伐时老四军的部下，这人瘦瘦的，像个鸦片鬼子。我当时在副官处供职。以后又成立了一个军医处，处长是从上海红十字会请来的一位医生。他还带来了一批医护人员，连一些长得很漂亮的护士小姐也来了。

1938 年初春（大约是 3 月），陈毅的第一支队奉命从福建、江西的吉安那一带合拢来，集中后向皖南开拔。中途要经过江西南昌附近的樟树镇，这个地方交通很方便，有河流，有铁路，陈毅的队伍就是坐船到樟树的。因为他们要经过樟树坐火车到皖南去，军部就派我去给他们联系给养和宿营的地方，同时负责接洽火车，以便他们到樟树后能顺利地乘火车到皖南去。那时很艰苦，伤病员特别多。给伤病员治病的医生是两个仅受了很短时间训练的看护兵。这两位看护兵记不清什么病该发什么药了，以后就不管什么病，一律发阿斯匹林。

第二天早晨，部队要开走了，但一些重病号却没法带走。我看他们很为难，就向他们要了两个士兵，要他们同我一道把 5 个重病号带到南昌军部。那天晚上，我们几个人住在一个破旧的房子里。天很黑又没有灯，半夜时几个伤员要喝水。我们没有办法，只好摸着他们的嘴巴挨个灌水。第二天，我们费了很大的力才用门板把这几个重病号抬上火车。路途上死了一个，我很难过。到南昌后我叫了几辆人力车，把他们送到了军部。后来经过医生治疗，都脱离了危险。记得有位团长伤愈归队前，还特地找到我，说了一些表示谢意的话。

不久，军部搬运到安徽的岩市，后来又迁到黄山脚下的太平县。在岩市军部组建了一个女生队，队长黄杰是我的同乡，我们都是湖北省江陵县郝穴镇人。军部在太平住了一段时间后又迁到了王明的家乡——泾县的云岭。部队在这里成立了兵站，站长姓张，是八路军派来的一位干部。兵站设在清弋江边的一个村庄里，我当时在兵站第三科里担任上尉科长，管理总务。有一天，军部派我到长沙接美国记者史沫特莱。我是坐一辆卡车到长沙去的，在那里等了很久才接到史沫特莱。到云岭后军部安排她住在兵站附近的一幢房子里，这幢房子坐落在一块大田的中间，四周是错落有致的林木花草。

叶挺当新四军军长后曾三次因军部领导层意见分歧出走。他第三次出走是在部队到达皖南以后。当时我在军部，我所知道的情况是这样的：当时新四军里很复杂，叶挺不是共产党员，他虽然 1927 年参加过南昌起义，但后来脱离了共产党。副军长项英是原南方游击队的干部。军部里另外一部分干部是八路军派去的。由于军部领导层结构如此，因此当时内部相当不协调。1938 年 4 月，张国焘叛变共产党，从延安跑到了武汉。这时新四军里有个团级干部，因过去跟张国焘关系很深，怕因此受到了影响，偷偷地跑了。军部知道后就派人追，居然在祁门把他追到了。人一捉回去就枪毙了。叶挺知道后很生气，他认为自己是军长，不能不经过他同意就随便处理人，所以他一气之下离开了军部。这次他是下决心不回来了的。但是，终于有一天，周恩来陪着他从太平坐木筏回来了。我当时很高兴，跑去迎接他，他借这个机会把我介绍给了周恩来。他指着我对周恩来说："他是钱纳水的公子。"周恩来听说后很高兴地与我握了手。

有一天，兵站里有人告诉我，你有信来了。我知道这一定是父亲从上海寄来的信，他那时在上海编《每日译报》。我很高兴地跑去找收发员，他却说没有我的信。可是，过了一会儿，他又派人通知我去取信。我感到这中间有问题，把信拿来一看，信封口是拆了又重新沾上的。当时兵站指导员是陈洛恒，我对他这种做法很不满，狠狠地骂了他一顿。我感到他们不信任我，决心不干了。军部知道后派人来劝我，我还是坚持要走，他们只好说："你是不是请假到上海去一趟，休息一段时期再回来。"我答应了。

离开前我考虑到我到新四军去是因为叶挺的关系，于是走前我去看望了叶挺。他已知道我要走了，没有多说话，只说：“你回上海去也好。给我把这封信带给姑父。”我坐轮船回到了上海。不久，我便进了上海法学院，过起了学生生活。

（刘大超整理）

南京保卫战

抗战初期的南京保卫战

刘　斐*

1937 年卢沟桥事变后，蒋介石在全国人民要求抗日的压力下举行了庐山会议，召集各界人士会谈，决定抗战。旋即在南京组织对日作战大本营，全国各界人士包括共产党人在内都踊跃参加。这样，神圣的抗日战争就展开了。

当时大本营作战组根据敌我基本情况，对敌我战略方针，作了具体的分析。认为：日本对中国的侵略，一贯采取逐步蚕食政策，和它这种政策相适应，它在战略上采取速战速决的歼灭战方针。所以，当它挑起卢沟桥事变时，一方面引诱宋哲元等谋作地方事件解决，以便达到它不战而掠取华北的目的，一方面调集重兵，企图以速战速决的方针，先解决华北，造成既成事实，然后进一步压迫南京国民政府承认。

日本之所以采取速战速决的战略方针，是因为：它的兵备虽强，但人口少，兵员不足；国土小，资源贫乏，国力弱，不利于长期作战；且它是侵略者，侵略的不义战争是失道寡助的；帝国主义国家之间又有矛盾，若长期战争，它会引起第三者干涉。所以，它只能采取速决歼灭战略。而我国军备虽

* 作者时任国民政府军事委员会第一部作战组组长。

处劣势，但人口众多，兵源充足，领土大，资源丰富，国家潜力大，并且我进行反侵略的正义战争，有哀兵必胜、得道多助等有利条件。故我利于采取用持久消耗战略。

根据上面分析，我们的战略方针应该是：针对敌人企图使战争局部化的阴谋，应尽量使战争全面化；针对敌人速战速决的战略方针，应利用我地大物博、人口众多的有利条件，实行以空间换时间、积小胜为大胜的持久消耗战略。这些意见，成为当时指导抗日战争的基本战略思想。

当日本帝国主义者看到中国决心抗战，它的不战而屈和企图使事件局部化的阴谋不能实现时，就一面加紧进攻华北，一面到处挑衅，并于8月9日发生了上海虹桥机场事件，借口要求南京国民政府撤退上海保安总队，压服中国各地的抗日运动。我为扩大战场，造成全面抗战的形势，就乘机主动把驻在苏州的张治中部3个师迅速驰援上海，迎击敌人对上海保安总队的进攻，展开了八一三淞沪抗战，迫使敌人逐步向上海增援，打乱了它整个作战计划，使它陷于被动，而且深深地陷入了中国持久抗战的泥淖之中。在战事迁延不决的情况下，日本侵略军改用战略包围由杭州湾登陆，对上海阵地进行远后方的迂回。

11月初，日军由杭州湾登陆后，蒋介石想把部队向原阵地后方稍撤，即把右翼（原中央兵团）撤到青浦、白鹤港之线，结果也站不稳脚。于是左翼兵团又不能不连带一起，向吴（苏州）福（山）线既设阵地转进。这时，受敌机动性较强的海陆空军的追击，部队不能不尽量疏散，就使原来已经混乱的部队更不好掌握。加之既设阵地线上既没有设留守部队和向导人员，也没有工事位置图。部队转进到来后，找不到工事位置，找到了工事位置，又没有打开工事的钥匙。以致在敌跟踪追击的情况下，没有占领阵地的余裕时间。因此，在吴福线上还没有站稳脚时，敌人已从吴福线的两侧（平望、福山、浒浦）进行威胁，只好继续向锡（无锡）澄（澄山，江阴县城）线既设阵地撤退，最终在锡澄线上也没有站住脚。这样一来，南京防守问题，就出乎意料地提前提到日程上来了。

一、唐生智“自告奋勇”守南京

战局的演变，使蒋介石筹建了多年的吴福线和锡澄线国防工事，丝毫没有起到阻止敌人前进的作用，出乎意外地迫使他急于解决南京防守的问题。蒋为解决这个问题，11 月中旬连续在他的陵园官邸召开了三次高级幕僚会议。

第一次会议只有何应钦、白崇禧、徐永昌和我等几个人参加。当时我认为上海会战后期没有贯彻持久消耗战略精神，没有适时调整战线保存部队有生力量，不应该在敌海陆空军便于协同作战的长江三角洲胶着太久，且依靠九国公约，把战略作了政略的牺牲品，致自陷于被动。我军应坚持持久消耗战略原则，不应该在一城一地的得失上争胜负，而要从全盘战略着眼，同敌人展开全面而持久的战争。如果拖到日本对占领我国的每个县要出一个连，甚至一个营的兵力来防守，即使它在战术上有某些胜利，在整个战争上它也非垮台不可。

对于南京的防守问题，我认为日军利用它在上海会战后的有利形势，以优势的海陆空军和重装备，沿长江和沪宁、京杭国道（宁杭公路）等有利的水陆交通线前进，机动性大，后方联络线也很便利。而南京在长江弯曲部内，地形上背水，故可由江面用海军封锁和炮击南京，从陆上也可由芜湖截断我后方交通线，然后以海陆空军协同攻击，则南京将处在立体包围的形势下，守是守不住的。我军在上海会战中损失太大，又经过混乱的长途退却，已无战斗力，非在远后方经过相当长时期的补充整训不能恢复战斗能力。基于我军当前的战斗任务，为贯彻持久抗战方针，应避免在初期被敌强迫决战，故应以机动灵活的运动战，争取时间，掩护后方部队的整补及进一步实行全国总动员，争取在有利时机集中优势兵力，对敌进行有力的打击。针对以上的情况判断，我认为南京是我国首都所在，不作任何抵抗就放弃，当然不可。但不应以过多的部队争一城一地的得失，只用象征性的防守，作适当抵抗之后就主动地撤退。对兵力使用上，以用12个团，顶多18个团就够了，部队太多将不便于机动。

大本营副参谋总长白崇禧首先表示支持我的意见，说应该这样做。何应钦和徐永昌也说有道理。蒋介石虽说我的看法很对，但又说南京是国际观瞻所系，守是应该守一下的，至于如何守法，值得再加考虑。当时他没作明确的决定。对上海作战中损失大的部队，他则说应一律调到后方整补。

蒋这次的决定，虽然是模棱两可的，但决定上海作战损失大的部队调后方整补，则同对南京只作象征性防守的方针还是符合的。因当时估计吴福线站不住脚，已指令在吴福线的部队尽力掩护占领锡澄线之后，即向苏皖边境的广德、安吉、孝丰等地转移。只有第七十八军宋希濂部是调到南京整补的。胡宗南的第一军则在镇江附近整补，在掩护南京防守部队占领阵地后，即向长江北岸转移。

过了两天，大约是11月的十五六日，接着开第二次高级幕僚会议。参加的人比上次多一点，除了何应钦、白崇禧、徐永昌和我之外，还有唐生智、谷正伦，另外还有一个人，姓名记不清了。谈到守南京的问题时，唐生智主张南京非固守不可。他的理由是：南京是我国首都，为国际观瞻所系，又是孙总理陵墓所在，如果放弃南京，将何以对总理在天之灵？因此，非死守不可。但我仍主张只用12至18个团的兵力，作象征性的防守，并把当时敌我形势又谈了一通。实际当时主力部队已下令向广德、安吉、宁国一带退却，连陈诚、顾祝同都已到皖南一带去部署部队的整补工作去了。蒋在这次会上既没有作肯定的决定，也没有改变以前的部署，只说：“孟潇（唐生智的号）的意见很对，值得考虑，我们再研究研究罢！”

又过了一天的晚上，接着开第三次幕僚会议。唐生智仍坚持固守南京，蒋介石明确地同意他的意见。蒋问：“谁负责固守南京为好？”这时没有一个人做声。最后唐生智打破了一时的沉寂，坚决地说：“委员长，若没有别人负责，我愿意勉为其难，我一定坚决死守，与南京城共存亡！”蒋说：“很好，就由孟潇负责。”蒋并望着何应钦说：“就这么办，有什么要准备的，马上办，可让孟潇先行视事，命令随即发表。”

蒋在决定固守南京的方针后，就决定迁都重庆。那时日本空军已对南京进行过三次空袭，中央机关各部门都已纷纷迁往武汉，只有很少数的人还在南京。蒋为避免敌机轰炸，住在中山门外树林荫蔽的四方城旁边的一幢极小的房屋里，全部只有两间小房。蒋吃饭、会客、办公都在一幢小房里。汪精卫却住在中山陵园他自己的别墅里，当他得悉前线部队已撤离乍（浦）嘉（善）吴福线，日军已沿太湖南岸西进向南浔压迫等情况后，就乘船去汉口了。

蒋介石决定了南京防守方针后，唐生智在 11 月 20 日先行到职（命令 24 日才发表），组织南京卫戍司令长官部。首先把第七十八军宋希濂部由第三战区预备序列调归卫戍军序列，并准备调第六十六军叶肇部也参加防守南京。此外参加防守的还有原在南京的教导总队、宪兵团等。防守计划大体分作两线配备。即一部占领自京芜路上的大胜关起，至淳化镇、汤水镇（汤山）、龙潭这一弧形线的前进阵地。主力占领复廓阵地，就原有永久工事增强成为闭锁式或半闭锁式阵地。在防御方针上则已改为永久性防御了。大约是 27、28 日左右，日军已经越过锡澄线继续西进一两天的样子，蒋介石以计划已定，让作战组的人先走，他说他准备坐飞机走，缓些时没关系。后来蒋介石在南京又大大增加了防守南京的部队，就地由东战场第三战区序列抓去的不算，连在武汉的第二军团徐源泉部也正在向南京输送中。

二、南京失守

唐生智任南京卫戍司令长官后，以罗卓英、刘兴为副司令长官，周斓为参谋长。从他坚持固守南京的一切姿态来看，确有与南京共存亡的决心。唐就职后于 11 月 27 日向新闻记者谈话，表示："本人奉命保卫南京，至少有两件事有把握：第一，即本人所属部队誓与南京共存亡，不惜牺牲于南京保卫战中；第二，此种牺牲定将使敌人付出莫大之代价。"

在以固守南京为目的方针指导下，唐生智就尽量要求增加兵力。蒋介石把一切可以调得动的兵力，都调去防守南京，以致兵力愈增愈多，共计达到十多万人。蒋介石在离开南京时曾召集守军高级将领讲话，要他们死守；并告诉他们一个好消息说，现在云南部队已经在开拔途中，只要他们死守下去，不久他就会亲自率领强大的军队来解他们的围，歼灭入侵的敌人，光复国土云云。

唐生智为了表示破釜沉舟、背城一战的必死决心，还要交通部长俞飞鹏把下关到浦口间的渡轮撤退，以后又禁止任何部队和军人从下关渡江；并通知在浦口的第一军，凡由南京向北岸渡江的任何部队或军人个人，都请制止。如有不听他们制止的，可以开枪射击。

那时日军对南京分三路进攻：右路敌主力沿沪宁路西进，中路由宜兴经溧阳、句容攻南京，左路由太湖南侧西进，先攻广德、宣城，趋芜湖，截断南京守军退路，再向南京合围。12 月 4 日右中两路日军攻陷句容、秣陵关，向南京外围阵地猛攻，至 12 月 8 日先后攻陷淳化镇、汤山、龙潭各地。这时，敌左路也攻陷芜湖，即北上于 11 日陷当涂，继续向南京攻击前进。南京外围前沿阵地守军已逐次退入复廓阵地固守。

占领南京外围阵地的日军，从 10 日起对复廓阵地展开猛烈的攻击，集中步、炮、空协同的威力向各城门猛轰。当天下午就有一部分日军窜入光华门外廓，经尽力反击，到黄昏时才把窜入的日军打退，修好被轰毁的城墙缺口。战斗继续到 12 日正午，敌主攻方面的雨花台被敌攻陷。那里的守军第八十八师孙元良部由城墙爬进城内，径趋挹江门，企图由下关渡江逃脱。经卫戍司令部指定的戒严部队宋希濂部堵劝，收容约 2000 人，仍由孙元良率领回中华门附近作战。到下午 4 时许，俞济时部第七十四军又由三汊河向下关搭浮桥，做向下关撤退准备，又经长官部制止。这时，敌虽猛烈攻城，雨花台和紫金山第一峰据点被敌占领，但战斗并没有到最后分晓阶段。

据说当天下午 5 时左右，唐生智向守城各部队长下达了撤退、突围的命令。由于安排不周，大部分部队没有按计划撤退，而是退入挹江门，造成极度混乱，使许多人在城门洞内丧生或淹没在江里。因为许多部队并没有由正面突围，一起拥到下关去了。既然这么一打就要突围，当初又何必向复廓阵地撤退呢？岂非多此一举。自然在自己国内作战，由正面突围倒是比较安全的。

当时，有些部队长没有把突围命令传达下去就一走了事。所以到 13 日敌人进城后，下关一带还在纷纷地扎木筏抢渡，自相践踏，有的淹没到江中去了。也有许多失去了官长率领的士兵，徘徊在南京街头，像无舵漂船不知往何处去好；有的只好向难民国际委员会交出武器请求收容了事。守南京的十多万大军，就这样一阵风吹散了。接踵而来的是日军惨无人道的大肆劫掠、屠杀，牺牲我几十万无辜人民，写下了史无前例的野蛮记录。

在蒋介石错误的战略方针指导下，使上海会战陷于被迫撤退，敌就跟踪追击，一举直迫南京而占领了南京。我主力损失惨重，多数已不能成军，给尔后抗战所带来的不利影响和困难，是无法估计的。如果蒋介石在上海会战后期，不对九国公约存有幻想，不改变及时主动撤退的决心和已下的命令，适时保全实力，主动转移到吴福线上，就能利用永久工事，更能继续消耗敌人。即使还要从吴福线后撤时，也可以利用锡澄线及镇江以西的山地，继续抵抗，而南京附近的作战也不会如此迅速地到来。就是打到南京来了，如果只用少数部队作象征性的防守，把大部分兵力控制在南京外围，利用外线有利态势，实行机动作战，亦可以争取较多的时间，确保自己的主动地位。因为上海会战后，南京和徐州已成互为犄角的形势，如果保持主力在南京外围，日军就不能从南京抽调兵力去攻徐州。徐州也不会在南京失守后不到半年就过早失守，保卫大武汉的会战也绝不会很快发生。这样，我就可保有平汉、粤汉、陇海、津浦各铁路和长江等交通大动脉，来维持和补充战斗力，增补第一线的打击力量，继续赢得时间。敌我双方力量的对比和战局的演变，也会和后来的情况有所不同。

海军江阴要塞抗战

郭秉衡*

1936年暑假，我考入中国海军电雷学校。抗战爆发后不久，我们即提前结束了在南京军校的陆军训练，于7月28日乘电雷学校的“同心号”浅水炮舰赶回江阴本校。

8月13日夜晚，我们第三期学生队被分派在黄山要塞东南麓的一个高射机枪阵地上，担负对空作战任务。每个阵地配有两挺马克沁高射机枪，每个学生装备有一支新式步枪和一百多发子弹。两挺机枪分别架设在匆匆筑起的由交通壕连接的两个掩体内。当我们进驻阵地后，每天有数批敌机沿长江北岸向西飞往南京轰炸，因距离我们阵地较远，无法射击，大家只好把浑身力气都用于加固阵地和擦拭枪支上。

奇袭日旗舰“出云号”

八一三淞沪会战打响后，日军指挥部就设在停泊在黄浦江面上的第三舰队旗舰、万吨级重巡洋舰“出云号”上。当时日本海军认为中国海军几乎等

* 作者时为海军电雷学校第三期学员，后到黄山要塞等地参加抗战。

于零，是不敢轻举妄动的。7 月 29 日，日方竟派大使馆武官向我海军部长陈绍宽威胁说，如果中国海军违反严守中立的状态，将受到毁灭性打击。当即遭到陈绍宽的严词驳斥。

1937 年 8 月 14 日，设在江阴的中国海军电雷学校改编为江阴区江防司令部，欧阳格任司令，徐师丹任参谋长。快艇大队长安其邦随即率“史可法 102 号”和“文天祥 171 号”两艘高速鱼雷快艇，驶往上海奇袭“出云号”。两艇的艇长分别为胡敬端、刘功棣。两艇接令后稍加伪装，即星夜出航，由江阴内河出发，只开动副机，昼隐夜航地驰往上海。岂知“文 171 号”艇在途中因故耽搁，迟了一天才到达龙华，只有“史 102 号”艇按预定计划于 8 月 15 日傍晚驶抵龙华。艇长在水泥厂和先期到达的江阴区江防司令等人会面并简单研究后，决定按原方案单艇立即下驶出击。谁知由于为了达到奇袭目的，该艇事先未与岸上陆军联系，因此沿途多次被阻并受到枪击。当时我军已在十六铺一带黄浦江上设置了封锁线，该艇不能通过，乃被迫返回龙华。次日白天与友军取得联系后，艇长与随艇指挥的大队长一同由陆上去英租界外滩一带，实地察看出云舰及附近水上情况，发现十六铺封锁线外有敌人炮艇在巡防，同时外滩一带黄浦江面上停泊有各国军舰及商船，环境比较复杂，他们回到龙华后，“文 171 号”鱼雷快艇也赶到了，但欧阳格司令仍决定只派先到达的“史 102 号”鱼雷快艇单艇出击。

8 月 16 日晚，“史 102 号”按计划由龙华开动副机，悄悄地驶出十六铺附近的封锁线，经南京路外滩后即开动两部主机冒着敌舰艇的炮火全速向下游冲去。由于江面上各国舰船灯光耀眼，驶至外滩陆家嘴附近江面时仍看不清敌舰“出云号”的具体位置，而如再推迟发射鱼雷，则可能使鱼雷失效从而失去战机，乃向预定的方位将一对鱼雷射出。在鱼雷的巨大爆炸声中，鱼雷艇也被击伤，不得不冲驶搁浅在九江路英租界外滩码头外档。艇上人员将机枪武器等装备卸弃江中后就泅水隐藏在码头下面，候至夜深人静才游上岸。到路口已有事先安排好的接应人员将他们接到英租界内的惠中饭店，一直未暴露身份。以后他们又曾移到八仙桥青年会，前后历时月余，才辗转返回江阴，继续参加战斗。

这次奇袭，虽然未能将敌“出云”舰击沉，但这是抗日战争中中国海军唯一的一次主动出击的英勇行动。“出云号”确被“史 102 号”发出的鱼雷爆炸击伤了尾部。经此一击，敌人晕头转向，以致在挨揍后的几天内都没有搞清楚这次袭击来自何方。直到 8 月 22 日，日军才派了 12 架飞机到江阴中国海军电雷学校进行报复性轰炸。

击落第一架日军飞机

这天下午，空袭警报拉响了，我们迅速进入了阵地，在各自岗位上注视着空中。这时，混在学校校舍工地的汉奸将工地上的木料点燃，一时烈焰冲天。12 架敌机正飞临我阵地上空，6 架在高空盘旋掩护，其余 6 架轻型轰炸机依次鱼贯向汉奸指引的校舍目标俯冲投弹。在第一架领队敌机俯冲投弹的一瞬间，我们所有阵地上的高射机枪、停泊在港内的鱼雷快艇、江面上的舰艇以及阵地附近炮八团所有的对空火力，一齐向敌机开火。我所在阵地上的一名射手毛却非在排除射击故障时，右手被砸得鲜血直流而竟未发觉。当第五架敌机刚刚向下俯冲时，即被我们火力击中，只见一团通红的火球由空中直向地面坠了下来，但飞机上机枪仍在不停地向地面射击。片刻间，敌机坠毁，撞坏了校舍的一角，3 具飞行员的尸体烧得模模糊糊。第六架敌机接着向下俯冲时，看见前面那架已经着火，慌忙拉起机头升起，将炸弹投在田野里后逃之夭夭。

警报解除后，我们纷纷奔向校园去看被击落的敌机残骸，同学们看到敌机上有很多机枪弹孔，很是激动。这是一架日本九四式轰炸机，机号为 154。为奖励我们学生队在抗战中击落第一架敌机，江阴区江防司令欧阳格授予我们一面三角锦旗。

江阴附近激战

1937 年 8 月 25 日，我海军“永建号”炮舰在上海江南造船厂与敌机激战后被炸沉。8 月 26 日，我“瞰日号”测量舰在南通附近江面执行任务时与敌舰“八重山”等三舰遭遇，接战后被敌舰击沉。“史可法 181 号”鱼雷快艇在江阴至南通江面战斗巡逻返航时与敌舰遭遇，经激战后被击毁，艇上除中校教官马步祥失踪外，其余均泅水脱险。

9 月 22 日，敌机数十架陆续分批向守卫在江阴封锁线上、要塞下的我海军主力第一舰队的舰只进行轰炸，目标首先集中在旗舰“平海号”轻巡洋舰。我舰艇官兵英勇奋战，舰长高宪申负重伤。宁海舰副舰长叶可钰在高射机枪枪架被击坏后，用手抱着烧红的枪管继续对空射击。经过激烈的战斗，共击中敌机 5 架，我官兵伤亡十余人。

次日，敌机不但数量倍增，而且从早至暮，轰炸几乎未间断，同时改变了战术：先以少数十余架飞机由高空自南向北飞经电雷学校及要塞上空，横越江面，吸引火力，分散我军注意力；然后大批飞机沿江自东向西低飞，先集中轰炸“宁海号”轻巡洋舰，次及其他各舰。一时间，要塞至江面上空硝烟弥漫，水柱冲天。宁海舰长陈宏泰身负重伤仍坚持指挥战斗，航海员林人骥以下近十人壮烈牺牲，数十人负伤。当天虽击落敌机多架，但我“平海”“宁海”两艘主力舰只也浅沉岸边，失去了战斗力，不得不将第一舰队旗舰移到“逸仙号”上。这一天各舰官兵死伤近百人。这是抗日战争期间最激烈的一次海空战斗，也是我海军官兵伤亡最多、最壮烈的一次战斗。

同日，电雷学校“史可法 34 号”鱼雷快艇在江阴要塞上游江面与敌机激战后被击沉。艇长姜翔高、叶君略以下官兵全部英勇牺牲。

9 月 25 日，敌机在长江内鱼目洲附近与“逸仙”舰激战，被击落 3 架，我舰被炸伤浅沉，死伤官兵约十人。同时，第二舰队司令曾以鼎乘“楚有”舰并率“建康”舰赶来支援，在激战中“建康”舰被敌机炸沉，舰长齐粹英以下数十人阵亡。

9月28日至10月2日，第二舰队旗舰“楚有号”亦在与敌机战斗后被炸沉没。

海军抗战简况

（一） 1937 年 9 月 14 日，敌第五水雷战队旗舰、轻巡洋舰“夕张号”

率“追风”“疾风”两驱逐舰溯珠江上驶进犯我虎门要塞。守卫在舢舨洲灯楼附近的我海军“肇和号”轻巡洋舰（2800吨，装备有6英寸主炮两门）率“海周号”炮舰（400吨）迎战。双方炮击后，“海周号”受伤，敌舰下驶逃去，并遭我空军轰炸。以后几天，敌机不断对“肇和”舰进行轰炸，将其炸沉。

（二）抗战爆发后不久，海军即将一些陈旧舰艇自沉于江阴，设立封锁阻塞线，并事先将各舰主副炮全部卸下，以后又将未沉各舰的3英寸口径左右的大炮卸下，在各舰艇抽调了大批枪炮官兵，先后组成了太湖、洞庭湖炮队，在江阴乌山、马当、湖口、田家镇、葛店，最后在川江各地设立了炮台，阻击敌舰，使之不能肆无忌惮地凭借其舰艇优势从水路突破我军防线，而只能采取迂回战术，绕过我设防炮台，从陆上进攻。1937年10月1日拂晓，敌驱逐舰3艘窜犯我江阴下游的乌山炮台，该炮台凭借从“楚有”等舰上卸下临时安装的4尊大炮与敌舰炮战，并击伤其中的1艘。以后，敌舰未敢再犯，直至江阴被敌军从陆路迂回攻击，炮台官兵才开始随驻军绕道撤退。1938年，敌迂回进攻湖口柘矶炮台，我海军陆战队一、二、三团官兵，浴血奋战，予敌以重创，各团官兵伤亡甚众。同年9月间，敌旗舰“八重山号”率驱逐舰4艘向田家镇炮台进犯，经过激烈炮战后，敌舰仓皇逃去。尔后，敌仍采取由陆上迂回的故伎围陷葛店炮台，在遭遇中我总台附郑奕汉英勇牺牲。最后又在川江各险要处设立炮台，卒使敌舰未能由水路侵入川东，保证了战时陪都重庆的安全。

（三） 1937年12月，济南陷落后，第三舰队奉令将各舰艇在青岛等地自行沉没，阻塞港口，并将舰炮拆下后组成舰炮队在陆上打击敌人。他们首先在禹城地区击毁敌一列装甲列车，另有海军一连官兵由舰队司令沈鸿烈率领，在临沂附近与敌一个中队以一比一的兵力激战，歼敌数十名。以后他们又组成江防守备总队转战马当、湖口、田家镇、葛店及宜昌、巴东地区各沿江要地。1938年5月至6月间，他们在马当香河桥与登陆之敌海军陆战队激战后，毙伤敌军数百人，大队长尼庆鲁，中队长温进化、张舒特、刘茂秋，分队长祁国治等以下官兵多人壮烈牺牲。数月后，在田家镇臂膀山一次敌机低飞轰炸时，他们又曾用高射机枪击落其中一架敌机，夜晚又与上驶之敌舰在南台臂膀山下进行了激烈的炮战，我观测员等数员英勇牺牲。

（四）1938 年 7 月 7 日，敌机多架对停泊在湖南岳州岳阳楼附近洞庭湖面上的舰艇进行袭击，经过激战，我舰艇、人员均有伤亡。

（五）1938 年 10 月 24 日，我海军中山舰在武汉大会战中于上游金口江面与 6 架敌机展开了激烈的海空激战，该舰中弹沉没，舰长萨师俊牺牲，以下官兵四十余人（占该舰人员的半数）伤亡，其他人员以后又调到沿江要塞海军炮台上继续战斗。

（六）1939 年前后，我海军成立了第二布雷总队，隶属于第三战区。总队下分 7 个大队，其中一、二、三、五大队为漂雷队，四、六、七大队为定雷队。漂雷队多在长江中游皖、赣两省敌后活动，当时的名称是“海军长江中游布雷游击队”。定雷队则在沿海港口及江河湖汉活动。当时温、台、漳、泉州及闽江口等地均由定雷各队布了水雷，并在那里驻防。由于以上各港口布了雷，故敌舰艇未敢由水面进犯，最后这些地区均被日军由陆上迂回攻陷。例如当时厦门为日海军驻地，驻有海军中将指挥官，而漳、泉二州近在咫尺，却未敢派其舰艇进犯。漂雷队则常常深入敌后，先侦察敌情，然后秘密由上游将漂雷投放江中，使之顺流而下，撞毁敌舰船。那时所用水雷均由海军湖南辰溪水雷制造厂制成，经火车、汽车运至皖、赣两省各布雷队驻地后，再用人力秘密抬入敌占区，临时雇用中型民船去投放。1940 年 4 月初，第五大队曾在安徽贵池两河口江面成功地布下了约 30 具漂雷，炸沉了两艘敌舰船。

以后随着战局的发展，又在鄱阳、洞庭两湖布了雷。最后在宜昌以上的长江上游设立了漂雷队及烟幕队，以配合川江各海军炮台保卫川江三峡要道，卒使敌舰艇不敢侵入川江，直到抗日战争胜利。

守备江阴要塞战斗纪实

赵 旭*

陆军第一〇三师（师长何知重，副师长戴之奇，参谋长王雨膏），于1935年夏季由贵州省安顺县移到湖北省黄陂、麻城地区，接替东北军一〇五师（师长刘多荃）防务后，即在黄陂、礼山（即现在的大悟县）、黄安（即现在的红安县）、麻城等地布防。

1937年7月下旬，抗日军情紧急，一〇三师奉命进驻湖北省罗田县地区集结待命。师部命令：凡休假的军官一律提前归队，随军家属全部送回原籍安置。到8月中旬八一三淞沪抗战开始，第一〇三师奉命抽调官兵千余名，开赴上海参战，以补充正在对日作战的第八十八师。此时师整编队伍，将原来的两旅4团整编成3个步兵团，计有第六一三团（团长罗熠斌）、六一五团（团长周相魁）、六一八团（团长万式炯）及师直属特务连、工兵连、通讯连、卫生队等。

8月下旬，第一〇三师奉命开赴上海作战，由武穴乘轮东运，在南京下关登陆改乘沪宁线火车赴上海，当我师到达无锡时，又奉命改赴江阴，归江防总司令刘兴指挥（江防总司令受南京卫戍司令长官唐生智指挥）。

---

* 作者时任第一〇三师第六一八团第三营营长。

在江阴地区守备江防战斗

当第一〇三师 9 月 5 日到达江阴时，上海我军正在施相公庙、大场、蕰藻浜地区与敌激战。江防总司令刘兴命令第一〇三师开赴南通县长江南岸浏海镇以东沿江布防，阻止敌军登陆，掩护上海我军主力左侧背之安全。

（一）构筑沿长江南岸野战工事：一〇三师的任务是在浏海镇以东地区阻止敌军登陆，掩护上海我军主力左侧背之安全。为此师部命令各团抽调一部分兵力，在常阴沙地区构筑野战工事。当时第六一八团三营（营长赵旭）担任常阴沙西段地区构筑沿江野战工事的任务，对轻重机枪射击掩体位置、观测所、掩蔽部等均需要掩盖。任务重，时间紧，但我营官兵都奋力工作，团长万式炯也经常到现场、检查工事进展情况及坚固程度，并对每个轻重机枪掩体的射向、射角、射界及掩体等均详加指导，加上当地人民的积极支援，我营很快就完成了构筑沿江野战工事的任务。

（二）破坏日海军沿江设置的航标战斗：在第一〇三师构筑沿江野战工事时，除敌机每日侦察扫射外，敌海军驱逐舰、快速炮艇每天都有一至三艘逆江上驶，对我沿江南北两岸地形、兵力、火力配备等情况进行侦察，经常是每日上午 10—11 时上驶，下午 4—5 时下驶。为此敌海军沿江每隔 1—2 公里设置了浮筒航标。据此情况，师部命令各团将敌海军设置的航标予以破坏。我营正面及左右侧各有航标一个，其间隔约 2000 米。根据敌舰的活动规律，我们避开了敌舰的上驶和下驶时间，于夜间 10 时至凌晨 3 时，派出两个破坏组，每组 6 人外加水手 2 人，乘小木船，携来破坏工具，乘黑夜进行破坏。第一次由于无经验，仅带 12 磅大锤、鹤嘴大十字镐等工具，对金属外壳的敌航标，虽经三四个小时的破坏，仍无损伤，只好在天明前回队。我们总结了第一次没有破坏成功的经验，上报师部，向工兵连领到黄色炸药和缓燃导火索、电气点火器等器材，第二次又按时出发破坏，这一次仅用一个多小时即破坏成功。次日敌舰例行巡航时，发现航标被破坏，就向我南北两岸发炮轰击，进行报复性射击。当时因我师无炮兵，仅有八二迫击炮，无法还击。师部将此情况上报江防总部，随即调来炮八团一个营（计有 15

公分榴弹炮12门）。敌舰当天继续设置航标，我军夜间又予以破坏。次日，敌舰发现后照样向我阵地轰击，我炮兵当即发炮还击，击伤敌舰1艘，其余敌舰仓皇逃遁。过了3天，敌舰3艘又溯江上驶，边行驶边向我阵地炮击，掩护其设置航标。我军又于夜间予以破坏，如此反复战斗多次。后我海军学校派来教员和学员负责破坏航标工作，我团负掩护之责。

守备江阴要塞战斗经过

上海战场自10月7日起，日军主力第三、第九两个师团，凭借飞机、战车及优势炮火之掩护，一举突破我蕰藻浜南岸阵地，进占大场，直指南翔，企图截断我京沪交通。至10月22日，敌陆海空军倾巢出动，向我军大举进攻。我军从10月23日起逐步后撤,26日我军主力部队撤到苏州河南岸。11月7日，敌对我军攻势更加猛烈，我军再次被迫后撤。

日军突破我无锡、福山阵地后，继续向西进击。11月27日进入江阴，29日占领常州。

自大场陷敌后，我第一〇三师在南通长江南岸浏海镇掩护上海我军主力侧背的任务已完成，即奉命向江阴转移。

江阴要塞为南京水路之门户，江面较窄，水深流急，黄山、君山锁住其江口，东有狼山、福山为屏障。长江江中又沉船封锁，要塞区布设炮百余门，要塞工事构筑由我军政部城市组设计和指导施工，构筑成永久性工事。

江防总司令刘兴命一〇三师和一一二师（缪澂流）担任要塞区守备，一〇三师担任黄山、君山、巫山、稷山、定山之线。抗击由无锡、福山方向来犯之敌，第一一二师担任江阴城及其附近地区之防守。第一一一师驻守江北的靖江、天生港之线，作为预备队。

我一〇三师的六一三团守备巫山、香山之线，六一八团守备完山、云亭镇之线，六一五团作为预备队，机动使用，师部设在黄山附近。第六一八团团部设在金童桥。

11月28日敌陆军向要塞区进犯，与我守备在阳舍北地区的前哨部队激战。11 月 29 日敌海军向我要塞炮击，我要塞部队立即予以反击，敌我炮战达 3 小时之久，结果击沉敌舰 3 艘，击伤 1 艘，我要塞区长山炮垒亦被敌击中毁坏。29 日敌陆军向我六一三团阵地进犯，我六一三团除以猛烈火力还击外，还与敌近战拼搏，将敌击退。次日（30 日）敌军又向我六一八团阵地进犯，以战车为前导。由于我六一八团早已挖掘了又宽又深的防战车壕沟，致使敌战车进到我阵地前外壕时受阻，无法逾越。敌我激战至深夜，形成对峙状态。团长万式炯当即命令我营挑选勇敢善战官兵十余人，组成敢死队，爬上敌战车，用手榴弹向其观察孔及车顶的炮塔盖口投进，炸伤炸死敌驾驶兵，炸坏敌战车，另用集束手榴弹（每束 9 枚）放置敌战车履带下引炸，计炸毁敌战车 7 辆，挫败了敌军攻势。

11 月 30 日上午，敌军在其海空军掩护及炮兵猛烈轰击下，攻占了我定山阵地，我六一八团第三营第九连连长夏民安由定山撤退下来。当时副师长戴之奇认为夏民安丢失阵地，下令将夏民安枪决，团长万式炯力保其戴罪立功，夺回定山阵地。团部增派第七连（连长祝仲华）统由夏民安率领反攻，经过 5 小时的激烈战斗，终于将敌军驱逐，夺回定山阵地。是役敌我伤亡均大，连长夏民安阵亡。

12 月 1 日，敌海陆空军全力向我一〇三师阵地猛扑，八十余架飞机向我阵地轮番轰炸，我师各团凭借坚固的要塞工事，坚守要塞，抗击进犯之敌，击退敌多次的进攻，激战两日两夜，守住了要塞，但我师官兵伤亡颇重。第六一三团团长罗熠斌、团附魏自远、营长刘崧森阵亡，六一八团中校团附李益昌、第二营营长李仲春负伤，第一营营长陈绍培阵亡，六一五团团长周相魁及第一、第二两营长负伤，剩下第三营营长程鹏坚持战斗，至 12 月 2 日一〇三师遵照江防军总司令刘兴命令："一〇三师即向镇江转移，参加保卫南京作战。"

12 月 2 日夜开始向西转移，当我师到达江阴城时，得知敌军由无锡方向来攻，与一一二师激战三天后，该师已奉命转移，因此，一〇三师处于腹背受敌的情况，只好连夜撤退。当我师撤到江阴城西之钱家村时遇到敌军的埋伏。敌以密集火力封锁我西撤道路。黑夜中我师官兵中弹伤亡者极多。第六一八团团长万式炯当即下令我第三营挑选勇敢官兵二十余人，组成突击队，绕小道到夏港，攀上民房压顶，突然向日军投掷手榴弹，将敌机枪火力点消灭，使敌军措手不及。这样，我一〇三师方得以顺利突围。

突围后到达申港露营。天明时得知师长何知重、参谋长王雨膏及已负伤的第六一五团团长周相魁、中校团附李益昌，在黑夜混乱中由黄田港渡江，向江北汉口方向转移了。

这场战斗，我第一〇三师共死伤官兵三百余人。于 12 月 3 日凌晨由副师长戴之奇率领经奔牛、镇江，到达南京，参加了南京保卫战。

江阴人民对抗日部队的支援

江阴人民在历史上具有反抗外族侵略的光荣传统。此次一〇三师、一一一师及一一二师在江阴的抗日战斗中，得到江阴人民的积极支援。我一〇三师自 1937 年 9 月 5 日到达江阴地区至 12 月 3 日离开，始终得到江阴父老兄弟姐妹们在精神上和物质上的全力支援。仅举二三事记述如下：

（一）1937 年 9 月 5 日下午 5 时许，我一〇三师到达江阴时，当即受到江阴县政府官员、乡绅和人民群众的热烈欢迎，各校教师也带领学生到部队慰问，军民共唱救亡歌曲，高呼“打倒日本帝国主义”“誓死保卫祖国”“决不做亡国奴”等口号，我师官兵受到极大鼓舞。

（二）在构筑沿江野战工事中，江阴政府和人民供应各种工具和材料，如斧、锯、锄头、簸箕、扁担、芦席、麻袋、木材等，并由民工运到工地，大大促进了工事构筑的进程和坚固程度。

（三）在我师抗日作战期间，江阴政府和人民组织运输队、担架队，冒着敌海陆空军的猛烈炮火，为各部队运送弹药、粮食，抢救输送伤员。江阴各乡镇人民自动在夜间到阵地亲切慰问，送酒，送菜，送肉，送开水，送糕点，送鞋袜、棉毯、毛毯等物品。殷殷盛情，感人肺腑。充分体现了我军民高昂的抗日情绪，激发我师官兵奋勇战斗，坚强拼搏，为民族存亡而献身。

第七十四军参加南京保卫战经过

王耀武*

1937年8月13日，日军在上海发动侵略战争，驻军奋起抵抗，战事甚为激烈。在上海一带地区的争夺经3个月之久，日军看到由正面攻击牺牲大而进展慢，就在11月上旬，派舰队掩护陆军在金山卫登陆，企图包围我在上海一带的军队而歼灭之。我军被迫撤退，接着就是保卫南京的战役。我当时任第七十四军第五十一师师长，参加了这个战役。

这年11月11日，第七十四军军长俞济时率领军部直属部队及第五十一师王耀武部、第五十八师冯圣法部，由罗店附近向后撤退，行至望亭时，军奉令占领望亭一带掩护各军撤退，任务完成后，经苏州、武进、句容，向南京撤退。到达南京为11月28日，军驻通济门淳化镇中间地区。该军在上海一带作战牺牲甚众，缺额很多，军长俞济时及一般军官都希望撤至一个较安全的地点，整训一个时期再行作战。俞济时听说蒋介石在南京，就去见蒋报告部队已打残破，需要整训，蒋介石不但未准，而且决定该军加入南京保卫战的序列（该军辖两个师，每师两旅4团。这时全军约有官兵1.7万多人，轻重机枪、迫击炮齐全。该军是国民党军队中装备较好的一个军）。俞济时

* 作者时任第七十四军第五十一师师长。

无可奈何地被留在南京了。俞回到军里对我说:“固守南京的部队最初并没有把第七十四军计划在内,第一军胡宗南部都过了长江,现驻浦口一带,没有把他们留在南京,反而把七十四军留下了,看情况南京是守不住的。何应钦、白崇禧,以及所见到的其他将领都不赞成守南京,只有委员长和唐生智主张守,唐生智自告奋勇,担任保卫南京的最高指挥官。你看南京能守得住吗?”我说:“我看没有守住南京的有利条件:(一)各部队新从上海撤退,士气不振,一般官长身在江南而心已过江北。(二)唐生智的长官部是临时凑合而成的,所指挥的部队是临时调拨的,这些部队他过去都没有指挥过,他不了解各部队的情况,也不了解敌人的情况。(三)要守南京城,必须守住城郊的要点,地区大,兵力单,难以形成纵深,易被突破。因此我也认为南京不易守住。”

蒋介石为了鼓励各将领,振奋士气,在南京铁道部一个不大的会议室里召开了保卫南京的军事会议。到会的计有唐生智、罗卓英、钱大钧、王敬久、桂永清、俞济时、宋希濂、孙元良、叶肇、邓龙光、王耀武、冯圣法等人。会场气氛沉闷,悲观情绪笼罩全会议室。蒋介石在会上的讲话要点如下:(一)南京是中国的首都,为了国际声誉,不能弃之而不守。(二)南京是总理陵墓所在地,我们如不守南京,总理不能瞑目于九泉之下。(三)大家要有破釜沉舟的勇气和不成功便成仁的决心。(四)南京郊区有预先做好的国防工事可利用,兵力部署要纵深有重点,紫金山、雨花台等要点不能放弃,必须坚守。(五)我已调云南卢汉等部生力军集中武汉,以备解南京之围。(六)唐长官见危受命,你们应服从他的指挥。在蒋介石讲完以后,唐生智接着说:“守南京的任务是艰巨的,在这种情形下,只有鞠躬尽瘁,死而后已。”在蒋、唐两人讲话后,到会的将领彼此看看,没有人讲话。关于南京能否守住的问题,在会前议论纷纷,内心明知南京不能守,但没有什么人敢在会上提出具体意见。

日军一天天接近南京,南京的情况也一天比一天紧张。第七十四军奉南京卫戍司令长官唐生智的命令,占领淳化镇、牛首山一带的既设阵地,加强工事,严密警戒,防敌来犯。军令第五十一师占领淳化镇,第五十八师占领牛首山，军部在通济门外的一个村庄里。部队进入阵地后发现淳化镇、牛首山一带预先做好的钢筋水泥的国防工事，有的用土埋着，有些机关枪掩体的门还锁着，打不开门，机关枪掩体的枪眼一般做得太大，不适用，极易被敌人发现目标，集中火力向我射击。因此官兵对既设阵地的国防工事甚为不满。12 月 7 日上午正在抢修工事之际，据报告敌人经句容向我前进，离淳化镇只有 30 华里；至午后 4 时敌人的小部队已与我警戒部队发生接触。8 日拂晓，敌步兵在其炮火及飞机掩护之下，猛烈向我淳化镇的阵地攻击。此时在牛首山的第五十八师也在与敌激战中。我空军及苏联空军志愿大队的轰炸机及战斗机，奋勇向来犯的敌机反击，空战甚烈，敌机被我机击落两架，我机也被敌击落一架。在南京保卫战中苏联的空军志愿大队表现得异常英勇，为保卫南京尽了极大的努力。官兵对苏联空军志愿大队为维护正义而奋斗的精神，甚为钦佩。我师第一五一旅旅长周志道在电话里对我说："苏联的空军真勇敢，使我万分钦佩。"第三〇二团的团长程智也在电话里说："只见苏联的飞机来帮助我们抵抗侵略军，没有看到其他国家的飞机来帮助我们。我看到苏联空军人员这样英勇，感到兴奋和愉快，巴不得把日寇的飞机多打下几架来解解我的恨。"但是这时日军飞机仍占优势，且常向我轰炸及扫射。据第三〇五团团长张灵甫报告，日机投下的炸弹，查有美国制造的字样。

8 日，第五十一师、第五十八师与敌激战至黄昏，主阵地仍未被突破，夜间继续战斗。9 日上午 8 时，敌以步炮空联合向我淳化镇、牛首山一带阵地攻击，尤以淳化镇的战斗为激烈。战至 10 时，敌战车 6 辆也投入淳化镇的战斗，平射炮也续有增加，以平射炮集中火力，向我开着大口的钢筋水泥的机关枪掩体中射击，我重机关枪被打坏了很多。炮火连天，血肉横飞，我官兵有的被打断腿臂，有的被炸出脑浆，伤亡很多，张灵甫也受重伤。淳化镇、牛首山阵地均于 9 日先后被突破。俞济时将战况报告了唐生智，唐即决定第七十四军撤至水西门附近，以一个师担任守备，一个师为预备队。

第七十四军奉命即由淳化镇、牛首山一带地区向水西门集结。俞济时令第五十一师担任水西门一带的城墙及水西门外的防务，迅速构筑纵深工事而固守之。第五十八师在城内集结于水西门以东地区为预备队，左与第八十八师的战斗地境联结，以中华门、水西门中间的城墙角及该城角以左100米处归第五十一师，左归第八十八师。非有命令不准溃散，官兵进入防线以内，以免敌人乘机混入。我即以第一五一旅周志道部担任水西门外的防务，以第一五三旅李天霞部担任沿城墙的防务，占领水西门、中华门间的城角及其以左100米处之城墙阵地，左与第八十八师密切联系，加强工事固守之。11日，在水西门外湖沼地带，发现敌人的侦察部队，当予击退。12日上午7时许，敌步兵由雨花台以右地区，在其炮兵及战车掩护之下，向水西门外第一五一旅的阵地猛烈攻击。正值战斗激烈之际，敌战车3辆掩护其步兵向我阵地冲击，企图一举突破第一五一旅的防线。我军也集中炮火向其射击，敌战车慌张乱闯，其中有一辆一头栽到河沟里，人车皆亡，其余两辆仓皇后退。这时雨花台的战事甚为激烈，第八十八师的受伤官兵下来很多。敌攻占雨花台以后，继续在其重炮掩护之下攻击中华门，并增一部兵力，向水西门外第一五一旅的阵地攻击，我第一道阵地被突破，战至午后4时许，第三〇二团的团长程智阵亡（由吴克定接任该团团长），官兵伤亡甚重。在这一天由雨花台退下来的第八十八师工兵营等官兵约1000人，跑到第一五一旅阵地右翼（靠江边），要进入防线以内，守军不肯，双方开枪攻打起来，各有伤亡。情况之乱可见一斑。

12日晨，据第一五三旅旅长李天露报称：“八十八师的城墙阵地因没有部队防守，日军约有百余名由一五三旅阵地以左的地区乘隙扒上城墙，占领了我既设阵地，在其步炮协同下，向我一五三旅守城部队的左侧攻击，城墙阵地是固守城的一道重要防线，长官部为什么不督令各部确实占领，这样南京还能守吗？”我回：敌人既已偷扒上城墙来，应集中力量迅速消灭他。李天霞曾督率部队与敌反复争夺，均未得手。而敌继续增加，战事愈加激烈。战至午后5时许，因官兵伤亡过大，该旅所守的阵地已岌岌可危，水西门内外房屋被日军炮火打毁很多，数处起火，烟火弥漫，死尸纵横，状甚惨烈。

12 日午后 5 时，俞济时用电话对我说：“唐长官召集师长开会，城里情况已很混乱，开会可能有重大的变动。”我建议说：“战事正在进行，我不能立即离开。开会如研究到放弃南京的问题时，不论突围或渡江，必须有周密的计划及准备的时间。应立将江北岸所有的船只调到下关至八卦洲的江边，分配给各部，并区分上船的码头，否则是不堪设想的。”俞又说：“我也考虑到这些问题，一定向上建议。”俞济时等参加开会的人到了长官部，唐生智将已印好的突围命令立即分发各军、师长，很快就散了会。这时天已黑，俞见情况紧急，立即派军部李参谋把命令送给我，并嘱我师立即设法过江，过江后到滁州车站附近集结。我即令第一五一旅到八卦洲附近绑扎木排过江，第一五三旅及师直属部队至下关设法渡江，过江后到滁州车站附近集结。我下达命令后，即率师部人员经城内中山路向挹江门前进，途中遇到第三十六师的部队阻止各部队向下关撤退，并不断地开枪射击，子弹由头顶上空飕飕飞过。向挹江门行进的官兵看到这种情形，有的主张与该师对打，有的说，没有叫敌人打死，而被自己的部队打死了，那才冤枉。我看无法由马路通过，又怕耽搁时间多了过不了江，就绕道向挹江门走去。在行进中不断听到爆炸政府各部建筑物的声音，马嘶人嚷，伤兵叫喊，乱腾到极点。各部队遗弃的伤兵很多，其中勉强能行者，也拄着棍子向下关前进，一面走一面骂。曾听伤兵骂着说：“你们都逃了，把我们甩到这里，叫日军杀害，真令人伤心！他妈的，早知如此，谁肯打仗！”我到了挹江门，看到城门只开了一扇，人多门窄，极为拥挤，甚至有被挤倒踩死的，有一辆马车挤翻在地上；人们光顾逃命，宁肯踩着马越过车而去，也没有人将倒在城门下妨碍行走的马和车拉开。

我出了挹江门，走到下关江边，看到各码头上的人很多，如同热锅上的蚂蚁到处乱窜。江里只有极少数的船只，无船的部队见船就抢，也有互相争船或木排而开枪的，有的利用一块门板或一根圆木而横渡长江的，有的看到过江无望而化装隐藏在老百姓家里的。我无船过江，正着急时，遇到军部张副官，他急忙对我说：“军长和冯圣法等都已过江了，军长见到战事失利，早派人在浦口预备好了一只小火轮，这只火轮每次可以装三百多人，叫我来接你和部队。”我即带着一部分人上船过江，同时立即加派师部副官主任赵汝汉带着一部分武装兵，协同军部张副官接运第七十四军的官兵。经一夜接运及自行设法过来的约 5000 人，武器损失殆尽。至 13 日天亮，敌人的兵舰已在下关八卦洲的江面上横冲直撞，来往逡巡，并用炮向我利用船只、木排、门板、圆木等渡江的官兵射击。被敌炮火及敌舰撞翻淹死的很多。

13 日南京全部被日军占领，开始了惨无人道的大屠杀。

南京守城战

宋希濂*

1937 年八一三上海战争爆发，我率所部第三十六师（约 1 万人）投入战斗，在江湾天宝路及大场一带与敌周旋了两个多月，无日不战，前后伤亡逾万。10 月 28 日，奉命撤到苏州河南岸据守，战至 11 月 9 日，又奉命向昆山方面撤退。到达昆山时，陈诚总部（陈诚那时担任前敌总指挥）已经撤走，那里只有一些找不到自己单位的小部队和失散的士兵。我得不到任何指示，便率部退往苏州。大约是 17 日黄昏时到达苏州的。这个古城已是死一般的沉寂，街上店门紧闭，阒无一人。我走到电话局，和在无锡的顾祝同（顾那时任第三战区副司令长官，负东战场指挥之责）接通了电话，他叫我迅即开到无锡去。当晚继续西行，于 19 日正午到达无锡，即往见顾祝同。他告诉我，军委会命令第三十六师立即开南京，运输部队的车辆已通知铁路局准备，要我速往接洽。同时他对我说，这次撤退很仓促，许多部队弄得十分凌乱，致不能按照预定计划占领阵地阻止日军的前进，苏州已于本日晨失陷，情况很紧迫云云。不久无锡、武进、宜兴等地相继陷敌，国民党军队毫无抵抗，敌军长驱直入，很快就进抵南京附近。

---

* 作者时任第七十八军军长兼第三十六师师长。

这次撤退的混乱，在战史上是罕见的。以这样大的兵团，既不能进行有组织的逐次抵抗以迟滞敌军的行动，又无鲜明的撤退目标，造成各部队各自为政，拼命地向西撤。战场统帅部对许多部队都不明白其位置，遂使敌军如入无人之境。各级指挥人员没有适当的撤退部署，不能切实地掌握部队，当然要负丧师失地之责。但最主要的是蒋介石过分地希望依赖国际联盟和九国公约签字国对日本施加压力。以这样的主导思想来指导战争，所以弄得一败涂地。

一、守不守南京的争论

我率残部三千余人于 11 月 22 日上午到达南京，下午 4 时往见蒋介石。他这时住在中山门外四方城的一栋小平房里，为的是避免敌机轰炸。我见他时，看出他的脸色憔悴苍白，情绪却很紧张。他向我询问部队的实力情况及沿途所见情形后，就说："调你回来，是要你参加守卫南京的任务，归唐司令长官指挥。何部长尚在南京，需要补充的兵员武器器材等，可即向何部长报告。"我从蒋那里出来后，即到三牌楼军政部见何应钦，这时军政部绝大部分人员都已迁往武汉，仅有少数人员随何留京。这次一见面，何就对我说："日本自明治维新以来，经过 50 年的努力，发展成为世界上头等强国，拥有现代化的陆海空军。而我国没有自己的工业，机枪大炮，都要从外国买来，国家内部不统一，民众又无组训，怎能从事这样大规模的战争呢？"接着他对于在上海战场牺牲之大，损失之重，以及兵员物资等方面补充的困难，表示摇头叹息。最后他将驻在芜湖的两个补充团约有 4000 人拨给我师补充，要我迅即派人前往接收，同时拨发了一部分轻重机枪、步枪及通讯器材、工兵器材。我于 23、24 日先后会见了唐生智、白崇禧、张群、王俊（第一部次长）、钱大钧（蒋之侍从室主任）、萧自诚（蒋之秘书）等人，大体了解到关于守卫南京的会谈经过及计划。

自敌军在金山卫登陆，上海战局急转直下之后，"守不守南京"成为当时军事上的中心问题。蒋介石于 17、18 两日曾三次邀集何应钦、白崇禧、唐生智、徐永昌、王俊、刘斐、谷正伦等人开会。大多数认为今后进入持久抗战的局面，从长远和全面的观点着想，应以保存力量为上，均主张在原则上不守南京，只用少数兵力——最多 6 到 12 个团作象征性的守，并曾拟议以四川刘湘部的两个师担任。唐生智独持异议，坚主死守。其理由认为南京是首都，也是孙中山先生陵墓所在，为国际观瞻所系；守南京方足以表现我们抗战的意志和决心，并可牵制敌军的兵力。由于意见分歧，在头两次会议上未作出决定。到 18 日晚最后一次会议，蒋介石说："南京是我国的首都，为国际观瞻所系，对全国人心也有重大影响，完全不守是不可以的。应较 12 个团的兵力酌量增加。"接着蒋介石就问："守南京问题就这样决定，大家看谁来负责好？"当时都没有人做声，沉默了一会儿，唐生智自告奋勇说："军人以身许国，当此危难之际，何能畏难以求苟安。如果委员长还没有预定人来担任，我愿负此责任，誓与南京共存亡。"蒋问大家的意见如何，何应钦说："孟潇兄愿意担任是最适当没有了。"大家都无异议。蒋介石于 19 日以手令特派唐生智为南京卫戍司令长官，罗卓英、刘兴为副司令长官。唐生智于 20 日视事，并发布告。但国民政府的正式命令至 24 日才发表。唐先视事后奉令，可想见当时南京的仓皇情况。张群也是不赞成守南京的。他认为没有守南京的条件，不可能长期固守。他另外还有一种见解，曾对我说："如果我军自动退出南京，日军不是以武力攻占的。万一将来和谈时，它就不能以战胜者自居而对我进行要挟。"

唐生智 20 日就职后，立即组织司令部，设置于铁道部内。在 18 日的会议上，大体决定了守卫南京的部队为桂永清的教导总队，第七十八军的第三十六师（我任军长并兼此师师长），第七十一军王敬久的第八十七师（师长沈发藻），第七十二军孙元良的第八十八师（孙兼师长），第二军团徐源泉所部丁治磐的第四十一师、徐继武的第四十八师，以及宪兵两个团、炮兵第八团的一个营和战防炮、高射炮、通信营等，共约 7 万人左右。长官部策定的守备计划，概要如下：

（一）以第二军团在栖霞山、乌龙山地区占领阵地，联系乌龙山要塞炮台严密封锁长江，并竭力阻击沿铁路西进之敌。

（二）以第三十六师在红山（大红山）、幕府山、下关、挹江门附近占领阵地，联系狮子山要塞，阻击来攻之敌。

（三）以教导总队在紫金山、麒麟门、中山门一带占领阵地，拒击由京杭公路（宁杭公路）来犯之敌。

（四）以第八十七师守备光华门、红毛山及通济门营房一带。

（五）以第八十八师守备雨花台、中华门一带。

（六）其余部队为总预备队，位置于城内，担任治安的维护及防空等任务。

我依据长官部颁发的守备计划，于25日率部到达指定地区，给予各部队的命令要旨如下：

师以协同友军固守南京之目的，决心于红山、猪头山、幕府山、下关、和平门、挹江门附近地区占领阵地，利用工事，联系要塞，主要以火力歼灭来犯之敌。

重点：东正面指向红山，西正面指向下关附近。左右依托玄武湖与幕府山要塞。

阵地工事——就原有之永久工事为基础构筑。视情况予以加强，构成强固闭锁式或半闭锁式堡垒。利用前进阵地，警戒阵地顽强抵抗，消耗敌人，并掩护主阵地。

师之骑兵连主力位于大水关，一部位于燕子矶，搜索敌情。受敌压迫时，由和平门退回预备队位置。

一〇八旅担任东正面红山、北固山的守备，右与教导总队联系，左与一〇六旅联系。

一〇六旅担任挹江门、和平门至晓庄师范学校一带的守备，右与一〇八旅联系，左与宪兵团联系。

同时划定了各部队的作战境地。师司令部位置于挹江门附近。

在9月下旬，军事委员会发表我为第七十八军军长，但所指挥的部队实仅为第三十六师。自率残部三千余人到南京后，接收了补充兵约4000人，虽然有了七千多人的一个师，但大多数是新入伍的，有的连枪都没有摸过，射击要领一点也不懂。部队开到阵地后，一面做工事，一面教射击，并做了些石灰堆，要新兵进行实弹射击。

自上海战局形势逆转后，退却紊乱不堪。第七十四军军长俞济时率所部第五十一师王耀武部、第五十八师冯圣法部，与战区长官司令部完全脱离联系，自苏州一直退到南京附近的句容、汤山一带。俞济时是蒋介石的亲戚，曾充当蒋之侍从人员及警卫旅长多年。他到汤山后便来南京见蒋介石，蒋也没有责备他，就叫他率部参加守卫南京，经唐生智赋予这个军以守备淳化镇、牛首山一带的任务，这大约是11月27日前后的事情。约再过了两三天，又有第六十六军军长叶肇率所部第一五九师谭邃部及第一六〇师（叶肇自兼师长），第八十三军军长邓龙光率所部第一五四师巫剑雄部和第一五六师李江部（这两个军都是广东部队）自镇江退到句容、汤水镇（汤山镇）一带。经唐生智报告蒋介石核准，命叶、邓两军均参加保卫南京的任务。卫戍长官部令这两个军在汤水镇东西之线占领阵地，阻击沿京杭公路向北进犯之敌。这样就形成了以第二军团、第六十六军、第八十三军、第七十四军守卫南京外围阵地，以第三十六师、教导总队、第八十七师、第八十八师守卫南京复廓阵地的两线配备态势。由于部队的残缺，新增加的这3个军合计实有兵力约为4万人。加上原有的，保卫南京的总兵力约为11万多人。

二、德国大使陶德曼到南京的内幕

截至11月25日止，国民政府所属各机关都已迁移到武汉或重庆去了。在八一三上海战争未爆发以前，南京人口约为100万人，至此所剩仅三十余万人。蒋介石于11月29日（或30日）亲自带着唐生智、罗卓英、周斓（长官部参谋长）、王敬久、孙元良、宋希濂、桂永清、邵百昌（江宁要塞司令）等人到紫金山、雨花台、狮子山炮台等处视察了南京的复廓阵地。政府的重心移至武汉去了，蒋介石在南京已经无事可做，为什么还不走呢？这是一个谜。在视察城区阵地完毕的那天，我问侍从室主任钱大钧："委员长和你们什么时候离开南京？"钱悄悄地对我说："还要几天，德国大使陶德曼日内就要来京见委员长。”我觉得突然，就续问：“陶德曼这个时候到南京来干什么？”钱说：“还不大清楚，可能是德国想来斡旋和平。”

过了几天，我向蒋介石的侍从秘书萧自诚了解陶德曼来京的内幕。他告诉我：“陶德曼这次来京见委员长，是想由德国调停中日战争，他转达了日本所提停战条件6项：（一）承认伪满、内蒙古独立；（二）扩大《何梅协定》，规定华北为不驻兵区域；（三）扩大《淞沪协定》非武装区；（四）中日经济合作；（五）中日共同防共；（六）根绝反日运动。委员长曾征询白崇禧、唐生智、顾祝同、徐永昌等人的意见，他们均表示可以接受。电商阎锡山，也表示赞同。委员长向陶德曼表示，可以将以上条件作谈判基础，但对日本不敢信任，日本说话可以不算数，德国是好朋友，要求德国须始终担任调停人到底。”同时又对我说：“德国希望中国参加反共反苏阵线，自不愿中日间的战争演变为长期性的。日本对中国的政策亦不希望进行长期战争，它是采取逐次吞并的策略；因而和平谈判的可能性颇大。如果谈判，总需要一些时间，日军在这期间大约不会进攻南京。这样，我们可利用这个机会把部队整顿充实一下。”这虽是萧自诚的话，实际上就是蒋介石的想法。

12月4日晚8时，蒋介石到南京卫戍司令长官部召集师长以上的高级干部讲话，内容要点为：（一）抗战5个月来，虽然军事上是暂时的失败了，丧失了许多地方，但也给了日军以相当大的打击，使日军不能达到它速战速决的目的。（二）由于我国的英勇抗战，获得了国际上的同情和支援。（三）为什么要守南京呢？因为南京是我国的首都，又是总理陵墓所在，为国际观瞻所系，同时对国内人心的影响也很大，所以必须固守。（四）守南京可以牵制敌人兵力，而使其他部队得有喘息和整补的机会。（五）希望大家抱定决心，努力固守。现云南部队3个师装备齐全，兵力充足，又有作战经验，不久就可到达武汉。我将亲自率领这个部队从皖南方面来解南京之围。（六）守卫南京是一个伟大而光荣的任务，大家要在唐司令长官指挥之下，同心同德，抱定不成功便成仁的决心，恪尽军人守土卫国的神圣职责。蒋介石讲话一个多钟头后，唐生智以悲壮的语调表示誓与南京共存亡。最后蒋嘱大家要“效法唐长官的决心和精神，服从唐长官的指挥，努力完成任务”。

会后，蒋介石便乘飞机离开了南京。

三、敌军三路进攻

自敌军于 11 月 25 日占领无锡后，即策定分三路进攻南京的计划。东路沿沪宁路进袭镇江后即向南京进犯，中路沿宜兴、溧阳、句容，直犯南京；西路则先趋广德经宣城攻芜湖，截断我南京守军的退路。东路之敌陷镇江后以一部沿铁路西进，于 12 月 7 日与我栖霞山守军第四十一师接触。东路敌军主力沿宁杭公路西犯句容，于 12 月 4 日攻陷；至 6 日，句容之敌北犯汤水镇，与我第六十六军发生激战。中路之敌自陷宜兴后，即沿京杭国道继续北犯，先后进陷溧阳、溧水，于 12 月 6 日进抵淳化镇，与我第五十一师发生激战。西路之敌自陷广德后，即继续前进，向郎溪进犯，在七里店、陆家铺、长乐铺等处，利用水道，以小汽艇前进，占领郎溪，于 12 月 6 日渡丹阳湖南岸，威胁我芜湖后方。同时，一部敌军由十里岗越南漪湖之西陈村、双塘店进犯宣城;7 日，敌军用战车冲入城内，遂陷宣城，旋犯湾沚镇。8 日，敌军之第十八师团及伪满军于芷山旅猛犯芜湖，国民党守军及行政专员、县长等均弃城而去，敌军进城后，屠杀我市民两千余人于江边。至 11 日，南京与芜湖间之当涂，亦被敌军占领。至 12 月 8 日我第六十六军、第八十三军部队在汤水镇东西之线遭受敌军重大压力，放弃该地，转移至城郊紫金山东北地区，同时，我第七十四军退出淳化镇、大胜关一带，并在大胜关东北地区继续与敌激战，我第二军团两个师仍在栖霞山附近与敌军对峙。自 6 日以来，敌经常以大批飞机轰炸城内及城郭附近各要点。

12 月 9 日南京卫戍司令长官部发布命令，要旨如下：一、敌军已迫近南京，我军目前占领的复廓阵地，为固守南京之最后战线。各部队官兵应以与阵地共存亡之决心，尽力固守，决不许轻弃寸土，动摇全军。若有不遵命令，擅自后移者，定遵委座命令按连坐法从严办理。二、各军所有船只，一律交本部运输司令部负责保管，不准私自扣留；着派第七十八军军长宋希濂负责指挥沿江宪警，严禁部队散兵私自乘船渡江，违者即行拘捕严办，倘敢抗拒，准以武力制止。

12 月 9 日敌围攻南京城更为逼近。我第七十四军在大胜关、牛首山一线被敌军攻破，节节后退，被迫转移至水西门附近担当守备，旋敌军追至，即在水西门外之上河镇（上新河）一带与敌发生激战。栖霞山被敌军攻占，我第四十一师退至和尚桥附近与第四十八师协力在该地一带占领阵地。淳化镇之敌军主力，陷高桥门、七桥瓮，遂沿大路向光华门进攻；另一部占领通济门外的营房，并向通济门进攻。沿京杭国道由汤山向南京进攻之敌，于 9 日向我教导总队守备的老虎洞、体育场、马群、孝陵卫西南一带高地（这是前进阵地）展开攻击，我守军受敌军的攻势压迫，于当晚放弃了这条前进阵地，退守紫金山第二峰、麟阁寺、西山之主阵地。10 日，敌围攻南京复廓阵地甚为猛烈，午后敌军一部突入光华门外廓，经教导总队与第八十七师协力反攻，至黄昏始恢复。11 日，全线都在激战，我守军增援城防，并做巷战准备。12 日，敌军第六师团主力猛攻中华门外重要据点雨花台，守军第八十八师伤亡惨重，雨花台陷落。敌军迅即以重炮向中华门轰击，同时敌以一部分炮火向城内新街口、中山东路等处射击，有许多建筑物被毁，震裂声振动全城，有三处起大火，黑烟冲霄汉。自雨花台陷落后，第八十八师全部守备中华门，受敌军重炮的轰击，敌步、工兵逼近城垣。第八十八师师长孙元良率所部 2000 余人向下关方面退却，企图过江。唐生智得悉，命我负责堵阻。我当力劝孙元良万不可这样擅自行动。孙为情势所迫，乃又率所部回中华门附近。敌军第十六师团主力于 12 日拂晓猛攻教导总队在中山门外的主阵地带，中山陵园、遗族学校、吴王坟一带激战甚烈；至午后阵地多处被突破，敌军逼近中山门，但紫金山主峰尚在我军固守中。敌军另一旅团本日上午突破我第四十一师、第四十八师在和尚桥附近的阵地，占领杨坊山、银孔山一带，继续向乌龙山要塞进攻，并有一部向西窜犯。另有敌军一部占领江心洲等处，其主力与我第七十四军在上河镇及水西门附近发生激战。围攻南京之敌为第六、第九、第十二师团及第五师团之第九旅团。12 日敌军对南京城的攻击达最高潮。敌重炮猛轰中华门，有数处倒塌，敌步兵在其炮火掩护下蜂拥而上。守军第八十八师抵挡不住，撤离中华门。至此，南京城被打开了一个缺口。

当战争将迫近南京时，曾有些人士及外国传教士等，倡议组织难民区。经卫戍司令长官部核准，划中山北路以北地区，即自新街口为起点至山西路止为难民区，区内约可容 25 万人。中华门至花牌楼一带，原为居民聚居地区，尤以世世代代生长在南京的人及无力他徙的贫民，多半是住在这个地区里。12 日敌军猛攻中华门，这一地区落的炮弹颇多，许多房屋被毁，遂使这一带的居民发生恐慌，纷纷趋往安全区。当其奔走逃难之时，更高呼亲友，告以日军已冲入城内。而第八十八师及一些高射炮队等亦加入退却。至是，自中山东路起通往下关江边之马路上，拥挤不堪，纷纷争先，梗塞于途。亦有急于奔逃，而将各物抛弃途中者。逃难中的居民及一部分散兵，亦有迁入难民区者。总之，12 日下午形成了极端混乱的状态。

四、惨死同胞三十多万人

12 日下午 2 时，卫戍司令长官部指示本师：（一）下关通浦口为我军后方唯一交通路，应竭力维持秩序，严禁部队官兵及散兵游勇麇集，以确保要点。（二）第七十四军在上河镇与敌激战，其后方交通应由汉西门与城内联络，禁止该军部队通过三汊河退入下关。（三）着该师在挹江门至下关一带，立即施行戒严，禁止一切活动。至 4 时左右，第七十四军在三汊河搭浮桥，企图退入下关，经唐生智命本师予以制止。

自 12 日下午 2 时敌军攻占中华门。中山门外的战斗亦异常激烈。敌军猛攻乌龙山要塞，情况十分紧张。敌海军舰队正在乌龙山附近江面清扫鱼雷，排除航行障碍物，同时得知侵陷当涂之敌，已在该处渡过长江，向浦镇前进中。卫戍司令长官部认为情况异常严重，战局难以挽救，遂于下午 5 时召集师长以上将领开会。首先由唐生智简要地说明战况，并提出分路突围的计划，征求各主官的意见，大家均无异议。于是长官部参谋长周斓以印刷好了的命令发给每人一份，会议只历时 20 分钟就散了。命令规定占领挹江门至幕府山一线的第三十六师，负责掩护长官公署及直属部队渡江后得以继续渡江，其余部队一概不许渡江，按照长官部指定的方向——广德、宣城、芜湖间地区——突围。但除第六十六军军长叶肇、第八十三军军长邓龙光执行了这个命令，率所部绕过栖霞山附近敌军，穿过其间隙突围成功外，其余多拥向下关，企图觅船过江。这就造成了12日晚间在挹江门下关一带的极度混乱。

下关浦口间原有两艘渡轮，每次可载七八百人，往返一次约需时45分钟。那时下午5时就天黑了，早晨要到7时才天亮，即夜间有整整14个小时可以航行（因白天敌机活动频繁，不敢开行）。如果卫戍司令长官部的运输机关能确实掌握这两艘渡轮，则至少可以运送3万人过江，但是他们却让这两艘渡轮开往汉口去了。留存在下关江边的，只是几艘小火轮（最大的只有100多匹马力）和约二三百只民船，这样多的人要过江去，而船只却这样的少，因而就发生了许多悲惨事件。长官部召集的会议散了后，唐生智等立即开始渡江，但各部队均不遵令突围。教导总队、第八十七师、第八十八师、第七十四军及南京警察等，均沿中山路拥向下关，争先抢过挹江门，互不相让，并曾一度与守挹江门之第三十六师第二一二团部队发生冲突，秩序混乱达于极点。随之下关亦乱，船只既少，人人争渡，任意鸣枪。因载重过多，船至江中沉没者有之。许多官兵拆取店户门板，制造木筏，行至江中，因水势汹涌，不善驾驭，惨遭灭顶者数以千百计。哀号呼救之声，南北两岸闻之者，莫不叹伤感泣，真可谓极人世之至惨。

12日下午5时半我在长官部开会回师部后，即以电话令各部队严密戒备，掩护唐长官等渡江，至9时左右长官部人员已渡江完毕。我于9时30分集合各部队长面授要旨：（一）军掩护长官部渡江后陆续渡江；（二）第一〇六旅之第二一二团担任挹江门至下关一带的警戒，待命渡江；（三）第一〇八旅留一部担任和平门、尧化门等地的警戒，待命渡江；（四）无任务之部队，本日（12日）晚11时开始移动，至和记公司附近集合，归第一〇八旅刘英旅长指挥；（五）各部队概由金川门出城，不准经过挹江门。我率师司令部人员及直属队于是日晚12时到达和记公司附近，当觅得小汽艇两艘，民船15只，即开始渡江。第一次渡江后，派人将船押回江南续运。但麇集下关之其他部队均向和记公司附近拥挤，第三十六师的部队多被冲乱，有些船亦被他们抢渡去了。至 13 日晨 8 时止，本师渡江到了浦口的约为 3000 人，未能渡江者占半数以上。有第二一二团营长谢淑周因部队被冲散，又无船可渡，他和两个传达兵扎了一个木筏，三人坐其上，放之江中，随波逐流，顺江而下。行至乌龙山附近江面，被敌舰发现，用机枪扫射，有一传达兵中弹殒命，他们将之推入江中，继续漂流。一直流至扬州附近十二圩，才被船户发现救起，在一个乡村里换了衣服，步行至津浦铁路之张八岭车站始获归队。

12 月 13 日敌军入城后，纵兵放火，奸淫屠杀，将我无辜民众及失去抵抗力之徒手士兵，用绳索捆绑，每 100 人或数百人联结一团，用机关枪扫射，或用汽油焚烧。据后来远东国际法庭对敌酋松井石根判决书调查证明：我军民被敌射杀、火焚、活埋者 19 万余人，此外零星屠杀的尸体经收埋者 15 万余具，总计我惨死同胞三十多万人。日军在城内以“杀人竞赛”取乐。被奸淫妇女少者才 9 岁，老者到 76 岁，有的奸后又被剖腹。实为现代战史上破天荒之残暴记录。

我参加南京保卫战经过

邱维达*

1937年12月上旬，我军自淞沪地区将主力撤向浙、皖、苏、赣边境后，日军主力由京沪沿线直迫南京，一部由杭州湾登陆之敌，则沿太湖以南，由安徽广德、宣城、芜湖迂回南京。敌舰亦由吴淞口溯江而上，会攻南京下关、浦口。沿京沪、京杭两路前进之敌，经遭我撤退各路军分别阻击，如在昆山、太湖、江阴、句容等处均给敌军以有力打击。

12月4日，敌进占何家铺、秣陵关以及淳化镇、汤山以东之线，同时敌飞机大肆轰炸我南京外围各主要阵地以及城区建筑物，当时国民政府附近均落有炸弹。战争气氛弥漫全城。

5日拂晓，接近秣陵关、淳化镇、汤山以东之线敌军，开始向我守军发起攻击。我军竭力抵抗，至8日晚，七十四军之五十一师、五十八师所守秣陵关、淳化镇的我军阵地相继被敌人突破，而守汤山、青龙山之六十六军叶肇部，被迫向紫金山北麓地区转移，敌军乘虚而进入南京东南郊地区，战火将很快燃烧到城区。

我当时任陆军第七十四军（军长俞济时）五十一师（师长王耀武）三〇

---

* 作者时任第七十四军第五十一师第三〇六团团长。

六团上校团长，在上海撤退时，担任整个战区掩护任务。等我完成掩护任务，敌军已超越我一日行程，也就是说，我的部队尚在青浦，日军先头部队已到达苏州白鹅潭，如要赶上我军主力，必须冒险穿过敌军大部队。有人劝我不要去冒险，部队在上海已经打得够疲劳，如碰上敌人部队，一定要吃亏。我考虑，尔后在南京可能将有更重要任务，不能只顾眼前自身安全。终于依靠当地老百姓替我带路，利用夜间穿插小路，有时绕过敌军空隙而顺利通过敌军数道封锁线，安全到达南京上方镇、淳化镇与师主力汇合。

我团到达上方镇后，稍事补充，调整人员，准备继续加入战斗。12 月 7 日，接到师部命令，为策应周志道旅作战，立即派一个营守备湖熟镇。我派第三营胡豪营长担任这项任务，与数倍之敌激战，阵地屹立未动。

南京外围战斗继续到 12 月 8 日晚，由于敌后续部队源源增加，大量坦克、重炮、飞机均已加入作战，第五十一师第一五一旅旅长周志道所辖程智团、张灵甫团阵地均被敌军突破，部队纷纷向城区撤退。此时，王耀武下命令转移阵地。我团转移到光华门外飞机场，布置新阵地，继续抵抗。我到达机场，见到有几架残破机体歪东倒西停在机库内无人看管，油库、零件库储存物资不少，也没人过问。这些都是国家作战物资，为何不预作处置？真感到痛心！我又登上瞭望塔回头向南京城内望去，只见万家灯火，依然照得通明，这座美丽的古城，它可怕的命运迫近眉睫，几十万骨肉同胞仍在熟睡中，将来他们的遭遇怎样？我实在替他们担心啊！我想到战争以外的种种，不禁热泪盈眶。

在愁绪万缕中，又突然想起第一次世界大战时一件战史：正当德军进攻到法国凡尔赛城迫近城郊时，法国指挥统帅命令所有守城将士回首看看这座美丽的凡尔赛城，于是激发了全体法军官兵的爱国忠诚。正当此时，法军统帅下令向德军反攻，将德军击退数十里，获得胜利。我希望担任保卫南京指挥者也有如此胆识和魄力，在这场会战中创造奇迹。

我刚从上海撤退，转战到达淳化镇，见到第五十一师师长王耀武，和许多同事都在一起议论南京战局，一致想了解谁来担当负责南京保卫战这个重任。有人猜何应钦，也有人猜白崇禧。12 月上旬的一天，王说：上级电话召集团长以上将校到中山陵附近听委员长训话，到时自然会宣布指挥者姓名。

8时许，全军团以上将校约四十余人陆续抵达军部，由俞济时率领向中山陵前进，途中躲了几次敌机侦察、扫射。到达陵园休息室时，冯玉祥、何应钦、白崇禧、唐生智等高级将领已经到达。休息一刻钟后，蒋介石的车队十余辆也来了。看来文武官员总共有二百余人。蒋着戎装，表情沉闷严肃。大家集中在陵园墓道中间厅堂。蒋训话说：抗日战争已迫近南京，南京是吾党总理建立国都所在地，也是总理陵寝安葬之地，是一国的政治中心，国际观瞻所系，不能轻易放弃。这项任务，希望各位将领推选一位德才兼备者担任指挥。应与城共存亡，以慰总理在天之灵。厅堂中有几分钟寂静无声，满堂文武互相观望都不发言。再过两分钟，蒋的面色又红又紫，似乎有些激动。他接着说：好吧，既无人提名，我来担任守城任务吧。如果我牺牲了，希望各级将领坚持抗战到底决心，不达最后胜利，决不罢休。蒋的话声刚落，突然从将领队列中站出来一位将军，握紧拳头举得高高的，大声发言，口带湘南口音，他就是大名鼎鼎的唐生智总指挥。他慷慨激昂地大声说：我是国家军人，国难严重之时，军人应临危受命，舍生救国。我愿代替委员长负此保卫南京战的责任。停一下又补充了几句：委员长是一国统帅，众望所归，决不能留在南京。话音刚落，蒋满脸笑容频频点头，示意赞成。接着，全体鼓掌表示敬意。正在全堂空气转现活跃之际，蒋又补充说：唐总监（任过军训总监）具有英雄本色。能见危受命，大家要学习他，所有守城部队要绝对服从他的指挥。

守城主将产生后，所有参加者随着蒋进入陵堂向孙中山先生座像行礼如仪，接着绕陵寝一周，蒋离开我们乘车走了。

12月8日晚，我已转移到光华门外阵地。守到深夜时，从牛首山撤退下来的部队要通过我的防线，被我阻拦住，据询问部队番号是第五十八师，我说找你们的领队军官来见我，否则不许随便撤退，防止敌人乘隙突入。后来有位姓吴的营长来见我，他说守牛首山的防线已被突破，部队已经打得很零乱，我只带一个连冲出来。他说敌军部队跟着尾追，劝我早作准备。快到凌晨，第五十一师第一五一旅部队，也接着从淳化镇撤退下来，据周志道旅长亲自告诉我：敌军坦克和步兵紧跟后面，应作好一切准备。随后王耀武坐辆吉普也到我团对我说：现在情况紧急，经过三昼夜激战，淳化镇、方山等处均被突破，命我团调整部署，原阵地除留少数警戒部队外，主力要撤进城内，利用城垣为阵地，守备中华门到水西门之线，第三〇二团守备水西门以南地区。

10 日晨我团从中华门入城，正在部署新阵地时，敌机编队轰炸雨花台第八十八师阵地，方山方面敌炮兵开始向我城垣轰击，中华门城墙垛口被轰塌许多。此时我已意识到一场恶战就在眼前，将部队分配任务完毕，便带领一组侦察军官到阵地侦察地形、联系友军、组织协同。

午后 4 时许，南京城区战况已经激烈展开，由京杭国道前进之敌系一一四师团，前锋已占领飞机场，另一部占领雨花台东西高地。我军守雨花台的第八十八师部队已被击破。由于雨花台过早弃守，敌将炮兵阵地推到该处，掩护敌坦克和步兵直接进攻城垣，炮弹轰击城墙城垛，使守城官兵伤亡很重。我当时正在中华门城上指挥所，发现敌坦克两辆，掩护步兵企图通过中华门外军桥（此时设有大桥）。我命令集中步兵炮数门，直接瞄准射击。敌两辆坦克中弹掉入河中，敌步兵失去坦克掩护，纷纷后逃。我令一个加强连出击，杀敌数十人，士气为之一振。

敌我双方激战到 12 日黄昏，听到全城周围阵地炮声隆隆，不绝于耳，机枪声、榴弹声、喊杀声，更是此起彼落，彻夜不停。晚 9 时许，第三营营长胡豪电话报告：中华门与水西门之间，城垣突出部有一段被突破，敌攻城兵正在利用绳梯爬上城墙。我立即命令该营挑选 100 名精壮战士组织敢死队，严令务必在一小时内，将突入城墙之敌完全肃清。任务达成，官兵连升三级。命令下达后，营长胡豪亲率敢死队勇敢地向突破口冲杀过去，我指挥所有机枪大炮直接掩护。一时间杀声震动钟山，不到一小时，将突入城上之敌全部肃清，除战死者外，生俘十余人。在格斗中，我第三营营长胡豪、少校团附刘历滋不幸中弹英勇牺牲。

战到深夜，接师长王耀武电话：南京全城战况混乱，要作有计划战斗已不可能，为了保持一部分实力作尔后长期作战计划，部队完成当前任务后，相机撤退，浦口以北为撤退方向。我接到电话后，认为情况不妙，任务亦艰巨，正与敌胶着时，如何后撤呢？在包围状态下哪里是后方呢？于是我集中几位营连长在城墙上研究撤退方案。敌人发现我们的手电，向着我处扫射，我的左腿中弹骨断，幸有团附继续指挥。我被担架抬下战场，由于流血过多，当时即昏迷不省人事，到下关码头，才苏醒过来。

护送我的一位副官对我说：我们经过南京市区到达下关，街道情况十分混乱。店铺都关门，到处有乱枪声。我们来到下关，既无一艘船只，又无架设军桥，敌舰已临八卦洲水面，我说天一明敌人来了还是同归于尽，何必把我弄到这儿来啊，不如战死为好！副官说：既来了再想办法过江。他接着还说我们通过挹江门时，守城部队是第三十六师宋希濂部，发现我们接近，就盲目朝着我们射击，经我再三交涉才开城通过。

我在中山码头停了约一小时，眼看下关一带情形比战场更凄惨，从前线退下的散兵、伤员、后方勤杂部队、辎重、车辆，以及部队眷属、老弱妇孺，沿江马路挤得水泄不通。一会儿，江中的敌舰机关枪扫射过来，敌侦察机丢下几颗照明弹，吓得人群乱窜乱逃，到处一片哭声、呼救声、怨骂声，搅成一团，真是惨绝人寰！

此时，也有一些战士和健壮居民别出新计，有的下门板，找木头扎成木筏，有的找来木盆木桶，作为渡江器材。一时江面上人头济济，有如蚂蚁一般浮在江面上，黑压压的一片。后被敌舰发现，开始用机枪扫射，继则连子弹也不用了，兵舰开足马力，朝着江面上的人群横冲直撞。不到半小时，江面上所有企图泅水过江者，无一幸免，尽葬江底！

已经深夜，我考虑自己是一个残废者，已无逃生条件，欲安全渡过江已不可能，便叫我的副官和担架士兵快些离开，并将我身边一些钱给他们带去作路费。可是无论如何也说不通他们，一致表示要生在一起、死在一块。我说那好吧，我们不能等死，你们分成两组，一组向东、一组向西，打听沿江情况赶快来告诉我。分开不到一刻钟，有一组听到江中远处有一个人在呼叫我的名字“五十一师邱团长在哪里？”我停住呼吸静听一下，一点也不错，还在继续呼叫我的名字。我对副官说，喊声是从煤炭港方向而来，因为这一带人车拥挤，有船也不便靠岸，我们到煤炭港再说吧。等我们到了煤炭港，发现有一艘机动船，离我们只有二百米距离，船上的人声已经听得十分清楚，叫我们作好登船准备。后来才知道这条船是交通部长俞飞鹏留下给俞济时过江用的。俞济时同王耀武一起过江时，俞问王还有哪些人没有过来？王说邱团长是最后撤下的部队，听说又负了重伤，尚未过江。俞说好吧，这只船就交你使用吧。船上呼叫我的人，就是王耀武派来接我的一位副官、两个警卫员。

渡江船当然是救星，但我是寸步难行的人，如何上船，的确又遇到难题，因为岸上人山人海，哪个不想登船逃命呢？船离岸尚有三十米远，就有大批人跃向江中浮去，几乎把船都弄翻。后来有位水手想了一个妙计，拿一条绳索投到岸上，叫我的副官把绳一头系在我的腰上，船上一拉，就将我拉上船了。我上了船又已不省人事。等我苏醒过来时，我的副官告诉我，当我从江里被拉上来时，已经昏迷，旁边有位军官随身带有一瓶云南白药，叫我的副官灌到我嘴里，我才醒过来。我对这位军官，当然表示感谢。请教他的姓名、单位，他说是总指挥部的高参，姓何名无能。下面就是我们的对话。

我问：贵部的指挥所在何处？为什么各部队一直联系不上？

答：坦率告诉你，唐总指挥负此重任，事前一点准备没有。仓促组织起来，连各部队的指挥系统、单位、兵力驻地都茫然不知。

又问：你们的指挥部，对守城作战部队下过几道命令？交换过几次敌情情报？

答：这是参谋长与参谋处的事；我当高参的不管这些。

又问："与城共存亡"，你们有这个思想准备吗？

答：讲话谁都会讲。真正做到是难上加难。

又问：既不准备死守，为什么一点渡河器材不控置在江南沿岸？

答：我只听说指挥部为渡江船只一律不留在江南，开过一次会研究过。有位军事家据说是老保定的高材生，他说孙子兵法有那么一条："用兵之道，置之死地而后生。"用在南京守城战，使守城将士断绝后逃念头，下定决心与城共存亡，不是“置之死地而后生”吗？这就能打胜仗。

我们的话谈到这里，我的伤口愈加剧痛，想到前线的战友更加心痛，难以抑制。此时听到一声汽笛，预示船已泊岸。我说了一声：“何将军，谢谢你的指教，我学了不少东西，再见。”

我们登上岸到了浦口车站，那里空无一人，据说日军已占领江浦。当地农民叫我们绕道而行。我原来的担架在上船时已经甩掉，他们临时搞块木板做一副临时担架抬着我，好不容易在 13 日上午 10 时抵达花旗营火车站。我叫担架把我抬上车厢。有位宪兵来询问是何人，我的副官拿出我的名片交给宪兵，宪兵送到车上请示，不一会儿，出来一位军官请我上车，安排我在餐车上坐下。我说，也好，连我带来的一共 5 人，先把肚子填饱再说。不一会儿列车已经向北开动，疲劳的身躯，已经进入睡乡。又过了一天一晚，到了汉口车站。回想这段遭遇，愤慨的心情久久难以平息。

日军南京大屠杀和在各地的暴行

日军南京大屠杀亲历记

王鹤标*

牺牲已到最后关头

1937年7月7日，日本军队在卢沟桥攻击中国驻军。我那时奉调庐山暑期军官训练团第一期受训。那天早上朝会时，蒋介石当众发表声明："和平已绝望，牺牲已到最后关头。"随即点名孙连仲、徐庭瑶、关麟征、胡宗南等将领，立刻结业，各回去率领所部奔赴前线杀敌。被点名将领跑步出列到主席台前，向蒋介石敬礼，高呼："誓死保卫党国，消灭敌寇！"一时全场三千多名受训人员，呼声雷动，军乐大作，气震山河，同仇敌忾。

八一三上海抗击日寇及西撤

1937年8月，我受训结业回到第八十八师五二三团，其时我是该团少校政训员，随即从无锡开赴上海闸北。第八十八师归淞沪战区指挥，同第四十二军第八十七师守江湾、蕰藻浜一线，陈诚第十八军守吴淞、大场一

* 作者时任第八十八师第五二三团政训员。

线。8月13日凌晨，日寇挟其陆海优势兵力向我军猛攻，我军奋勇还击。15日，日海陆军用远程大口径炮炮轰我前沿阵地不下数千发，继后坦克向我阵地猛冲，我军跃出阵地向敌后续步兵冲杀，展开肉搏战，气势如虹，将敌杀退，并炸毁敌坦克十余辆。以后十余日，日寇多次向我战区进攻，均未得逞，上海市民及各界人士前来慰问，士气更振。在整个上海战区，我军始终与日寇奋战，持续两月，我阵地巍然不动。

11月7日，日寇突袭杭州湾金山卫，以海空军掩护1万多人的陆战队强行登陆，我守军仅一个团，未能阻敌前进，日寇登陆成功，敌后续部队3万余人陆续跟进，在抢占枫溪镇后，即沿沪杭铁路北进。北面敌海军在突破长江口后，从白马口登陆攻占南翔昆山，对我淞沪战区形成南北夹击的大包围态势，我军被迫后撤。由于战局突然恶化，五十多万大军于8日沿青浦公路及京沪铁路同时西撤，日机数十架轰炸扫射，伤亡惨重，战斗序列大乱，车辆、辎重、炮群拥塞道路，无法行进，大多弃置而逃，武器装备损失很大。官兵星散，无法控制，更无法组织兵力阻击，真是兵败如山倒。我第八十八师，在师长孙元良指挥下，以团为战斗单位，相互掩护，比较有秩序地向西转进，没有多大散失，于11月8日抵达南京，此时国民政府已大部迁往武汉。

日寇分两路西进，一路出太湖南沿吴兴、广德、郎溪向皖南进犯，主力沿京沪铁路长驱直入，未遭大的阻拦。从上海至南京沿线构筑的半永久性国防工事，没有发挥丝毫作用，以致日寇将沿线的苏州、无锡、丹阳、镇江等市县占领后，于11月下旬分三路进抵南京外围。虽然军委会曾下令退下来的部队分别按指示固守南京近城外围，但溃退的部队失去控制，大多以营连为单位行军至南京。因得不到上级指示，一部分越过南京继续向西退去，大多数向南京城内蜂拥而入，估计不下十八九万人。徐庭瑶已先回南京，临时寻找各部队军师长开会，分别收容入城部队，编成以团为建制单位，布防城外各据点，构筑工事防守。我第八十八师建制比较完整，担任中华门、光华门城防。越数日，日寇前哨抵汤山、羊山镇、枫桥镇一带，并未直接进攻。

12月初，日海军在陆军配合下，攻占了江阴要塞，沿江西犯至南京，我江防炮艇与敌激战一日，被日舰击沉数艘，余乘夜向西驶去。日舰继续西犯，进抵芜湖江面，在与陆路西犯之敌配合后，芜湖于 12 月 8 日被日寇攻占，南京成为一座孤城，影响士气不小。本来在此艰险困难情况下，城内外还有近 20 万兵力，如同心同德，指挥得当，团结对敌，以置之死地而后生的气概，拼死血战，开辟退路，作有秩序的战略撤退，还可保存战力，继续抗战。大军经过大半月徒步行军，加以日飞机不断骚扰，大多是在夜间行军，到达南京，疲惫不堪。经过收容、归队、整编休息数日，又投入战斗。重武器全部丢失，仅凭轻武器作战，战斗力可想而知，再加以芜湖失守，军心恐慌，均在作如何逃跑打算，所以日寇在形成包围之后，即发动进攻，外围各据点之战斗，仅支持一天，即纷纷后退，有的进城，有的向皖南撤退。日寇进抵城外，即向城内猛烈炮击，飞机飞临上空狂轰滥炸，城内到处房屋烧毁，火光冲天，死伤军民不少。民众如潮水般向城外奔逃，日机低空扫射轰炸，死伤累累，途为之塞。1937 年 12 月 13 日凌晨，南京陷落。

大屠杀的前兆

扼守中华门、光华门的第八十八师，与来犯日寇在雨花台外一带垣陵地展开激战，互有伤亡，敌多次冲击，均被击退。14 日敌攻进友军所守的汉阳门，沿五台路占据了五台山高地，并由上海路直插中华路，欲包围我第八十八师。形势紧迫，我师遂北撤至挹江门，终退出挹江门沿紫金山北麓向东进入敌后。守挹江门的第三十六师，尚不知日寇已入城，在挹江门前布置机枪火网，出城军队均遭射击。不知他们听何人命令，不准军队出城，几经联系，不得结果，致使我师被阻止在挹江门内。守中山门外孝陵卫至明陵一线之第八十七师，也退入城内经黄埔路相继北撤至挹江门，在形势紧急混乱下，不顾一切向门外冲出，造成自己人打自己人的荒唐局面，冤枉伤亡不少，可见当时军事慌乱情况达于极点。

我在这样危急之时，不愿去冒死犯险，决定放弃出城的希望。潜入附近一民房，房主人已逃走，我找到一套便服，脱下军装，藏匿了手枪，出来随着难民群流走进鼓楼华侨招待所难民收容所。日寇入城前，教会方面，曾去城外与日本军部联系，请求将鼓楼以西地区划为驻难民区，日军未同意。这个难民收容所，是南京基督会设立的，他们在鼓楼区开设有 12 所，其他为天主教、圣公会所开设，共有 85 个难民收容所。进入的难民男女老少及小孩婴儿都有，到 15 日已收容五千多人，到处铺满了卧单席子，还在陆续进来，后来的都蹲在走廊屋檐下，于是将大门关了，人虽多秩序还好，都垂头沉默无语，不时听到小孩叫婴儿哭和大人的叹息声，不知前途命运如何！头两天每人还发两个馒头，第三天就只有一碗稀饭了。14 日那天，有零星日兵进来，到处看了一下，在难民中强搜了一些财物和香烟，一个贼寇侮辱性地揪了一女青年的脸，哇哇大笑地叫道："花姑娘大大的有！"扬长而去。那个女子看去不过十七八岁，骇得脸青发抖，日寇走后，双手捂着脸，哇的一声扑在她妈妈的怀里痛哭起来，所有人都切齿愤怒。

15 日上午，有十多个日寇气势汹汹地进收容所来，要难民们打开行李包检查，有无隐藏武器，结果没有发现，可是连菜刀、水果刀都搜走了。又强拖走了 3 个年轻妇女。一个青年女子，死死抱住她妈的腿不放，日寇提起穿皮靴的脚，猛力踢老妇，那青年女子在号啕大哭声中被拖出去了。另一个老妇，向日寇跪地哀求，愿替代女儿去，也同样被日寇踢倒了。日寇走后，所有妇女无不掩面痛哭，男友们个个咬牙切齿痛恨，有几个妇女用锅烟抹黑脸颈，其他妇女也都纷纷效仿，锅烟没有了找阴沟泥抹脸，衣服撕破剪烂，尽量显出褴褛相，以图幸免。

人都有求生的强烈欲望，我在 13 日进入收容所时，看到一位老先生，手举救世军旗帜，先后三次带着男女难民到收容所，看外表像这个收容所的管理人员。经过我这两天来的观察，认定这位老先生一定是热心救人的基督徒。经打听，他名叫李炳森，夫妇二人是做成衣生意的，徐州人氏，有一只眼睛失明，夫妇年龄都约五十多岁，有一个十四五岁的儿子。我看这两天来日寇凶残情况，往后会越严重，寻着李老先生一人在办事房的时候，我立刻进去，很坦率地向他说："老先生，我是当兵的，在八十八师任少校政训官，北方人，家在河北保定，家有老母和新婚妻子，现在只有求老先生救我了。"

他向我端详了好一阵说：“主啊！济世救人，老母妻子都在盼望你吧？好，问你时，我来回答。”我再三向他鞠躬，表示深深感谢。

大屠杀开始了

12 月 16 日上午，一大批日本宪兵来到收容所，荷枪实弹上着刺刀，布置在所内广场周围，气势汹汹，气氛立即紧张起来。日宪兵队长通过汉奸翻译，要所有年轻男人都到广场上来，共三千多人；并告诉大家，凡承认自己是当兵的，可以免死，只当俘虏处理，自认的有一千多人，几乎有一半，这给日寇大屠杀指示一个方向，随即带出去用汽车运到新街交通银行仓库后院，供了一顿黄萝卜干米饭后，约一小时又押回收容所。我看出日寇的欺骗性，没有站出自认。

17 日上午凌晨，三百多个日本宪兵又来收容所，气势更汹，除广场布满警戒外，四周还架起机关枪瞄准广场。宪兵队长向翻译叽咕了一阵后，翻译大声说：“所有男青壮年通通到广场来。”宪兵还到各间屋用刺刀驱赶，共有三千多人，这次我也被赶到广场上来，有一个害怕不敢出来的青年，宪兵队长咧嘴叽里呱啦地大叫一声，抽出所佩军刀，向那青年上胸部猛力捅穿背心，军刀抽出时，那青年鲜血直喷在粉墙上倒地死去。一妇女见状惊叫一声昏倒，日寇队长将带血的刀在青年身上擦拭，哈哈大笑。这时门外排列着若干辆大卡车，把全部年轻人拳打脚踢押出按顺序上车。我因恩人李老先生相救，他把和我事先想好的说辞，向一个大胖汉奸说情，说我是福音堂圣经书店学徒，不是当兵的，请他转达宪兵队长。大胖汉奸嫌他多事，经老先生再三请求，才答应转达。日宪兵队长点头准许，指示我出列。我学着老百姓走路出列，两脚叉开站着，他“嗯”了一声，一个背着队长的日兵，有意打我一巴掌，我头一闪没有打着（如果我站着不动让他打中，可能我就逃脱不了）。就这样我未登上死亡车，从鬼门关回到收容所。

据李先生儿子从教会传出，日寇把这三千多人押运至下关江边，一排排捆绑站着，以预先架好的机关枪扫射，将尸体抛入长江，把江水都染红了。

就在这天下午，一大群日本兵，其中有部分佩军刀的军官，来到收容所，把所有约 2000 名妇女都叫到广场一排排地站好，专指脸上涂有锅烟及污泥的出来站在一边，我看出奸诈的日寇，又要向这批中国妇女下毒手了，最后又从抹黑的妇女中挑出比较年轻的约 1000 人拉出来站在广场的一角。一些日寇军官，当场动手动脚进行侮辱。突然间发生骚动，我看得很真切，一妇女在日军官对她进行极为可耻的侮辱时，愤怒已极，趁其不备，抽夺其所佩军刀向他刺去，贼寇一侧身，以手拂刀，仅轻伤其臂。贼寇一脚将妇女踢倒，踏在身上，夺回军刀，“呀”的一声，向妇女头部砍去，疯狂地一手提刀，一手提还在滴血的头狂叫乱舞，骇得所有妇女掩面发抖，不敢吭声。这一瞬间，发生如此悲壮激烈的一幕，显示出中华儿女可杀不可辱的气概，真不愧为巾帼烈女，令人敬仰。我切齿痛恨，自责身为中国军人，不能保国卫民，听任日寇践踏大好河山，欺凌我妇女姐妹，屠杀我同胞兄弟。此仇此恨，誓死必报。这时一汉奸出来要这些年轻妇女去拿着衣服包，准备押出去。顿时，所有妇女号啕大哭，跪地求饶。有的是母亲出来抱着女儿哀求，有的是妈妈出来愿意替换女儿，一时哭声震地，秩序大乱，有几个妇女，乘机冲出大门，向外逃跑，却遭日寇追出枪杀在街上。狠毒狠心的日寇，鸣枪舞刀，示意汉奸高叫：“不要动，不准哭，除开老婆婆和有小孩婴儿的妇人外，其他所有妇女，都去皇军被服厂做工。”就这样在刺刀威迫下，两千多个妇女，如羔羊般地被押出去登上卡车。此时，一老太太突然站起来把还未出大门的一小女子双脚死死抱着，不让出去。日寇用皮靴蹬她，仍紧紧抱着不放。那女子反身抱着老太太颈项大声喊：“奶奶！奶奶！”叫声凄惨，日寇揪着女子发辫向外拖，老太太抱得更紧同被拖走。这时一日寇军官走来，拔出军刀，“呱”的一声，举起军刀猛力砍断老太太双手，老太太昏死倒下。不一会儿，那个贼寇又返回，怒气冲冲叽叽呱呱地走到老太太面前。昏倒未死的老太太，竟然神奇地坐起来，举起血淋淋的一双断臂，怒目高声骂贼。贼寇拔出手枪，连击三枪，英雄的老太太，竟稳坐如山。贼寇怒踢，老太太溘然而逝。

日寇走后，我们才知道，那被拖出去的小女，乘寇不防，头猛撞门外水泥砖柱，脑浆迸射而死。又一个烈女！我们把她抬进来，向李老先生请求，予以埋葬，他很悲愤地说:“我们教会，没有做到保护难民安全，真对不起死难者和被抢走的难民们，真没想到日本军竟这样的凶恶。”他夫妇去找来木板，难民中有会木工的，钉成一大二小三个木匣，大的合殓老太太祖孙二人，小的分别装殓这位烈女（在墙角垃圾堆里找到妇头，一老妇含泪缝合）和早上被杀的青年，埋葬在华侨招待所后花园里。一位教书的老先生要来两块木匾和笔墨，一块写“南京殉国无名英烈祖孙之墓”，一块写“南京殉国无名巾帼英雄之墓”，插在她们坟前。李老先生要所有难民都来参加用宗教葬仪祭拜祈祷，祝她们早升天国。

收容所现在除在李老先生庇护下的 4 个年轻人和有小孩婴儿的六十多位妇女外，余下男女老少总共不到 700 人了，格外显得冷冷清清，凄凄惨惨。目睹这一天来发生的惊心动魄、惨绝人寰的日寇暴行，所有幸存难民，个个都义愤填膺，切齿痛恨。一位老者站起来振臂高呼：难道我们连一条狗都不如吗？我们是人，是中国人！难道我们就这样任人宰杀吗？又一位站起来说：再杀和他们拼了！李老先生闻听赶来劝说：“请诸位务必安静些，外面的巡逻队，深夜也会来的。前天护国路一个收容所，日本兵进去，一个冒失鬼投了一颗手榴弹，炸死两个日本人，炸伤多人，日本军队把收容所包围起来，用机关枪扫射，里面两千多个难民，全部打死，还放火把收容所烧了。你们手无寸铁，怎样和他们拼？不知为什么日本人这样仇恨中国人啊，南京城内 58 所难民收容所，所有男女青年都被押解走了。放回的很少，街上到处是死人，日军不听教会的招呼，你们千万不要闹了。”

18 日，还有零星男女难民来收容所，据他们说：日军挨门挨户清查当兵的，同时也抢劫奸淫，如反抗不是捉走就是枪杀，听说教会办的收容所安全些，所以离家出来。他们哪里知道这里同样不安全。

我感到收容所非久留之地，虽有李先生保护，但随时有日寇来搜查，我这个年轻人目标明显，想另找一个安全地方，或者设法出城。我约同李先生儿子一道出去，看看外面街上和城门口进出情况。我们沿鼓楼南街寻小巷向新街口方向去，走到汉中路转角处，远远看到新街口圆草坪的中山铜像方形座基上，放得有十多颗人头，草坪上横七竖八的尸体数十具。我们退转来沿街西行，到处是被枪杀的男女尸体和死狗，腥气扑鼻，走到水西门附近，老远见日本兵在城门边来回巡走，估计其他各城门都有日兵把守，出城是不容易的。我们从小街转到山西路一带，所到之处，触目惊心，在大街和街沿及街边房屋内外，到处是被打死的穿黄呢军服及皮靴的中国军人，尸体横七竖八，看情景是集体包围，突然遭机枪围困射杀，状极凄惨，已凝结成乌黑色的血液，满地横溢，血腥气扑鼻。后来从难民医院打听到，这是教导总队，官兵两万多人，当日寇进城时，据守总统府国民大会堂及中央党部，本可凭坚固建筑抗击日寇。由于总队高级军官已逃走，无人统一指挥，军心涣散，在日寇诱降解除武器后，集中在山西路、民国路一带，围困集体枪杀，使两万多士兵，无辜被害，令人浩叹。我回到收容所，深感危机四伏，出城希望破灭，必须改变处境，经向李老先生请求同意，担负收容所清洁卫生及厨房打杂等工作，改变了身份，搬到李老先生儿子的住房，有了安全感。

连日来，南京城枪声不绝，烟火弥漫，街上行人绝迹，不时有满载被押中国人的大卡车和日寇巡逻队经过，夜间时闻野狗争食死人的狂叫声。时属隆冬，阴云密布，苦雨凄风，笼罩着整个金陵大地。日寇杀戮中国军民，无所不用其极，竟展开杀人比赛，一狂寇连续用军刀砍106人而获得冠军。杀人太多，挖坑不及，杀后投入秦淮河，河流为之堵塞，而大部分是押至长江边下关及采石矶，用机枪扫射，尸体抛入长江，血随江流，下游5里尚可见血流。据教会传闻，仅在江边被枪杀的，不下十六七万人。据官方估计，日寇在南京屠杀我军民共三十余万人，在人类历史上，恐怕没有比如此骇人听闻的大屠杀更残暴、更无人性的了。

日寇报复心特别凶狠，收容所厨房买菜的李老头说：19日日寇一军曹醉后单身闯入岳阳路一居民家，以暴力奸污一妇女，其夫回家见状，怒极以菜刀将寇砍死。事为日寇查知，并找到寇尸，寇怒，除将妇轮奸后以尺长木棒插入妇下身至其惨叫而死，又以粗铁丝将其夫脚踝穿透挂在街边树上，活活吊死。挨邻几家，妇女被奸，男的捉走，日寇说他们事后不报告，因而连坐，殃及20余人。从此寇兵横行街里民户，无敢稍抗。南京已成鬼蜮之城。

日寇残暴的另一面，是其对中国妇女之奸污凌辱，据传日寇在南京奸污中国妇女达 3 万多人，其中 1 万人集中在三条巷、仁义里几条弄巷，由日本“慰安妇”来管理训练，再分送到前线，沦为军妓，供日兵玩弄取乐。她们被凌辱奸污，到了求死不得、求生无路的悲惨境地，最后被蹂躏至死，抛尸荒野。南京成为日寇在华军妓供应基地之一。

死里逃生

12 月 25 日，日军发布布告，在金陵大学女子文理学院发放“安居证”，声明到 1938 年 1 月底发现无证者，以军法论罪。南京在政府迁走前，有人口一百三十余万，现在已不足 20 万人。26 日凌晨，我和李老先生前往，依次排队候领。27 日中午，终于轮到我们。发放地点，在女子文理学院广场大木棚台下，每批放 200 人进去。日军少佐于野站在台上，以流利的北京话先向南京父老们道声辛苦久等了，然后宣称：皇军宽大保护良民，好的百姓，不要隐藏当兵的。继又说：为给潜伏的中国兵留一条生路，凡当场自认的，绝对保证生命安全，绝不失言。继而以威胁的口气说：“领了‘安居证’还加五家连环保，如发现居民有保护隐藏当兵的事情者，五家通通格杀。”最后加重语气说：“这是给中国兵最后一条生路，万勿错过。”于野说完后，汉奸詹荣光上台又重复一遍，大声说：“我是中国人，绝对不骗中国人。”经此诳骗后，在我们这 200 人中，站出来自认的有 7 人，另外站在一旁。我当时抱定至死不当俘虏的决心。虽然李老先生暗示劝我出来自认，我终不为所动，宁遭杀死，也不苟且偷生。在发放“安居证”之前，日兵逐个检查，先量身高，我一米七八。再检查我的手掌和右手食指有无老茧，因为拿枪日久，手掌及食指必生老茧。我是政工军官，较少持枪，因而又闯过这一关，领到了“安居证”。回到收容所，李老先生决定将我掩护下去，我向他拜谢大恩大德。安居证发放完毕后，李老先生说：那些自认出来的中国兵，大约有六七千人，日军确实未杀，而是组织起来，分队在老城外挖大坑埋死尸，遍街尸体，有的腐烂了用麻袋或用草包裹，秦淮河 1 万多尸体，腐烂得更厉害，臭气熏天，日寇强迫这些人下河去装，有的即昏死在河中；另一部分打扫街道，冲洗血污，清理搬运垃圾以及押着出城干搬运粮食和煤炭等苦力重活，稍一休憩偷闲，即脚踢鞭抽，苦不堪言。堂堂中国军人，受此凌辱，愧对中华列祖列宗。

八十八师政训处长曹君植和鼓楼医院院长黄诚之是至亲，得到黄的庇护。黄兼任南京难民医院院长，任曹处长为鼓楼分院主任，分院院址设在女子文理学院图书馆。那天我去领安居证在广场排队受检查时，曹从图书馆二楼窗户内看到了我，他很担心我的安危，打听到我的住处，即派人来约我去见他。我去他房内相见，劫后余生，不禁抱头痛哭，各诉在挹江门分散后历险经过，谈及八十八师八千多名官兵命运，可能大部遇难，孙元良师长不知出城否？淞沪战役，给日寇以狠狠打击，形势很好。由于战略指挥上大的失误，数十万大军，遭此惨败，国都不保，30 万军民遭屠杀，愧为军人。互励一定要设法脱离危城，重振旗鼓，誓死消灭倭寇。他要我到分院任挂号员，佩上红十字臂章，安全暂时得到保障。

南京沦陷两个月后，城内物资匮乏，尤以粮食蔬菜及副食品更为缺乏。市面除纸烟杂货小摊外，商铺未开门，政府发行的钞票，日军禁止使用，代以“军票”流通。市民疑虑，暗中以物易物。市民存粮耗尽，街上成群结队要饭讨口。传闻去日军营门口要饭遭到枪杀，有的铤而走险，昼夜行窃抢掠，人心惶惶。日军下戒严令，下午 7 时，禁止通行，违者枪杀。年前是一座冤死城，年后成为一座饿鬼城。1938 年年初分街道施粥，人多粥少，后排得不到粥，于是拥挤抢粥，日寇用军刀乱砍，造成粥未得，先丧命，遂停止。3 月中旬，日侵华头目华东派遣军司令长官冈村宁次来南京，成立维持会，大汉奸徐崇武任会长，从城外运粮供应，但首先保证军粮，民用粮很少，粮荒未减，准许百姓凭安居证出城做生意。大批市民相率出城，有的没有回城，据说此时南京人口只有十三四万了。

逃出地狱

我在难民医院，一时安然无事，但看到日寇横行无忌，同胞苦难深重，身为军人，未能保国卫民，山河破碎，生灵涂炭，绝不能苟且偷生，做日寇顺民。又闻孙元良师长已化装逃出，于是去和曹君植商议脱离虎口之计。两位知心难友议妥出城之计。行前头一天晚上，我去向恩人李炳森老先生辞行，李恩人说："你好不容易把这条命捡回来，现在又有安全工作，为啥还去冒这个险？"我说："长此下去我会落伍，看到同胞们遭受的苦难，正在水深火热之中，实在看不下去，做这样的顺民，有啥意思！"居然把李恩人说服了，他留我吃晚饭，他夫人还给我做煎饼作路上干粮，并向神祷告一路平安。我跪拜叩谢大恩，表示永世不忘，将来有机会，一定来南京看望。夫妇俩送我出门，还一再叮咛，此去后方日军盘查很严，千万小心。他儿子还送我回难民医院。

1938 年 3 月 27 日黎明，我们三人化装成小贩，我肩上搭着麻袋。内装两条烟向水西门走去。守城日兵逐个盘查，先问：干啥出城去？住哪条街门牌号多少？一一登记，五户联保长是谁？查看联保证明，再看手掌右食指无问题，把安居证留下，回城再取。我们已不想再回，慨然交出。我将两条烟取出给日兵，他跷起大拇指说："大大的顺民。"我狠狠地吐了一口痰，扬长而去。

我们走出水西门，顿然觉得是另一个天地，舒畅已极，不禁高兴得又跳又跑，回头看不到日寇，挥舞双手高呼："中华民国万岁！打倒日本帝国主义！"步行 20 多里，过了上新河到大胜关渡口，很侥幸正赶上午前守渡口的日本哨兵换岗离去，下午的哨兵还未来，登上过长江对岸的渡船，船上已有 4 人。我万万没有想到这个离南京 30 多里的渡口，还有日兵把守，要是没有赶上换岗空隙时间，后果不堪设想，遂急催船夫立刻开船。因江面宽，流水急，船须沿河岸逆水上行一段距离，幸船为堤岸遮掩，日哨兵未发现，等到船离岸向河对岸航行近中流时，听到岗哨日兵呼叫，中流水急，瞬间离岸很远，只听到几声枪响。船夫用力划船，激起浪花飞溅，打湿我衣衫，反而觉得很舒畅，很高兴，以手拂水，不禁想起东晋名将祖逖中流击桨，豪情壮志，高歌猛进之英雄气概。我站立船头，高唱抗日战歌，同船人亦和之，数月来压抑胸中愤懑之情，以歌代言，尽情发泄，更体会生命与自由之可贵。回首东望南京，乌云压城，还有千千万万的兄弟姐妹，在日寇铁蹄下被凌辱、被蹂躏，令人愤慨浩叹。

船靠岸登陆，和船上临时认识的一位周先生同行二十多里，到他家中留宿，蒙热情款待。翌日晨辞别周先生和村民，沿江西上，于4月15日抵武汉，去军委会政治部报到，分配到中央训练团工作。

1938年10月13日武汉为日寇所占，中央训练团迁重庆。1942年我申请赴河北省安新县老家沦陷区敌后工作，以遂夙愿，发动家乡民众起来抗日，组织武装游击队，配合友军破坏敌运输线，截击敌粮车，争取汪伪军弃暗投明，反正抗日，与日寇周旋，直到胜利。

南京大屠杀事件亲历记

唐广谱*

我叫唐广谱，原籍江苏阜宁，在六合县竹镇街上居住已有五十多年。1937年，我才19岁，亲身经历了侵华日军在南京大屠杀的惨剧，至今历历在目。

当年，我在国民党教导总队第三营营部当勤务兵，驻守上海江湾，自蒋介石下令国民党驻上海部队全部撤退时，我也随教导总队从上海江湾逃到了南京。

我们来到南京还不足一个月，日寇就逼近南京了。上级命令教导总队在城内担任城防任务，指挥部就设在新街口原国民党交通银行地下室，我负责警卫。

我们进驻交通银行地下室不久，日军就攻下了中华门。当得知日军冲到太平路时，教导总队的头头们拔腿先逃跑了。我和5个弟兄也赶忙向下关方向逃命。这5个弟兄中有个名叫唐鹤程的，是盐城人，与我最要好，故我俩相约结伴而行，至死不离开。

我们6个人跟着逃难的人群，一齐涌向挹江门。一路上，逃命的国民党

* 作者时为教导总队第三营营部勤务兵。

军队潮水般地奔向挹江门。当我们赶到挹江门时，挹江门洞口被人流堵得水泄不通。有的人拥挤时被绊倒，人们就从他们身上踩过去，再也站不起来了。看到这情形，我们 6 个人相互用绑腿把手臂连接起来，相约不管谁倒了，两边的人就把他拉起来。就这样，我们 6 个人硬是挤出了挹江门。

溃逃的国民党军队官兵把整个下关的大街小巷挤得满满的，望着前面的长江，人们没了主张，不知往何处逃是好，我们也随着人流盲目乱跑。这时，有个当大官的，骑着大马，冲进人群，手拿话筒高声喊叫："……弟兄们，要活命的，跟本人冲啊！"乱兵们看到有当官的指挥，顿时就镇定下来，秩序也就好多了。那个当官的叫轻、重机枪在前面开路，步兵随后，往上新河方向逃跑。当大量溃兵奔到上新河桥时，桥窄人多，多数人没有过桥。我和唐鹤程也没有挤过桥，其他 4 人则和我们走散了，不知去向。我与唐兄没法，只得跟着没有冲过桥的溃兵们，沿着长江向龙潭、镇江方向跑去。

我们利用比人高的芦苇做掩护，在江边芦苇中高一脚低一脚地向前奔跑。当我俩逃到一座桥前面，看见日军已在离桥不远的城墙上架起几挺机枪，把桥封锁住了。许多想冲过桥的人，全被打死在桥头和桥尾，血流遍地。我和唐鹤程趁着日军扫射停歇的片刻，冲过桥去往燕子矶跑。到了燕子矶街上，已见不到一个人影了。我俩找到一块剁肉的大案板，使尽吃奶的力气，好不容易才把它抬到江边，放在水中，想靠着它渡到江北去，可这时我们已经累得筋疲力尽，扶着它在南岸江边打圈圈，没有办法，我俩又重新回到燕子矶。

天黑了，日军杀人的枪声越来越近。我与唐鹤程没命地跑上山，蹲在坑里，不敢发出一点声音。天还没亮，我俩被日本兵搜山时发现，把我俩押至街心的一个空场地方，背靠背、手臂对着手臂地绑起来。此时，场上已站满了被捆绑的人，日军还陆续把许多人赶到场上，捆绑起来。后来，我俩随着这一大群人，被日军押解到幕府山原国民党教导总队野营训练的临时营房里。在这七八排竹泥结构的棚子里，塞满了被抓来的人。在这里连饭都不让吃，到了第三天才给点水喝。日寇稍不如意就开枪杀人。5 天过去了，我们饿得肚皮贴着脊梁骨，只剩下一口气了。很明显，这是日寇要把这些人活活地饿死。这时，一些有胆有识的人提出：宁可饿死，不如拼命死个痛快。他们暗中商定，以放火为信号，每个房间的人一起冲出去。晚上，有人把竹屋给点着了。火光就是命令，人们不约而同地一起向后冲。当大家推倒营房四周的竹篱笆时，都傻眼了，挡住出路的竟是一条又宽又深的水沟。为了逃命，大家也顾不了那么多了，纷纷跃入水中，拼命向对面游，可是到了沟对岸，又被一堵绝壁拦住了。由于体力的耗尽，再也无计可施了。当我们还没有回过神来，日军的机枪无情地向人群扫射了，顿时，中国军民的鲜血把水沟全都染红了。活着的人被押回营房，因为烧掉的房屋所剩无几，人们只得挨个拥挤在极其有限的地方，像塞入罐头一样，透气都感到十分的困难。

第六天清晨，天还没有大亮，敌人就把我们拉到院子里，把所有的人臂弯对臂弯地用绳索捆扎起来，直到下午两点多钟，才把被抓来的人全部绑完。然后，日寇又用刺刀逼着我们排成队，向老虎山方向走去。当时，大家已饿得一点力气也没有了，哪能走动？但是，日本兵在队伍两侧，看谁跟不上队，就给谁一刺刀。走了十多里路，天已经黑了，敌人改道把我们赶到上元门离江滩不远的空场地。六天六夜没有进食了，又走了许多路，一停脚步，大家就瘫坐在地上，再也站不起来了。一时间，场地上黑压压的不知坐了多少人。

当人们察觉到日寇要下毒手——集体屠杀时，求生的欲望使我们相互用牙咬开伙伴的绳结，准备逃命。大家还没有全部把结头咬开，四周的探照灯亮了，漆黑的夜一下亮得使人头脑发昏。接着，江面上两艘日舰上的机关枪以及三面高地上的机关枪，一齐疯狂地向场地上的人群扫射，大屠杀开始了。

机枪一响，我和唐鹤程赶忙趴在地上。人们纷纷中弹倒下，我憋着气，动也不敢动，20 分钟后，机枪停了，我右肩头被打伤也没有知觉，死尸堆积在我身上，感到特别重。我战战兢兢地摸唐鹤程，拉拉他，低声问：“你怎么样，受伤没有？”他回答道：“没有，你伤着没有？”话声未落，机枪声再次嗒嗒嗒响起来了，我吓得赶紧伏下，藏在死人堆里，纹丝不动。等到第二次扫射停止，我发现唐鹤程已经没有任何反应了，当我摸他的头部时，才发觉他头部已中弹，鲜血还在往外涌，我很害怕，连忙缩进死人堆里……

过了许久，周围再也听不到任何响声了，我想赶快离开这个鬼地方。于是，我慢慢地从死尸中探出头来。前面横七竖八的尸体挡住了我的出路。如果从同胞的尸体上往前爬，肯定会被敌人发现，急中生智，我用脚勾住后面的尸体小心翼翼地向后缩，当我缩到死尸堆边时，再也不能动了……

探照灯早已熄灭，黑沉沉的夜，淹没了日本恶魔屠杀中国人的现场，江水哗哗，如同凄惨的哭声。不知过了多长时间，我又听到了日寇收拾东西的声音，接着便是走动的声音，汽船也突突地开走了。待敌人走远了，这时我才大胆地连走带爬，向下游走了十几里。我趴在一个窑洞边，只见窑洞口也躺着被日寇杀害的许多同胞。我也顾不上那么多了，爬进能避风寒的窑洞里。

我迷迷糊糊地等到天亮，又迷迷糊糊地待到中午。傍晚时分，突然我影影绰绰看到一艘小船直向窑洞方向摇来，吓得我心都要跳出来了，赶忙躲起来。小船靠岸了，看见船上是一老一少两个中国人，我便放心了，上前打招呼。原来，他俩也是家住南岸，为逃避日寇的搜捕才跑到对岸八卦洲躲起来的，今晚趁鬼子的巡逻艇不在，过江来装牛草。我迅速奔向船头，请求老人家救我一命。老人见我浑身是血，十分可怜，就让我藏在船舱里，用稻草盖好，把我带到了八卦洲。

后来又经过几次危险的周折，我才到达解放区——竹镇。

（吴燕整理）

鼓楼医院美国医生的日记

[美] 罗伯特·威尔逊*

【编者按】1937年年底，侵华日军制造的骇人听闻的南京大屠杀惨案，国内外已有许多材料公布于世，这份材料则是一位亲身经历了这一事件的美国人提供的。日记的主人是1932—1941年在南京鼓楼医院工作的外科医师罗伯特·威尔逊先生（1906年生于南京）。威尔逊先生在日军入侵南京时，曾积极参加了当时国际委员会的工作，多方奔走，为保护中国难民做了许多力所能及的事。第二次世界大战结束后，他又在东京远东国际军事法庭审判日本战犯时，以目击者的身份出庭作证。

感谢这位富有正义感的美国朋友。在他的日记中充满了对日本军国主义的强烈憎恨，以及对中国人民的友好与同情，他在日记中也明确表示，他记录这一切，完全是希望能够保存下来，作为指控日军暴行的有力见证。

下面是日记原文中与侵华日军暴行有关材料的摘译。

---

* 作者时为金陵大学附属医院（今鼓楼医院）外科医生。

1937 年 11 月 29 日

……国际委员会正努力于在这城区建立一个避难区的工作，这对于中国人来说是事关重大的，我们没有从日本军部处得到准许，从他们的报纸报道看无疑是不祥的。避难区范围从新街口到山西路一线以西约半英里，包括除了医院路边的围墙以外的全部大学所有地（编者注：此处的“大学”指当时的金陵大学，即现南京大学所在地），医院的主要建筑都在这区域之内，如果这个计划最终失败，我们预料将会受到严重炮击。

11 月 30 日

我面对着的是比上个月更紧张的一个月。日本人已经占领了江阴要塞炮台……医院在此处继续开放，许多病人正在离去，我正试图令我们现有的伤兵出院，以便接受在保卫这城市中受伤的人。各式各样的推测在流传。响了两次以上的警报，但没有飞机来到这城市上空，后来听说他们轰炸了附近的地方。

12 月 2 日

……今天下午许多犬式战斗机在这城市上空进行了一次凶猛的袭击，有三架日本飞机被击落，也有两架中国驱逐机被击落。我们现在照看着两名俄国飞行员，一个有颅骨骨折，大腿中有一粒子弹，而另一个有两处轻微骨折。

……Butterfield 航线上的最后一条船“黄埔”号（Whangpoo）今天半夜开航，该船已装载故宫博物院的珍宝有好几天了。金陵女大校长吴贻芳博士，金陵大学校长陈裕光博士，以及最后 4 个我们以前的中国同事陈医生、杜医生和两个福州护士也搭乘这船，留下我这南京唯一的外科医生，屈穆尔还在这里……

12 月 3 日

我在办公室核对了一下，现在我们有 99 个病人，我正照看着其中的大约 95 名，这令我在一天中要花去相当多的时间……我从一个俄国飞行员身上取出一块弹片，他还有一处颅骨骨折，嘴唇裂开，打掉了牙齿和踝部裂伤；另一个飞行员踝部和前臂裂伤。

12 月 5 日

……今天是空袭比较严重的一次……飞机在中央医院附近的民用机场旁乱丢了一些炸弹……我带回了 4 个伤员。一个伤员的腿血肉模糊，我将立即将其截掉，另一个的腿被炸碎，我将试试去救治他。一个男人在他的手臂中搂着一个两岁的孩子，这孩子的母亲和姐姐已被炸死了，而他自己有颅顶部的穿通伤，以致脑浆流出来，他仍在呼吸，所以我把他放到救护车里，但到达医院后很快死了。

12 月 7 日

下午大约有 100 名担架兵从下关来，留下大约 50 名受伤的战士……屈穆尔和鲍恩典以及 Hynds 小姐都在出色地工作……

下午我们接到了大使馆的最后警告，被告知明晨 9 点半余下的美国人将要离开，在 9 点和大使馆的大多数成员及新闻记者集合一起走，留下 13 人，包括我们的家属，及医院的外国职员。我们怎能离开这严重的病人？另外这里正在酝酿为了平民的难民区计划，今天他们从日本人那里收到了正式答复，他们没有特别的保证，但无论如何要继续搞下去……

12 月 9 日

……日本人的前哨在有些地方已到达城墙处，大使馆的全体人员在作最后一次努力说服，我们以后全都上了炮舰……我们接受了一些伤员而医院再一次住满……

……国际委员会的 5 个成员现在正在屋里商议一件伟大的工作，但是其结局是一件令人严重担心的事，日本人明确地说他们不承认它。在这个国际区内我们周围大约有十万平民，挤满了所有能够利用的建筑物，他们将发生什么事纯粹是猜测……国际区全都用旗帜和国旗标志起来，所以至今日本人还没有轰炸过它，我们依然希望即使他们不承认它，但他们可以不侵犯它。如果他们能这样，则意味着挽救了成千平民的生命……屈穆尔领导着国际区的一个卫生委员会。

……收音机里报道说这城市将在一天左右陷落，我想这是完全可能的。

12 月 14 日

南京的战斗已结束并过去，我想起来最后的日记是在上星期五写的……

在星期六，日本人在有些地方不断地炮击城墙，他们派出一支分队接近光华门，但被击退。然而在星期六晚上守军突然撤退，士气崩溃，整夜中国士兵成潮水般向北涌向下关，没有纪律，他们丢掉所有的枪支和器材，这些枪支弹药散落在所有的道路上，他们说下关的情况是令人吃惊的，当那里没有船渡他们过江时，当简单扎在一起的木排被打翻时，成千人被淹死，小船因拥挤而下沉。

在 13 日星期一早晨，日本人沿几个城门进入城市，有些从北面的和平门，有些分别从西面的汉西门和东南面的光华门进入，一夜他们完全控制了这城市……南京留下的人，15 万或 20 万人挤入到安全区，国际委员会正做着巨大的工作，毫无疑问，由于他们的努力从而挽救了成千人的生命。在最后时刻成千中国士兵丢掉了他们的武器装备，穿着抢来的老百姓的衣服涌入安全区……

今晨我受到一队 30 名上了刺刀的日本人彻底的显然是非官方的搜查，他们什么都要用刺刀戳进去……他们叫一些护士排队检查，拿走了她们的钢笔、手电筒和腕上的手表，他们从事了一个抢劫护士的绝好的职业！

12 月 15 日

医院每天忙忙碌碌，今天大约有 30 个入院者，我们不能让任何病人出院，因为他们没有地方去……早饭后花了一上午查房，然后在午饭后开始手术。

第一个病例是个警察，炸弹炸伤了他的前臂，桡骨粉碎并撕裂了 75% 的肌肉，除了截肢无法可想。第二个病人是一个穷人，一大块弹片穿入颈部炸裂了部分下颚……后来又来了几个病人，在屈穆尔帮助下作了 X 光检查……另一病例被日本兵的军刀砍伤，军刀砍在后颈部，切断了所有肌肉直到脊椎，穿过了棘间韧带，他处于休克中而且很可能要死去。他是这店内 8 个人中的幸存者，其余的全都被杀了。

对平民的屠杀是骇人的，我所能继续记录的病人告诉我的强奸和残杀真令人难以相信，有两个被刺伤的病例是 7 个街道清洁工中的幸存者，当日本兵进来时，正坐在他们的总站里，在没有警告或理由的情况下被杀死了 5 个并伤了两个。

12 月 18 日

今天是现代人间地狱的第六天，血和掠夺的记录充满了张张日记，整批整批的人被杀戮，成千上万的妇女被强奸。这里几乎没有任何力量去阻止这些野兽们的残忍、淫欲和野蛮现象……

当我晚餐后返回住所在这儿过夜时，我发现 3 个士兵早已搜索过这块地方了。Hynds 小姐随着他们到后门口去。他们中间两个兵回来了，另外一个却不见了。他一定是在这周围什么地方藏起来了……临走时，抢走了 Hynds 小姐的手表和其他几只手表，也抢走了一些钢笔。

让我描述几件发生在前两天的事件。昨夜大学的一位中国员工的住所被捣毁，他的亲属——两个妇女被强奸。在一所难民营里，两个大约 16 岁的女孩被轮奸致死。在大学的附中里有 8000 人，但昨晚日本兵 10 次翻墙而进，抢劫食物、衣服，并强奸妇女直到他们满意为止。他们用刺刀刺死了一个男孩。今天上午我花了一个半小时为另一个 8 岁男孩做了缝补手术，他有 5 处刺刀伤，包括一处刺穿了他的胃，一部分大网膜流出肚子外，我想他将得救。

我正要外出时，那第三个日本兵被发现了。他在护士宿舍的四楼，那里有 15 位护士，在她们一生中的这一刻被留下了创伤。我不知道在我到达以前他已经侮辱了多少位姑娘，但在我来到以后，他就没有再干这类事。他拿了一两只手表，并想拿走她们的照相机。

今天我治疗处理了一个有三处子弹孔的男人，在一群 80 人中（其中包括一个 11 岁的男孩），他是唯一的幸存者。他们是被在所谓“安全区”的两幢房屋内带出来，带到西藏路西边的山坡上，在那里被残杀了，他在他们离开后出来发现他周围 79 人全死了。他的三处子弹伤不太严重。说句公道话，日本人残杀的这些中国人中，只有少数几个是退役军人，其他都是平民百姓。

有一个女孩，是由于产伤而致的弱智人。她除了抓伤了抢她的仅有的被子的日本兵以外，没有任何理智，而她得到的是被日本兵用军刀砍掉了半边颈子的肌肉。

另一个 17 岁的姑娘，颈部有可怕的又深又长的伤口，她是她家中唯一的幸存者，其他人都被杀死了。

在我处理完我所照料的 150 名病人以后，在我离开医院去吃晚饭的路上，圆圆的明月正从紫金山上空徐徐升起，无法形容，景色是多么美丽。然而，南京城已被入侵从事掠夺的那帮日本人，搞得完全荒无人烟了……

昨晚 Mills、Smythe 和 Fitch 一起坐 Fitch 的小汽车陪同 Minnie 到金陵女大去，有几千个妇女住在那里。当他们到达前门时，他们被一支日本兵的巡逻队挡住了，这支巡逻队在一个好斗的、蛮横无理的陆军中尉的指挥之下……他抢夺了男人们的帽子，并命令每一个人，包括妇女都离开那个地方……后来我们才知道，当时一些日本兵已越墙而过，侮辱了 16 位妇女。

……很糟的是报纸的记者们，当他们能更详细地报道这个恐怖地区的情况时，他们都离开了……

12 月 19 日

……今天上午我回家时，又听到了十几个抢劫及强奸的事件。在写完了昨晚在医院所见到的情况报道以后，我与 Bates、Smythe 和 Fitch 一起到日本大使馆去，与大使馆中一个叫田中（Tanaka）的先生谈了话，他详细阅读了我们的报道和听取了许多其他的事件。他本人表示同情，但他对控制军队却无能为力，能做到的仅仅是代表向上反映而已……

事实上，这城里的每一幢美国人的住宅都被日本兵破门而入了。在我回家的路上，顺路去了谈和敦 Daniel（编者注：谈和敦为当时鼓楼医院院长）家。当我到他家时，有三个日本兵在那儿，我命令他们出去。他们已经在顶楼，撬门闯进我们上了锁的房间，把我们大衣箱里的每一件东西都撒在地板上。有一个兵已打开了我上了锁的显微镜。令我略感惊奇的是，在我命令下，他们居然下楼出门去了。

……

当我回家吃晚饭时，我们去年夏天住过的房子，目前由柏睿德（Brady，鼓楼医院的骨科医生）的中国厨师和朱先生住在那儿，他们两人来了，他们想请我们去那儿住，因为他们中国人的妻女全被强奸和骚扰……

日本人成群地遍布了这块地方，我完全相信，医院是南京城内唯一没有日本人的一座建筑物……在我到达四楼护士宿舍，逮住那个日本兵以前，在医院里没有发生抢掠等类似情况，一份后来看到的报告说，那个日本兵一丝不挂，爬上了三个护士的床，每一次当护士叫喊时，他匆匆穿上衣服出去看看有没有人进来。我到那里是在第三个之后，因此，我想我到的还算及时。

今天似乎是一个惨绝人寰的大火燃烧的日子。昨天有很多处大火，今天在太平路附近的几个大的街区大约在晚饭时都燃起了大火，离我们这里 200 英尺的一所房子也被烧着了……直到我回家时，火势仍未得到控制。

……最近，至少有 4 面美国旗被撕扯下来。今天在小山顶上的美国旗被拿下来了，一个妇女被强奸，然后被刺刀刺进下身。今晚，当 Mills 从日本大使馆领来一个高级警官时，地板上还留着一大滩血，这妇女已被送往医院，从外表上看，她还活着。

穷人们的所有食物都被掠走了，他们终日生活在恐怖灾害之中，精神正处于歇斯底里的惊恐之中，这种状况何时才能停止啊！

12 月 21 日

每个商业区都被放了火，我们一些人确实看到他们在几处纵火。昨晚晚餐前，我数了一下，共有 12 处起火，今晚同一时候有 8 处，其中有些地方，整幢建筑被烧毁，我们附近的商店也被烧。老百姓涌入难民营，尽管这里没有明确的保证，但安全程度略为高些。

……

有几个较明显的屠杀事件令人触目惊心，今天有一个人来到 John Magee 处讲述了所发生的事，有 1000 人被从“国际区”的一个认为安全的地方带走，这支队伍中包括了大约 100 名已缴了枪且换了老百姓衣服的前士兵，这 1000 人向着扬子江边行进，排着两列长长的队伍，然后被用机枪扫射。他在后排，随着他人倒下装死，直到几小时后日本人走了，他才偷偷地回到城内……

昨天早晨一个 17 岁的女孩带着她的婴儿来到医院。她在夜里七点半前被两个日本兵强奸，在 9 点钟时出现剧烈腹痛，而她的婴儿在 12 点出生，很显然在夜间她不敢外出来医院，以致在早晨她才来，而婴儿竟奇迹般地平安和健康。

今天下午我给一个 13 岁的可爱的小女孩穿上衣服。当日本人在 13 日进城的时候，她和她的父母正站在防空洞的入口处看着他们走近，一个日本兵走近来用刺刀刺死了她父亲，又开枪射击她的母亲，并砍开了这小女孩的肘部导致复杂骨折。她没有亲属，她在医院一个星期尚未恢复，她早已感觉到当她离开她将面对什么，她的双亲都被杀了。

前天在岗上（Hillcrest）一个怀孕 6 个半月的 19 岁的姑娘反抗两个日本兵的强奸，她的面部被砍了 18 刀，有几处在腿上，腹部有一深深的刀口。今晨在医院里我未能听到胎音，她可能会流产（次日晨得知，她于昨夜做了人工流产）。

昨天午饭时，住在我们附近的几个中国修理工来要求帮助处于危险中的两个年轻妇女……我们到达时，吓得要命的中国人指着房屋的大门来回走，这时门是关着的，我们高喊着推开大门，发现 3 个全副武装的日本兵，这时只穿了部分衣服，而两个妇女虽然衣服散乱，但侥幸未被污辱……

昨天士兵们再次闯进了汉口路 5 号家中，在里面待了 3 个小时，尽管日本军事当局曾宣布他们被告知不得进入室内。当室内的人声明他们中没有妇女（有几个在地下室里），日本兵出来看到一个女孩就将她抓上楼蹂躏了3 个小时。他们有 3 个士兵，当他们出来时，这女孩穿着一件病人的冬季外套，她的其他的值钱东西也被他们抢走了。我们留下的仅有的一点东西也被掠夺一空，我的显微镜昨天也被拿走了。

……

圣诞前夕

这哪里是圣诞前夕！几周来这个大城市未能及时撤走的人们纷纷逃难，我们待在城市中心医院的 X 光室内，以躲避日本兵的劫掠，实在有点危险……

城内的大火似已熄灭，但今天日本人又在沿主干道的两侧点起六堆大火，试图烧掉店铺里的东西，日本人还在到处抢劫，他们抢走了谈和敦家的地毯，其中一块地毯他们用 4 个人才将它抬走，那个可怜的人只好干瞪眼……

今天到我们医院来治病的一个男人说：他是一名担架队员，曾和 4000 名中国人一起被日本兵押到长江边，在那儿日本人用机枪向他们扫射。他的肩部中了一枪，侥幸未被打死，他趴在地上，虽然很疼，但他不敢呻吟一声，怕给日本兵听见……

辛伯格（Simburg）今天回到城里，给我讲了更多可怕的事情，他说城外中国人为了阻挡日本人的坦克前进而挖掘的战壕里堆满了尸体，甚至还有一些伤兵。日本兵为了能使坦克通过战壕，竟然残杀了附近的无辜平民，用他们的尸体将战壕填平。辛伯格借了一架照相机，拍摄了一些现场照片以证实其所言非虚。

12 月 26 日

圣诞快乐！

……今天上午几个日本军官前来进行一次半官方走访，他们很仔细地察看了本处，他们以尽可能最无效率的方式对该城居民进行登记，并把他们驱赶到安全地带，他们给我们每个人发袖标，并保证说戴上它可以在城内通行。

除了辛伯格讲述的那些真实消息外，我们已有两个星期没有听到一点消息了，我们知道从已经撤走的南京政府方面是听不到什么真实新闻的，渐渐地我们愤怒的情绪在消退，而感到一种无可奈何的失意，因为我们看不到一点所期望的光明的迹象。

12 月 28 日

……昨天又听到一件使得人们永远难忘的悲惨事件。受害人是下关电话大楼的一个工人，他住在一所大学的难民营中。一天他上街时被一个日本兵抓住，并带到一个地方，那里已有几百个男人了，这些人也是从难民营中抓来的。日本人给他们一一登记后开始对他们演讲，日本兵坦率地说明，他们想寻找中国军人，如果有人站出来承认自己曾是军人，就可以活下来，并被送到军事训练营去。当时就有 200 人站出来承认他们当过兵，这几百人立即被带到城外西部的山林中，用来作为日本兵的刺刀靶子。那个工人不知道那些人能有多少活下来，他的身上有 5 处被刺伤……

最近日本人很明显地试图想制止住军队的无法无天的混乱现象。街上出现了一些宪兵，他们出现时日本士兵就不敢再明目张胆地抢劫，但只要这些宪兵一走开，日本兵又会照样干……

12 月 30 日

今年快要结束了，但愿今年早点结束，明年会有一个光明的前景，但我们又似乎有点沮丧，因为我们看不到黎明的曙光。我们唯一的愿望就是局势不要再恶化下去了，日本人不可能再杀更多的人了，因为没有人再被他们杀戮了。

……昨晚日本哨兵在一所牧师培训学校的难民中寻找妇女，没有人愿意提供帮助，因而昨夜他未经同意强奸了一人……难民营中又有 4 个人被抓走了，其中一人被认为是有重大问题的中国军队的上校团长，我不敢想象他还能否活着回来。

今天早上一位衣着考究的中国商人，冒险走出了安全区，要去看看他家里和商店里的情况，当他正和 3 个伙计路过 Kuilan 教堂时，一群日本兵无缘无故地竟向他们开了枪，其中一个伙计被击中，他们把他抬到我们医院时，他的腹部有 4 英寸长的伤口，一部分小肠挂在肚子外面……

……晚上 7 点 30 分，一个 17 岁的小姑娘在她 9 点钟分娩之前被强奸了，她现时已恶化成一个不时喊叫的急性淋病患者，她发高烧，看起来情况不好。这女孩在岗上的地下室里腹部被军刀刺伤后早产了……

1938 年 1 月 1 日

……医院宣布放假三天，但没有人知道该干些什么，街上没有一家商店是关着的，表面上看似乎市面正在恢复，尽管整天枪炮声不断，日本士兵觉得现在是他们横冲直撞、抢吃抢喝的时候了。经过几天相对宁静之后，全城的大洗劫再一次开始了。在大学传教士王博士的家里，3 个日本兵闯了进去，一个在外面把门，另两个在屋内强奸了一个孤立无援的姑娘。

今天中午，我们和 4 位客人举行一次新年午餐……这是 Magee 和 Forster 先生从灾难发生以来第一次离开他们的住处，在他们那里大约有 250 个难民。我们刚刚吃完午餐，就有人来叫他们回去，他们到达时稍晚了一点，未能阻止强奸一个姑娘，另一个姑娘因为她全力抗拒而遭到毒打。

下午，一个尼姑被抬到医院，在两周前股骨有开放性骨折。在日本人进城时她和其他 3 个人躲在防空洞里，日本兵进入防空洞，一个士兵向防空洞的各处开火，其他 3 个人被打死，她的伤口严重感染，病情严重。

下午又来了另一个悲惨的病人，一个 29 岁的妇女，她有 6 个孩子，最大的 12 岁，住在城南的一个小村子里，她带着她的 5 个孩子（一个早先死了）来南京，傍晚前一架日本飞机盘旋并用机枪扫射，一颗子弹穿过她的右眼并从颈部出来，她昏迷了过去，直到第二天早晨醒来才发现她的 5 个孩子在她周围大哭，天冷，最小的孩子才 3 个月，还需要吃奶。她躺在血泊中非常虚弱，她以虚弱的身子将这婴儿移到空房子后面，带着其余 4 个孩子挣扎着来到城里并进入难民区，在那里终于安置好了孩子，自己进了医院。

1月3日

你可能难以置信，在你得到许多页材料前后有长达50页的日军暴行材料，我希望这些页将暗示只是没有机会来写下所有材料，而不是代表了日本人的全部罪行。

今天发生了3件相当可怕的事情。一个17岁的男孩讲了这样一件事：在14日大约有1万名年龄在15—30岁的中国人被带出南京城到靠近轮渡码头的长江边，在那里日本人用野战炮、手榴弹和机关枪向他们开火，大部分尸体被抛进了江里，有一些被堆起来焚烧，而有3个人侥幸地逃脱了。这男孩估计这1万人中大约有6000人是被俘的军人，而4000人则是平民。这男孩胸部中了一枪，但不严重。

一个40岁左右的妇女住进了医院，她叙述了这样一件事：12月31日她被日本人从难民营中带走，名义上是给日本军官洗衣服，有6个妇女被带走。在那些日子里，她们白天为日军洗衣服，晚上则被日本人强奸，她们中有5个人一晚上要受到10—20次强暴，而另一个由于年轻漂亮，每晚要受到大约40次奸污。第三天两个日本兵将我们的病人从住地带到一个偏僻的地方，他们想砍掉她的头，其中一个砍了她4刀，但只削掉了她的颈背部到脊柱的全部肌肉，另外她的背部、面部和前臂还有6处刀伤，当她这样躺在地上时，有一个日本兵发现了她，并将她移到一个安全的地方。她有可能恢复。

第三个病人是一个14岁的年轻女孩，她虽没有被强奸，但不得不考虑要为她进行外科整形。

1月8日

……很多中国人因为害怕日本人，至今不愿回家，一旦他们被抓，就会遭受各种非人的凌辱和折磨，男人被抓去当劳工，女人则被强奸。

1 月 9 日

终于我们有机会避开日本人的控制送出去一些邮件，这些邮件被送上一艘担负水上救护任务的美国船只 Panay 号上。船上的传教士 Walline 先生将负责把这些信件转移到另一艘美国船上并安全带到美国去，真是太好了！我希望这些邮件能够保存好，作为指控日本暴行的罪证，供人们参考……

那些被带出去的邮件材料可以写成一个个悲惨感人的故事。我希望人们能够读到由 Steele 和 Smith 带出城的未经官方审查的第一手资料。我自己手头上也留了一份材料以备用。Lewis Smythe 也做了大量官方记录，并根据人们的所见所闻编写了许多案例，那些我曾亲自耳闻目睹的事例也被写进了他的材料里。

今天是星期天，吃过早饭后我照例在医院里来回走走，发现 John Magee 带着相机准备去拍照。今早我们为一位老人照了相，他的颈部有两道长长的伤痕，他是因为未能给日本人提供花姑娘而遭到伤害的。接着我为一名警察拍了照，他的背上、胸部和胳臂被日本人用刺刀刺伤 22 处，而他只是一个无辜的中国警察。第三张照片拍的是我前几天写到的那个妇女，她曾和另外 5 个妇女一起被抓去，白天洗衣服，晚上则供他们取乐，她的颈部刀伤渐渐愈合，她的肺炎也好了。

（郭宗淳翻译。参加翻译的还有王建群、田成功、顾宪进。）

幸存者的控诉

陈德贵　李秀英　路洪才　姜根福*

1937 年 12 月 13 日，日本侵略军攻占南京，即对南京人民开始了惨绝人寰的大屠杀。我们是这场浩劫的幸存者或是被害人的亲属，回忆起 48 年前日军灭绝人性的残暴罪行，仍然触目惊心，义愤满腔。

死里逃生　枪痕犹在

我姓陈名德贵，是退休工人。当年日军在南京的暴行，仍记忆犹新。1937 年，我才 15 岁。12 月 13 日那天，我随着大批难民逃到下关和记洋行（今南京肉联厂）避难。日军攻进南京城，在下关发现了我们这批难民，遂把我们集中起来，在地上放了两个盆，要大家把手表、戒指等贵重东西都抹下来放入盆内。第二天从难民中抓去两千八百多个年轻人，押解到煤炭港一间仓库关起来，日本兵端着上了刺刀的枪站在门口看守。第三天清晨，日军从仓库里叫出十个人，押到煤炭港河汊口头，让他们站在水里，即行枪杀。我们在仓库里听到一阵枪响，不见十人回来。接着日军又叫出十个人，又是

* 作者均为南京大屠杀的幸存者或是被害人的亲属。

一阵枪声。我心里明白，这是日军在枪杀我们的同胞。当日军第三次进来时，我也被点出去了。走到河汉口，看看太阳，约在上午 8 点钟。我们刚站进水里，日军就举枪准备射击。我一个猛子栽到河里，正好枪声响了，人们倒入水中。也许日军以为我中弹入水，故而未加追击。我潜游到对面被炸毁倒在河里的火车肚里，伸出头来观看对岸的动静。我亲眼看见日军把一批一批同胞带到河汉口枪杀，从清晨直到傍晚，最后竟把六七百人一起赶到河口，用机枪向他们疯狂扫射。两千多青年就这样被日军活活残杀了。

天黑后，敌人撤走了，四周一片寂静，我才从火车肚里爬出来摸到桥底，两腿僵直，浑身发抖。四周一片漆黑，看不清方向和道路，只好在桥底待一夜，等候天明再走。我拾到一条难民丢下的棉毯，裹紧全身，闷头曲睡在死尸中哆嗦不止。谁知天明后，几个日本兵从桥头经过，发现我在颤抖，一枪打来，子弹从我大腿内侧穿过，左手第四指也被枪子打伤。直到第三天掩尸队员在拖抬尸体时，发现我还活着，便背着日本兵把我救出来，幸免一死。至今我的大腿和手指还留着被日军打伤的枪疤，这是日军屠杀中国人民的罪证！

拼死搏斗　绝不受辱

我叫李秀英，回想起当年日军在南京犯下的滔天罪行，在我身上留下的 37 处伤疤即是一个罪证！

1937 年 12 月初，日军的飞机天天在南京轰炸，房屋倒塌，百姓伤亡，人心惶惶。12 月 13 日上午，日本兵从水西门和中华门攻进城来，一进城，烧房子，抢东西，见人就杀，街上的人几乎都被杀光了。我的丈夫和弟弟已经逃到江北乡下避难；我因有 7 个月的身孕，行动不便，就和父亲留在城内未逃走。我们和一些难友躲在五台山一所美国人办的小学校的地下室里。这个地下室又小又潮湿，20 多个人挤在里面，白天不敢探头，不敢出声，真是又闷又急。

12 月 19 日，天下着细雨，刮着西北风，我们冷得瑟瑟发抖。上午约 9

点钟，6个日本兵，端着枪，跑到地下室，拉走了十多个年轻妇女，我也是其中之一。当时我想宁死也不能受辱，决心以死相抗。我一头撞在墙上，撞得头破血流，昏倒在地。当我醒来时，日本兵已经走了。父亲和难友们把我抬进地下室放在帆布床上。此时，我对敌人异常愤恨，我感到自己撞得头破血流不值得，因我自幼跟父亲学过一点武术，练过拳脚，应该和他们拼一拼，拼死他一个，我也不算白死。想到这些，浑身增添了力量。我把自己的打算告诉了父亲，我说："万一我被鬼子杀了，你告诉我的丈夫和弟弟，我没有受辱，要他们为我报仇！"决心下了，勇气大了，什么也不怕了。就在这天中午11点钟，又来了3个敌人，他们把男人全部赶出地下室，其中两个把六七个妇女赶到另外两间屋子，准备奸污。剩下我躺在帆布床上。另一个敌人走过来，一边说"中国姑娘不要怕"，一边来解我的纽扣。那时我穿着旗袍。我看到他腰上挂着一把短刀，这种短刀以前我见叔叔挂过，带有鞘，一般不易拔出。我稍懂得，趁他不备，很快打开锁扣，握住刀柄，从床上一跃而起。这个日本兵见状大惊，拼命用手按住不让我拔刀，同时用力扒我紧握刀柄的手，于是一场殊死搏斗就展开了。这时，我早将生死置之度外，我用脚踢、头撞、牙咬，敌人被咬痛了，哇哇直叫，隔壁屋里两个敌人闻声赶来，被抓去的六七个妇女得以脱逃。我死活紧握刀柄，也不知哪来的力气，和那个敌人推来搡去，在地上滚作一团，拼命搏斗。其他两个鬼子就用刺刀在我身上乱砍乱刺，我的腿、脸都刺了好多刀，鲜血直流，我也不知道痛，握刀柄的手始终不放松。最后，一个敌人向我肚子猛刺一刀，我肚子向后一缩，眼前一黑，随即昏死过去，以后什么事情也不知道了。

敌人走后，父亲和难友们回来见我已"死"，伤心备至，白天不敢抬出去掩埋，等到傍晚，父亲和难友在五台山旁挖了一个泥坑，准备把我埋葬。他们将我放在门板上抬出，由于门板的晃动和外面冷风的刺激，使我渐渐苏醒过来。父亲听见我微弱的呻吟，连连喊着我的名字，我好像听到亲人的呼唤，微微睁开眼睛，无力地对父亲说："我没有死，我要活下去！"

父亲设法将我送进鼓楼医院抢救。第二天，我七个月的胎儿终于流产了。我浑身是伤，又肿又痛，满身血迹斑斑，头发根部结成了血饼，医生将我头发剪光，那时脸肿得像个血盆。经医生检查，我身上一共被刺了 37 刀，嘴唇、鼻子、眼皮都被刺破，吃饭从嘴里进去，又从鼻子出来。医生帮我将伤口一处一处地缝合，破皮一块一块地对拢，经过 7 个月的精心治疗，才使我初步恢复了健康。但日本侵略军残暴地杀害我的罪证，至今还留在我的身上。

追述往事　悲愤难已

我叫路洪才。1937 年，我家住在雨花门外红土山下，是那条街的第一家。那年冬天日本侵略军已近南京城，从句容逃难路经门前的难民都纷纷传说，日军在句容烧杀淫掳，无所不为。我们全家都惊慌起来，商量如何逃难。我的外公外婆因孩子多且年龄幼小，两个小舅和小姨才三四岁，我那时才 6 岁，母亲也已接近临产，行动不便，只好与外祖父一家同留住地，父亲则带着我和大舅跑到江边渔圩滩（即沙洲圩）荒岛去避难。我们和其他难友一起挖了一个地洞栖身。一天，见日军追赶一个农民往我们这个方向跑，只见日军把那个人捉住后，用石块缚住沉入江中。

这时有从雨花门来的村邻告诉我父亲说：你家出事了，赶快回去看看吧。我们偷偷回到家中，只见一片瓦砾，房屋已全部被毁，院前血肉满地，防空洞内尸体枕藉，全家人无一生存。父亲悲痛欲绝，号啕大哭，在收埋尸体时，看到母亲的肚子被炸开，尚未出世的小弟弟也惨死于腹中。住在隔壁的伯母见我们归来，哭诉那天遭难的经过。在父亲带我们走后的一天，六七个日军来到红土山，他们有的提着机枪，有的端着带刺刀的步枪，挨家挨户地搜查。我家首当其冲，他们先是翻箱倒柜，寻找值钱的东西，继而是砸椅劈桌，引火取暖，后来竟放火烧屋。出屋时发现了防空洞，他们看见了我的母亲，叽里呱啦地喊着，要她出来，母亲不肯，万恶的日军端起机枪便向洞内扫射，接着又向洞里扔手榴弹，只听“轰”的一声巨响，血肉随着弹片飞出洞外。这些灭绝人性的侵略军竟拍手狂笑，我家老小 7 口就这样惨死于日本侵略军之手。

日寇暴行　令人发指

我叫姜根福。南京沦陷时，我被日本侵略军害得家破人亡，我变成孤儿，流落街头。提起往事，历历在目。

1937 年我刚满 7 岁，一家 8 口，住在一条破船上。日军攻陷南京后，父亲带着全家人到三汊河避难，到了石梀柱，船漏水，无法再行，全家人只好弃船上岸，沿着圩堤向前行走。沿街房子空着，居民逃无踪影，我们也不敢住进去。父亲和母亲带着我们姐弟分开躲进芦苇丛。因为母亲没有奶水，3 个月的小弟弟啼哭不止，被路过的日军听到，顺着哭声找来，他们发现了我的母亲，企图奸污，我母亲竭力反抗，灭绝人性的日军，竟从母亲怀中夺下小弟弟活活摔死，母亲哭着扑向小弟，日军又开枪将母亲打死。日军走后，父亲含泪将母亲和小弟埋在芦苇岸边。第三天，日军又将我的父亲抓走，再也没有回来。又过了两天，日军在芦苇丛中发现了我 11 岁的二姐，竟要奸污她。二姐拼命地跑，日军紧追不舍，跑到现在的河运学校附近，终于被日军抓到，二姐拼命挣扎，连骂带踢与日军拼打，日军恼羞成怒，抽出军刀将二姐从头劈为两半。等我们姐弟几人来到二姐身旁时，都惊吓得哭作一团。几天之内，日军杀害了我 3 位亲人，抓走了我的父亲（至今下落不明），当时我们姐弟 4 人都不满 10 岁，从此失去双亲，流落街头，过着乞讨的生活。

（彭如清整理）

七七事变期间日军在北平的暴行

北京市政协*

卢沟桥日军罪行目击记

李世明：七月七日卢沟桥开战，断断续续打了三个星期。日军的炮弹日夜向宛平城里发射，炸毁了不知多少民房。那时从城外遥望城里，白天是浓烟滚滚，夜晚是一片火海；无辜百姓惨死在日军炮火之下的何止万千。宛平县城东关街，有个叫任大嘴的老汉，一天早晨去井台打水，突然一颗炮弹打来，当时就被炸得血肉模糊，送掉了无辜的生命。

日军残害中国人的手段凶狠毒辣。如头上顶着一摞砖跪在三角铁上，长时间地折磨人；有时用刺刀挑，或让狼狗撕咬；有时把城砖烧得滚烫，铺在地上，让两个日本兵架着人的胳膊赤脚在上面走，还美其名曰“走金桥”。经过这种种折磨，人就是不死也得变成残废。日军占领宛平县城后，在卢沟桥头和城东西两门都设上岗哨，手里端着上了刺刀的枪，牵着龇着牙的狼狗，随意杀害中国人。城里居民郭忠福的爷爷去地里搂柴禾，被两个日本兵

---

* 本文系综合数位亲历者的口述整理而成。

发现，把他当成靶子，一枪就给打死了。卢沟桥城北街吴振山的二叔，眼睛不大好，在过卢沟桥时没有给站岗的日本兵鞠躬，日本兵一刺刀就把他刺倒在“卢沟晓月”碑下，肠子都流了出来，当时就死了。

刘长珍：日军一进宛平城，就开始抓人杀人，挨门挨户搜捕第二十九军和保安队的零散人员。这时城里居民大都躲进了城墙洞里，日军靠汉奸带路，一旦搜出年轻人，不问青红皂白就给捆起来，扒去上衣成群赶到西门外朝北跪着，让城里的年长人去认领；凡是无人认领的人，全都刀砍枪杀，无一幸免。城内街有个饲养骆驼的李老太，在城墙洞内实在憋闷得受不住，想到外边换换空气，刚一露头就被鬼子发现了，一枪就把她打死了。

佟德麟：卢沟桥东头有一条二十九军挖的安全沟，南北长约 3 丈，东西宽约 1 丈，深有 1 丈多。没想到这条防御沟，竟成了侵略者的杀人场和埋人沟。他们把中国人拉到沟边，或者用刺刀挑死，或者用枪打死，然后就把尸体抛进沟里。我当时被抓去埋死尸，亲眼目睹了这一惨状。那时我拿着一把铁锹，来到“卢沟晓月”碑后的大沟旁，一瞧，满满的一沟死人，多是光着身子。那会儿正是盛夏天气，尸体都腐烂膨胀起来。我们一共去了 30 多人，任务是拿铁锹填土，一锹土砸下去，溅起了烂肉一尺来高，真是太惨了！后来又派十多个人到卢沟桥南边的河滩里去埋人，这儿俩那儿仨，到处是死尸。日军在卢沟桥究竟杀害了多少无辜的百姓，谁也说不清楚，前年卢沟桥文物保管所挖渗水井时，正好接近那个大沟的边缘，挖出了三具相迭的尸骨，这无疑是七七事变时被日军杀害的我国同胞。

（郭景兴、段晓微、陈静、杨学诗整理）

大兴县济德堂惨案

1937 年 7 月 27 日下午 3 时许，日军向驻守团河的二十九军某部发起进攻。激战至傍晚，守军向南苑撤退，日军占领团河。当时，团河驻有二十九军办的一个残疾人工厂，工人都是在战斗中负伤致残的二十九军士兵，共200 多人。日军把这些残疾人都赶到团河行宫北门外，然后用机枪进行扫射，200 多人无一幸免，全被杀死。

天黑后，日军将抓来的 18 名青壮年农民押到济德堂（清末北京城九门提督江朝宗为照管在海子里的土地而建的一处庄子，位于团河行宫北约一公里处），为躲避日军而藏身这里的团河村青年农民于治久，也被堵在这里。日军将抓来的 18 个人关进一间封堵得很严的屋子后，就逼着于治久给他们做饭吃，大米饭蒸了一锅又一锅。当时正是伏天，关在屋子里的 18 个人，被日军强逼着坐在滚烫的热炕上，更加闷热得喘不过气来。

28 日清晨，吃饱睡足的日军，将于治久和那 18 个人带到一起，逼着他们解下裤腰带，然后，用这些裤腰带将他们一个个捆起来，押出济德堂南大门。来到一块瓜地边，日军让他们面朝北，排成东西一行，站在瓜地里。每个人的对面站着一个持枪日本兵，枪上上着明晃晃的刺刀。站在于治久对面的是一个日本军官，他抽出雪亮的指挥刀，狂喊了一声，日本兵端起枪向站在面前的农民身上刺去；日军官也抡起指挥刀，从于治久头部左上方砍下来。19 个人都倒在了地上。

天黑后，于治久慢慢苏醒过来。用了很大力气，才看清左肩部被砍了一道大口子，有三指多深，肉往外翻着。再一看周围，那 18 个人一个个肚破肠流，全都死了。他咬着牙，用一件单衣连塞带缠地裹住伤口，爬进济德堂院里，在牲口棚找到半缸碴子凉水，喝够后，歇了很长时间，挣扎着站起来，一步一个血印地走出了济德堂。找到妈妈后，在妈妈的细心照料下，一年半后，他的伤口才慢慢愈合起来。从此，于治久落下了终身残疾。

（邢友廷、王观凤采访整理）

昌平县西山惨案

1937 年 8 月 18 日，日军进入居住着 150 多户人家的昌平西山溜石港村，以找回丢失的枪支为借口，开始对百姓进行血腥屠杀。

村民刘万丰一家7口被日军残杀。日军进村时，刘万丰的媳妇和嫂子搀扶婆母，拉扯着4个幼小的孩子向村外逃去，刚走到村东头，就被日军发现，将7人赶至村东头山梁一棵杏树下全部杀害。刘母死时70多岁，最小的孩子6岁。刘万丰的媳妇死得很惨，被枪杀后，日军还将其乳房割掉。

村民王福臣被日军抓住，吊在井旁的杏树上，扒光了衣裳，用刀一刀一刀地活活地剐死。有两位外村双目失明的老人住在溜石港村女儿家，也未逃脱厄运，双双惨死在日军刺刀之下。日军进村后第二天，躲藏在山里的王永喜想回家看看。当他快走到村子时，被日军发现，日军把他当作枪靶子，打死在田地里。这一天，日军在溜石港村共屠杀无辜百姓37人，烧毁房屋四百四十多间。

8月19日，日军从溜石港向西开进了马刨泉村和老峪沟村。在马刨泉窑皮子上边的一个地方，日军抓到了张景宽、田明香、刘士全和张进瑞，将4个人用绳子捆在一起，带到一个叫海棠树坑子的地方，用刺刀一个个扎死。60多岁的老人刘万江，来不及逃走，藏在了自家佛龛供桌下，被日军发现挑死。田珠山一家在日军进村前，躲到一个山沟里，带的粮食吃光了，晚上想回家弄些吃的，当他们走到村边地里时被日军抓住，用战刀活活砍死。贾志通和他的儿子贾长春死在一起；刘大栓板、刘二栓板兄弟二人一起遭日军杀害。日军在马刨泉村共杀害百姓43人，其中年龄最大的七十多岁，最小的20岁。日军临出村时还放火烧毁了数十间民房，抢走了牲畜几十头。日军走后，村子已经不像样子，全村哭声震天，惨不忍睹。

日军血洗马刨泉村的同时，在老峪沟村同样进行着野蛮的杀人行径，共屠杀百姓16人。8月20日，日军进入禾子涧村，共残杀当地群众13人。仅3天时间，日军在4个村就残害无辜百姓109人。

（李长富、王宏士、李志江采访整理）

房山区坨里惨案

坨里村地处房山城西北部，为京郊交通要冲。1937 年 8 月 20 日，日军进袭驻守在卢沟桥以南的中央军。中央军且战且退，当撤至口子山时，紧追不舍的日军已进入坨里村东，他们先在四周插好“膏药旗”，然后开始朝村里猛烈开火。村里的老百姓听到枪炮声不知所措，都携妻带女拥出大街小巷潮水般地朝西南方向逃跑。当时正赶上雨季，山洪暴发，河水猛涨。逃难的人群中孩子哭大人叫，一片混乱。人们顾不上河深水急，一窝蜂似地朝河对岸拥去。由于水流湍急，有的人刚下水就被冲倒冲走了。

日本兵占领制高点后，立即向村中进犯。一进村就杀死 3 个村民，其中有林万友的父亲、刘殿永的父亲和王昆。年近 50 岁的王昆从铁路下班回来，不知道村中发生了什么事。他穿一身灰布衣服，与日本兵在街上碰上，不问青红皂白就被押到陈家院中，还未反应过来就被刺刀挑死。一同被挑死的还有口子村的穆墨艳。村民宋国山的妻子听到枪声慌忙朝大街逃跑，日本兵紧追不放，然后从背后开了一枪，宋妻当场死亡。日本兵打死宋妻还觉得不过瘾，又照着旁边的碾砣开了一枪，子弹把碾砣打了一个大坑，至今还保存着。村民郑兰生被日本兵捉住，被迫为日本兵背手榴弹，郑兰生累得浑身无力，后来实在背不动了。日本兵便把他枪杀。刘景义的妻子在慌乱中跑出家门，日本兵追上去将她杀死。刘景义不顾一切冲上去，几个日本兵端着刺刀马上将他围住，使他动弹不得，刘急得直叫“老总”，紧紧攥住一个日本兵的刺刀不放。这个日本兵使劲一拧，刘景义的一个手指就断了。村民王振生的父亲王田被日本兵捉住后让他当夫子，逼他给日本兵烧火做饭。王田不甘作亡国奴，趁机逃跑，结果被日军抓回。日本兵把他押到大庙里，牢牢捆上，轮番毒打。日本兵认为王田是中央军的“密探”，此次逃跑是去报信，因此，毒打后仍不出气，又照着他的臂膀砍两刀，卸下一只胳膊，用这只胳膊狠狠打他。王田被打得死去活来，加上失去一只臂膀的疼痛，最后再也支撑不住，日本兵朝他又打了一枪，王田死去。

在这次惨案中，宋傻子一家人全部被杀害，秦二掌柜的一家 13 人死于日本刀下。另一些逃难的百姓逃到房山城北的羊头岗村，其中秦连州一家 8 口人躲在村东头一口白薯窖里，由于井下藏了几十口人，声音嘈杂，孩子哭闹，被追赶的日本兵发现。日军命令窖里人上来，没人敢上来，日军就投下一颗毒气弹（百姓称“熏炮”），井下几十口无辜百姓全部丧生。

在日军进犯的日子里，短短几天，坨里村就有 128 人惨遭杀害。事情发生后，坨里村人烟稀少，一片狼藉，侵华日军在坨里惨案中犯下的罪行不可饶恕。

（赵润东采访整理）

哭声惊天地血染米粮屯

距卢沟桥 10 多公里，有一个偏僻荒凉的小村，村名叫米粮屯。日伪时期，是河北省良乡县的一个小村落。解放后划归北京市丰台区。笔者于 1987 年到米粮屯村，就 50 年前这里发生的一起特大惨案进行了采访。

赵风山说：“那时俺们村只有 50 多户人家，男女老少总共 300 多口人，都是老实巴交的农家。1937 年七七事变后的阴历十月十三，日本鬼子来了，一次就杀害了俺们村的男女老少 83 口人，最多的一家死了 8 口。被害者年龄最大的 83 岁，最小的只有 7 岁。50 多户人家，受害者 37 户。米粮屯在这场劫难中，还被烧毁了 37 间民房。在惨案的当天，那真是哭声遍野，火烟冲天，尸体纵横，鸡犬悲鸣，一片凄凉景象。”

我们还访问了两位当年的直接受害的幸存者。

马殿亭说：“阴历十月十三，天还没亮，我和往常一样，起了个早儿，背着粪筐去拾粪。猛一抬头，就瞧见一大队穿黄军装的人从贺兆云村的山坡上压下来，我一瞧事儿不好，赶紧奔家去报信。跑到家，一进屋就对俺爹说：‘爹！穿黄衣裳的来啦！’俺爹说：‘没事儿，咱穷人家，他能怎么着你呀！’可话音刚落，东边就开枪喽！噼里啪啦一通儿乱响，把人都吓懵了，有跑的，有钻的，有哭的，有喊的，谁也不知道怎么好，奔哪儿的都有。我刚进屋，就进来个日本鬼子，端着刺刀，黑不说白不说，‘吭吭’，照着俺爹的后脊梁骨就是两刺刀，还没明白是怎么回事儿，俺爹躺在炕沿下就死啦！俺妈、俺六奶奶在炕上跪着跟日本人求饶，那哪顶事儿啊！鬼子照着俺妈、俺六奶奶又是几刺刀，肠子肚子流了一炕，躺倒就死啦！俺弟弟才 5 岁，吓得没敢动窝儿就歪倒在炕上，才保住了一条小命儿。当时俺妈死的时候才 40 来岁，还怀着身孕，一刺刀就死了两口儿。扎完了俺妈、俺六奶奶，这个日本鬼子就像吃人的恶狼一样，瞪着两只眼睛，嘴里叽里呱啦地喊着，扭回头就冲着我的肩膀子扎了三刀，因为当时我长得矮小，没有捅在胸口上，没有伤着内脏，才拣了这条命。这一个屋里，就死了 3 口人。等消停了会儿，我到俺爷爷家一瞧，更惨！我的爷爷、奶奶、老婶儿，还有俺老爷爷，都让日本人给扎死啦！光俺一家就死了 8 口儿，就剩下我和 5 岁的弟弟……”

马殿甲说：“日本人来的那天，我在院里眼瞅着那些鬼子兵从贺兆云村的东坡后头爬上来啦。左一起儿，右一起儿，足足有那么五六起儿。来到了我们村头，枪就打起来喽。枪一响，我可就没敢出屋。就听那枪啊，‘哒哒’地跟下雹子一样，来回那个打呀，不一会儿，‘呜啦’一下子，就进来好几个日本兵，端着枪刺冲着我乱比画，瞪着眼，嘴里边‘呜里哇啦’地也不知道说的什么。这时候，就听当街有中国人说话：‘走哇走哇！往西往西！’他们就出去啦。我在门口儿瞧着。一瞧，西边，‘呜啦’一下鬼子兵就多喽，足足有一百多人。扛着枪的、端着刺刀的就进街啦，一进街，就对村里人杀巴开喽！你听吧，哭的、喊的、钻的、藏的，受了伤喊救命的，挨了刀扎枪打的，那个惨劲儿，就甭提啦！后来一听，我妈、我嫂子直哭，我赶紧到家里瞅瞅去吧。到家一瞅，我那三哥呀，身上扎得就没好地方啦。我也哭起来啦。后来，把我三哥抬到屋里，我妈、我嫂子搅了碗豆面往我三哥身上就糊，那哪顶事儿啊，肠子肚子都流出来啦！俺妈、俺嫂子，俺们 3 人跺着脚地哭哇。正哭的时候，一瞅西北角上放火喽！烧的全是住家的房子，火越烧越大，火烧声、枪声，‘噼里啪啦’响成一片。跟我一堆儿的那小伙子叫德明，他回家一瞅，跑回来大嗓门儿就哭起来喽！他说：‘可了不得喽！俺弟弟小二也让日本人给扎死喽！咱可怎么着啊？’我说：‘怎么着啊！咱死就死在一堆儿吧！’这时候儿，我妈哭着喊着也跑出来啦，一出门儿就说：‘赶紧逃命吧，别顾死的，先顾活的哟。’听俺妈这么一说，俺们俩撒腿就跑，一跑到村边上，日本人瞧着俺们俩就开枪喽，连机关枪带大枪一齐打呀。我一瞧事不好，就说：‘德明，快趴下，跑不了啦！’正说着，就听‘梆唧’一声枪响，德明就扔在那儿啦。我也不知怎么啦，好像有人拽我似的，就趴下啦。那枪啊，‘噼啪啪’地往我身上乱打。等不打啦，我一摸，身上那土啊足有一寸多厚，就好像把我埋上一样。这时候，我妈跑过来，一边哭，一边喊：‘宝贝儿唉，宝贝儿唉。’哭着跑到我跟前啦。我说：‘妈！妈！别哭，我没死。’我妈瞪大了眼睛一愣：‘什么，你没死？我眼瞅着你倒在这儿啦！’我说我没死，没打着我。我妈这才松了口气，瞅瞅我脑袋，摸摸我脖子，还浑身上下摸了一遍。这一摸不要紧，连哭带骂地又哭起来喽：‘千刀万剐的日本鬼子呀！没招你、没惹你，你们怎么这么狠哪。瞧瞧，把俺宝贝儿的棉袄都打烂喽。’我脱下棉袄一瞅，数了数，打了 24 个窟窿眼儿。多悬哪，差点要了命。后来我觉得我的右胳膊火烧火燎疼不叽的，挽起袖子一瞅，挨了一枪。”

老人说着，捋起袖子，让我们看了看他在 50 年前留下的那块伤疤。

（张梦孚、杨祥永采访整理）

房山二站惨案

卢沟桥事变爆发后，日军疯狂南侵，在房山地区就血洗了数十个村庄，屠杀了上千名百姓，二站惨案就是其中一例。

1937 年 9 月 15 日，房山地区二站村民被国民党军动员出来到村南挖战壕，以阻止日军南侵。但日军在飞机疯狂轰炸的掩护下，侵入了二站村。挖壕的百姓四处躲藏，很多人跑进村北的天主教堂里避难。

教堂前后有两层大院，都挤满了人。妇女孩子躲在屋里，男人都挤在院里。9 月 16 日夜，日军进了村，天亮之后才荷枪实弹地进教堂去查明情况。

9 月 17 日下午，日军让村公所的人到教堂通知所有的男劳力都出去。100 多名男劳力（10 岁以上的）都被赶到二站村西大沟里，四周有日军骑兵队围着，高坎上还支着机关枪。他们让所有的人都脱下衣服检查身体，发现头上有草帽印儿就说是军帽印儿，肩上有担子压的印儿就说是扛大枪扛的，脚腕有腿带印儿的说是绑裹腿绑的。总之，说他们都是国民党二十九军的。检查完毕，就开始杀人。每两个端刺刀的日本兵赶着 3 个老百姓到西边的谷地里。走出不远，人们还在不知不觉中，日本兵就铆足了劲，从后边一个箭步蹿上去，用刺刀扎进他们的后心。好端端的汉子，横七竖八地倒在地上，有的胸口或脊背上咕嘟咕嘟地冒鲜血，有的嗷嗷地叫。就这样一拨儿拨儿被赶去杀掉。直到天黑还剩下十来个，他们一齐被赶上地坎儿。当两个日本兵从前边动手时，一个 18 岁叫张润生的小伙子就势躺在死人堆里，一动不动装死。日军杀完了查看还有活着的没有，发现张润生身上没有血，便向他刺了三刀，一刀穿透了左臂，那两刀刺在右肋骨缝儿和右胸上部。因他穿着十多斤重的棉袄，才没扎到要害处。

张润生在死人堆里躺了多半夜。日军直到快天亮了才撤。他慢慢爬到教堂后面想要点吃的，听到两声枪响没敢往里爬。后来才知道，日军要强奸妇女，传教士阻拦，日军就开枪打死了他，还把尸体钉在十字架上。

9 月 19 日，在乡亲的帮助下，张润生回到了家（夏村）。几天后人们去收尸时，尸体已难辨认，只凭服饰辨认亲眷。死难者大部分被就地掩埋了。

这次惨案共杀死 110 多人。张润生是这次惨案中唯一的幸存者。

（张玉泉采访整理）

日军在白羊城的暴行

白羊城（与东营、北宫现为一个行政村）的耄耋村民对 1937 年 8 月刻骨铭心，经常向后人历数日军犯下的种种暴行。

日军杀人，惨不忍睹。卢沟桥事变不久，日军追击国民党中央军窜到昌平。东营和北宫村地处白羊口沟与柏峪口沟之间，这两条沟是日军进西山屠杀抗日军民的必经之路，这几个村庄便首当其冲。

日军烧杀淫掠的罪行早已让人闻之色变，一些人提前藏了起来。一天，日军杀进东营村挨家挨户地搜人。家住北坎沿的张二铁急忙向村南跑，刚跑到村边的大湖坑就被日本兵追上猛刺几刀。他的母亲缠着小脚跑不动，才插上房门就被日本兵砸开了，手起刀落，活生生的娘俩儿瞬间倒在血泊中。白羊城王家的一对小夫妻被日军开枪杀害，北宫村张家的长锁与东营村刘家的二嘎子，在老峪沟的禾子涧村扛长活时被日军杀害，客死他乡。当时，没有哪个村子能够幸免于难。

村民们把抛家舍业躲避战乱叫作“跑反”。村民“跑反”，苦不堪言。8月里本是摘卖大白桃的季节，却成了人们频繁“跑反”的日子。一听说“鬼子来了”，人们来不及关门闭户，一窝蜂似的四散奔逃。

东营村南胡同的刘姓一家人跑到小水峪村外坨那门山洞里。当地人见来此躲避的人越聚越多，孩子哭大人喊，怕引来日军而对外村人议论纷纷。刘家人不愿连累众人，只好连夜向别处逃去。夜里漆黑一片，一家人避开大路，钻到庄稼地里，深一脚、浅一脚的摸索着走，每走一段时间就让小伙子爬上高树细听周围的动静。走到后半夜，小伙子看到了日军兵营而大惊失色，悄悄地溜下树说：“前面是流村的鬼子操场。”原来，他们已东转西绕地跑出了近20里路。刘家人赶紧转身往西走，隐藏在大孤山东面的桃园里，渴了饿了就摘桃吃，在茂密的庄稼地里躲了三四天。8月的庄稼地里特别闷热，夜里又有蚊叮虫咬。第二天下起了连阴雨，一家人挤在地阶下瑟瑟发抖。后来，人们“跑反”时都要带上块雨布或油毡避雨隔潮。不计其数的人被日军害得流离失所，家破人亡。由于连续“跑反”，人们顾不得摘桃卖钱，也顾不得种田收粮食。多少农民整天忧心忡忡，为以后难捱的苦日子叹息。

民夫挖壕，忍饥挨打。日军占领南口城后，为了阻止西山抗日军民的袭扰打击，从白羊城等几十个村庄强抓青壮男人为他们做苦力，从南口城至流村挖一条长20多里宽2丈多深1丈多的战壕。为了按期完工，日寇、汉奸荷枪实弹地监工，用枪托、鞭子威逼民夫没日没夜地挖战壕。谁如果直直腰喘口气，日寇就会恶狠狠地说：“你们毛猴子（贬指游击队）的干活，良心坏了坏了的！”接下来一顿鞭抽枪砸，民夫们轻则被打伤致残，重则被打死。

民夫们挖战壕劳动强度大却吃不饱。日军给的粗米饭少不够吃，一说开饭，人们就用衣服袖子擦擦铁锹，铲起饭来用手抓着吃，抢不着饭的人被饿得头晕眼花，干不动活又遭毒打。如今，老人们提起此事仍恨得咬牙切齿。

妇女受辱，苦比黄连。大股日军从柏峪沟、白羊沟进西山“扫荡”，小股日军住在村里作为接应。村里的青壮男人被抓去挖战壕修炮楼，没跑掉的妇女被他们抓去烧水做饭。水是用毛驴从白羊河里驮来的，日军见水有些浑浊，就叽里呱啦地质问。几位老年妇女听不明白，被日军揪住头发往水里摁，往门框上撞。

年轻的姑娘媳妇去“跑反”，跑不出去的就往脸上、脖子上抹锅底的黑烟灰，以躲避禽兽不如的日军骚扰。驻村的日军口里喊着“花姑娘、花妞妞”，三五成群地到各家找女人，被污辱的妇女只能是哑巴吃黄连，甚至一死了之。

（李富厚采访整理）

日军血洗阳高实录

任达之*

一

卢沟桥事件后，中共中央于7月8日向全国发出通电，指出“只有全民族实行抗战，才是我们的出路”，号召“筑成民族统一战线的坚固的长城，抵抗日寇的侵略”。当时，蒋介石虽然也发表了庐山讲话，提出了“全面抗战”的方针；晋绥当局的阎锡山也发表了“与国土共存亡”的宣言。但是，他们执行的是一条不要人民参加的抗战路线，不可能抵御日军的大举进攻。

战端一开，蒋、阎指挥下的各路部队不断路经阳高开向察哈尔柴沟堡、张家口方向，据说要据守天镇县永家堡盘山地区构筑的国防工事，进行抗战。阳高全城的老百姓看到他们荷枪实弹，一队一队地开了过去，虽然对他们的豪言壮语将信将疑，但出于抗战的热忱，觉得只要能抵挡一阵，也不失为中华儿女、炎黄子孙。因此人们把一袋一袋的白面一车一车地送到他们的驻地。但是，曾几何时，蒋军也罢，阎军也罢，在敌人面前不是望风而逃，就是一触即溃。一个从前线退下来的李服膺师的医官说：“队伍还没到张家

---

* 作者时任察绥游击队政治主任等职。

口，还没看见日本人是什么样子就叫撤退，过洋河时连电台都丢到了河里，真是好不狼狈。”

日军长驱直入，沿着平绥路前进。人们亲眼看到蒋、阎败军纷纷溃退下来，涂有“膏药旗”的敌机几乎每天都来阳高城空袭，少时二十多架，多时六十多架。城里当官的为了躲避空袭，天不亮就起床，慌慌张张地往城外跑，一直等到天黑才回来，哪还管什么有无公事要办。城里的警察倒还有一点中国人的血气，当敌机来临时，仍出动在街头，指挥群众疏散隐蔽。不久，县太爷、省委员带领员属们干脆借口防空，下乡办公，溜之大吉。临近县城失守的前两天，警察局局长竟然把警察的枪支全部收缴入库，警察们扛着行李纷纷回了家，警察局局长也不见了。见此情形，老百姓无不愁肠满肚，坐在一起，众说纷纭，都感到靠国民党军抗日已无指望，一时县城陷于无人管理的状态。在县城沦陷前两三天，阎军七十二师一个团从前线退下来，进驻县城，虽已溃不成军，但还装腔作势，扬言要“与城共存亡”。他们抓民夫，挖工事，堵城门，索粮要款，不一而足。统共三个城门，堵了两个，只留西门，出入还要通行证。

1937 年 9 月 8 日，阳高已经隐约听到远处传来的炮声，敌机一连来了两批，轮番轰炸扫射，城里城外的群众都有伤亡，人们处在惊恐之中。不到晚上，老百姓的大门就关上了，大街小巷空无一人，一座两万人的县城，像死一样的沉寂。

二

9 月 9 日，午夜过后，突然一颗炮弹嘶叫着划破寂静的夜空，紧接着喊声大作，枪炮齐鸣——敌人开始攻城了。扬言要“与城共存亡”的国民党军队，早已吓得丧魂落魄，胡乱地扔了一阵子手榴弹，便越城夺路而逃。阳高县城就这样落入了日本侵略者的手中。

在这城陷民危之时，有个叫孙存仁的人演出了一场欢迎日军的丑剧。此人是个地地道道的投机钻营之徒。1927 年，他带头欢迎过奉军，得到奉军头目的赏识，赐他一顶支应局长的头衔，专门向米面店征收白面，供给入城的奉军享用。数月光景，奉军从雁门关败走了，孙存仁的腰包里也装满了。这次，日本人打进来，他以为发财的机会又到了，便早早地跑到大街上，又敲门，又喊叫，让商店铺户张灯插旗欢迎日本“皇军”。当他带着一群人走到西大街时，遇上了日军的先遣队。他带头呼喊口号，欢迎大日本“皇军”。日本人不知底细，立即如临大敌，疏开队形，端着明晃晃的刺刀，迅速把这群人包围起来，逼着他们向城中心前进。一路上，挨户抓人，遇到零星行人也不放过。有个名叫阎友的人，早晨去看望老母亲，被日本兵发现，追到一个小巷里，将他抓走。还有位当过联合校长的杨伯元去看岳父，也被日军抓去。日本兵把这些人统统驱赶到北大街口，勒令跪下，不准动弹。此时，日军大队人马已入城，大街、小巷以及所有空场塞满了坦克、大炮，汽车、洋马和兵士。沿街三步一岗，五步一哨，荷枪实弹，杀气腾腾。敌酋下令：“抓到的人，如无人保释，一律按便衣队格杀勿论。”那个领头欢迎日军的孙存仁见势不妙，三番五次地叩见敌酋，请求饶命。后来日军只将人群中两三个有声望的长者释放（包括知识界的一位梁老先生和商业界的孙老掌柜）。然后这几个人又去找商会会长刘藻，请求以商会名义保释这批无辜的群众，但往返数次，均遭拒绝。

数百名百姓在敌人的逼迫下跪着，饥痛难耐。约下午4时许，日兵押着青壮年向南大街走去，到寺巷口时，有个胆大的青年突然离开人群，向巷里撒腿就跑，日本兵发现后端枪就打，那个青年应声倒在血泊之中。这一来，人们才知道敌人要下毒手了。霎时间，人群像开了锅的水泡，喊爹叫娘，四处冲撞，乱作一团。当人群被驱赶着走到南门外的瓮城，日军下令再叫人们跪下时，人们像发了疯似的拼命地向端着枪的日本兵冲去，挣扎着，呼喊着，想冲出死的罗网。但是，密布在城头上的轻重机枪早已对准了人们的脑袋和胸膛。善良无辜的人们，就这样在罪恶的枪弹面前，一群群地倒了下去。

在机枪狂叫的时候，有的父亲把儿子压在身下，有的哥哥把弟弟搂在怀里，以自己的肉体掩护了亲人的生命。还有个别青年在混乱之中钻进了马神庙，爬到天花板上隐蔽起来。这些极少数幸免于死的人，在敌人不再看管现场的情况下才从死尸下爬出来，从天花板上爬下来，逃出城外。有一个叫赵连堂的青年农民，跑出来后背上还带有一颗没有穿透骨头的机枪弹头。这一次惨遭枪杀的群众有六百多名。过了数天敌人才允许将尸体就地掩埋。

日本人并不以此而满足，接连三天三夜大肆“清乡”。特别是 9 月 11 日这一天，敌酋下令：“明天中午 12 点要大清乡，男子凡无良民证的，均以便衣队论处，格杀勿论。”那个拒不保释群众的商会会长刘藻，不是想办法组织力量加快填写“良民证”，而是让少数人像描花一样，扣上碗圈，画上格子，然后填写，还要加盖日酋的章子。这么多繁杂的手续，一夜能填多少？恰巧天不作美，晚上下了倾盆大雨，人们为了活命，都在商会住址拥挤着、等待着领取“良民证”。一夜过去了，“良民证”没有发齐。上午 10 点，敌人出动人马“清乡”，穷凶极恶地挨门挨户搜查，咯咯的砸门声，叽里嘟噜的喝骂声，妇女儿童的哭叫声，交织在一起。凡是没有得到“良民证”的男人都拉出去就地处死。有的刀砍，有的枪杀，有的用刺刀戳死。许多妇女为了保全丈夫的性命，不顾敌人枪刺的威胁，奋力争夺。有的全家被杀绝，无一幸免。有 18 个男人被逼赶到西南大街的一个公厕坑边，敌人先是用刺刀戳死，然后推倒粪坑边的土墙，把 18 个人全部压在里边。据当时的目击者说，仅这个公厕周围就横七竖八地躺着百多具尸体。悬楼底街 5 个门内也杀死 30 人之多。南街小书铺有个青年，日军竟将他的头砍下来后扔进煮饭锅里。这一天，日军究竟杀了多少人，无法统计，但估计至少有四五百人之多。

就在这一天，西北街被抓出一百五十多人，押至西门瓮城内，眼看又将重演 9 月 9 日南门瓮城那样的惨剧。一位叫张守恒的老街长，挺身而出，力保都是良民，恳求不杀。敌人可能出于政治上的目的，终于全部释放了。

在敌人的血腥屠杀中，一座两万人的县城变成了死城。至于少女、少妇惨遭奸污蹂躏的，更是不计其数。有的被摧残致死，有的因抗拒所杀。东街有个姓郝的（郝天福）一家女、媳，因忍受不了敌人野兽一样的昼夜轮番摧残蹂躏，全家 13 口人晚上到马家园的关帝庙附近，用绳子互相拴在一起，集体投井自杀。他的大女儿、女婿见一家人如此悲惨死去，绝望中，二人也跳进临近的一口井内自杀。第二天，日兵又去发泄兽欲，因找不到人，逼着同院一个姓王的青年去找，哪里能找得到呢？无辜的青年也被日寇用刺刀捅死。在阳高城，如郝家 15 口人含恨而死的究竟有多少，谁也说不清。

三

不几天，日军大兵团攻击部队向大同、雁门关前进，继之而来的警备队、宪兵队、宣抚班等，以“恩威并济”“以华制华”的手段，在大屠杀之后，绥靖地方，宣传“皇军仁政”。在同胞血迹未干、亲人悲痛欲绝的时候，稍有民族自尊心和爱国思想的人，无不咬牙切齿，痛恨万状，谁能听敌人的鬼话，俯首奉敌？但也有一些无耻的民族败类却从阴暗的角落钻出来认贼作父，为虎作伥。

有个投机分子叫任子纲，自告奋勇当了伪自卫团长，整天带着一帮人，手持木棒，在县城里到处巡逻，对人民群众滥施淫威，在敌人面前奴颜婢膝。有一天，日宪兵队长在旧三府衙门的广场给老百姓训话。中心放了一层方桌，方桌上又放桌子，桌子上再放凳子，带着少校军衔的宪兵队长就站在最高的凳子上。桌面上依次站着3个人：二层是朝鲜翻译，三层是伪满翻译，最下层就是那个所谓的自卫团长。日本人说一阵，先是朝鲜翻译翻，然后是伪满翻译翻，最后是那个四等奴才翻。他根本不懂得日本话，只得胡编乱造一气。宪兵队长嚷了一个多小时，人们只听到他翻来覆去地说了两句话：“大日本皇军——给我们谋福利——造幸福——建立大东亚共荣圈。”真是恬不知耻到极点。不久，共产党领导的八路军在平型关给日军以迎头痛击，首战告捷，取得了抗战第一次大胜利。消息传来，群众无不额手称庆，欢欣鼓舞。而一小撮无耻的败类们却在日军的指导策划下，酝酿成立伪县政府。据说像饿狗抢骨头似的争抢了一昼夜，才算分赃完毕。伪县长名叫瞿翼国，此人大学毕业，官迷心窍，只要能当官，什么缺德事都能干出来。1928 年奉军败走时，当了三天县长就倒了台，这次又轮到了伪县长的职位。当时其他任伪职的人员有：伪民生科长任子纲（即伪自卫团长），伪财政科长董涧庭，伪总务科长唐钺甫，伪警察署长叶九恩等。

日军在阳高犯下的滔天罪行，仅是他们侵华罪行千万件中的一个小的片段。他们以为屠杀可以慑服中国人民，服服帖帖地接受他们的统治和掠夺，然而，除了极少数认贼作父的民族败类外，千百万民族志士风起云涌，奔赴抗战前线，在共产党的领导下，前仆后继，英勇杀敌。到头来，屈服的不是中国人民，而是日本军国主义者自己。

梅花镇惨案

高承志*

1937 年 10 月 12 日至 15 日，侵华日军在河北藁城梅花镇进行了四天三夜灭绝人性的大屠杀，杀害无辜群众 1547 人，烧毁房屋、店铺 600 多间，制造了骇人听闻的梅花镇惨案。由于这起惨案发生在农历九月初九，故称之为九九惨案。

梅花镇位于藁城县（今石家庄市藁城区）南部，系藁城、赵县、栾城三县交界处，是个美丽富饶经济发达的商业重镇。卢沟桥事变后，日军侵入冀中平原，所到之处烧杀抢掠，无恶不作，给冀中人民带来了沉重灾难，也激起了人民的愤怒和反抗。1937 年 10 月 11 日，原国民党东北军五十三军六九一团在团长吕正操（当时已加入中国共产党）率领下，乘南撤之机脱离五十三军，宣布起义。

该团曾参加过西安事变，先后在石家庄、任丘一带驻防。早在 1936 年，团内就有了共产党的组织。六九一团进驻梅花镇后，吕正操和共产党代表孙志远商议，决定利用这里的有利地形阻击敌人，教训一下不可一世的日本侵略者。当时梅花镇四周有一丈多高的高大寨墙，墙根下有环村的壕沟。吕正

* 本文系作者依据采访惨案幸存者和实地考察资料整理而成。

操发布命令。一营在寨墙上构筑工事，封堵四门，准备应战。三营随团部进入距梅花镇 4 里的赵县四德村，指挥部设在村外的一个砖窑内，梅花镇人民听说要和侵略者打仗，群情激奋，主动烧水做饭，慰劳爱国官兵。

11 日晚上 10 点多钟，日军板垣师团的一个大队，从藁城出发来到了梅花镇西关，和一营的步哨发生了战斗，日军的后续部队渐次到达，拂晓前向镇西北角发起猛烈攻击，吕部爱国官兵，利用有利地形和敌人展开了激烈的战斗。这次战斗共打死打伤日军八百余人。

就在六九一团官兵和敌人进行殊死战斗时，五十三军军长万福麟率部向南跑得很远，并发来电报让六九一团丢下被困的一营南撤，吕正操不同意，果断地命三营八连在团属迫击炮掩护下，接应一营胜利突围。为了减少老百姓的伤亡，掩护群众突围，一营的乔排长带领 16 名战士在寨墙上来回跑动。射击敌人，掩护军民从东门撤出，并派人骑马在村内大声喊话："日本鬼子进村要杀人，乡亲们快逃命吧！"12 日黎明，六九一团突围转移到晋县小樵镇。战士们在大街上喊话时，镇西部战斗还未结束，多数人家没听到喊声，没有撤走。镇东部大部分人家及时从东门安全撤出。

10 月 12 日清晨，五千多名日军包围了梅花镇，他们从镇西南翻过寨墙进入镇内。当时天还没亮，街上只有少数人走动，穷凶极恶的日寇见门就砸、见房就烧、见人就杀。霎时，梅花镇上空浓烟滚滚，火光冲天，枪声、砸门声、大人小孩的哭叫声响成一片，侵略者开始了四天三夜惨绝人寰的大屠杀。

几个日军闯进王淘气家，一进门先枪杀了王淘气的母亲，父亲王保云悲愤交加，随手抄起一把三齿招呼家人："给我往外冲，跟狗杂种拼啦！"三齿下去，锛死一个日军。当他又向另一个日军扑去时，不幸中弹身亡。王淘气乘机冲出门去，气急败坏的日军吼叫着把两个孩子绑在淘气妻子的胳膊上，先用刺刀将淘气妻子的肚子挑开，接着又把两个不懂事的孩子刺死在母亲身旁。

农民马二黑一家 4 口不幸落入魔掌，日军像赶牲口一样把他们绑到村南，用刺刀将临产的妻子剖腹取胎，马二黑悲痛欲绝，挣断绑绳扑向恶魔，两个幼子也哭喊着一同扑去，日军举枪狂射，可怜一家人全部倒在血泊中。

一群日军砸开鲁全成家大门，把鲁全成绑走，一家人拼命争夺呼救，日军开枪打死鲁全成两个不满 10 岁的儿子，将 5 岁的女儿鲁梅珍踢倒在地。鲁全成七十多岁的姥姥哭喊起来，被日军一脚踹倒，剁掉双脚，残酷杀害。接着鲁全成的母亲、妻子和一个吃奶的孩子被日军狂叫着推入院内的井里，用辘轳、砖头活活砸死在井内。日军走后，小梅珍从昏迷中醒来，跪在亲人尸体旁哭叫，爬到街上喊爹娘，其凄惨悲凉场面，令人几十年后回忆起来都心颤。当时鲁全成家大院住有 6 户，20 口人，被日军杀死 15 人，伤 2 人，其中 3 户被杀绝。

大屠杀进行了一天，屋内外、大街上、粪坑里、水井边到处都是鲜血淋淋的尸体，整个梅花镇到处弥漫着腥风血雨，俨然一座人间地狱。

12 日这天，日军在镇内各处杀人的同时，还把一批青壮年抓了起来，绑在一起，强迫他们跪在大街上、真武庙前和几个较大的院落里，日军把他们一批批拉出去残杀。当时大的杀人现场有镇西头辘轳把水坑，地主尚五子家长工院，镇东头臭碱水坑、打坯坑、血井，镇南头三十六口坟场，还有街内的染坊大院和地主杨老风的粉房大院。仅此 8 处，就有一千二百多人惨遭杀害。

辘轳把水坑是最大的杀人场。12 日中午，飞机不停地在空中盘旋，几百名面目狰狞的日军端着刺刀，站在水坑周围，附近架着机枪，把捆绑着双臂的老百姓从大街上和真武庙前往水坑边驱赶，日军用刺刀棍棒强迫他们往水坑里跳。水很深，许多人跳下去就淹死了。日军边强迫人们往水坑里跳，边用机枪扫射。尸体填满水坑，血水溢出坑外，顺着沟流到了街上。坑四周站着的日军，见到没死的，远处用枪打死，近处用刺刀挑死，共有 597 名无辜百姓惨死在坑内。惨案过后，乡亲们强忍悲痛在这里打捞了 5 天尸体。其中有一百多具尸体血肉模糊，无法辨认，一起埋到了镇西的一个坑内。

地主尚五子家长工大院，宽大而空旷。日军把百多个村民赶到院内，跪了一天一夜，不让吃一口饭，喝一滴水。13 日，一群日军闯进来，把这一百多人全部杀害，尸体扔到院内的两个大菜窖和一个大粪坑里。日军为了掩盖滥杀无辜的滔天罪行，在院边插了一个大牌子，上写“支那军战死之位”，恬不知耻地炫耀其“战果”。

12 日，日军把各户抓来的一百多名妇女强行拉到地主杨老风的粉房大院，进行了野蛮的侮辱和杀害。其中有 11 名怀孕临产的妇女被日军剖腹，并将胎儿吊在树上练习打靶。有个日军用刺刀把胎儿挑起一丈多高，摔成肉泥。孟小庆的妻子被扒光了衣服，吊在门梁上，被打得皮开肉绽。觉得不过瘾，就用刺刀刺开肚子，挑出血肉模糊的胎儿，狂笑取乐。郑小娥被扒光衣服，割掉乳房，她的两个孩子趴在她身上哭叫，也被日军当场刺死。

被赶到染坊大院的一百多名妇女，同样受到日军的摧残。十几名日军先后轮奸了年轻媳妇蒋王氏、魏武氏、张邓氏等，摧残折磨过后，用刺刀将她们全部刺死。晚上，一群一群的日军打着手电进去，把年轻妇女抓出去，野蛮地进行奸污残害。

10 月 13 日、14 日，农民张二黑等 62 人，手拿棍棒，冲出封锁线逃跑时，不幸落入日军魔爪。他们被捆绑起来，打得腰折腿断，然后推入打坯坑内集体活埋。与此同时，日军又将二百多名青壮年绑到东门外空地，毒刑拷打后，一批批用刺刀刺死。马胜福、马喜福等人被日军用铁丝穿透胳膊，打得死去活来。他们不屈不服，怒骂不止，最后被日军在身上浇上汽油，推入火坑，活活烧死。

樊金保等 63 名群众，被绑到东门外臭碱水坑旁，先挖掉眼睛，再砍掉四肢，然后割下头颅，将残尸抛入臭碱水坑内。

东门外有一处种有桃树的园子，一口大眼井，14 日下午，45 名青壮年被绑到井旁，日军狂叫着，举起战刀，强迫他们跪下，他们宁死不屈，骂声不断，恼羞成怒的日军将 45 人全部砍死，头被挂到桃树上，尸体扔进井里，水井顿时变成了血井。像这样的血井，全村当时还有 23 处。

南门外的屠杀更使人触目惊心。10 月 13 日，两百多名妇女、儿童被绑到南门墙下。日军想找到吕正操部队的下落，便在妇女儿童身上打主意，先是哄骗，后是恫吓威逼，她们宁死不讲，日军恼羞成怒从人群中拉出 4 个不满 10 岁的女孩，把她们活活劈成两半，众人见状，一拥而上痛斥日寇法西斯暴行，日军气得狂蹦乱跳，进行了疯狂的屠杀。当时有的被砍头，有的被断臂，有的被割掉乳房，有的被剖腹取胎，最终两百多名妇女、小孩全部被杀，尸体扔到护寨沟里。惨案过后，赵二满和几个老雇农含泪在沟里打捞了3天尸体，其中有36具尸体无法认领，埋在一起，被当地人称作“三十六口坟”。后来，筹建“梅花惨案”展览馆时，从这里挖出三颗头骨，其中一颗头骨上面还卡着日军的子弹头。

10月14日，从小逃荒来梅花村的张玉振等6人，被日军整整毒打了一天，打得皮开肉绽，浑身是血。傍晚，日军把他们绑至东门外，他们见满街的尸体横七竖八地躺在血泊里，树上挂着血淋淋的人头，连声骂道：“你们这群狗娘养的，中国人迟早要和你们算账！”他们挣断绳子，赤手空拳和日军拼了起来。凶恶的日军端着刺刀一阵乱刺。5人惨死在屠刀下。张玉振被刺了11刀，昏死过去。深夜醒来，一翻身，全身淌血，他强忍着剧烈的疼痛，挣扎着爬到了镇外较远的地方，被人救起，幸存至今。他的身上还留有11处刀疤和半截拇指。

农民张二白，被日军抓捕后，押上大街，几个日军用棍子边走边打。张二白强忍怒火猛转回身，从日军手中夺过棍棒，手起棒落，血浆四溅，一个日军的脑袋开了花，他抡起棍棒，左右开弓，前后几个日军被打趴在地。有个端枪的日军扑过来，张二白猛冲上去，中弹身亡。张二白死后，那根棍子还紧握在手中。

五十多岁的阎老聪，是沿街乞讨来梅花镇定居的。他看到一批批人被赶到辘轳把水坑被害，高喊：“乡亲们，和小日本拼呀！”日军向他扑去，他顺手从地上抄起一块砖头，砸瞎了日军一只眼，疼得那日军嗷嗷叫。后来日军把他绑在树上，他破口大骂，日军割掉了他的舌头，他怒目圆睁，运足气力，喷了日军一脸血。日军恼羞成怒，用刀把他身上的肉一块块割下并砍掉了他的胳膊。阎老聪虽然被害了，但他那不畏强暴、宁死不屈的铮铮铁骨，连凶恶的日军也都惊得目瞪口呆。

血腥大屠杀持续了四天三夜，到10月15日中午，日军才离开梅花镇。据事后的详细统计，梅花镇当时550户人家，2500口人。有46户被杀绝，共杀死 1547 人（不包括在此居住的外来人口），烧毁房屋、店铺六百多间。日本侵略军制造的这起大血案，罪行累累，铁证如山。

梅花镇惨案，激起了藁城人民的觉醒和反抗。一个月后，该县共产党员马玉堂等组织的抗日武装，联合李小贞的地方武装，一举攻克县城，俘虏日军四十余名。从此藁城县的抗日烈火愈烧愈旺。该县相继组织起独立大队、石东游击队、县大队、农民大队等抗日武装，四处出击、抗击日寇，取得了辉煌战果。梅花镇和藁城县人民主动把自己生产的粮食、布匹、军鞋等物资，源源不断地送进山区抗日根据地，有力地支援了抗日部队。1938 年藁城县被命名为“抗日模范县”。

成安军民抗战和日军的两次大屠杀

韩立才　李自谦*

【编者按】1937年10月26日，日军进犯河北成安县，遭到我爱国官兵和成安民众的坚强抵抗，日军一个大队约500人几乎被全歼。日军从邯郸抽调部队加强攻势，我方援军未及时赶到，成安陷于敌手。11月6日拂晓，我军某营从东北城角挖地道攻入城内，配合民众组织与日军展开了街巷争夺战。嗣以大名失守，援军不继，我城内部队弹尽援绝，全营壮烈牺牲，成安再度陷敌。日军为了报复，总计在城内杀害群众三千六百余人，在城外附近杀害两千余人，这就是震惊全国的成安大屠杀。为了搜集和整理成安军民抗战和日军在成安大屠杀的材料，邯郸市政协于1984年4月和8月，先后两次在成安召开座谈会，有三十多位老人参加了座谈会。本文系韩立才和李自谦根据到会者讲述的亲历、亲见、亲闻的事实整理而成的。

一、成安战斗前的作战准备

七七事变后，驻守在华北的第二十九军扩编为第一集团军，由原第

* 韩立才抗战初期曾在冀察绥靖公署军务处、第一集团军总司令部工作，李自谦系文史工作者。

二十九军军长宋哲元升任总司令。所属各师除第一三二师因师长赵登禹在南苑殉职，部队编并以外，其余 3 个师都扩编为军，由冯治安、张自忠、刘汝明分别升任军长。1937 年 10 月，宋哲元领导的部队，分别由津浦、平汉铁路沿线向冀南大名附近集中，总部驻在大名城里。

成安战斗前夕，该县驻有刘汝明领导的第六十八军的一个团，成安城内驻有一个步兵营，城外郑家窑附近驻有一个骑兵连。

成安县县长李熙章是一个有民族气节的老知识分子，在我地下党组织争取和人民群众的迫切要求下，他同意抗日，并为此做了相应的准备。他把自卫团、县政府工作人员和警察局的人员组织起来，严密巡逻，防止敌特渗透，曾先后 4 次抓获了敌人的侦探，经过审讯后都立即正法。在日军攻城的时候，他下令把关押的犯人全部释放，交给城防守军，让他们为抗击日本侵略军出力。守军营长姚子寿把释放的犯人分拨到所属连队的各个班组，每人发给一把大刀和两颗手榴弹，宣布：凡是作战出力的，谁缴获了战利品除武器弹药交公外，其余都归个人所有。刚出监狱的犯人们，有了立功得奖的机会，个个欢欣鼓舞。李熙章还对抗日武装的物资供应，抢救伤员及医疗设施等，作了相应的安排。

成安的群众武装有自卫团，团长是杨朝卿，他带领该团参与了抗击日本侵略军的战斗。另外还有保卫团，团长赵初源听到日军将至，于 9 月 18 日逃之夭夭，部属三百余人也解散了。县城里还有临时组织起来的十字会，负责人是张石先、贾老寿。十字会下设财政股、慈善股和交际股。目的是以慈善机关之名，在抗日武装抵抗不住、日本人进城时，保护参加十字会的群众，不受日军的杀戮。

成安县东关原驻有第五十三军万福麟的部队，该军纪律松弛，听说日军快来到了，急速撤走。群众感到失望和不安。刘汝明的部队进城以后，立即召开群众大会，安定人心。姚子寿营长得到了县长李熙章、群众团体负责人及中共地下党发动起来的群众的积极支持与协助，全城上下初步形成了一个团结战斗的群体，对城防相应作了部署。

10 月 14 日，日军占领邯郸。15 日，占领肥乡。攻击成安的是日军第八师团的尚林大队。由于日军占领邯肥不久，所派 4 次侦探又全部被我方巡逻队抓获正法，敌人对成安城内的情况几无所悉。日军因胜而骄，尽管不了解城内情况，仍然决定立即攻城。

二、敌犯成安及第一次大屠杀

邯郸、成安、肥乡三县，形成一个大三角，成安城位于这个三角的东南顶点。敌人占领邯郸、肥乡之后，如果不拿下成安，据守在邯郸、肥乡的敌人侧背，都受到我军的威胁，而邯肥之间的交通联络，随时有被我军切断的可能，所以敌人急欲拿下成安。成安东南均有宋哲元部队防守，敌人想夺成安，必然从北面进攻。为此，我方把城防的重点放在北城，由姚子寿营把守。东有第六十八军骑兵连一部，其余由自卫团等民众武装分兵把守。城东北附近，有一个郑家窑，这是一个制高点，窑上构筑了环形工事，由第六十八军骑兵连另一部在窑上布置了轻、重机枪，在四周形成了交叉火网。这个制高点上的守军和守城部队互为应援，控制着城北的一大片开阔地。距北城墙 50 米的地方有一条洼路，东起东关北，西止范耳庄，上宽 7 米，下宽 3 米，深约 2 米，群众叫作“牛槽路”。郑家窑上的火力，对这条洼路实行了有效的封锁。敌人如果从北面攻城，必然要利用这条洼路暂时潜伏做攻城前的各项准备，这样，部署在郑家窑上的各种武器就可以发挥最大的威力，把敌人消灭在这条洼路之中。

1937 年 10 月 22 日午夜，日军尚林大队由肥乡出发，大摇大摆地向成安开进。日军沿途抓住几个老百姓，让他们带路。交给他们几面小白旗，告之：如果成安没有城防部队，就在县城附近路旁把白旗插上以作标志，如果有城防部队就不插白旗。这几个带路的百姓恨透了日本侵略军，明明知道成安有城防部队，为了使敌人上当，故意把几面白旗全部插到大路两旁。

日本侵略军进抵北曲村东时，遭到驻扎在该村的县警察局李卖武巡官带领的巡逻队的突然射击，日军当即还击。巡逻队人员不多，装备又差，他们的骚扰射击，实际上是给守城的军民打信号，让其做好战斗准备。日军一看巡逻队转移了，以为这是些地方武装，不足介意，继续前进。随后看到城北路旁插着白旗，认为城内没有守军，日军指挥官便哇啦哇啦地布置攻城。当敌人前进到我方有效射程以内时，城墙上的守军以密集火力向敌射击，此时郑家窑上的守军没有开火，以便诱使敌人向城北洼路里集中。敌人果然迅速集中到洼路里隐蔽，并向我城墙上面的守军还击。我郑家窑上守军，立即轻重机枪一齐发射，狠狠打击敌人。这时一部分敌人留在原地，挖简单掩体进行掩护；一部分冲出去，冒着我密集的火力，向北城攻击。他们不知道成安没有北门，冲到城下的敌人，攻城攻不动，上又上不去，正在犹豫间，从城上扔下来许多手榴弹，把攻到城墙下的敌人全部炸死。留在洼路里的敌人，很快都挖好了掩体，双方发生枪战，枪声震撼了整个成安城。战斗持续到天明，敌人大部伤亡，剩余人员四处狼狈逃窜。这时，守城的军队、自卫团、警察局和群众组织，从城门涌出来，还有从四乡赶来的各村民团，手里拿着枪支、大刀、铡刀、长矛、梭镖等各种武器，一齐杀向敌人。整个成安城北，到处是愤怒的人群，到处是怒吼的杀声。到 23 日上午 9 时许，战斗结束，共缴获敌人轻重机枪几十挺、步枪三百多支，以及指挥刀、手枪、报话机、弹药、药品等战利品多种。与此同时，大是西的民团和群众，截击了日军停留在村西成肥公路上的辎重车。敌人在攻击冀南的各个县城中，从未遭到这么大的损失。因此，敌人把成安城叫作“难进城”。

正当城外的军民乘胜杀敌时，城内的居民奔走相告，喜形于色，男女老幼都为胜利欢庆不已。于是，各商家、住户纷纷蒸馒头，烙大饼，烧开水，做热汤，自动地送到大街上，送到兵差委员会，有的就近送到驻军、自卫团和警察局的所在地，让胜利归来的官兵们赶紧吃饭，就地休息。参战的人员和群众，抚摸着各式各样的战利品，满怀喜悦地共庆战斗的胜利。

溃逃的敌人经过曲村、高庄、范耳庄时，大肆屠杀。在曲村，日军杀死三十多人，把张忠的母亲用木桩钉在墙上，架起柴火烧死，把全村七十多头牲口全部打死，还纵火烧毁一百多间民房。在高庄，敌人闯到高仲家里，一枪打死了高仲，邻居们听到枪声就往外跑，有十几名群众被敌人抓住枪杀了。高泽藏在自家的门后面，被日军发现，一刺刀捅进肚子里，当场死亡。

常万妮藏在锅台后面，被日军一枪打死。随后日军把抓来的常志玉、王尚贤、高黑德、王守珍等 6 名群众，用绳子捆起来，押到村东树上，一个个剖腹、劈头！其中王连生、王文生在路上尽力挣扎，企图挣断绳子逃跑，被日军用枪托活活蹾死在村东庙前。范耳庄也被日军杀死 12 名群众。

以上这几股敌人，在作恶多端之后，陆续逃到了邯郸。据翻译官于乐天（天津人）后来对被迫为日军干活的群众说，驻在邯郸的敌指挥官闻讯后，大为恼火，发誓非把成安拿下来不可。于是派遣大批炮兵和步兵部队，于 23 日傍晚向成安猛扑。

我守成安的部队，除姚子寿营是一个训练有素的正规部队外，其余参战人员，多是临时组织起来的，有的缺乏训练，有的武器弹药很少，尽管抗敌斗志旺盛，但不能持久。更为重要的是，守城部队缺乏统一的指挥，纪律不严，打了胜仗以后，没有及时分析形势，研究可能出现的问题，因而没有做好下一步的应战准备。那些群众组织得了战利品以后，各自回家去了。县长李熙章不是军人出身，指挥作战外行，营长姚子寿又没有主动和李熙章商量，采取一些紧急措施，如赶快疏散人口，加强防御工事等等，所以在敌人以强大火力猛攻县城时，仓皇失措，处处被动。

敌人攻城的时候，先以强大的炮火向西门及其附近的城墙猛轰，担任守城的姚子寿营只有轻武器，连迫击炮也没有，在敌人强大火力攻击下，毫无反击能力。敌人很快把西城门及其附近的一段城墙打开。由于战事发展过于迅速，我后援部队尚未赶到，敌人已经进城。这时，城东门还用麻袋囤着，两扇城门用铁链子锁着，只能容一个人进出。姚子寿营为了保存实力，免遭无谓的牺牲，从东门撤走了。县长李熙章带着少数人，逃出城外。城内的群众听说敌人从西门进城了，多数弃家外逃，跑到东城门，因秩序太乱，除极少数人挤出城门以外，多数人没挤出去。城门下大街上一片混乱。敌人在西城墙上架上几挺机枪，顺着东西大街向人群扫射，无辜的男女群众，一个个饮弹而亡。大街上留下一堆堆死尸，一摊摊血迹，惨不忍睹。东西大街当中，有几座快要倒的牌坊，在敌人疯狂扫射的时候，它们都成了天然的掩体和避弹所，挡住了不少敌人的枪弹，挽救了许多生命。群众在这几处停留了一下，见到东门逃不出去，西城门附近都是敌人，转向城墙上拥去，打算跳墙逃走。有些壮年跳城墙逃走了，有些摔伤了。年老体弱的、妇女和小孩不敢跳城墙，又下了城墙，到处乱跑。敌人的机枪不断地扫射，又有很多人中弹倒地。张凤林的老婆抱着吃奶的孩子没命地奔跑，一摸孩子的头，发现已被枪弹打开了花，扔下孩子继续逃跑。侵略军对满街乱跑的群众，用机枪扫，用刺刀挑，整个成安城内，到处是惨叫声。无辜的老百姓一个个倒卧在血泊之中。事后得悉，土肥原曾给攻城的部队下命令，打开成安以后，给官兵放假七天，任他们自由行动也就是任意抢掠。这一个命令给成安人民带来了空前的灾难。

25 日清晨，侵略军成群结队到处搜查，见到成年男子，就地枪杀，或劈头，或开胸剖肚；见到婴儿，先挑逗取乐后狞笑着抓着两条小腿撕成两半，用刺刀挑起半个尸体示威；见到女人，不论老幼，一律肆意调戏侮辱。

南街李香程家的东屋里藏着 14 个逃难的群众，日军追赶两个女青年闯到了这里，对两个女青年百般污辱。傍晚，几名日军又到这里寻找女人未遂，一怒之下打死了 13 人，9 岁的宋玉珍躲藏在柜橱里，始得幸免。

东大街路南，现在张才家的西边有 3 间大屋，里面挤满了妇女和儿童。日军反锁了大门，在外边用木材围起来，浇上汽油，把一百多人活活烧死。

池凤林的老婆，看到日军逢人便杀、见人就捅的情景，自料难逃虎口，于是含着热泪，吻了吻才一周岁的小女儿，心一横给扔到水缸里。眼看爱女断了气后，跑到南大坑痛骂日本侵略者，然后跳水自尽了。

南街尹相中的母亲，拉着 7 岁和 5 岁的两个女儿，想找一个安全的地方躲一躲。不料后边追来了日本兵，她发誓不让母女 3 人死在敌人的屠刀之下，一下子抱起了两个女儿，跑到庙前的大坑里，饮恨淹死在积水之中。

刚刚 10 岁的尹德成，跟着母亲和姐姐逃到南街老孙家。刚进屋不久，日军闯了进去，举枪把德成的母亲打死。她姐姐藏在被子底下，听到她娘被打死，又急又怕身子一动被日军发觉，日军隔着被子用刺刀捅，德成的姐姐又惨死在敌人的屠刀之下。

北街大生的儿媳妇抱着一个吃奶的男孩子，计妮子背着一个号啕大哭的小女儿，一齐往东跑。听到东边有杀声，回头往西跑。又听到西边有惨叫，走投无路，摸到西大坑，双双跳到坑里自尽了。

一个 17 岁的女青年，被日军扒光衣服，捆上手脚，让她赤条条地躺在三皇庙前边，被一群东洋野兽任意凌辱。

南街磨坊里藏着二十多个逃难的青年妇女，亲人全都被日军杀光了。这些失去亲人的女孩子走到一起相依为命，哪知又碰上敌人闯了进来。敌人从中挑选了 4 个，带到大街王家，让她们穿上地主家里的红绿衣服，边污辱边取乐。后来她们回来时，精神失常，已被糟蹋得不成样子。

跑到天爷庙的二十多对老年夫妇，都拉扯着孙子、孙女。日军进庙以后，把老头们一个个捆起来，老婆婆和小孩们流着眼泪，怒视着敌人。敌人端着刺刀对准这些妇孺，不让靠近，让她们眼睁睁地看着二十多名老汉被拉到庙门外枪杀了。城内张狗旦等十多名青年，为了躲避日军的残杀，藏到天爷庙的前后大殿中间的房顶斜坡上，饿了两天两夜。以后被敌机发现了，向地面发了信号。这十几名青年被团团围住，从房顶上被驱赶下来。他们知道活不长了，高呼着“打倒日本帝国主义”“侵略者必败”等口号，被枪杀在天爷庙门前场地上。

90 岁高龄的李香程老大娘说：“日军杀我们同胞，用刺刀顺着脖子的两侧往下捅，把人杀死了外面见不到血，真是杀人不见血呀！”

幸存的老人黄树林说：“我亲眼看见日军从天主教堂搜出七十多名男人，都用绳子捆着，然后押到西大坑边，都用机关枪射杀了！”

73 岁的老人武振山说：“南街常老玉被日本鬼子捆到树上，还用铁丝加固拧紧，用干柴活活烧死。”

79 岁的王敬贤老人说：“俺兄弟王尚贤叫日军捆起来，先在他头上钻了一个眼儿，然后吊在树上烧死了。”

成安十字会是邯郸十字会的分会，设在池家过道西边。凡参加的人员必须交 5 元钱会费。参加十字会的成员都戴上袖章，双方交战时，他们收容了不少伤兵。因为十字会是国际组织，他们想把日本的伤兵也收容起来，县长李熙章不同意，因而只收容了我方的伤兵。这事让日方知道了。日军进城时，十字会打着会旗欢迎，日军把旗子扔到地下并斥责说，你们不收容皇军的伤兵，不是真正的国际组织，是冒牌货。后来日军闯入十字会驻地，把藏在里面的一百多人统统捆绑起来，押到魁星楼前边的大坑边枪杀了，血水染红了坑水。

李香程老人说："日军进城以后，我逃到了天主教堂，都说到了天主教堂，日军就不杀了。维持会门口有大字标语，写着欢迎大日本。进了天主教堂，屋里、院里到处挤满了人，估计有上千人，其中，上了年纪的人都闭着眼睛念经，有的跟着瞎哼哼。没过多久，闯进几个日本兵，端着枪在人群中间走了一趟，哇啦哇啦讲了一阵，然后把所有的男人都赶了出来，押到城东门附近杀光了。正当那些日军往外押人的时候，妇女和小孩们都趁机跑了出去。我一想，大家都往外跑，目标太大，更不安全，我就一个人躲在天主教堂里没有走。待到第二天一早，心想一个人在里边不妥当，得另找个地方藏起来。到了大街上，到处是死尸，还有些打伤未死的，就在街上惨叫，听到这些声音，我的心好似刀绞一样！回到家里，亲属们还都在，我们就跪在炕上祈祷。正祈祷着，忽然进来一个日本兵，他讲了几句话，我们听不懂，他就用手画圈圈，我认为可能是要现洋。正好我的箱子里还有几元现大洋，我就拿出来递给他。不久，又进来两个日兵，我赶紧给他们递烟。其中一个抽烟，一个把子弹上了膛，我们一家吓得魂不附体。正在这个时候，北街老刘抱着一个包袱跑进了我家。他一见日军就往回跑，两个日本兵追他去了，我们一家趁这个机会都跑了。跑到东路嘴，又碰上一大群日军，个个端着上了刺刀的枪。我想，这下子可完了。幸好，一个翻译对一个当官的说：'他们都是好好的老百姓。'我们赶紧向那当官的敬礼，翻译又说了几句好话，让我们走开了。这时，我们都饿了，想回家弄点饭吃。刚到家不久，又进来一个日本兵，见了我们就说：'米西！米西！'我赶快给他做饭吃。

"前面那个日本兵刚吃完饭，又进来几个日本兵，一进屋甩手比比画画，让我们去做针线活。我带着全家跟他们到了指定地点，他们拿出抢来的一包皮袄，让我们改成坎肩。做完了，他们表示满意，把我们放了回来。一路上我们都是在死尸堆里穿插过来的，男的、女的、老的、少的，枪杀的、开膛破肚的。那种惨状，实在难以形容。其中很多人是我们的亲戚、邻居。一路上心如刀绞，怎么也不能平静，日军杀人不眨眼，真是罪恶滔天！”

有几个老人在座谈会上共同回忆说，日军杀人最多的地方是魁星楼、后大坑、西南街、东西大街、东路嘴、天爷庙等几处，每处都杀了几百人。最令人发指的是，日军在放假七天当中，把我们同胞的死尸集中了一大批，把男人的上身脱光，把女人的下身扒光，分别摆成跪着、仰着、立着等姿势，靠在街道的墙上。野兽们把中国人的死尸当靶子，供他们练习射击。敌人的残暴和凶恶，由此可见一斑。

三、我军反攻失利　敌第二次大屠杀

姚子寿营撤出成安以后，驻在城南金山村，刘汝明的其他部队，也都在成安、魏县一带集结。从城内逃出来的群众，找到我军，哭诉日军在城内大屠杀的种种暴行，要求部队为群众报仇。第六十八军的广大官兵听到这些消息，无不义愤填膺，坚决要求拿下成安，给日军以应有的惩罚。刘汝明派了一个旅，配合成安民众武装千余人并配备了炮兵，准备以炮火掩护攻城。由于我军大炮少，炮弹也不多，如和守城敌军进行炮战，我军必定要吃亏。经研究，决定从城东北角挖地道向城内进攻。在部署上，抽调工兵担任挖地道，另外挑选一个强有力的建制营作为敢死队，待地道挖成后潜入城里，猛攻敌人。工兵在 11 月 5 日黄昏时开始挖地道，6 日拂晓以前挖通。敢死队员们个个手持大刀，身穿短裤背心，裤带别着手榴弹。敌人正在平民家里睡大觉，我军摸进去，手起刀落，把敌人杀得血肉横飞。天亮以后，敌我双方逐房逐屋地展开白刃战。我们的敢死队是为成安人民报仇，必欲杀尽敌人而后快，他们越杀越勇，敌人不支，往城外溃退。他们退到城西北杜汤堡、张庄一带待援。在邯郸的敌司令部，得到我军反攻的报告，急从邯郸、永年、肥乡三处向成安调集援军。这些部队到达成安城郊后，与我在城外的那一旅部队（缺一个营）展开了遭遇战。敌人的炮兵比我军多，我军伤亡较大，在城外窑上担任指挥的团长也在战斗中负伤。退到杜汤堡附近的敌人，看到大批援军到来，又向城里杀来。城内城外，到处都在激战。城外，我军战斗到下午3时左右，因敌人炮火太猛，我军的炮火抵抗不住，伤亡越来越大，他们且战且退，急欲甩开敌人。在城内的我军孤立无援，苦战到下午5时，敢死队营长仅率四五十名队员退出城外，城内还有四十多名敢死队员未及撤走，被敌人封锁在城东北角一间屋里。敌人喊话，命令他们投降。我军痛骂日军侵略中国罪恶滔天，庄严宣誓，绝不投降。我军粮尽弹绝，日军除用枪弹攻击之外，还用柴火把房子点燃，敢死队队员计有42名遇难。成安的民众武装撤到路固村自行解散了。

日军第二次占领成安城以后，又进行了大屠杀，凡是男人，不论老小，抓到一律杀光。天主教堂里住着37名壮年人，都是给日军担水、喂牲口的苦力，臂上还带着日军发给的“苦力”袖章。日军把他们抓出来，带到尹庄集体屠杀了，其中刘德成受伤未死，得以幸存。

刘伯良说：“日寇在成安杀人的方式主要有以下几种：一、集中枪杀；二、绑在树上或柱子上，先拳打脚踢，再用瓶子、木棒敲打致死；三、把捆着的活人丢在路上，让拉给养弹药的车辆轧死；四、纵火焚烧。”

崔金岭说：“光我们南宫县在成安做生意的就有118人被杀死，现在能回忆起来的计有：宝丰杂货铺12人全被杀光，天盛恒被杀11人，天盛永9人，永聚酱菜铺7人，恒生和杂货铺13人，聚义升杂货铺9人，复兴楼布庄7人。”

刘秀花老大娘说：“刘汝明的部队反攻成安时，我在城内衙东街住，家里3个男人都被日军杀了，只剩下老婆婆和小孩们。记得刘汝明的部队在城里打了一夜，天刚明，一个战士突然跑到我家，他告诉我们不要惊慌。正在这时，来了一个日本兵，端着枪到处搜查。那个战士藏在门后面，日本兵在屋里没有搜到人就往外走，战士顺手捡起一个小坛子朝着敌人后脑勺砸下去，一下子砸死了日本兵。战士不慌不忙，脱下日军的衣服穿上，拿着他的枪走出了东城门。”

参加座谈会的老人们都说：“日军在城里杀人，遍地都是死尸，城里的狗吃人肉吃肥了，狗毛都掉了，个个肥狗都是光秃秃的。狗吃人肉吃红了眼，发了疯，见了人就咬，那种惨状，目不忍睹，现在想起来还浑身打战呢！”

据不完全统计，日军在成安城和附近的村庄两次大屠杀，除去军队的死亡人数不列入以外，光平民百姓被杀害的就达五千二百多人。这是日本侵略军在冀南所犯下的一次严重罪行。这笔血债，冀南人民，特别是成安人民，永远不会忘记。

回忆日军在无锡的暴行

陈其昌*

自1937年七七事变发生后，不久，日本帝国主义在上海又悍然发动了八一三淞沪战役。当时驻沪第八、第九集团军为了保卫国土，奋起抵抗，与日寇进行了顽强的拼搏，使侵沪日寇遭受重创，大大地激发了全国人民的抗战热情。这时，我在无锡国专刚刚毕业，出于爱国热忱就与几个同学一起参加了抗敌后援会的工作。一面宣传抗日，一面征集废铜烂铁，以供国家制造枪弹之用。同时，还经常到火车站去，慰问前线下来的一批批的伤兵。慰问伤兵的情景，给我留下的印象最深。由于国民党政府不积极抗日，对前线下来的负伤战士重视不够，未能及时安置、抢救。尤其是一些重伤的战士，大多躺在车站路轨旁边而无人照顾。日寇是非常残酷的，使用的枪弹有些是含有剧毒的，看到有的重伤战士中弹后，头部肿胀，满面呈青褐色斑点，枪弹入口处极小，出口处却很大，血肉模糊，令人目不忍睹。

到了10月16日，日寇飞机开始来锡轰炸，先在火车站一带投掷炸弹。居民群众当初由于不了解炸弹的威力，在日机初次轰炸时，还纷纷出外观看。后来，看到各处被炸后的凄惨情景，只要听到警报声，就吓得魂不附

---

* 作者时为无锡莲干村村塾教师。

体，忙向防空洞躲避了。日机不断来锡狂轰滥炸，甚至地处宝界桥畔的茹经堂，亦遭到轰炸。看守茹经堂的一家三口人，看到日机在上空盘旋，急忙逃出，躲避在树丛中，全被炸死，而茹经堂却未命中（当时曾有冯玉祥在茹经堂指挥作战的传说）。城区已很不安全，要想逃到内地去，交通已阻塞，路上更有风险，于是全家暂时躲避到乡区张舍镇，在张店桥一家姓许的农民家居住下来。有一天，我父亲放心不下家中，定要回城看看，我陪同父亲一起步行回家，到傍晚时才到家中。不料到晚上 8 时左右，日机突然轰炸西门桥。我家距西门桥很近，当时只听见一声巨响，窗外一片火光，房屋摇摇晃晃，像遭到地震一样，吓得要命，一夜无法安睡。待到天明，马上逃回乡区张舍镇。后来听说炸弹落在桥旁一间民房上，未命中桥面。

不久，无锡沦陷。日寇初进城时，只要看到年轻人或形迹可疑的人，即开枪杀害，又纵火焚烧民房。当时无锡最繁荣的商业大街——北大街及其周围广大地区，均为日寇全部烧光，成为一片废墟。我们在乡下只看到城区火光熊熊，三天三夜烈火未熄。后来，到了城里，站在西门桥上，可以一直看到北门莲蓉桥以外的地区，情景之惨令人发指。我家大娄巷老宅第一进房屋，亦在此时被日寇焚毁。

我在乡区一直不敢回城，闲着无聊，即由友人介绍在附近的莲干村做了一年半的村塾教师，教的是《三字经》《幼学》之类的传统教材。到1939年，我才回到城区西门家中。靠近我家后面，原是蚕种试验场。当时该场有日本驻军，平时常有日寇闯入居民家中进行骚扰。我家的大门也曾多次被日寇打开，看见有好的东西，不是抢去，就是破坏掉。我的弟弟才十八九岁，在家中被日寇拉去，强逼他到军中扛水喂马，受尽惊吓，吃了不少苦头，回家后即生病，以致身体一直虚弱，影响了他的健康。

有一天，不知何故，日寇突然挨家挨户把西门地区所有的男子，一一驱往蚕种试验场的旷地上，责令排成长队，向前慢慢走去。前面有一个蒙戴着黑面罩的人，只露出两只眼睛，盯着队伍看。旁边站着几个日寇，手里还牵着几只又肥又大的凶恶的狼犬。远远望去，前面已有人被拉出来。日寇对他拳打脚踢，张牙咧嘴的狼犬更窜上窜下地对他咬个不止。我随着队伍缓步走到戴黑面罩人的前面，吓得魂不附体，心怦怦直跳。现在回想起来，还有余悸。

还有一次，晚上 7 点多钟，日寇把所有西门地区的居民，集中到西城门口，排成好几排长长的队伍。城门旁的屋顶上挂着照明的灯，站着持枪的日寇。另一批日寇挨次仔细地检查每个人的良民证，看到不是西门地区的居民，一律拉出来，排到另一个队伍里去。很显然，这些人是这次检查的重点对象，是会遭到麻烦的。我当时良民证上的居住地点，不是西门的，因此，乘日寇不注意的时候，悄悄地跑到已检查过良民证的行列中去。不料被屋顶上的日寇看见，便忙跑下来捉我。我混在人头攒动的队伍中，更加上夜幕沉沉，日寇辨认不清，幸免于难。后来，有人对我说："你好大胆，我们为你吓得要命！"

在敌伪统治时期，无锡东西南北四城门都有日寇岗哨守城。平时，老百姓进出城门必须搜身，还要向日寇脱帽行礼，否则即遭殴打凌辱。有一次，我急于进城，未向日寇行礼，即被喊住，狠狠地打了我几下耳光，打得满口鲜血直流。还有一次，我进城时被日本宪兵拦住，要检查我手中的书。当时我在一所中学里教书，手里拿的是一本历史书，书中有日本侵华的章节。这个日本宪兵大概是懂得中文的，他一页一页仔细地翻阅，我被迫站在城门口，约有半个多小时，深恐会有不测之祸，吓得浑身发抖，冷汗涔涔。虽幸未遇到凌辱，但在精神上却受到难以忍受的痛苦。

日本宪兵在无锡血债累累，杀害了不少抗日志士和无辜老百姓。日本宪兵队设在城中复兴路上，靠近宪兵队后院的居民每晚都能听到被严刑拷打而发出的凄惨的嘶叫声。为此日本宪兵曾勒令靠近宪兵队后院的几家居民迁居他处，以掩盖其血腥罪行。平时，日本宪兵横行不法，无孔不入，随便抓人，更不足为奇。我有一个堂兄原是乾甡丝厂的职工，无锡沦陷后丝厂为日商所接管，而他仍留在丝厂工作。有一天，他到城中公园去玩，碰到几个熟人，一起坐在草地上聊聊天，即被日本宪兵抓去，关到宪兵队，说是抗日分子在开会，一再申辩无效。后来由丝厂日商与宪兵队联系后，才被释放。

一路血泊　到处火海

杨紫岗[*]

苏州是1937年11月19日陷入日寇魔掌的。当时笔者是《吴县日报》记者，目睹耳闻了日寇进城前后的许多暴行。追忆那时情景，犹觉怵目惊心。常言道“前事不忘，后事之师”，谨实录如次，为日本军国主义犯下的罪行，提供一份清单。

疯狂的轰炸

八一三开战后，敌机即在8月15日轰炸苏州。那次炸了大中旅社，人尽皆知，不再细说。且说中秋节前3天，日本木更津机队的一个小队3架飞机，窜入苏州上空，在齐门外沪宁线铁路桥投弹两枚，弹落桥北河中，死平民3人。另有一人受过军训，扑地得免。两天后，苏常公路洋泾大桥被炸，死农妇两名。敌机还故弄玄虚，在北寺塔西畔上空，推下巨石数方，打穿杨家院子巷居民屋顶，使人饱受虚惊。次日茶馆里众茶客纷纷谈论：“东洋赤佬炸弹用光哉，石头也甩下来哉！”岂知事实并非如此。从此，轰炸愈益频

* 作者时为《吴县日报》记者。

繁，夜间甚至还有汉奸发曳光弹指引目标。一天，一列满载军火的火车抵达苏站支线，刚停不久，日机即来投弹，顿时被炸列车子弹横飞，险象环生。幸有青年战时服务团的学生多人，冒险匍匐伏蛇行至车轮下，脱去“詹天佑钩”，推开被炸车辆，才避免了一场更大损失。又一次，前线返驶军列多节，敌机很快就从唯亭方向追踪而至，投弹毁车一节，死军人 4 名，车上文件飘散满地。笔者和葛鼎和主编同往采访，但见齐门外铁路桥东边铁路下面，白肉成堆，肝脑涂地，令人悲愤。幸火车头早已避入西面石垒洞中，未遭损失。三四天后，停泊平门河边的军粮船十余艘被炸，船民老幼死难十余人，一时哭声震野，惨不忍睹。

随着上海战事吃紧，敌机空袭愈益频繁，先是日本自制小飞机俯冲投掷一二百磅的小炸弹，后来改用意大利飞机，一万磅左右大炸弹，平飞在天空，一掷就是几十枚，毁坏的房屋，杀伤的军民，因此更加不计其数。11 月 13 日上午，临顿路花桥胡益泰烛店等六七家商店被炸，死 8 人、伤 5 人。一向在吴苑茶馆卖肉粽的斜眼老人，压在瓦砾堆里侥幸被人救出。如此滥炸，竟有一次把葑门外的外国坟山安乐园，当作军事目标，炸毁坟墓百余。

可恨的是，那时防空力量形同虚设，但也偶有一次，当敌机轰炸盘门外飞机场时，被驻防警士苗德忠用步枪击落单翼机一架，机坠人亡。苗德忠因此得到县政府发的奖金 50 元，并提升为警长。次日，当局把飞机残骸陈列在玄妙观中山堂大天井里，居民往观，半月不息。

可怕的真空

那时的空袭警报，是利用苏纶纱厂的汽笛，一俟正仪防空监视哨发现敌情，就通知驻在该厂的警报站“呜——呜——呜”拉起来。人们于是纷纷躲入各式各样的防空洞内。大户人家有自己挖的，小户人家只好避入街头巷尾公家挖的了。当时有位幽默先生在防空洞口贴了一副对联，上联是“见机而作”，下联“入土为安”，横批“谁来怕猕（你）”，颇有蔑视寇机的气概。

11 月 13 日，苏州电气厂被炸毁，入夜一片漆黑，警报汽笛也哑然无声，城区街道，郊外公路上则充斥了从前线撤退的军队，车辚辚，马萧萧，日夜不息。还在苏州没有来得及逃难的居民，顿起恐慌，纷纷背上简单行李，扶老携幼，奔向四乡避难。由于苏州到光福公路可通西郊各地，所以这条路上人数最多，人潮如涌。到 11 月 17、18 两日，城厢居民已十去八九，留下的都是贫民。他们无钱逃难，只好听天由命。这时，苏州城既无军队，又无政府机关，成了一座真正的空城。

大约到了黄昏时分，一些不法之徒开始抢劫。先是沿街店铺，被他们破门而入，后来深巷民宅，无一幸免。他们先抢吃的，抢光了，就发展到衣服被褥、绸缎布匹、红木家具，乃至古玩书画，什么都搬到了他们的家里去了。最后，打开了银行金库，成扎的钞票不翼而飞，只剩下满地的零碎角票，随风飘扬。东中市有个名叫窦开昌的，就在这当口发了一笔横财，但亦因此狂嫖滥赌，两年后沦为乞丐，死在公共厕所内。

我是万福桥血案唯一活下来的人

卞长福*

1937年12月15日下午，我们四百多人，手无寸铁，被日军押到万福桥上。一刻工夫，日军就从桥两头架起了两挺机枪。我们一看这情形晓得不好了！桥上人就全轰动起来，喊的喊，吵的吵。鬼子的机枪“咯咯”的张了嘴。我站在桥的中间，看到桥两头人堆子直朝下倒，鲜血直流，惨叫声当时使得人根根毫毛子都竖起来，又恨又急又伤心！我想：中国人就配受日本鬼子这样的罪呀？嗨！心头一横，与其死，不如拿个“命”和他拼吧！横竖我还有点水量（会游泳），要活就活在河里，要死也死在河里。主意一定，我就在鬼子机枪刚响时撕掉棉袍翻过桥栏杆，“扑通”跳下河。

正是农历十一月天气，西北风呼呼的，风大浪高，水冷得像尖刀样的刺人皮肉。“哗哗”的浪头直向南扑，人在浪头里站不住身，我由桥北边跳到水里以后，就在水里一个转身，顺着水流向了南方。当我一个猛子上来时，人已离桥有小半里路了，机枪还在爆豆子似的响个不息。这时我就浮在水面上跟着水流向南淌，淌呀淌的，太阳还有树头高的时候，淌到耿家营了，已经有二里多路下来了，鬼子的机枪已经射不到了。这时实在冻得难挨，浑身无

---

* 作者时为扬州市郊区湾头村村民。

力，打算爬上岸逃走。在河中间划呀划的，划到河西岸边，人刚刚爬上河滩，忽然“砰”的一枪，不知从哪块打来的，从我身边擦过。我一掉头，哦！原来河东耿家营又驻下日军，真是慌不择路，我一急连忙滚下河，又钻到水里去。

当我再从水里冒出水面时，离耿家营又有老远了。这时我在河里把头抬起来看看，唉呀！河里尽是一层死人。被打死的人的尸首已经被鬼子扔到河里跟着水流淌下来了，一层一层地漂在水面上。直到现在，想起这件事来，夜里就睡不着觉。当时，我跟着这些尸首一道往南淌，又淌了四五里，到了罗家桥，这时天已晚了，对面看不见人，晚上又起大风、下雪霰，全身连吃奶的力气都用完了，身上没得一点热气。想爬上岸找个地方暖暖，但浑身冻麻，手脚僵硬，岸又陡，地上冻得硬邦邦的，爬上去又滑下来，再爬再滑，终于无力地倒在半坎上。眼见河里有只渔船，想喊救命，但嘴唇麻木。只能喊出一种“啊啦啊啦”的奇怪声音来。

这只渔船也是为躲鬼子才撑到南边来的，船上人听到河里有种怪声，起初认为是鬼叫，想把船撑走，以后听了是人的声音，就连忙用根篙子把我救到河岸上。这时我脸色铁青，身上全是泥污，不像个人了。到了岸上以后，也就人事不知。

在那种早上不知晚上事的日子里，大家的性命都连在一起。渔船上人连忙把我抬到船上脱光湿衣服用几条棉花胎子焐。一位看船的老奶奶像亲生娘样的生怕我死掉，过一个时候就揭开棉花胎子望望。揭第二次时，我已有点转阳了，心里有了点数，以后我就醒过来了，脸上也有了点血色。老奶奶在第三次揭开来一看时，才认出我是她孙儿的舅舅。看到这个伤心情形，她忍不住伤心地哭起来，全船上人也都跟着哭起来。

我这条命是从枪眼里拼出来的。当时，四百多人通通死光了。日本鬼子无缘无故地一下子杀掉这么多人，多少人家破人亡、妻离子散，这笔血债我们永远不能忘啊！

（杨文思整理）

其　他

抗战初期上海的难民工作

赵朴初*

一、引言

1937年八一三淞沪抗战爆发，上海市近郊、南市、闸北一带的难民扶老携幼，涌入租界。8月14日，我正在云南路上仁济堂内的救济机构工作，忽听得一声巨响，瓦砾横飞，办公桌上的玻璃台板震成碎片。原来是国民党空军的一架飞机越过上空，不知何故一枚炸弹落在最热闹的大世界，炸死一些行人，一些房屋受到损坏。一时叫声震天，原已成群结队涌到大世界附近仁济堂来的难民更加纷乱。抗战初期上海的难民工作，就是在炸弹声和难民的哭喊声中以及租界附近的炮火声中开始的。

我当时是一个30岁的青年，在这场伟大的抗日救亡运动中投身于难民工作，连续4年。记忆所及，当时一同在难民工作中共同战斗的有汤镛、朱启銮、刘平若（即焦明）、黄浩（即王子方）、周克（即周新民）、丁瑜（即丁佩瑜）、陈良（即陈学良）、顾德欢、朱诚基、张蓬（即张一帆）、诸敏、俞远（已病故）、梅达君、王珍、计淑人（已牺牲）、吴小佩（即吴宝龄）、

* 作者时任中国佛教会主任秘书，上海慈善团体联合救灾会常务委员。

张巩、孟一如、浦青、马翔如、张辛田（即张之光）、叶梯青（已牺牲）、马崇儒（即马优良）、庄静波（即庄季玉）、胡静（即胡英芝）、杨堤（即王上达）、杨逸、许勤（即计招根）、江征帆、孟澄（即江一方）、刘志荣（即刘志谦）等同志。当年参加难民工作以及在难民收容所中受到党的教育走上革命道路的尚远不止上述这些同志，我十分怀念当年的战友，希望读了这篇回忆的同志能提起笔来，把往昔峥嵘岁月里这一段史实写下来，以补充我的片断记述之不足。

二、难民工作的开始

慈善事业在我国由来已久，解放前上海一地的慈善团体就以百计，皆系民间组织，遇到内地各省发生严重的水旱灾害，上海各公益慈善团体就联合成立临时救济组织，募集款项衣物进行赈济。救济组织的地点集中在云南路上的“仁济善堂”（简称仁济堂）。这是一个有百余年历史的全国闻名的慈善机构，主持慈善救济事业的大半是佛教居士，我在佛教界工作，有时也参加一些救济工作。

1936 年西安事变以后，国民党上海市长吴铁城召集各慈善团体负责人黄涵之、屈映光等人组织成立“上海慈善团体联合救灾会”（简称慈联会）。以许世英为主任，黄涵之、屈映光等为副主任，地点就在仁济堂。国民党上海市社会局以潘公展为首，派了一些人在慈联会工作，他们是在七七事变以后才来的，潘公展有时也来，但经常在仁济堂处理日常事务的是黄涵之。当时我在中国佛教会担任主任秘书，和几位老先生关系较深。慈联会成立，我当选为常务委员，驻会办公，实际上是黄涵之的助手，他对我十分信任。

1937 年七七卢沟桥战起，上海形势越来越紧张，到了八一三上海战事爆发，慈联会租了十辆卡车运送难胞。8 月 14 日，大世界上空落下炸弹，国民党派来的工作人员慌忙逃跑。我气愤极了，对他们说：“你们走了，现在这么多难民，怎么办？”他们理都不理我，即作鸟兽散。仁济堂的老工作人员在炸弹丢下后大都没有走，照料难民伙食等工作，到傍晚也都下班回家，卡车司机也早散了。数以千计的难民怎么安置，我当时只有一个想法：难民没有安置，我不能走。但是如何安置呢？天色已晚，总不能露宿街头。正在紧张之际，吴大琨来了，我和他一商量，决定采取紧急措施，先找地方把大批难民安置下来再说。于是我和吴大琨举了一面红十字旗，带了大批难民浩浩荡荡从云南路转到西藏路朝北走，先到宁波同乡会，我们爬过铁栅栏，打开大门，把一批难民先安置下来。从宁波同乡会出来，我们转入北京路，到了金城大戏院（现在的黄浦剧场），又有一大批难民进去了。一夜之间，我们设立了十几个临时收容所，把难民暂时安顿下来。

第二天，黄涵之、屈映光等都到了仁济堂，但潘公展那些国民党官员们则一个都不到。我们研究收容安置难民的具体计划。我报告了前一天国民党社会局的人根本不管难民死活，一跑而空的情况，黄涵之等人听了很生气，说："他们不来，很好，我们自己搞。"并决定在慈联会下面设立一个"救济战区难民委员会"，统筹办理难民的收容、遣送、安置等工作。这个委员会以屈映光为主任，黄涵之为副主任，下设收容股、给养股、总务股、遣送股、医务股。我担任收容股主任，所有的收容所都由收容股管辖。不久，日益增加的难民涌入租界，我怀着十分兴奋的心情投入这一工作。

难民工作一开始，和我在一起的是两个比我还年轻几岁的朋友：吴大琨和许晴。大琨不久离开上海。许晴我早就认识，他先在他叔叔许幸之负责的金城收容所（金城大戏院）工作，后来我找他到收容股来帮忙。他到收容股后，我曾和他带领卡车到郊区前线附近去撤出难民，运送到市内收容所来。这时，战事日趋激烈，郊区农村遭到战火，流离失所的农民纷纷到市区来，租界首当其冲。加上失业工人、失学青年和南市、闸北遭到战火的市民，难民成为一个严重的社会问题，救济难民工作也就热火朝天地展开了。

许晴不久也离开上海，临行前他介绍一个人到收容股来代替他的工作。他介绍来的是刘平若同志，是上海文化界救亡协会的会员，当时已在金城收容所工作，不过我不曾见过。刘平若到收容股后，我们就将难民中的壮丁集中起来，先后成立正大收容所和康悌收容所，由刘平若兼收容所主任。在国民党军队西撤之前，我们曾经送了一部分壮丁支援前线，参加抗日战争。

当时收容工作已大规模展开，担子很重，问题成堆。但全国形势很好，十分有利于我们开展工作。上海各阶层人民热烈响应中国共产党的号召，在抗日民族统一战线的方针指引下，爱国热情高涨，同仇敌忾，一致对外，表现了中华民族不可侮的崇高气节。因此，我们得以广泛动员各阶层人民来关心、支持难民工作，在一个时期内，成为一个轰轰烈烈的群众运动，广大市民、工人、文艺界、教育界、工商界、宗教界都关心流离失所的难胞，出钱、出力、捐衣物，从各方面支持难民工作的进行。

难民不断涌入租界，收容所也不断设立，首要问题就是急需工作人员。当时我认为，难民工作不是单纯的救济工作，而是整个抗日救亡工作的一个组成部分，应当挑选一些思想比较进步的人来参加。因此我要求刘平若介绍一些人来担任收容所的负责人和管理人员。有时，人还没有，我先随便写上一个名字请黄涵之先生批准，等人到了，就顶了这个名字去报到。继刘平若之后，朱启銮来了，周克、丁瑜、张蓬、陈良、梅达君、吴宝龄、王珍、计淑人、孟一如、浦青、马翔如等同志也先后到各收容所工作。朱启銮也在收容股，后来刘平若离去后，主要是朱启銮帮助我工作，收容所的大多数工作人员是由他们两人介绍来的。当时，法租界卢湾区监狱释放了一部分政治犯，送到难民收容所来安置，我们立即发衣服，安排理发、洗澡，分派到各收容所工作。

三、孤岛上的“解放区”

从 1937 年 8 月到 1940 年，慈联会前后设立了五十多个收容所，收容难民 50 万人次。难民工作中最繁重的事务工作有两项：一是收容，二是给养。给养工作由给养股负责，具体工作是仁济堂慈善团体的老工作人员做，他们有经验，也有一套规章制度，但由于收容人数多，规模大，给养工作人员也是非常辛苦的，他们在难民工作中作出了贡献。

收容所的设立，大致可分为两个阶段。第一阶段是八一三以后的一段时间，在十分紧急的情况下，设立了几十个临时收容所，名称都是就地取名，如金城收容所（金城大戏院）、正大收容所（正大银行）、群玉收容所（群玉坊）、明德收容所（明德坊）、明毅收容所（明毅坊）等。一些中小学校、电影院、银行、钱庄、旅馆、同乡会、饭店、酒楼因战事关系暂时关门，都成了临时收容所。

上海沦陷以后，战事西移，上海租界成了孤岛，这些行业逐步恢复，学校也重新开学，收容所不能不另作安排。因此第二阶段，找空地搭建棚屋，设立了几个大的收容所，有慈愿、惇信、延平、大慈、慈兴等，其中最大的一个是慈愿收容所，原址是普善山庄义冢地。租界当局为了恢复市面，也希望许多临时收容所集中起来，因此，他们也出力支持。慈愿、大慈和慈兴这 3 个收容所是紧连在一片的，收容难胞近 6000 人。另外，在延平路设立延平收容所，收容两千多人，搭起草棚，长期救济。这时，相当数量的难胞已陆续回到郊区农村或城镇去了。

这些收容所都建立了机构，正副主任下设立管理组、给养组、教育组，每周举行干部会，布置工作。慈愿、大慈、慈兴 3 个大收容所，共有管理人员八十余人，在干部中组织读书会，学习政治经济学、哲学等。朱启銮、周克、梅达君等同志当年都是收容所的“教授”，他们还为难胞编教材。在收容所初期，我记得周克编的国语教材第一课名为《我们伟大的祖国》，内容充实，文字清新，颇得好评。

收容所的另一经常的中心工作是抗日的宣传教育活动、阶级启蒙教育和初步组织工作。这方面有不同的意见。有的人主张以识字教育为主，而我们则主张以抗日教育为主。收容所的孩子们有读书识字班，稍大的孩子上正规文化课，课程内都有政治教育的内容，成年人读《社会发展史》《论持久战》等；妇女班学文化，也读浅一点的社会发展史。逢到七七、八一三纪念日，开小组座谈会，并举行报告会和讨论会。当时是国共合作共同抗日时期，因此报告会和讨论会曾经公开宣传八路军、新四军的战果，游击战打得很出色，这些活动都收到了成效。

收容所的教育工作内容丰富多彩，有各种文娱活动，如说书场（讲《岳飞传》等，以爱国主义教育为内容）、歌唱会、戏剧会演、小茶馆等。夏天举行纳凉晚会，读报、讲故事、座谈时事等，甚为活跃。

许多难胞都是一家一户在收容所内，因此，有的收容所成立了“间”的组织，以十家为一间，间有间长，经常开间长会，讲卫生，讲团结，解决一些日常生活中容易产生的矛盾，有点类似现在的里弄小组会。

收容所还组织生产自救，这个办法是从老解放区传来的。收容所的粮食是慈联会拨发的，菜蔬则须自给。我们和租界工部局华人教育处处长陈鹤琴先生合作，开设制造玩具的工厂，另外接受外加工，编结网袋之类；同时介绍难民到工厂做工，下工后仍回收容所住。总之，多方设法从事生产，生活也就逐步得到改善。

收容所内的难民绝大部分是郊区农村和近郊的劳动人民，但其中也混杂有散兵游勇、流氓地痞。因此，维持收容所的秩序，使抗日宣传教育工作能以顺利进行，非和坏人坏事作坚决斗争不可。先后在民德、明毅、慈兴等收容所工作过的陈良同志，就曾被难民中的坏人打伤，头上的伤疤至今犹存（1978 年我过南京时，和陈良同志重逢，他当年在收容所当地下党支部书记时还不到 20 岁）。慈愿收容所的流氓在所内敲竹杠，勒索财物，调戏妇女，相当猖獗，扬言要对收容所的干部浇硝镪水，还要放火烧收容所。我们发动积极分子和正派的群众对他们进行斗争。由于收容所内正气压倒邪气，租界当局为了安全，也怕收容所出事情，因此，支持我们打击这些坏人，开除了一些流氓，恢复了秩序。

我们对难胞中的青少年、青年妇女、壮丁还采取了短期训练、集中学习的办法。如群玉收容所里分壮丁班、妇女班和儿童班，学习时间是两个月。

收容所的难童相当多，难民工作一开始就碰到这个问题。我们设立了大慈收容所，收容妇女和儿童。这时，租界工部局华员俱乐部的李伯龙和张菊生主动来找我，愿意出经费帮助难童教育工作。我们就集中了一批优秀难童，开办了工华收容所，由丁瑜同志负责。这个所是 1938 年四五月开办的，工作做得生动活泼，其中二十几个孩子经过不到半年的教育培养，参加了新四军。

工华收容所对难童的教育方式主要有二：（一）分甲班、乙班上课，内容除文化课外，重点是政治课。此外组织一部分甲班中比较进步的学生，集中到另一处上课，内容是党的政策等。文化课和政治课的内容有《西行漫记》、抗日民族统一战线、新四军八路军抗日英勇事迹等。（二）由学生自治会组织同学们成立宣传队，到其他难童收容所和妇女收容所去宣传，内容就是从老师那里学来的，主要是抗日救亡的道理。还到一些学校去宣传，演出小型活报剧如《放下你的鞭子》等，进行募捐。这是从工作中进一步培养锻炼他们，起了很好的作用。据杨堤回忆：当时收容所里地下党的力量很大，我们这些十五六岁的孩子思想淳朴，但也看得出哪些人是进步的。我就受丁瑜同志的教育影响很深。在收容所里，我们不仅受到爱国主义教育，而且也受到党的政治教育，初步懂得了一些革命道理，感到做一个“红小鬼”很光荣。

大慈收容所设在牛庄路，除了识字班学文化外，这个所的特点是宣传队的活动很活跃，包括歌唱、活报剧、话剧和其他剧种。此外，还组织一些同志到工厂的夜校去教工人识字。如杨逸 1937 年从上海近郊吴淞逃难到市区，进大慈收容所还只有 15 岁，她在收容所除了搞宣传工作外，还到申新三厂工人夜校做扫盲工作，进行抗日宣传教育，在收容所入了党。据她回忆，当年她常到仁济堂来找我，或是为了接洽演戏等事，或是带了难胞来看病，或是为周克、丁瑜送信。那时，难胞中的青年们和孩子们来找我的很多，我自己虽然也只有 30 岁，但深深被这些孩子们的蓬勃朝气所感染，40 年流光已逝，他们的形象如在目前。

许多当年在难民收容所工作过的同志回忆那一段日子，都说：“在收容所里，除了挂国民党的国旗外，其余的一切活动都是在共产党的领导下进行的，可以说是一个‘小解放区’。许多工作人员在这里得到了类似解放区行政组织领导工作的锻炼，思想水平和工作能力都有很大的提高。”

四、输送革命力量

难民收容所成立之初，我和刘平若商量，集中难民中的一部分壮丁，设立正大收容所。当时，上海近郊战事方酣，我们送了一批难民到前方参加抗战。不久，国民党军队西撤，上海成了孤岛，难民越来越多，长期收容不是办法，我们开始研究转移安置问题。那时，上海、温州之间有商船来往，我了解到这一情况，就和刘平若、朱启銮等人商量，想以慈联会的名义“移民垦荒”，设法租船运送难民到温州，然后转送到皖南新四军去。

这时已是1938年，屈映光离开上海，慈联会工作主要由黄涵之负责。我们提出难民到后方垦荒，支援抗战，黄完全同意。我们和租界当局接洽，租界当局对疏散难民也表赞成，并且答应出路费、发衣服、开通行证。这样，这个计划就可以用“移民垦荒”的名义公开进行。对包围上海的日本帝国主义军队，我们准备在他们盘问时，就说是疏散难民回乡种田，估计他们也会放行。

进行了这些初步准备工作以后，决定由刘平若到皖南新四军军部去接洽。他坐船到温州，经金华、上饶到了南昌，找到了新四军后方留守处，商定只要把难民用船从上海运抵温州，以后的问题就由新四军负责解决。刘平若返沪途经温州时，用慈联会名义和国民党港口司令部以及温州市的慈善团体接洽，取得了他们的支持。他回上海告诉经过，我们十分高兴。平若不久就离开上海，调到常熟人民自卫队，参加敌后游击战争去了。

此后，我们开始进行具体的组织动员和事务准备工作。据当年在收容所工作的同志回忆：慈联会设立的五十多个收容所中，有二十几个所已经建立了秘密的共产党支部，经过半年多时间，各收容所难胞中的进步分子大体上已逐步集中，如工华收容所两百多人，都是从群众中涌现出来的积极分子，绝大部分都参加了革命外围组织，还从其中发展了一批地下党员。动员和组织工作是公开和秘密相结合，公开动员以“移民垦荒”为口号，开大会，做报告，大张旗鼓地进行；秘密动员由地下党支部进行，但党支部不出面，由每一党员联系若干群众，一个一个做细致的动员工作，讲清楚是参加新四军抗日。由于收容所近一年来抗日救亡的宣传教育工作深入开展，群众的政治觉悟有了很大提高，动员工作比较顺利。

动员工作做得差不多了，就开始做组织准备和事务准备。首先是把第一批七百多人编成若干小组，派定组长，宣布纪律：第一是分散上船，彼此不打招呼；第二是不能带抗日的革命书报、杂志、歌唱集等；第三是船出吴淞口日军关卡以前，不要唱抗战革命歌曲。其次是和租界当局接洽，解决对参加垦荒难民发路费、衣服和难民证等问题，并向英商太古轮船公司租了一条船。这些事务，由朱启銮负责，遣送股的工作人员具体办理。这些工作告一段落，决定朱启銮先去皖南一行，向新四军军部汇报准备工作情况并商定接运事宜。朱启銮返沪后，运送工作开始。那时，中共上海市委的林枫同志（解放初任杭州市委第二书记，已病故）由皖南新四军驻地返沪，军部派丁公量护送他回来。林枫决定由丁公量护送汤镛、朱启銮，并一同运送难胞去皖南。丁公量先到温州，以红十字会总会交通股名义和国民党县政府接洽，同意由当地供应难胞膳宿。

船上 700 名难胞中，有四十多名共产党员，公开带队是朱启銮，汤镛是秘密政委。由于事先已经宣布了各项纪律，登船没有什么麻烦，出吴淞口时，日军来检查，因为是太古轮船公司的船，顺利放行。一出吴淞口，大家都大大舒了一口气，顿时活跃起来，救亡歌声不断。据汤镛回忆，这条船上绝大多数是收容所的难民，也有少数是失业工人，不是从收容所去的，而是由党另外安排的，其中有陆政同志和周林同志，周林在船上担任工人支部书记。

船到温州登岸后，朱启銮拿了慈联会的介绍信找了温州市救济会，取得了联系。这时，新四军丁公量已在温州等候。汤镛就和丁公量到温州新四军办事处，找到了中共浙江省委书记刘英，汇报了情况，并提出难民中的老弱妇孺请地方安置，其余的去新四军。刘英立刻发电报给新四军，回电说三天之内派人到温州来接。老弱妇孺由朱启銮和温州市的慈善团体联系，安置在当地。四五岁到十一二岁的难童，刘英要汤镛带到金华，找地委安置，这个问题后来也解决了。三天之后，新四军军部派余立金同志和刘先胜同志到了温州，刘英和汤镛、朱启銮、丁公量等研究了到皖南去的路线，决定重新进行编队，步行前往。

这次行动的整个路线是：温州—青田—丽水—缙云—金华—寿昌—歙

县—岩寺—太平—泾县云岭（新四军军部所在地）。在步行过程中，我们对外说是到屯溪（国民党第三战区司令长官部所在地），实际上到了歙县就直奔岩寺。岩寺有新四军兵站，太平有新四军留守处和运输站，到了太平，就不走公路，翻越两座山头到云岭。

新四军军部热烈欢迎这一批经过长途跋涉从日军四面包围中的上海孤岛奔赴革命的同胞。安定下来后，政治部举行了测验，由于在难民收容所一年中间在政治和文化方面都受到教育，考试成绩一般都还不错。在填写志愿时，有些同志提出想做地方工作，不愿做部队工作，以后经过动员，所有人员都编入军部教导队，由余立金任教导队政治部主任，刘先胜任组织科长。汤镛也没有再回上海，留在新四军任军法处长了。

这一次大规模运送难民到新四军，由于事先进行了周密的准备，一路上比较顺利。朱启銮以上海慈联会工作人员的身份，率领难民以垦荒的名义，与沿途各地有关部门联系，没有引起怀疑。但是大队人马到达岩寺时，离泾县云岭不远，又都进入岩寺新四军兵站。这时，被驻在屯溪的国民党顾祝同司令部发现，忙来查看，但所有难民都已换上新四军服装，他们也无可奈何。

此后，我们还从上海运送出两批，但到达温州后，不能采取大规模行动，而是采取零星的办法，每次一二百人，也顺利到达新四军所在地。

1937 年到 1940 年间，输送人员参加武装斗争的任务，继续扩大进行，地区不是去皖南，而是到苏南的嘉定、青浦、松江和无锡、常熟、苏州、昆山、太仓、江阴等地参加江南抗日义勇军，另有一大批到苏中、南通、海门、启东等地。这些难胞都是秘密分散出去，通过各条秘密交通线、交通站到达根据地的。常常是先由交通员带到游击队根据地，然后再由进去的人回沪分头带人前往，用滚雪球的方式不断扩大动员面。累计起来，两年间输送出去的在 3000 人左右。

此外，还输送了一批积极分子到工厂和农村，以后都成为革命的种子。难民中相当多的人是从郊区各县农村来的，在上海战事停止后，逐步遣送回乡。地下党组织就利用这项工作输送了一批干部到郊区各县农村，他们到农村以后，得到群众的掩护和帮助。还有相当一部分干部通过各种关系进了工厂，其中不少是共产党员。

五、后记

到了 1940 年，难民疏散、转移、安置的工作做得差不多了，老的进了养老院，小的进了教养院。这时国民党反共活动越来越猖獗，他们对难民收容所中种种进步活动是知道一些的，所以和我们争夺群众，进行斗争。形势对我本人也很不利。由于种种原因，难民工作一结束，我就半隐蔽起来，专心去办净业孤儿教养院。记得在 1940 年至 1941 年间，陶行知先生的学生张宗麟在上海办一期刊，刊名记不起了，可能叫《民主周报》，其中一期辟一专栏，名为《四年来的上海》，我写了一篇题为《四年来上海的难民工作》的文章刊载其上。

在记述这篇回忆的过程中，我的眼前时时浮现出当年许多战友。那时他们都是青年或少年，朝气蓬勃，奋发有为，对抗战胜利和革命前途充满信心。记得有一天清晨我到收容所去找周克，找不到，原来他就和难民一起睡在地面席铺上，收容所的许多工作同志都是这样，真正做到了同吃、同住、同劳动。大家的生活是很艰苦的，有时我到收容所去，这些青年同志围着我，说要改善改善生活了，于是我请他们到粥店，每人两碗粥，一只皮蛋。平时大家和难民一样，常常是两根萝卜干一顿饭，但收容所里都是读书声、革命歌声，琅琅不绝，充满了革命乐观主义精神。

有一部分青年同志每周一次到我处聚会，名为“星六聚餐会”，每人交一二角钱，吃一顿素餐，讨论政治、时事、理论等问题，交流心得体会，相互帮助，共同提高，颇有益处。

当时，还时常有些青年来找我。如新中国成立后在对外文委工作的金子明同志（当时叫王大中）为一批印刷工人（印刷厂被毁于炮火）的衣食问题来找过我。又如解放后先后任安徽省教育厅副厅长、上海市教育局长的孙兰同志（当时叫江平）也为救济工作来找过我，慈联会都帮助解决了他们的要求。1958 年我到安徽去，遇见孙兰，她问我："我就是当年的小江，您还认识我吗？"我立刻就认出她来，当年的小江已经是一位久经锻炼的革命老干部了。这两位同志在"文化大革命"期间都遭到林彪、"四人帮"的残酷迫害，含恨而死。我的友人和相识者中，有一百多人遭受到和他们同样的命运，回忆故人，我的心情久久不能平静。

这里要特别指出的是，当年难民工作所以能轰轰烈烈成为一个伟大的群众运动，归根结底，是共产党的领导，是党提出的抗日民族统一战线的方针发挥了极大的作用。从事难民工作的许多地下党员正确贯彻了党的方针政策，他们在上海租界这一特殊环境中进行了艰苦的斗争，取得了卓越的成果。正是由于党的抗日民族统一战线方针的指引，难民工作才能不同于旧社会一般的"慈善事业"，而和抗日救亡运动这一革命斗争紧密联系起来。

那时，除了慈联会这个机构外，也还有不少团体做难民救济工作。上面讲过，由于大世界上空丢下炸弹，潘公展等人离开了仁济堂，后来他们就在浦东同乡会大楼办了一个难民救济协会，这个机构在潘公展等人逃离上海后由蒉延芳先生负责，也开办了不少收容所。这些收容所虽然不可能进行抗日救亡运动的宣传教育，但在救济难民的一般意义上讲，收容安置了不少的苦难同胞，管衣管食管住，以后又遣送回乡生产，是起了一定的作用的。此外，法租界有个国际救济会，是天主教办的。陶行知先生领导的战时普及教育服务团（简称"普教"）也派了一些同志到慈联会所属难民收容所工作，陈良就是其中的一位。他说，他和在收容所工作的"普教"的多数同志都参加了共产党。

至于我个人，在这一轰轰烈烈的群众运动中，进一步通过实践认识到革命的真理。抗战前期 4 年中的难民工作使我终身难忘，原因就在于此。

“庐山谈话会”与《抗战宣言》

贺　伟*

一

1937年盛夏，庐山显得比往年更加热闹。各风景点出现了很多胸佩“五老峰”徽章的学者名流，一群群记者跑前跑后，抓紧时机采访，照相机不停地闪动。原来，他们都是应邀前来出席“庐山谈话会”的代表，从全国各地来到庐山，交流对时局的看法，共商国是。

1931年日军占领东三省以来，得寸进尺，步步紧逼。国民政府却一再妥协求全，步步退让，几年来与日本分别签订了《塘沽协定》《何梅协定》《淞沪停战协定》，成立了“冀察政务委员会”。国民政府的妥协引起全国人民和部分国民党官兵的强烈不满。1933年5月，冯玉祥、方振武、吉鸿昌在张家口组织察绥民众抗日同盟军，数月中重创日伪军，民心大振。国民政府不仅不予支持，反而出兵镇压，9月同盟军失败，吉鸿昌惨遭杀害。与此同时，国民党军队还对主张抗日的中国工农红军进行疯狂“围剿”。国民政府的行动进一步引起人民和部分国民党军队的反抗，1936年12月12日，

* 本文系作者根据有关资料整理而成。

西安爆发了震惊中外的兵变。中国共产党以民族利益为重，积极从中调解，蒋介石被迫同意停止内战，一致对外抗日，西安事变得以和平解决。1937年2月10日，中共中央致电国民党三中全会，提出为实行国共合作抗日的五项要求和四项保证，其中有在全国范围内停止推翻国民政府之武装暴动、工农红军改名为国民革命军等重要内容。

1937年5月27日，蒋介石、汪精卫等大批党政军要员上了庐山，商讨抗日之事。为了广泛听取意见，国民党决定，以中央政治委员会主席汪精卫和国民政府行政院长蒋介石名义，邀请各党派、各民主团体、各界名人前来庐山召开"谈话会"。6月23日，张群以中政会秘书长名义，向全国各界名流正式发出请柬。柬文为："敬启者：庐山夏日，景候清嘉，嘤鸣之求，匪伊朝夕。先生积学盛名，世所共仰。汪蒋二公，拟因暑季畅接光华，奉约高轩，一游牯岭。聆珠玉之谈吐，比金石之攻错。幸纡游山之驾，藉闻匡世之言。扫径以俟，欣伫何如。"被邀者计二百余人，谈话日期定自7月15日至8月15日，分3期进行。

7月7日，卢沟桥事变突发，举国上下要求立即全面对日作战的呼声直冲牯岭。7月8日下午，蒋介石收到毛泽东、朱德、周恩来等9人联名打来的电报："庐山蒋委员长钧鉴：日寇进攻卢沟桥，实行其武装夺取华北之已定步骤……红军将士愿在委员长领导之下为国家效命，与敌周旋，以达保地卫国之目的。"7月9日下午，蒋介石收到由彭德怀、林彪、刘伯承、贺龙等代表全体红军打来的电报："我全体红军愿即改名为国民革命军，并请授名为抗日前锋，与日寇决一死战！"各党各派也纷纷致电国民政府，要求立即对日作战。参加"庐山谈话会"第一期的代表都克服各种困难，从全国各地赶奔庐山。

二

7月15日上午，汇聚庐山的各界名流齐聚"仙岩饭店"，畅叙国事。其中有浙江大学校长竺可桢、南开大学校长张伯苓、北京大学校长蒋梦麟、文学院院长胡适、清华大学校长梅贻琦、广西大学校长马君武、金陵女子大学校长吴贻芳、中央财经委员会委员长马寅初、中央研究院总干事傅斯年、商务印书馆经理王云五、大律师张志让，著名教授学者梁实秋、梅思平、胡建中等。

《中央日报》的一位记者首先请胡适谈谈对时局的看法。胡适略为思忖，随即侃侃而言："众所周知，我以前曾主张多研究些问题，少谈些主义。然而当今之世，日寇欺人太甚，偌大个华北，已放不下一张安静的书桌。再这样下去，国将不国，还谈什么研究问题、科学救国！当今最大的问题，就是全国同心，把日寇赶出中国！"

著名教育家张伯苓情绪激动地说："'南开'凝聚了我一生之心血，战端一开，难以保全。保不住就不保了，决不能向日本人屈服！打烂了'南开'可以再重建，国家一旦灭亡了，还谈什么教育！"张伯苓说着，不禁热泪盈眶，听者无不动容。

梁实秋接着说道："昨天我在松树路漫步，看到路旁石头上刻着马占山将军的一首诗，慷慨激昂，颇有岳飞《满江红》之遗风。"梁实秋说着即吟诵起来："'百战赋归来，言游匡山麓。爱此钦崎石，状如於菟伏。摩挲舒长啸，狂飚振林木。国难今方殷，国仇犹未复。禹迹遍荆榛，恐汝眠难熟。何当奋爪牙，万里飞食肉。'马占山将军把林中之石喻为小老虎（於菟），都要奋爪扬齿，去飞食日寇之肉，何等壮怀激烈。诗是 1933 年写的，如今已是 1937 年了，我们还没有对日宣战，多少'遗民泪尽胡尘里，南望王师又一年'啊！"

傅斯年接着补了一句："再这样下去，全国人民都要成'遗民'了，'王师'又在何处耶？"

众人正在议论纷纷，忽听有人高叫：周恩来先生来了。

周恩来、博古、林伯渠走进"仙岩饭店"。周恩来是上山与国民党进行合作抗日的第四轮谈判的，借机与各党各派人士、各界名流广泛接触，向他们介绍、宣传中共的抗日救国主张。

周恩来逐个与各位代表握手。当他来到张伯苓面前，张激动地说："贵党不计前嫌，共赴国难，可敬可佩呀！周先生，你是我们天津的骄子啊！”周恩来也动情地说：“张伯老毕生为民为国，世所敬仰。在此民族危亡之时，又深明大义，极力主张对日作战，实为国人之楷模呀！”

代表们请周恩来讲话。周恩来谈了中国共产党对合作抗日的一贯主张，强调在国难当头之时，各党各派尤其要精诚团结，以民族利益为重，摒弃一切前嫌、成见，携手共赴国难。周恩来最后说道：“各位先生都是学贯中西、通晓古今的有识之士，大家都知道，我们中华民族曾经有过辉煌的历史，在世界居领先地位。但是近百年来，我们落后了、衰弱了，多少耻辱的条约，像尖刀一样扎在中国人民的心上，每一个有志之士都无法忍受这种耻辱。中国是我们中国人民的，不能由外国列强任意争夺宰割。只要我们四万万同胞紧紧拧成一股绳，我们不但能战胜外寇，而且一定能建设一个强盛的中国。”周恩来的话语受到各位的一致赞同。

三

1937 年 7 月 16 日，比原定日期推迟了一天的“庐山谈话会”第一期在原庐山图书馆楼上举行。会场布置得很别致，席位被精心安排成“山”字形，桌面铺着洁白的台布，每个座位前泡有一杯云雾茶，唯有蒋介石面前是清水一杯。会厅里悬挂着一对巨大垂幔：“养天地正气”“法古今完人”。

出席开幕式的共 158 人，除了各界名流外，还有国民党要人于右任、冯玉祥、李烈钧、戴传贤等，青年党代表左舜生、曾琦，国社党代表张君劢，以及农民党、村治派的代表。蒋介石和汪精卫并肩而坐。汪精卫一身质地考究的浅灰西装，雪头发梳理得整洁光亮。蒋介石身穿玄色长袍，上套黑色马褂，脸上挂几丝笑容。

9 时许，张群宣布“谈话会”正式开始。他简单地表述了召开“庐山谈话会”缘起、宗旨和意愿。接着，汪精卫代表政府致辞：“感谢各位代表来此，共商国是。……自九一八以来，精诚团结、共赴国难，成为全国一致的口号。最近又突然爆发卢沟桥事件，危机情形，更加严重。根本方法，仍是精诚团结，将全国人力物力，熔成一片，方可以抵抗强敌。对于怎样解除困难，复兴民族，参加谈话会的代表，定有许多高见，还望畅所欲言……”

军事委员会副委员长冯玉祥第一个站起来，慷慨陈言：“日寇猖狂，中国危在旦夕。身为军人，唯有以死相拼。战死疆场，死得其所！现在还有人在说些什么‘和必乱，战必败，败而言和，和而后安’。和了几年，安在何处？还有人把希望寄于美国、英国的出面干涉和援助，中国人民的事情为什么不能由中国人民自己做主？以全国之人力物力，难道还怕小小的日本吗？当今之时，唯有速速抗战，宁使人地皆成灰烬，决不任敌寇从容践踏而过！”

在会上发言的还有张君劢、胡适、左舜生、钱昌照等人。大家一致拥护精诚团结、一致抗日的方针。整个会场充满热烈、慷慨的气氛。

7 月 17 日，“谈话会”的第二天。一身戎装、胸前挂满勋章的蒋介石，精神抖擞地发表《抗战宣言》。他说：“……人为刀俎，我为鱼肉，我们，已快要临到这极人世悲惨之境地，在这世界上，稍有人格的民族，都无法忍受的。我们不能不应战。我们知道全国应战以后之局势，就只有牺牲到底，无丝毫侥幸求免之理。如果战端一开，那就是地无分南北、年无分老幼，无论何人，皆有守土抗战之责任，皆应抱定牺牲一切之决心。”说着，蒋介石将手臂猛地往下一劈。

会场上响起热烈的掌声。全民族的抗日战争，终于在庐山正式拉开了序幕。

四

应该特别指出的，是在“庐山谈话会”期间举行的国共第二次合作谈判。

周恩来 1937 年 6 月 12 日初上庐山，与何应钦、顾祝同进行了初步接触，就国共两党所辖的军队合作抗日交换了意见。周恩来提出共产党愿意取消苏维埃政府，服从国民政府，将红军改编为国民革命军，但不能将红军改编的人数压得太少，也不能将红军分散到国民党各个部队中，必须保持独立的编制，特别是要保证共产党对改编后的红军的独立指挥权。

7 月 17 日下午，再上庐山的周恩来及博古、林伯渠等人来到“美庐”别墅，与蒋介石、邵力子、张冲进行正式谈判。刚刚在上午发表了《抗战宣言》的蒋介石对周恩来说：“我们在黄埔军校、在北伐时期都有过很好的合作，只要贵党有诚意，我们以后还会很好合作的。”周恩来爽朗地说道：“抗日救国是我党一贯的主张，也是全国人民的强烈要求。我们赞同贵党提出的‘精诚团结，共赴国难’的口号，我们赞同蒋先生在《抗战宣言》中所表明的态度。只要各党各派都能以民族利益为重，服从人民的要求，中国的事情是能够办得好的。”

周恩来说着，将经过修改、作出重大让步的《中共中央为公布国共合作宣言》呈交给蒋介石，并就其中关于取消苏维埃政府、改编红军为国民革命军等重大问题，作了详细的说明。

蒋介石连连点头说：“这样很好！贵党愿将红军改编为国民革命军，政府可以颁布 3 个师的番号，12 个团的编制，总人数为 4.5 万人。师、团设政训处，直接指挥军队，政训处主任由我党委派李秉中、丁维汾等人担任。我们还准备委派刘伯龙、龚建勋、梁固任 3 个师的参谋长，具体负责军事行动。你们看这样可好？”

周恩来与博古、林伯渠交换了一下眼色，严肃地说道：“委员长先生，我党愿与贵党合作，并在军事上接受国民政府的统一指挥，但必须保持我党对改编后的红军的独立指挥权。如果贵党想取消我党对军队的独立指挥权，委派政训处主任和师参谋长，我党是不能接受的。蒋先生不至于认为我党我军缺乏军事指挥人才吧。”

蒋介石思忖了一会儿，说道：“这些具体问题可以再商量。举国抗战是一件大事，光有热情和愿望是不够的，必须统一指挥，严肃纪律。贵党的刘伯承、林彪、左权、陈赓都是难得的将才，指挥军队当然是没有问题。”

国共两党经过几轮商量，合作抗日谈判终于在“谈话会”期间取得原则上一致的意见。国民党承认共产党的合法地位，同意共产党拥有对改编后的红军的独立指挥权，向所属共产党独立指挥的军队提供武器给养，停止内战，一致抗日。

五

出席第二期“庐山谈话会”的各界名流，7 月下旬相继抵达牯岭。27 日晚，来宾们在“仙岩饭店”共进晚餐，相互交流意见。忽然著名戏剧家洪深走进餐厅，宣布中国军队重创日军、克复丰台的消息。大家极为兴奋，纷纷举杯庆祝胜利。窗外，传来一阵阵鞭炮声，整个牯岭山城都沸腾了。

第二期谈话会于 7 月 28 日至 29 日举行。因蒋介石返回南京主持战局，谈话会由汪精卫主持。汪精卫在致辞中说道：“自从九一八以来，我们政府及人民，受不能受的痛苦，忍不能忍的屈辱。所祈求的，只是欲得一些和平的时间，以完成建设现代国家的工作，不但是中国本身的需要，并且是国际共同希望。我们相信这工作的完成，于日本正是有益无损的。因为共存共荣，是人类之共同利益。我们因此之故，数年以来，不惜以最大之忍耐，期待中日两国，有真诚携手之一日。然至于今日，实已濒于最后关头了。过此一步，国家民族的命运，便将处于永劫不复之深渊。所以我们不能不以一致决心，殉此最后关头。我们如果个个都愿以身殉国，则其最后的胜利，必在我们。因为侵略者之所以勇于侵略，无非想占领我们的土地，奴役我们的人民，使人民为之服役，土地供其利用。如果侵略的结果，所得的只是满地尸首，一片瓦砾，那么侵略有何用处。人人如此，处处如此，侵略者便终于不能不回头了。我们必须有了这一致的决心，方才能向着这一定的方针，迈步前进。”

参加谈话会的各界人士一致拥护政府对日作战的方针，并表示要竭尽全力为抗战做贡献。代表们就全国各党各派、各地方组织如何实行统一化、组织化、纪律化，发表了各自的意见。来自上海的代表还介绍了几年前一・二八淞沪抗战期间，上海民众团体如何援助、慰问国军的情况。

29 日中午，国民政府宴请全体来宾。席间有人提议，以第二期谈话会同仁名义，发电勖勉宋哲元将军及二十九军全体将士。众人一致赞同，当即拟就电文云:“第二期谈话会开始之际，奉读感电，敬悉我忠勇将士守土御寇决心，至深钦佩。读阅战报，尤切激昂。顷闻移节保定，切盼与中央所派各军同心戮力，抗战到底。同仁等不敏，竭心力以从诸公之后。中国每一块土地，皆满布每一个国民之血迹。宁使人地都成灰烬，决不任敌人从容践踏而过。谨布精诚，遥祝胜利。庐山二期谈话会全体同仁。”

第三期谈话会因战事紧张而未举行。

抗战初期党在天津的抗日活动片断

李启华[*]

1937年7月7日，日军在卢沟桥启衅，我守军第二十九军奋起抵抗，中华民族神圣的抗日战争打响了。7月28日，日军大举进攻北平和天津，两大城市先后沦陷。这时的天津，仅英、法租界没有被日军占领。

事变发生后，在天津的中共中央北方局奉命转移到山西临汾，领导华北地区的抗日游击战争。中共河北省委收缩了工作范围和领导机构，将广大农村地域划给各个抗日根据地，只管辖北平、天津、唐山3个城市和其间的铁路线的工人、农民运动及瓦解伪军的工作。以李运昌为河北省委书记，吴德为组织部长，姚依林为宣传部长兼天津市委书记。后来由于部署冀东抗日大暴动，中央调李运昌到冀东，由马辉之担任省委书记。我当时在姚依林同志领导下工作。

1935年到1937年，在中共中央北方局的正确领导下，重建了天津市委，气势磅礴地开展了学生抗日救亡运动，锻炼培养了一批干部；对各界人士宣传了党的主张和政策，不断壮大抗日民族统一战线。两年中党的组织未遭到破坏，保存了干部，抗战后得以输送给各抗日根据地。只是对工人和农民群

* 作者时为中共天津市委工作人员。

众的工作比较薄弱，虽在工厂建立了几个点，但尚未来得及全面发展。天津沦陷后，由于日军对租界的封锁，使市委和各学校党支部的联系一时中断，大约一周以后才得以走出租界去恢复关系。这时才知道各大专院校的党支部多已转移，大批青年已奔向延安和太行山一带参加游击战争去了。

不久，由天津市委领导的塘沽区委，因战争的影响不易开展工作，省委决定取消，干部转移晋东南。电话局支部，由于局南迁，党员均分散各方。

我暂时留在天津，在姚依林同志的领导下，我们出版了一张八开版面的《抗日小报》，一周出一期，主要刊载鼓舞人心的抗日消息，如刊登过第二十九军在青县、沧县与日军浴血苦战的消息，还有八路军115师平型关大捷的消息等等。小报在群众中秘密传布，影响很大。扶轮中学党支部的李占圻（李青）、姜思毅等几个同志留了下来，他们油印了一个秘密刊物《风雨同舟》，积极开展抗日宣传。除了进行抗日宣传工作外，我们还联系了津南郊王兰庄支部，计划在该村建立游击小组，开展武装斗争。确定由姚依林负责筹划枪支弹药，但武器尚未弄到手，日伪已经在王兰庄设置了岗楼。该村支部书记路平是山东文登县人，无法在村里隐蔽，便只好调出来，回原籍打游击去了。这个村的支部没有扎下根。这时党在市区的活动中心转向几个纱厂，主要是日资经营的公大第六纱厂及民族资本开办的北洋纱厂，这两个厂有个联合党支部，书记是田学昭，党员有女师附中毕业的任树荣、朱峥等，她们都进工厂当了摇纱工。后来这个支部也停止活动了。

抗战爆发后，天津市委团结各界人士建立了统一战线的抗日组织“天津各界民众抗日救国会”，属于由河北省领导的华北各界救国会的分支机构。抗日救国会的领导机关设在英租界。当时英、法租界当局对中国人民的抗日活动，有意识地采取不干涉态度，以此牵制日本推行独占中国的政策。党中央派李楚离、胡锡奎到天津，领导救国会的工作。参加这一领导机构的党员尚有王仲华、邹大鹏、朱其文等。党外人士有清华大学教授张申府、刘清扬，天津《益世报》主笔罗隆基、《大公报》主笔王芸生、法商学院教授杨秀峰（当时未公开共产党员身份）、河北工业学院教授洪麟阁、天津电报局长王若僖（国民党员）等。为便于公开对外联系，在英租界设立一个联络站，名为“金石书画社”，由邹大鹏任董事长。

1937 年 8 月，河北省委决定在冀东举行暴动，建立武装，开展抗日游击战争。当时国民党在冀东有两支“忠义救国军”武装队伍，但对我们保守秘密；我们建立武装力量，也对他们保密。双方仅仅是政治上的联合。河北省委从天津调去史甄、李青、姜思毅几位同志，到冀东去帮助建立游击队。他们到达冀东后，参加了由中共冀热边特委军事部长王平陆组织的冀东抗日游击第一支队。1938 年 1 月 1 日，第一支队从迁安县上下黎树峪出发，包围了长城外青龙县青河沿据点。由于事先侦察不准确，不知道伪军有机枪，当双方接火后，敌人几挺机枪连发，第一支队失利，王平陆同志身负重伤，撤出后光荣牺牲。

1938 年 3 月，开滦煤矿爆发了 3.5 万人的大罢工。7 月间又爆发了十几万农民大暴动。此时，邓华、宋时轮两支队组成 4 纵队挺进冀东，掀起了冀东抗日游击战争的高潮。抗日烽火燃遍冀东，使驻守天津的日军大为震动，迅速从关外调来日军万余人，纠合伪治安军，全力向八路军进攻。八路军为保存实力，主力部队及一部分地方主力向平西山区转移。在战斗中，天津派去的赵观民、阮务德两同志不幸牺牲。

赵观民，河北省滦县人，天津河北工学院学生，1936 年 5 月入党，担任该校党支部书记。1937 年七七事变后到天津市各界民众抗日救国会工作。同年年底被派到冀东参加游击战争，后来在一次撤退中受到日军袭击，光荣牺牲。

阮务德，河北省临榆县人，天津法商学院学生，1936 年 4 月入党，曾任市学联执行委员。抗日战争开始，去平西参加了游击队，在一次战斗中腿部负伤，到北平治疗时被敌人逮捕。释放后回到天津，未与组织接上关系，回榆关家乡参加游击战争，不幸于 1938 年秋牺牲。

1938 年 3 月，我已解除天津市委组织部长的工作，准备到抗日游击区去。4 月，津南盐山、庆云一带的地方党组织为建立游击队，派李广文来天津找河北省委。经姚依林介绍，我与李广文见了面。4 月底，党派我到津南游击区，随行者有杨靖远、史甄、赵焕文、杨希龄等同志。

1938年秋，姚依林同志被调往冀东，后又去平西，任冀热察区党委宣传部长。天津市委撤销，建立了以顾磊为书记的城市工作委员会，简称“城委”。河北省委改建为平津唐地区点线工作委员会。天津地下党执行“隐蔽精干，长期埋伏，积蓄力量，等待时机”的部署，在更加艰苦复杂的条件下继续坚持斗争。

抗日战争初期直南地区党的统战工作

平杰三*

七七事变以前，直南地区党基本上处于涣散状态，那时濮阳是个专区，管辖濮阳、清丰、南乐、东明、长垣五个县，专员是丁树本。大名也是个专区，专员是马润昌。这两个专员都属宋哲元二十九军系统，与蒋介石国民党的嫡系有矛盾。1935年国民党实际上已经退出了这个地区，只在各县暗藏有国民党特务组织。二十九军系统既反共，又反蒋。

卢沟桥事变爆发，全国震动很大，广大群众反对日本帝国主义的情绪越来越高涨。在清丰县，知识界酝酿筹建"冀南文化界救国会"，发起人是晁哲甫（党员，当时在清丰简师当教员）、高镇五（开明人士，清丰简师副校长）、王兆临（中间分子，清丰教育科长兼简师校长）和我（当时在清丰简师任教育长），并准备邀请大名的王振华（七师校长）、孟夫唐（大名十一中校长）等人参加，当时还没有在濮阳物色到合适的人。这个组织准备成立时，派晁哲甫到大名去打通和马润昌的关系，争取他抗战，派我到濮阳找巨吉祥（县教育局长）、张春阳（县中校长），并希望通过他俩跟丁树本打通关系。当时上级还没有派人来，我和组织没有联系。晁哲甫在大名见到了马润

* 作者时任濮内滑中心县委书记。

昌，马反共很坚决，他说：“抗战是好事，但一切要听宋委员长[①]的。宋委员长让你干什么，你们才能干什么，你们成立救国会是不合法的。”因此在大名的活动没有结果。我到濮阳后，找了李范九（濮高校长）、张春阳和巨吉祥，先做他们的工作。他们三人都怕得很，对蒋介石没有信心，对国家前途很悲观，他们对搞“文化界救国会”也赞成，答应和我一起去找丁树本。丁树本的态度比马润昌好一点，他说：“抗日我赞成，国家兴亡，匹夫有责。你们各界头头表示抗日我是赞成的，但涉及直南几个县，我还要跟大名马专员商量商量。”这实际是表面赞成，应付推脱。文化界的救国活动就这样遭到了马、丁拒绝，搞了半个月，中途流产。这件事对知识分子有很大触动，因为知识分子想抗日，但地方当局不支持，又不敢斗争，于是许多人想离开这个地方。

正在这时，刘大风同志到了清丰，北方局的代表朱瑞同志派他回直南恢复党组织。我向他汇报了组织文化界救国会失败的情况，说明一方面靠高级知识分子抗战不行，另一方面马、丁是反动的。学生中多数是积极抗战的，由于高级知识分子影响，也有学生动摇。特委根据当时直南的政治形势和学生的情况及要求，决定用国民党张荫梧的名义组织“冀南抗日救国十人团”，利用这一组织团结进步青年进行抗日活动。张荫梧是蒋介石系统的，反对二十九军，张的秘书张泽普原是大名七师教员，他给刘大风一个“冀南民训特派员”的委任状，任务是组织冀南一带的抗日活动。我们就利用国民党的名义，对抗宋哲元的二十九军派系，达到抗日目的。参加“抗日救国十人团”的主要是我党同志，比较进步的中学生和中、小学教员。“十人团”的总团长是我[②]，管组织的是安法乾（保定二师学生），管宣传的是冯叶莘（七师党员）。“十人团”很快发展到各县，南乐县“十人团”的负责人郭献瑞（党员）；清丰县是金力更（进步人士，清丰高小校长），副团长张玉洁（抗战时期叫陆凯，清丰女高校长），还有一个负责人陈桐元（党员）；濮阳“十

① 指宋哲元。

② 安法乾同志回忆，团长是金力更，副团长兼巡视员是安法乾，平杰三任秘书长，实际上具体工作由秘书长主持。

人团”员比较少，负责人是杨侃。

1937 年 9、10 月，刘汉生从南京出狱，王从吾从大名出狱。过去的一些党员，现在还没有关系的如赵纪彬、林镇三等也到了清丰。因为那时的大名快失陷了，清丰是个中心，我和晁哲甫都在清丰。这些人集中起来以后，发生了一个争论：究竟是在当地坚持抗战，还是过黄河南下？有些高级知识分子在当地牵连较多，像赵纪彬、孟夫唐等，他们都过黄河南下了。团结在“十人团”周围的人都准备就地坚持抗战。

10 月，刘大风让我回井店恢复濮内滑中心县委，这一工作由我、刘玉峰和张怀三负责。推刘玉峰当书记，我管组织，张怀三管宣传。开始恢复组织时，公开是打着“抗日救国十人团”的旗号，先恢复原来的老关系，恢复了七八个支部，刘玉峰、孙子方、喻尊孟、杜新田、李怀孟都是支部书记，也发展了一些新党员，各村都组织了抗日自卫队，每个支部领导一个自卫队。

1937 年 10 月底，北方局派朱则民同志当特委书记，刘大风任副书记兼第四支队副支队长。高树勋部队的高级参议唐哲明，是我党派到高部搞统战工作的。我们党与高拉关系，想建立自己的抗日武装。高给了我们一个民军四支队的名义，发了一些枪，给了点钱。我党建立了四支队，有三四百人，大多是清丰、南乐、濮阳、内黄、滑县一带的农民和学生，党员比例很大，四支队支队长是唐哲明。

朱则民同志到井店找到我，让我当濮内滑中心县委书记，刘玉峰管组织，张怀三管宣传。交给我一个任务，打通我党和丁树本的关系，争取他抗日。丁原为西北军冯玉祥的高级军官，曾经参加过抗日。他的势力在濮阳一带，自己不愿过黄河做光杆司令，但留在地方坚持，又怕顶不住日寇的进攻，正处在矛盾状态之中。

我接受任务后，到了濮阳城里，还是通过张春阳，见了丁树本。这次见面，丁的态度和上次完全不同，他向我解释说：你们建立“文化界救国会”我是同意的，马专员不同意……经过协商，他同意与我们联合抗日，接受八路军代表，并同意在濮阳建立八路军办事处，还给了我们一个“河北省濮阳专区民军第八大队”的名义。与丁打通关系后，朱则民就进驻濮阳丁部。以后丁树本的名声就大了，因为当时国民党的专员有两个人在地方坚持抗战，一个是山东的范筑先，一个就是河北的丁树本。和丁树本打通关系，对我们开展抗战工作十分有利。

因为我党和国民党的第二次合作已经形成，时局有根本变化，当年10月党决定撤销“抗日救国十人团”。一方面各县已普遍恢复或建立了县委，一方面各县已成立救国会。这时党已处于半公开的状态，各县党组织都发展很快，各地的老组织发挥了很大作用。

八大队建立后，下设三个中队，千口村中队是刘汉生、赵子云、刘玉峰等同志组织的；化村和太平村中队是王从吾和张增敬（他刚从狱中出来）等同志组织的；井店中队是我利用民团改造的。四支队是特委直接领导的武装，在直南几个县内活动。八大队是濮内滑中心县委领导的武装，在井店一带活动。

这时，日寇已经打到了汤阴县宝莲寺，濮阳、清丰、南乐几县都失陷了，当地的国民党政府垮台了，日伪军一直推进到卫河西岸和黄河北岸。井店是个空隙，四支队撤到了井店一带。河西一带成为敌伪土匪世界。那时地方民团（地主武装）已群龙无首，国民党军队都撤走了，只剩了一些零星的别动队。对我们威胁最大的是杨发秋（杨步月）。杨是土匪出身，曾被国民党收编，当过旅长、豫土剿匪司令，他和当地豪绅有一些关系，并掌握一部分武装。特委决定要争取杨发秋，欢迎他到井店来共同抗日，让我和张增敬做他的工作。我们把他请到井店来，商议建立四县（濮、滑、内、汤）联防。杨发秋这股力量是代表地主利益的，他利用保家的口号巩固扩大自己的势力，我们提出团结抗战，没有提保家，在保家问题上和杨有斗争（当时不提保家是我们的错误）。后来还是把杨争取过来了，并通过他的关系，又争取了刘杰三（即刘祥友，也是个土匪，但他有一点好处，就是“兔子不吃窝边草”，对当地群众不骚扰）。刘杰三很痛快，愿意接受改编，愿意抗日。于是，把他的部队编到了四支队（当时，我们和他的力量差不多，他有四百条枪）。

河东、河西在历史上就互不来往。河西素为“匪区”，经常抢劫河东一带，架“肉票”。河东地主武装经常杀河西的人，双方结仇很深。当年 11 月，河西的土匪头子郭清、郑河（临漳人）率部来打河东的小槐村。当时特委作出了一个错误的决定：让四支队、八大队（那时刚建立）都撤走了，特委也撤走。我们的队伍撤走后，那一带的村庄被土匪各个击破，武器都被收走。土匪把小槐村包围以后，杀了二三百人，使那一带遭受血洗，很多村子被焚烧。特委决定我和井店中队留下，土匪没有进井店，因为井店是那一带的经济中心，土匪要勒索各村的小财，要群众送酒送肉，都离不开井店，另外杨发秋与土匪也有联系，天天请客。为什么说撤兵的决定是错误的呢？当时土匪打小槐村是试探，我们是有组织的力量，假如我们四支队出击，战斗是可以取胜的，而我们撤走以后，那一带遭受洗劫。群众对我们很不满意，说我们不保卫地方，地主乘机挑拨，胡说我们只要枪，不抗战，共产党不可靠。使我们的工作遇到了困难。

四支队撤走后，想办法与丁树本的部队会合了。在直南五县沦陷以后，丁树本的部队撤到了山东濮县一带，丁也想得到我们的支持。1938 年 2 月、3 月，在濮阳和濮县中间打了个“小常庄战斗”，这两支部队合起来给日本人一个教训，使日军损失很大。日本人这次吃了大亏，丁树本也暂时坚定了继续抗战的决心。

当年春节过后，特委指示我离开井店，到濮县一带去找丁树本部。丁树本也写给我一封信，调我和部队到濮阳城东与他会合，共商抗日大计。我借此机会和杨发秋商量，晓以大义，他答应我走，并拨给我一个班，实际上是监视我。我带着井店中队和这个班共五十多人离开了井店。这个中队的副队长是滑县县长阎希孟的旧部，他走到滑县城就不走了。杨发秋拨给我的这个班大多是滑县人，他们走到滑县城东，因为不愿意离开地方，也不走了。我让他们把枪交出来，给每人发了一块钱，放他们回家。特委原决定王从吾同志在途中接我们去四支队，结果路上没有相遇，我把部队带到丁树本那里。朱则民同志住在丁树本司令部里，经和朱商量，决定把我带去的中队编给丁部，派我到四支队去工作。四支队的副队长换成了肖汉卿同志，刘大风同志被调到陕北去学习，刘汉生同志任四支队政治部主任，张增敬同志任政治部副主任[①]，张锡三同志任参谋长。

这时，日寇大部队已经撤出直南各县，各县伪组织、伪军实力空虚，特委决定我军向西线进军。经和丁树本共同商定，清丰、南乐归四支队收复，濮阳、东明、长垣归丁树本收复。进军很顺利，很快收复了这几个县。丁树本又打到了滑县，以后又收复了内黄。到 1938 年 4 月，这一带就没有日寇和伪军了。这段时间，四支队的力量扩大了一倍，丁树本扩大得更多。丁树本回到了濮阳，国民党的报纸为他大肆吹嘘，把四支队收复几个县的功劳也算在他头上。丁树本荣升为八县（清丰、南乐、东明、濮阳、长垣、内黄、大名、滑县）保安司令兼专员。这是我们和丁树本合作关系最好的时候。特委又把我派回丁树本部，在总政治部工作，兼专署民训处长，领导各县的民训科。政治部的主任是罗士高（党员，冯玉祥的代表），副主任是晁哲甫同志，组织科长是张炜，宣传科长是李景岩，我任民运科长。八路军的一整套政治制度，在丁树本部逐步实行了。特委和总政治部还办了“抗日军政干部训练班”，许多青年知识分子参加了训练班。训练班讲授抗日民族统一战线、群众运动、部队政治工作和游击战争等内容。在训练班，我们发展了党员、民先队员。为了统战关系，那时在丁树本部队里发展党员不多，我带去的井店中队中有一个秘密党支部。

特委直接组织、领导了“冀南抗日救国会”[②]（安法乾同志是会长）和各县的救国会，直接领导四支队。

大概是 1938 年 5 月，朱则民同志调到冀南区党委当民运部长[③]，紧接着四支队也调到冀南，改编为八路军东进纵队三团。

1938 年 7 月，直南特委又重新组织了一个部队，叫“黄河支队”。原来我们与丁树本关系较好，四支队一调走，丁树本看我们的武装力量弱，就想限制我们（因为我们动员了民间的枪支，调了一些粮食，有时还派些款，

---

① 据刘汉生、张增敬同志回忆，这时张增敬同志任政治部主任，刘汉生同志由主任改任副主任。

② 据安法乾同志回忆，他领导的晋冀鲁豫抗日救国总会。

③ 朱则民同志自己回忆，他调到冀鲁豫省委任宣传部长。

而地方政权是属于丁树本的），他建议我们到滑县、临漳、汤阴一带（边区）去发展。那时，丁树本准备派我们的人去清丰、南乐、大名等几县当县长，我们没有去当。以后，汤阴（刘汉生同志）、临漳（程子英同志）、内黄（马冠群同志）的县长是我们派的。8 月，黄河支队把丁树本的参谋长曹星祥的家抄了，还罚了款、收了枪。丁树本以此为借口，派部队把黄河支队（负责人是张炜）缴了械。后来经过八路军濮阳办事处主任王鹏程同志出面与丁树本交涉，发还了黄河支队的枪支。这是丁树本与我们的第一次摩擦。

接着，丁树本到南宫去了一次，和国民党河北省政府主席鹿钟麟接上了头。我们党在部队中的政治工作越深入，丁树本越害怕。他的势力越膨胀，就越想限制我们，而我们不受他的限制。这样，就不断发生摩擦。特委决定把我们一些公开的党员逐步撤出了丁树本的部队。我是 9 月份离开濮阳的，和王从吾同志一起调到冀南区党委。我们离开以后，1939 年丁树本又到洛阳去了一趟，决心投靠国民党。在这之前，濮阳专区已经没有国民党的组织，国民党特务机构也被丁树本取缔了，并杀了濮阳的特务头子。丁树本从洛阳回来时，带了国民党的专员常孟月，在那一带重新搞起国民党的组织。

1939 年冬和 1940 年春，“讨逆战争”（讨伐石友三）期间，我们的部队从冀南一直打到濮阳，丁树本南逃了。我党和丁树本合作抗战的历史到此结束。

这一段工作（1937 年至 1939 年），从路线上来看，基本上执行了中央的正确路线，恢复和发展了地方党组织，成立了救国会，建立了自己的抗日武装力量，开展了抗日民族统一战线。但是，也受到了王明右倾错误的一定影响，有些地方过于迁就国民党；四支队从井店撤退是个战略错误；在掌握地方政权问题上，没有主动争取建立我们的根据地，而是把地盘让给了丁树本；八大队是我们自己搞起来的武装，把其中一个中队交给了丁树本，等等。在实际工作中，也有个别“左”的错误，如黄河支队的一些过火行动。上述看法仅是我个人的认识。

（张林南记录整理）

青岛防守撤退亲历记

张赫炎　沈　尹*

日本帝国主义发动了卢沟桥事变，拉开了全面侵华战争的序幕。国民政府军政部长何应钦电令青岛市长沈鸿烈，立即采取紧急备战措施。沈鸿烈遵令与驻青海军第三舰队司令谢刚哲、税警团副总团长王泽民会商，决定由青岛保安处、海军第三舰队、税警团联合组成青岛联防指挥部，沈鸿烈任指挥官，谢刚哲、王泽民任副指挥官，调沈尹（原任青岛保安队大队长）、殷祖誉（宋哲元荐）等为参谋。当时青岛的兵力：计有海军第三舰队所辖的楚豫、同安、永翔、江利、镇海、定海等军舰，停泊在后海；张楚材所部之海军教导总队；海军陆战队第一大队（大队长张赫炎）、第二大队（大队长李润青）；青岛市保安队第一大队（大队长朱子铭）、第二大队（大队长秦国弼）、警察局所辖的警察队、清洁队、壮丁队；港务局运输管理处（处长戴鹏志）所辖码头搬运工人，以上各部共6000余人。另有税警团（总团长黄杰）的一个团（团长邱之纪）驻在市郊的南万、上崖、下崖等村。

面对日本的强大海军，我海军第三舰队，不能在海上与之抗衡，舰上官兵不得不弃舰登陆，守卫青岛，从舰上撤下来的官兵，编入海军教导总队。

*　作者张赫炎时任海军陆战队第一大队大队长，沈尹时任青岛联防指挥部参谋。

舰上的大炮全部卸下来安装在市区炮台上，还有属于地面部队的沈阳造 77 野炮 4 门，德国克虏伯造 75 野炮 8 门，税警团有重迫击炮 4 门，海军陆战队、青岛保安队，每大队有轻迫击炮 4 门，平高两射重机枪两挺等重武器。当时我军士气高昂，全体官兵目睹日本数十艘军舰在青岛近海游弋，日本浪人及居留民团也趾高气扬，寻衅闹事，极欲一拼为快。我军巡逻队伍，与荷枪实弹的日本海军在市内行进相遇，彼此怒目相视。

沈鸿烈在采取紧急备战措施的同时，电请国民政府军事委员会派遣军事人员来青协助计议防守，军委会随即派陆军大学第六期毕业生陆军上校廖安邦，日本工兵学校毕业生陆军上校郁仁治，及一批工兵军官来青。沈鸿烈将廖安邦、郁仁治安排在联防指挥部任参谋，工兵军官负责训练爆破人员，不久擢升廖安邦为青岛市警察局局长，统辖青岛市保安部队。八一三后税警团调赴上海参战，由五十一军的一个旅（旅长姓李，名字忘记）来青岛接防，驻市郊仙家寨、沙子口一带，该旅于 11 月底调离青岛。

青岛市日侨众多，浪人特务混杂其间，我军活动唯恐敌人有所借口，滋生事端。因此市区虽有许多进行防御战的有利地形，如京山、观象山、汇泉山等制高点，但不得预先占据，构筑工事，各部队只能另选隐蔽阵地，扼要布防，以备临机应变。市区设防情况：由湛山起通过汇泉海峡，沿前海（莱阳路、太平路、贵州路）经团岛后海至四方构筑了第一道防线。由四方东侧双山起沿南北山麓逶迤约 5 公里，构筑两道强固堑壕炮兵阵地，用水泥碎石砌成坚固堡垒，阵地突出部及重机枪掩体，全用直径 10 厘米以上的树干加以覆盖，上面敷土，火力点射向交叉，形成火网。上述工事，两个大队用了两个星期，始全部完成，即令各部队在阵地上作实战攻防演习。南京政府曾派熊斌、蒋方震先后来青视察，并作了相应的指示。

8 月中旬，日本特务机关指派浪人匿藏在德县路旁的一条小巷内，开枪打死打伤由此经过的两个日本水兵，然后嫁祸于我方，硬说中国人打死了日本水兵。日本海军炮卸衣弹上膛，指向我青岛市政府和我海军第三舰队司令部。沈鸿烈遂饬令所部准备应战。在这情势紧张的危急关头，张赫炎想不能自缚手脚，陷于困境，立即命令第二中队长孟宪棠率领所部携带迫击炮两门占据京山，并电话通知保安第一大队长朱子铭，迅速派部队占据大连山、伏龙山，严阵以待，准备开火。同时沈鸿烈据理交涉，严正警告日本军方："如果你们打了第一枪，我们一定打第二枪。"沈鸿烈知道日本海军与日本驻青岛的特务机关有矛盾。当时日本驻青岛的特务机关急于占领青岛，日本海军则认为武力侵占青岛，沈必抵抗，在青日侨的生命财产，势必遭受惨重损失，基于战略取舍，也没有必要兴师动众，武力侵占青岛，因而不同意武力侵占青岛。当时日本驻青海军舰队司令是沈在日本留学时的同学，沈鸿烈向他保证，如不发动战争，在青日侨的生命财产，定能确保安全，不受侵扰。日本特务机关虽然屡屡制造事端，进行讹诈，终未得逞。迨至日本海军奉调南下，继之日侨陆续撤退，9 月 4 日，日本驻青总领事西春彦下旗回国。

正当全市军民同心协力、共赴国难的时候，有几个民族败类，丧心病狂，躲在阴暗角落，互相勾结，密谋策划，卖国求荣。12 月初的一天，张楚材派国民党青岛市党部委员刘某（忘其名字，是湖北人，斜眼，中等身材），约张赫炎到大学路两湖会馆。张进屋后，刘即把门关上，对张说："沈市长一旦破坏纱厂，日本必派军队来打青岛，五十一军已调走，青岛现有的兵力不过四五千人，与敌接触，势必溃崩。你对此有什么打算？"张当即说："我是一个军人，敌人侵犯青岛，我只有督率所部与敌死拼，他非所知。"刘说："你这种想法不对，还是设法保存实力为是，日后报国机会正多。我的意见，届时如抵抗不住，即相机把你的队伍撤下来，拉到惜福镇，有我在那里，一切饷糈供给及善后由我负责，你无须过虑，但须听我指挥。"张接着问刘："这样大的事情，你一个人能够办得了吗？"刘说："有张丽生（即张楚材）、殷祖誉、王之烈、曹树滋、谢祖元等大家一起筹划，务必保密，过日再约会，从长计议。"张赫炎离开两湖会馆，即去向海军第三舰队司令谢刚哲报告，并请谢报告沈市长。谢嘱我再设法调查，还有哪些人参加在内。过了两天，沈鸿烈把刘某遣往济南，未予惩办，对张楚材等亦无下文。

12 月 21 日下午 3 时，张赫炎接到沈鸿烈的命令：据报拱口海面发现敌舰若干艘，似有企图登陆模样，令你率部立即出发，急行军在敌人登陆之前到达阵地，把登陆之敌消灭在海滩上。张遵令率部向目的地急速前进，并电令驻海西灵山卫的第一中队长吕宗祥率部急行军驰往拱口。22 日下午 6 点，张先后接到中队长吕宗祥和第二大队长孟庆寰由拱口打来的电话，报告拱口海面没有发现敌舰踪影。张据情报告沈鸿烈，请示尔后行止，沈回电命张率第一大队回青岛，留第二大队暂住拱口对海上警戒。

事后了解所谓拱口敌情，是海军教导队队长张楚材捏造的。原来，张楚材计划沈鸿烈一旦离开青岛，即着手组织维持会，投靠日本帝国主义。12 月 21 日上午 8 时，沈鸿烈召开军事会议，宣布部队改编方案及撤退序列。方案规定海军各舰官兵及原教导总队改编成第一、第二两个总队，由原舰长王之烈、曹树滋分任总队长，归前教导总队长张楚材统率，立即出发开赴莱阳，担任敌后游击任务。海军陆战队第一大队、市保安第一大队合编为第三总队，张赫炎任总队长，留驻青岛维持治安，俟撤退完毕，即开赴诸城集合。海军陆战队第二大队、市保安第二大队改编为第四总队，李润青任总队长。市保安第三大队（由搬运工、清洁队编成）和壮丁队改编为第五总队，戴鹏志任总队长。全部警察改编为第六总队，警察局长廖安邦兼任总队长。按四、五、六总队的顺序开赴诸城待命。张楚材见令其率部离开青岛，阴谋计划无法实现，便眉头一皱，计从心来，当即要求沈鸿烈发给开拔费 10 万元。张楚材知道沈拿不出这笔巨款，故作此要挟，延缓开拔时间。沈秘密送他 6000 元，以安其心，并准其所部暂缓撤退。张楚材遂捏造拱口敌情，企图把张赫炎部骗出青岛，青岛市内只剩他的教导队，可以相机行事。张楚材是湖北人，曾与沈鸿烈同在日本留学，娶了个日本女人，其妻兄是日本现役陆军中将师团长，曾指挥敌伪部队，频繁“扫荡”我鲁南地区。张楚材极端反对爆破日商纱厂，说:“日本撤侨时把在青财产交给中国政府负责保管，今无端给予破坏，有违国际公约。”

撤退前夕，沈鸿烈命令爆破队长马锡年撤收市内重要通信器材，运往诸城，以备将来应用。事被青岛保安处参谋长殷祖誉发觉，立即把马锡年叫到保安处，痛骂一顿，不准马锡年拆撤通信器材。马气愤之下，马上去见沈鸿烈边哭边说，揭发了张楚材、殷祖誉密谋叛国投敌的情形。沈鸿烈当即逮捕了张楚材、殷祖誉，殷祖誉经审讯后枪毙。派胡学仁（沈鸿烈的妻侄）乘汽车押送张楚材去汉口。总队长王之烈、曹树滋闻风潜逃，遗缺由鲍常义、康兆祥弥补。王曹二人后来投奔了汪精卫。据殷祖誉供称，七七事变后不久，张楚材即同前胶澳商埠督办赵琪、国民党青岛市党部委员刘某、市政府秘书谢祖元、民政局长周仰先、商会委员于维廷、天主教会王某、警察局局员吕锡智，市侩姚作宾、张子安等密谋串通，商定推赵琪出面成立伪政权组织，投靠日本帝国主义。

海军第三舰队司令谢刚哲对张赫炎说：12月4日蒋介石电令沈鸿烈爆破日本纱厂及其他重要企业，实行“焦土抗战”政策。沈认为敌军意图在沿津浦平汉两铁路南犯，青岛偏处一隅，时机未到，故未执行。12月18日，日本陆军参谋部下达侵占青岛的指令。沈鸿烈闻讯后，于下午4时，召集各部队长布置爆破日本纱厂及其他重要企业。由海军陆战队第一大队、第二大队各抽调两个中队，配合受过专门训练的爆破队员执行任务。责成队长马锡年负责指挥爆破工作，爆破于是日晚8时正式开始。

12月18日晚8时，沈鸿烈亲赴沧口，监督爆破工作。午夜12时通电引爆，响声震地，火光烛天，在青岛的日本工厂陷入火海烟雾之中。

12月25日晚，沈鸿烈派海军第三舰队司令谢刚哲、港务局长袁方乔负责监督执行沉舰封港工作。当晚在谢刚哲、袁方乔指挥下，将已装沙石煤渣，停在港内的镇海、永翔、楚豫、同安、江利等5艘军舰及港务局所属的飞鲸、金星、土星等5只小火轮，驶到大港小港口外航道上，打开舱底水门，放水入舱，舰轮下沉，封港工作即告竣事。事后有人非议封港工作搞得马虎，一是沉舰地点距大港小港太近，二是港口各项重要设备，如灯塔航标未加破坏。

29日晨，沈鸿烈发布撤出青岛的命令。1937年12月31日拂晓，沈鸿烈带着沈尹等几个参谋和机要人员卫士30多人，分乘汽车离开青岛，过胶县经诸城去临沂。

七七事变后广州的抗日救亡运动

张　洁*

自七七事变消息传至广州后，在中国共产党抗日民族统一战线的号召下，广州各界和全国各地一样，对日本帝国主义公然进一步侵犯我华北的狂妄行径，感到无比愤怒，纷纷进行游行示威和支援前方将士的各种活动。全省、全市工人、农民、学生、教师、妇女、商人和军队官兵均纷纷表示抗日杀敌的决心。

获悉日军侵犯华北消息后行动最快的，是具有光荣革命传统的粤剧界。当时广东八和粤剧协进会率先于 1937 年 7 月 12 日在广州海珠戏院义演筹款劳军，以全部票房收入尽汇前方，慰劳二十九军全体杀敌将士。次日又以八和粤剧协进会名义，通电慰勉正在前方英勇抗击日军的宋哲元军长暨二十九军全体将士。电中谓："寇深祸急，将军率全体将士奋起抗战，薄海同钦……谨电驰勉。"

第四路军总司令部亦于 7 月 15 日发表《告将士书》，谓"日军向我宛平驻军挑衅，我二十九军正奋勇抵抗。当此民族战争开始发动之时，我们当

---

* 作者曾任《动员日报》《广西日报》记者、采访部主任、总社长等职。本文系作者根据有关资料整理而成。

前的急务惟在如何淬厉奋发，加紧抗敌准备，期以我们最后一滴血，为国家民族挥洒于战场，收复失地……”该路军副总司令香翰屏并表示“为抗日救亡，枕戈待命”，愿意随时开赴前线杀敌。

具有光荣革命传统的百粤人民，面对强敌深入华北，自然更为怒不可遏。广东省各工会、各大中学校、各团体亦于是月17日在广州召开“广东民众御侮救亡大会”，会中发出通电，谓“百粤民众誓以热血同赴艰危”，并电前方将士，表示“百粤民众誓为后盾”，要求前方官兵誓死抗击入侵日军，保卫国土。会上还决定于广州成立“广东民众御侮救亡会”，以利于今后进行有组织有领导的抗日救亡运动。会后不久，广州医药界迅速联合组织了一支战时救护大队，赶赴华北前线，救护我受伤官兵。其他团体、学校亦抓紧时间组织宣传队、演剧队、慰劳队和募捐队等，分别至城乡各地进行抗日救亡运动。

中国共产党广东党组织为贯彻执行党的抗日民族统一战线政策，一方面以公开合法的形式积极发动和组织群众进行抗日救亡运动；一方面广泛团结各党派和民主人士共商抗日救亡大计，特别是对国民党当局，做了大量耐心的争取和团结工作，使当时的广州地区出现了热火朝天的抗日救亡运动高潮。当时，中共广东党组织广泛进行了抗日爱国宣传和组织活动。如广州学生抗敌救亡会、御侮救亡会、省妇女会等群众抗日团体，均是中共广东党组织所组织和发动。1937年7月25日，首次发动和组织了包括广州各界群众共15万人参加的御侮救亡示威大游行，使广州地区的抗日救亡运动达到新的高潮。特别是8月28日，中共中央先后派遣张云逸、廖承志和张文彬等到广州筹建八路军驻广州和香港办事处后（广州办事处于1938年1月正式成立，设在广州德政北路），使广州地区的抗日救亡运动有了进一步的推动。1937年9月，中共广东党组织又组建了广州儿童剧团，经常活跃于广州地区，进行抗日宣传等活动，收到了很好的效果。同时，救亡呼声社亦于8月14日在广州成立。该社是以统一战线形式建立的群众救亡团体。社长为国民党广东省党部书记长谌小岑，而实际工作由中共秘密党员负责。此社主要由中共广州党组织领导的进步群众团体、部分流亡到广州以“民族解放先锋队”成员为主的平津学生、留日同学会（梁威林等），以及在国民党广州市党部立案由中共领导的青年团体等所组成。其任务一方面出版《救亡呼声》和筹备建立广东青年抗日先锋队，另一方面则为组织工人和农民进行抗日救亡运动。工人运动方面另以机器工会和榨油工会为基地建立一个工运小组，专责领导工运工作。后来这项运动发展到顺德、增城以及广州近郊土华乡、长湴乡和石榴岗等地，广泛开展抗日宣传、募捐劳军及在日机大轰炸时进行紧急救护工作等。

是年 11 月 1 日建立了广州各界御侮救亡会，并推动广州各界组织募制寒衣慰劳前方将士委员会，募制寒衣 10 余万件送往前方。特别是于 11 月初，以平津同学会名义联合各个学生青年团体，举行纪念一二・九运动两周年示威大游行，同时成立了联合全市学生的筹备会，准备将广州学校学生统一组织起来。随后在中共南方工作委员会领导下，以中山大学抗日先锋队和中大附中抗日先锋队为基础，联合广州学生抗敌救亡会、青年群社、救亡呼声社、青年抗日先锋团、平津同学会以及留东同学抗敌后援会等 8 个进步团体，发起组织广东青年抗日先锋队。该队于 1938 年 1 月 1 日在广州正式成立，同时发表《广东青年抗日先锋队发起宣言》及《广东青年抗日先锋队组织草案》。在它的推动和影响下，广东全省各地青年抗日组织亦相继建立起来。该队并于同年 1 月 26 日至 27 日两天举行首次联合大露营，邀请了八路军驻广州办事处主任云广英到营地讲话。叶剑英、廖承志亦曾被邀请到中山大学作抗日战争形势和政治时事报告，以启发广大爱国青年学生正确认识当时的抗战形势和激励他们的抗日爱国热情。5 月底，该队工作委员会还先后组织了战时工作队 32 个，队员二百余人，分别奔赴全省 92 个县市，在广大群众中进行抗日宣传和发动他们共同起来抗击日军侵略。这支先锋队组织，在整个广州地区以至全省各地的抗日救亡运动中，起了积极的作用，作出重大贡献。

中共广东省委常委李大林和军委书记尹林平，为了进一步加强人民群众的武装斗争，6 月间在广州召开了有东莞、增城、南海、顺德、从化、花县等广州外围县委参加的人民武装工作会议，研究建立及掌握人民抗日武装问题，决定各地要以各种合法形式组织人民抗日武装，以加强群众抗击日军的能力。

中共广东党组织为了贯彻抗日民族统一战线政策，于 1937 年末至 1938 年初，先后推动恢复或建立了广州各种工会组织，如机器、轮渡、邮务、榨油、印刷、铁路、码头、苦力、草席、沽票员等工会均先后组成，并发动各业工人积极参加各种抗日救亡活动。对不利于抗日救亡运动的现象，则领导工人进行坚决的斗争。如 1938 年 1 月，广州榨油厂主开除该厂参加抗日救亡运动的工人，工会立即发动罢工；对香港运载军火去日本，亦及时发动香港海员工人罢工拒运。

中共广东党组织除了千方百计地面向广大群众宣传和组织抗日救亡运动外，特别注意对国民党上层人物的统战工作。1938 年 4 月，中共广东省委会在广州成立后，决定争取当时国民党中较开明的余汉谋、谌小岑、左恭和钟天心等，希望他们坚持抗日爱国立场，积极与中共合作，开展抗日救亡运动。当平型关和台儿庄大捷时，曾共同协作，组织庆祝活动。台儿庄大败日军时，曾发动和组织 30 万人举行祝捷大游行，其规模之大，情绪之高，是自七七事变以来所未有。当 1938 年 2 月 3 日广东青年抗日先锋队临时工作委员会正式成立时，国民党广东党、政、军及各界负责人均到会祝贺和表示支持。1938 年 6 月间，中共广东省委常委李大林和军委书记尹林平召开广州外围各县人民武装工作会议，决定积极推动和协助国民党当局举办自卫队军事训练等；同时，八路军驻港及驻广州办事处，亦做了大量的统战工作。例如曾争取到无条件释放了被国民党关押的中共党员及进步人士三百余人，并先后介绍了一千余工人、学生及爱国青年侨胞到延安学习或参加八路军、新四军。香港办事处还筹集巨款及物资支援抗日前线。1938 年 8 月 13 日，广东全省开展八一三抗日救亡献金运动，广州、香港群众热烈捐献，香港一地即获得献金百万元巨大成绩。广州八路军办事处与广州《新华日报》亦联合举行献金会，廖承志作动员报告，共产党员带头献金，两千余群众深受感动，热烈高呼“中国共产党万岁”“国共合作万岁”！

在中共抗日民族统一战线政策的推动和鼓舞下，广州文化界自七七事变以来亦掀起了抗日救亡运动高潮。《广州诗坛》《救亡呼声》均先后于 1937 年下半年诞生，积极宣传抗日爱国思想。是年 12 月 3 日，郭沫若与何香凝、邹韬奋及日本国际主义战士绿川英子由日本经上海到广州，广州文化界举行了异常热烈的欢迎盛会。郭沫若等抵穗后，即与各方面接触，进一步策划广州地区文化界的抗日运动。12 月 9 日，郭等还参加了广州学生纪念一二·九大会及游行。随后，郭沫若领导的《救亡日报》于 1938 年 1 月 1 日由上海迁来广州复刊，对广州文化界的抗日爱国运动是一个巨大的鼓舞。特别是郭沫若、夏衍、邹韬奋等文化巨人坐镇广州，使广州文化界抗日救亡运动的浪潮更为汹涌澎湃。1938 年 7 月 7 日，广州各界纪念七七抗战一周年火炬大游行，八路军驻广州办事处代表中共率领《新华日报》社、《救亡日报》社等所有成员组成一支游行队伍走在最前列，郭沫若、夏衍、云广英、林林等则领队前进，进一步鼓舞了全市人民的抗日爱国热情。

那时，广东军事当局一方面看到在强敌面前，不动员和武装群众，就不可能战胜敌人，因此于 1938 年 1 月 6 日在广州召开会议，讨论抗日战争形势和应采取的各项对策等问题，决定成立广东民众自卫区，准备发动群众全面进行抗日游击战争；并决议余汉谋为自卫区主任，蒋光鼐、蔡廷锴、香翰屏及各师师长为委员，以便领导自卫区群众配合前线开展抗日游击战。另方面，他们对蓬勃开展的群众抗日救亡运动存有戒心，特别害怕青年学生的积极抗日救亡活动。1938 年 6 月，曾以莫须有的事由勒令积极宣传抗日爱国运动的《新华日报》广州版停刊三天，并将抗日救亡的爱国青年代表予以扣押。当时八路军驻广州办事处负责人廖承志曾以《新华日报》广州分社名义，在永汉路（今北京路）哥伦布餐厅举行记者招待会，呼吁国民党广州当局立即释放拘押之爱国青年代表，并撤销对《新华日报》广州版“停刊三天”的无理处分。

日机空袭广州目击记

冯湛泉*

卢沟桥炮声一响，揭开了我国对日全面抗战的序幕。华南地区的广州和广东各县县城都是日军飞机轰炸的目标，尤其是广州，敌机空袭次数难以统计。我记得1937年秋的某一天清晨，看见敌机一队约9架空袭广州东郊的天河机场，我方的高射炮队12门炮立即集中火力向天河机场上空射击，封锁东郊上空，敌机不敢进入市区，在机场上空投下炸弹40余枚，即向东飞走。此后，广州就成为日本空军长期轰炸目标。敌机空袭架数不定，或多或少，最多达百架，最少一架；日间来，夜间也来，有时大轰炸一连十多天，日夜都来。但敌人这种暴行，始终不能动摇我们抗日到底的意志！敌机一走，我们立即照常工作。

空袭广州的敌机，大多数是在上川岛和下川岛附近的航空母舰起飞的，约15分钟便可进入市区，因而第一次警报发出后，经过5分钟即发第二次，再过5分钟就要发紧急警报了，当时广东共有100个县，几乎没有一个县不被敌机轰炸过！

当空袭之时，第四路军总部迁往白云山大福岭办公。宪兵司令部则三迁

---

* 作者时任广州宪兵司令部督察长。

其居，最初迁往现解放北路 542 号，这里军政机关较多，是敌机投弹目标，再次迁往陈塘京华酒店，此地偏于市西南，地方又小，于是再迁到小北田心村。该村位于越秀山南麓，山边建有水泥防空洞，当敌机入市我们就进洞暂避，飞机一走我们即照常工作。此地是一个死角，始终没有落过炸弹。

原位于本市广仁路口的广东宪兵司令部前后被炸中 3 次。第一次炸中本部右后侧的岭南旅店，三层大楼倒塌，轻伤 7 人。第二次炸中门口右侧的地下室，炸弹穿过右侧的营业税局三层大楼爆炸，全部倒塌，封闭了地下室两个门口。此时司令官李卓元和我们三十余人站在室内，“轰隆”一声，震耳欲聋，有一阵非常强烈的风一扯，衣服裤脚几乎被扯破，幸无伤人。第三次被炸中本部东南角三楼的办公厅。中弹前我正在抄写口令，听到对面财厅发出紧急警报，即乘车走避于六二三路，结果宪兵司令部的办公厅全部被炸粉碎。门口和对面两个站岗卫兵被炸死。

敌机轰炸广州，落弹较多的地方是天河飞机场、海珠桥南北桥脚一带和市中心区越华路各军政机关附近。但越华路总部、省政府、市政府、财政厅等重要机关，始终没有被敌机炸中。中山纪念堂讲台后侧虽然落过两个小型炸弹，但无大碍。我们看到落弹地点死伤人数较多的有长堤永安堂（现省总工会）前面、石室教堂前面，死难各达三百余人之多；莲花井一带整条街被炸毁，死伤达百人；1938 年 5 月日机夜袭黄华塘（今黄华路），黄华乡一带民房尽被炸平，死伤百余人，血肉横飞，有头断、肠出、断手足者，目不忍睹！幸存者事后在该村村头立一石碑，铭刻着“血泪洒黄华”几个大字，以永志此深仇大恨。又西关大利车衣厂被炸，中弹 4 枚，死伤一百多人；今解放北路十字路口西边店铺数十间中弹屋塌，死伤近百人，其中有一大汉被大梁压住大腿，大呼救命，被消防人员救出，送医院抢救，幸免于难。综合敌机开始轰炸广州至广州失陷时止，死伤人数达 6000 人以上。

每次夜袭广州，照例先由防空机关发出警报，立即实行灯火管制，全市变成黑暗世界，人们即分途疏散，附近有防空洞的就进洞暂避，否则疏散到空旷地方去。当时的防空洞设备简陋，洞内空气不好，时有人满之患，因而有不少人就索性到空旷地方去看“空战”。老弱病残的人就只有待在家中听天由命了。记得每次敌机进入市区，我方12门高射炮分别在萧岗、黄花岗和小港等三个阵地一齐发炮轰击，同时6挺高射机关枪分布在西堤大新公司（今南方大厦）、长堤爱群大厦和永安堂等屋顶猛烈射击，此时在黑漆的天空中，突然喷射出一串一串的子弹，有红红绿绿的颜色，像一条锁链横贯天空，紧追敌机射击，高射炮弹也在天空追逐敌机不断“开花”。同时敌机在天空有时放下照明弹，找寻轰炸目标；我方的探照灯也向上空搜索，配合地面高射炮队追击敌机，有时迫使敌机盲目投弹逃走。

日军飞机空袭广州时，我空军虽然处于劣势，但仍奋勇起飞迎头痛击，与敌机发生过多次空战。特别是在1938年夏的某一天，数十架敌机对广州进行大轰炸，我方空军起飞迎击，在广州东北上空击落敌机两架。广大市民目击敌机两架先后在空中着火坠毁，无限欢欣。另一架敌机亦在粤北被击落，同时被击伤多架，摇摇摆摆向南逃去，日机遭受重大打击。我方亦损失飞机两架，负伤两架。空军大队长吴汝鎏不幸在南雄上空中弹阵亡。当广州开追悼会时，市民均为空战牺牲的英雄默哀悼念，隆重致祭！广州报纸还登出吴妻的挽联如下：“杀敌自高空，固知人死留名，君独成仁侬实苦；归宁曾几日，忍听娇啼索父，女犹在抱子才生。”情极悲壮，可泣可歌。

当晚间敌机入市区空袭之际，不少汉奸为虎作伥，在市区各处施放火箭，为敌机指示轰炸目标。有些火箭指向爱群酒店和大新公司，有些指向海珠桥，有些指向省政府和市政府。我们在广卫路看见中央公园有火箭射出，即跟踪到公园搜查，但无影迹发现；继而看见财厅附近有火箭从东向西射来；过一会儿，华宁里又有火箭射出，我们即将两头街口封锁，按户登天台检查，全无发现可疑人物。一连两晚，都发现上述情况。在上述两个晚上，广东宪兵司令部各队在全市各区共逮捕施放火箭嫌疑犯达700余人之多，河南伍家祠等各大祠堂都挤满了。两名法官无法清审。当时宪兵司令派笔者负责，限两星期内清理完毕。我即请求派便衣宪兵20多名，由我训练一下，然后假扮犯人，分别进入监狱，一人负责对5个嫌疑犯进行调查研究，并将情况分别汇报。同时我对照各队逮捕犯人时所述的实际情况决定，没有关系的嫌疑犯一律交保释放。结果，不到一星期，全部清理完毕。最后查出梁波等 3 名，确系施放火箭的犯人。梁是杉行理事长，供认是他直接向沙面日本领事馆领取火箭，发给别人施放。他领取火箭时，日本人给他每支款项 80 元，他转给负责施放者时只发 60 元，再转发时就发 40 元、30 元或 20 元，有时每支只发 5 元交给乞丐用香烟点放。但如在飞机场、高射炮阵地或军事机关施放火箭，一支可领取 80 元。对于这些情况，梁犯等直认不讳，随即将该 3 名汉奸押上卡车在全市游行示众后执行枪决。

钱塘江建桥与炸桥的回忆

茅以升*

桥成战起

1937年7月7日，日本帝国主义者在卢沟桥掀起了对我国的全面侵略战争，全国人民奋起抗战。侵略凶焰很快延及上海，引起八一三战火，杭州大为震动。8月14日，日本飞机初次空袭南京、上海，并轰炸了钱塘江桥。当时我正在从北岸数起的第6号桥墩的沉箱里面，和工程师及监工员商量问题，忽然沉箱里的电灯全灭了，一片黑暗，事出仓促，大家莫知所措。原来沉箱里的电灯照明和高压空气，都从上面来，也都是从来不缺的。久于沉箱的工作的人，也就下意识地把它们联系在一起，当作一件事，电灯一灭，好像高压空气也出了事，而没有高压空气，江水就要涌进来，岂非大家都完了吗？当时来不及思索，大家都恐慌起来，就像大难临头了！幸而一两分钟内并无事故，大家稍稍镇定，才想起电灯和高压空气是两回事，又过了几分钟，果然仍无动静，大家这才放心，就在黑暗里静候消息．半小时以后，电灯居然亮了，大家重见光明，真是喜难言喻。随即有人下沉箱来送信，说电

---

* 作者时任浙江省钱塘江桥工程处处长。

灯发生过障碍，现在没事了，叫大家照常工作。我跟着出沉箱，到外面一看，很奇怪，一切工作都停了，到处看不见人，整个江面寂静无声，只有一位守护沉箱气闸出入口的工人在那里。他对我说：半小时前，这里放空袭警报，叫把各地电灯都关掉，说日本飞机就要来炸桥，要大家赶快往山里躲避。接着果然日机3架，飞来投弹，但都投入江中，并未炸到什么东西。现在飞机走了，但警报还未解除。刚才某监工来了，就下去给你们送信。我这才知道威胁已经来到大桥了。我问他，你自己为何不躲开？他说，这么多人在下面，我管闸门，我怎好走开呢。这位工人坚守岗位、临危不惧的忘我精神，我至今仍然感念。这次日机的空袭，是江浙一带的第一次，则我恰好在钱塘江水面下30米的沉箱里渡过，也使我永志不忘。

桥工未完，抗战已起，这真急坏了人。铁道部和浙江省政府都严令加速赶工，固不必说，就是桥工处全体职工，在既痛恨日本军阀而又愤恨政府无能的情绪下，也都要贡献自己最大的力量，尽快将桥建成。工地上几家包商，除康益外，都是本国公司，而康益的职工，也几乎是本国人，大家心同此理，都愿和桥工处同仁一道，加倍努力工作，表示爱国热忱。于是桥工处和各包商重订施工计划，争取下月内通车，一切施工程序，以此为目标，多费工料，在所不惜。经大家同心协力，日夜苦战，1937年9月26日清晨4时，我们终于看到一列火车在大桥上驶过了钱塘江。“钱塘江造桥”果然成功！造桥时间两年半！大家欢声雷动，相互庆祝，庆祝这个工程技术的新成就。大家也相互慰劳，特别慰劳所有在事的员工，尽忠职守，勤奋将事，终于建成了这座“江无底”的大桥！

当八一三淞沪抗战开始时，江中正桥桥墩还有一座未完工，墩上两孔钢梁，无法安装。然而燎原战火，则已迫在眉睫，整个大桥工地，已经笼罩在战时气氛之中。所有建桥员工，都同仇敌忾，表示一定要大桥早日通车，为抗战作出贡献。奋斗结果，大桥在一个半月的极短时间内，居然能通车了。大家在欣慰之余，都不由地想到，大敌当前，这一个半月的宝贵时间，是如何赢来的呢？这是上海抗战的将士，屹立敌前，坚决抵抗，不让侵略凶焰立刻蔓延到大桥工地的结果。钱塘江大桥的建成，也应感谢那些英勇抗敌的将士。

日本飞机于8月14日炸桥后，就常来骚扰，有时是侦察，但更多的时候是轰炸，目标就在江中的工程。轰炸结果，只是炸坏了一些岸上的工房，里面的图纸和钻探土样都有损失，但大桥本身，始终未被炸中。这里有几个原因，首先是沿着大桥过江轴线，我们军事部门在北岸山上架设了高射炮，日本飞机来轰炸，如想击中，就要顺着轴线飞，而这正好是在炮火方向的射程以内，因而逼着它们换个方向飞行；但是，换了方向，要想在飞行路线和大桥轴线的交叉点上，正好中弹，那就异常困难了。其次是，在大桥公路路面筑好后，本可通行汽车和行人，但军事部门却不让通车，而且还要在公路上堆积很多障碍物，表示出尚未完工的样子，来迷惑敌人；火车过桥也限制在夜间，还要熄灭灯火，以防敌人侦察。结果是，敌机来时，架数不多，好像是骚扰性质，并非大举炸桥。再其次，那时日本飞机的装备和技术也不高明，还没有新式瞄准器。

同时，我们也准备了大桥被炸中的善后设施。如果炸弹威力不大，它就会首先在钢筋混凝土的公路面上爆炸，对下面的钢梁结构的损害较小，只要钢梁不被炸断，总还可以修理。这也是双层式联合桥的一个优点，上层的公路面，成为下层的铁路面的一个保护层。如果大桥钢梁竟被炸断，而且坠落江中，怎么办呢？上文说过，正桥钢梁16孔，各孔跨度一律，遇到任何一孔被炸，就可用储备的一孔补上。但这储备钢梁，因限于经费，并未购置，事后想来，殊为失算。权宜之计，只有将靠岸的一孔钢梁，浮运到被炸的桥孔，然后在靠岸处，架便桥通车。

大桥如果被炸，必须修理，但修理要机械设备，而这些都是承包工程的包商所有的，大桥完成后，包商就会把所有设备撤走，这又成为迫切问题了。后来和康益协商，订立条款，要他把所有机械设备，除与修桥无关者，全部留下，以作准备。经过这一番布置，桥工处就拟订计划，来应付一切可能发生的事故。

这时大桥虽已通行火车，但上层公路面，仍在进行收尾工程，如人行道旁的铁栏杆和铁柱上的铜灯。后来铁栏杆虽已全部装好，但铜灯却只有一部分完工。此外，在北岸引桥范围内，原拟造一座大桥展览馆，并兴建桥边公园，从事绿化工作，但也只有开端，而被迫停止。这时，抗战的火焰已经日益逼近杭州了。

开桥炸桥

1937 年 11 月 16 日下午，我正在桥工处（那时已迁至市内西湖饭店），忽然有位客人来访，说是南京来的，有机密要当面谈。他先见了罗英，但罗因当晚要离杭赴兰溪，故来见我。见面后才知是南京工兵学校的丁教官。他说：奉了命令，因敌军逼近杭州，要在明日炸毁钱塘江桥，以防敌人过江。炸桥所需的炸药及电线、雷管等材料，都在外面卡车上。说着就取出公文给我看，原来是军方命令，说明要桥工处协同办理，并限于明日完成，要我会同丁教官于事后具报。我看了大吃一惊，想不到军事演变得如此之快，因为从报上看，战事离此并不太近，为何要立刻炸桥？我向丁教官说：桥工处是归铁道部和浙江省政府会同管辖的，现在铁道部并无炸桥命令，至少也要有浙江省政府命令，我才能办到；既然你有军方命令，那么，我们一同去省政府，候省主席决定再说。那时浙江省主席是朱家骅，我和丁教官把情况说明后，他也觉得这时炸桥太早，而且杭州撤退事务还未办完，铁道部方面也正需用大桥，便和丁教官商量延迟几天再说，南京方面烦他负责去解释。丁教官说，炸桥很不简单，并非说炸就炸，现在延迟几天固无不可，但若等到最后再办，那就来不及了。朱说：技术问题，我管不了，总之，桥不能马上就炸，但也要有妥当办法，让丁教官最后能交差，不致误事。

我和丁教官回到桥工处，会商办法。原来丁教官在南京拟订的计划是要炸 5 孔钢梁，使它们全落江中，但我们认为这还不够，因为仅炸钢梁，而不同时炸桥墩敌人还容易设法通车。于是告诉丁教官，当我们作大桥设计时，已经考虑到这个毁桥问题，故在靠南岸的第 2 个桥墩里，特别准备了一个放炸药的长方形空洞，应当连这个桥墩一并炸去，才算彻底破坏，丁教官当然同意，并说，你们想得真周到，不过造桥时就预备了放炸药的地方，这也算是不祥之兆了。同时我们又告诉丁教官，如炸钢梁，炸药应放何处，才是要害所在。根据丁教官估计，炸这一座桥墩和5孔钢梁，需要一百几十根引线接到放炸药的各处，而完成这项工作，至少需要12小时，若等到敌人兵临城下，再来施工，那就万万来不及了。

但军事变化莫测，哪能在12小时以前就准确知道必须炸桥呢？如果真能有12小时的从容工作的时间，那么就一定显得是炸桥太早了。大家考虑至再，最后决定办法如下：先把炸药放进要炸的桥墩的空洞内，以及5孔钢梁应炸的杆件上，然后将一百几十根引线从每个放炸药的地方，通通接到南岸的一所房子内，作为炸桥准备，目前工作，到此为止；等到要炸桥时，再把每根引线，接通雷管，最后听到一声令下，将爆炸器的雷管通电点火，大桥的5孔1墩就立刻同时被炸了。预计将所有引线接通雷管，至多只要两小时时间，这就不会贻误军机了。根据这个办法，丁教官和带来的人就要在南岸桥边守候，一直等到炸桥后，才能离杭交差。在得到南京许可上述办法之后，丁教官就带领来人行动起来了，桥工处也派人协助。为此忙了一通宵，到17日清晨，这个埋炸药的工作才全部完毕。在进行接线工作时，火车照常放行，但预先通知，从今以后，不许在过桥时加煤添火，更严禁落下火块，并说明这是军事秘密，不得泄露，因为恐怕有人知道桥上有了炸药，引起惊慌。

就在11月17日埋药完毕的这天清晨，我忽然接到浙江省政府命令，叫把大桥公路立即开放通车。大桥公路面早在一个多月以前就已全部竣工，只以预防敌机空袭，尚未开放，现在何以忽然又叫通车呢？原来杭州三郎庙到西兴的过江义渡，平时每天总有一两万人来往，上海战事爆发后，过江的人更多了。渡船本来就不够用，再加时遇空袭，不免损坏，这渡江就更难维持。不意在16日，渡船又因故沉没了1只，以致很多人江边待渡，而且愈聚愈多，情势严重。迫不得已，省政府才决定开放大桥公路，也顾不得空袭问题了。大桥公路开放后，17日这一天过桥的人真多，从早到晚，拥挤得水泄不通，可算钱塘江上从未有过的最大规模的一次南渡。同时，还有很多人，故意在桥上走个来回，以留纪念，算是“两脚跨过钱塘江”（杭州旧时谚语，用来讽刺说大话的人，因为这是从来“不可能”的），也竟然做到了。这消息传遍杭州，来的人更似潮涌。可是，就在大桥公路开放那天的前夜，那炸桥的炸药就已经埋进去了，所有这天过桥的十多万人，以及此后每天过桥的人，人人都要在炸药上面走过，火车上桥也同样在炸药上风驰电掣而过。开桥的第一天，桥里就先有了炸药，在古今中外的桥梁史上，钱塘江桥要算是空前的了！

到了 12 月初，战事更逼近杭州，眼看大桥是保不住了，我们就想到，一旦杭州失陷，虽然大桥可以预先破坏，但敌人一定要修理，那时如还有留下的修桥工具，这不是正好为敌人所利用吗？我们费了不少事叫康益留下机构设备，这不是自搬石头自砸脚吗？当然，现在把它们搬走，也还不晚，但如康益的打桩机船，因吃水较深，现在无法迁避，这便如何解决呢？我为这事去见浙江省主席，那时主席又换了黄绍竑，他很爽快地说：到时把机船沉没了就完了，可对康益说，责任由政府负。后来这只机船就是这样解决的，因而大大地阻碍了敌人的修桥工作。

战争越逼越紧，到了 12 月 21 日，丁教官接到第十集团军总司令部的快邮代电，说：“……关于爆破时机，请候本部另行通知为盼。”（这时恰巧我往上海办桥工善后，这封快邮代电是后来才见到的。）后来据丁教官报告和报上消息，才知炸桥情况：12 月 22 日，敌人进攻武康，窥视富阳，杭州危在旦夕。大桥上南渡行人更多，固不必说，而铁路上，因上海、南京之间，不能通行，大桥成为撤退的唯一后路，运输也突然紧张。据铁路局估计，这天撤退过桥的机车有 300 多辆，客货车有 2000 多辆。第二天 12 月 23 日，午后 1 点钟，上面炸桥命令到达了，丁教官就指挥士兵赶忙将装好的一百几十根引线，接到爆炸器上，到 3 点钟时完毕。本可立刻炸桥，但北岸仍有无数难民潮涌过桥，一时无法下手。等到 5 点钟时，隐约间见有敌骑来到桥头，江头暮霭，象征着黑暗将临，这才断然禁止行人，开动爆炸品，一声轰然巨响，满天烟雾，这座雄跨钱塘江的大桥，就此中断。

在大桥工程进行时，罗英曾出过一个上联，征求下联，文为“钱塘江桥，五行缺火。”（前面四字的偏旁是金、土、水、木）始终无人应征，不料如今“火”来，五行是不缺了，但桥却断了。

大桥爆炸的结果是：靠南岸第2座桥墩的上部，完全炸毁；5孔钢梁全部炸断，一头坠落江中，一头还在墩上，一切都和计划所要求的一样。显然，敌人是无法去利用大桥了，要想修理，也绝非短期所能办到。